DER AUFBRUCH IN DEN WILDEN WESTEN

WILDER WESTEN

DER AUFBRUCH IN DEN WILDEN WESTEN

Pioniere, Siedler, Abenteurer

Von Paul O'Neil

NAUMANN & GÖBEL

Dieser Band gehört zu der Reihe
Wilder Westen

Bisher sind erschienen:

Die Welt der Indianer
Die Welt der Cowboys
Die großen Revolverhelden
Der Aufbruch in den Wilden Westen

Der Aufbruch in den Wilden Westen

Lizenzausgabe für
© Naumann & Göbel Verlagsgesellschaft mbH in der VEMAG
Verlags- und Medien Aktiengesellschaft, Köln

Gesamtherstellung: Naumann & Göbel Verlagsgesellschaft mbH, Köln
ISBN 3-625-10760-0

INHALT

1 Eine Lektion des Grauens

„Das struppige und zugleich robuste Aussehen des Fremden ließ erkennen, daß er aus einer fernen Gegend stammte, unter Gefahren aufgewachsen und mit Mühsal und Strapazen vertraut war." Der Fremde kam von der Siedlungsgrenze Kentuckys, und der Bürger aus Philadelphia, der ihn im Jahre 1800 verwundert betrachtete, fügte hinzu: „Ich glaubte, in diesem Mann den Ahnen eines unüberwindbaren Menschenschlages zu erblicken."

Die Büchse, die Axt und selbstbewußter Stolz waren die Waffen, mit denen Amerikas erste Frontier bezwungen wurde. Die Männer, die in die Wälder Kentuckys, Tennessees und Ohios eindrangen, taten dies nicht nur in Mißachtung der Indianer, die hier ihre weiten Jagdgründe durchstreiften, sondern auch ohne Rücksicht auf die Bedenken nervöser Politiker, die sich in der Hoffnung wiegten, den Frieden erhalten zu können, wenn sie die Besiedlung dieser Gebiete behinderten.

Die sogenannten Backwoodsmen lebten nach ihren eigenen Gesetzen. Ein Mann dieses Schlages wußte mit der Gesellschaft der Ostküste nichts anzufangen. Er lebte in der Gewißheit, daß ihn seine Büchse ausreichend mit Nahrung und Kleidung versorgen würde, solange er sich im Wald eine Lichtung roden, aus Baumstämmen ein Obdach zimmern und sich dort häuslich einrichten konnte.

Wenn das Wild knapp wurde oder die Nachbarn zu eng an sie heranrückten, drangen einzelne Familien noch tiefer in die Wildnis ein, in der sie ständig den Überfällen feindlicher Indianer ausgesetzt waren. Die Indianer waren für die Backwoodsmen Freiwild in dem gnadenlosen Krieg, der die frühen Frontier-Gebiete heimsuchte.

Der in der Wildnis Pennsylvanias 1755 aus dem Hinterhalt überfallene Straßenbauer James Smith kämpft mit seinen Feinden, während ein dritter Indianer seinen Gefährten skalpiert.

Betrunkene Indianer schicken sich 1720 an, John Harris – dessen Handelsposten zur Stadt Harrisburg in Pennsylvania wurde – zu verbrennen, weil er sich

geweigert hatte, ihnen noch mehr Rum zu verkaufen. Harris' Sklave Hercules holte eiligst freundlich gesinnte Indianer herbei, die ihn noch retten konnten.

Eine Gemeinde christlicher Indianer in Gnadenhutten, Pennsylvania, wird 1782 niedergemacht. Ein Frontiersman, der schon 14 Indianer mit einem

Böttcherschlegel totgeschlagen hatte, rief einem Kameraden zu: „Mir tut schon mein Arm weh. Mach du weiter. Ich glaube, ich war ganz erfolgreich."

Nachdem ein Pöbelhaufen aus Paxtang, Pennsylvania, im Jahre 1763 sechs friedliche Conestoga-Indianer abgeschlachtet hatte, kehrte er zwei Wochen später zurück, um 14 weitere Indianer niederzumetzeln, die im Gefängnis des County Lancaster Zuflucht gesucht hatten. Benjamin Franklin schrieb: „Die Schuld liegt auf dem ganzen Land, solange nicht Gerechtigkeit ihren Lauf genommen hat.“ Aber niemand wurde für diese grausamen Verbrechen bestraft.

Der Drang nach Westen in ein Leben voller Mühen

Die Mountain Men, Cowboys und Goldgräber des Mittelwestens, traten nicht von einem Tag zum anderen in Fort Benton, Deadwood oder Cheyenne in Erscheinung; ihre Auflehnung gegen die Obrigkeit, ihre Rastlosigkeit und Tollkühnheit waren das Erbe früherer Frontiersmen, die noch vor dem Unabhängigkeitskrieg in die Berge Pennsylvanias, Virginias, Carolinas, Tennessees und Kentuckys gezogen waren und nach Beendigung des Krieges mitgeholfen hatten, das Land jenseits der Appalachen zu besiedeln. Nur wenige dieser Pioniere ahnten damals, welche Zukunft sie Amerika ermöglichten, aber eine spätere Generation berühmter Gebirgs- und Präriebewohner – oder auch Viehzüchter, wie zum Beispiel der hünenhafte Charles Goodnight – trat in dieser endlos weiten, staubtrockenen, von Bergen eingefaßten und von Legenden umwobenen Gegend jenseits des Mississippi ihr Erbe an.

Goodnight kämpfte als Texas Ranger gegen die Comanche, gewann den berühmten Häuptling Quanah Parker, ein Halbblut, zum Freund (indem er dessen Stamm vor einer drohenden, durch das Aussterben des Bisons verursachten Hungersnot bewahrte) und wußte geschickt jede sich ihm bietende Gelegenheit zu nützen. In seinen mittleren Jahren herrschte er über eines der bedeutendsten Viehimperien seiner Zeit – 530 000 Hektar Prärieland in Texas, das mehr als 100 000 Longhorn-Rinder ernährte.

Goodnight stellte das Endprodukt von vier Generationen dar, die die Frontier immer weiter vorangeschoben hatten und so den Anfang wie auch den Höhepunkt jenes so typisch amerikanischen Strebens personifizierten – die fiebernde Ungeduld, den Kontinent in Besitz zu nehmen. Sein Urgroßvater Michael – ein Deutscher, der aus Europa in die neue Welt geflohen war, wie so viele seiner Landsleute, kam 1752 nach Pennsylvania und zog mit seiner Familie in südwestlicher Richtung durch Virginia und Kentucky. Er bezahlte einen schrecklichen, wenn auch nicht ungewöhnlichen Preis für seinen Wagemut – Indianer skalpierten und töteten ihn. Goodnights Großvater Peter war Hauptmann in der Kentucky-Miliz. Sein Vater Charles nahm seine Familie mit nach Westen ins südliche Illinois zum Ufer des Mississippi. Als sein Vater starb und seine Mutter ein zweites Mal heiratete, überquerte der Stiefvater den Fluß und zog abermals weiter nach Westen, bis sich die Familie schließlich in Texas niederließ, 150 Kilometer südlich eines Handelspostens, der Dallas genannt wurde.

Die Familie folgte einem schon bekannten Weg, der zu den fernen Plains führte, denn die Ausbreitung nach Westen – das wird heute oft vergessen – begann bereits mit den Iro-Schotten, den Engländern und den Deutschen der Generation von Goodnights Urgroßvater. Als Jäger und Besiedler der Appalachenwälder wurden sie durch ihre neue Umgebung so verändert und zu so unverwechselbaren Amerikanern, daß sie der Welt ihrer Tage wie eine neue Menschenrasse erschienen.

Zwei Kräfte formten sie und ihre Geisteshaltung, die sie an die ersten Siedler am Platte River und am Rio Grande weitergaben: die pfadlose Wildnis, in die sie eindrangen, und die in den Wäldern lebenden Indianer, die ihnen grausame Lehren in Kriegführung und Überleben erteilten.

Die iro-schottischen Farmer von Draper's Meadows, Virginia, deren bescheidene Hütten nun schon sieben Jahre lang zwischen Maisfeldern in einem Tal der Appalachen standen, hatten sich an den Anblick von Indianerstämmen gewöhnt, die hin und wieder friedlich an ihrer einsamen Siedlung vorbeizogen. Ihr Dorf lag in dem großen, in nordsüdlicher Richtung verlaufenden Graben westlich der Blue Ridge Mountains – eine natürliche Straße von Pennsylvania nach Georgia für die Indianer, aber auch für die Siedler, die immer tiefer in das unberührte Waldland eindrangen. Der New River, der an ihre abgeschiedene Enklave angrenzte, floß in nordwestlicher Richtung in das heutige West Virginia. Dabei schnitt er tiefe Schluchten in den Wall der Appalachen

Eine Frontier-Familie rastet an der Straße nach Pittsburgh. Ein Reisender klagte einmal, „die Wagenspuren waren so tief ausgefahren, daß ein Heer von Pygmäen im Schutz dieser Geleise in den Schoß des Landes hätte eindringen können".

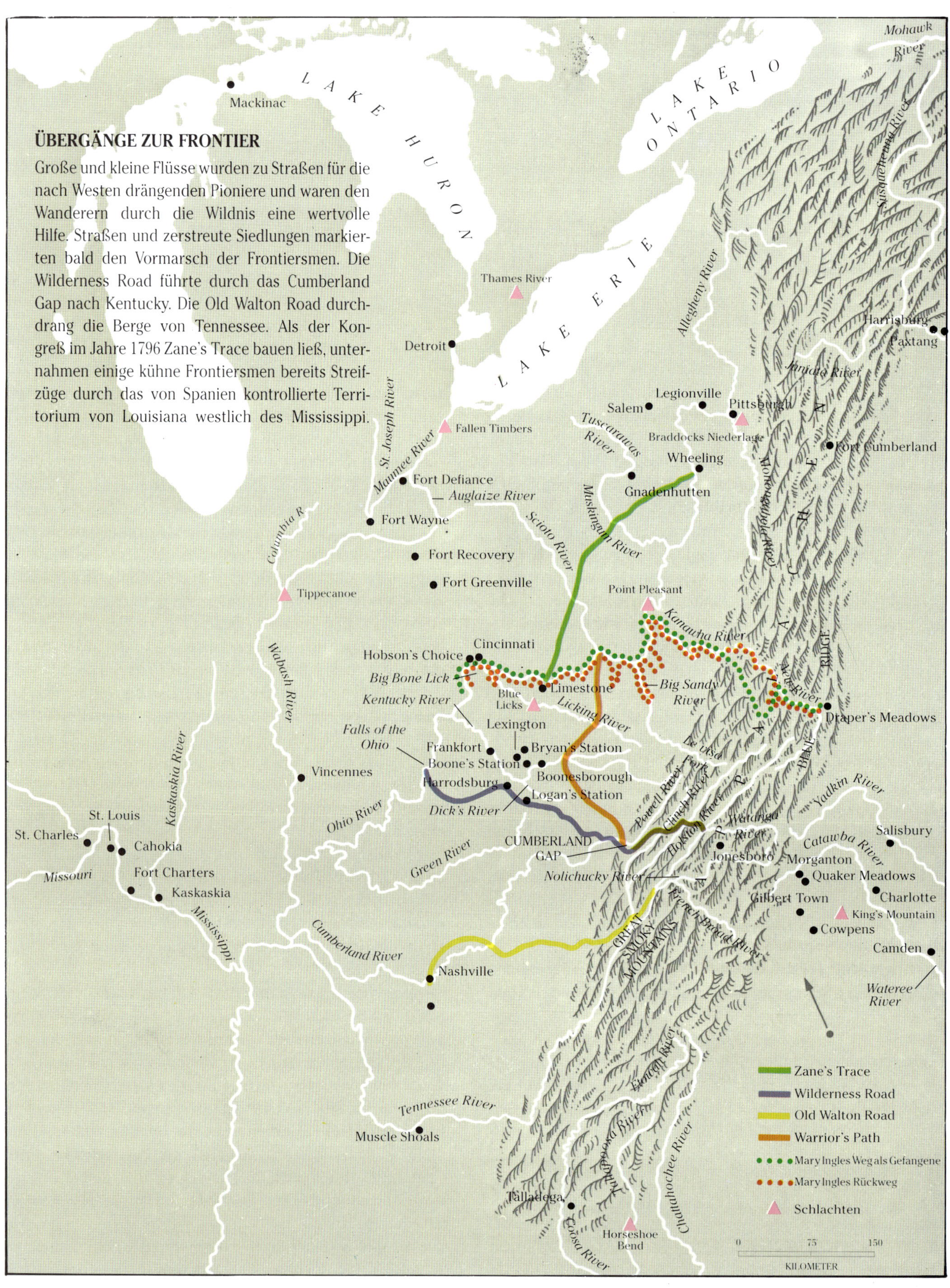

ÜBERGÄNGE ZUR FRONTIER

Große und kleine Flüsse wurden zu Straßen für die nach Westen drängenden Pioniere und waren den Wanderern durch die Wildnis eine wertvolle Hilfe. Straßen und zerstreute Siedlungen markierten bald den Vormarsch der Frontiersmen. Die Wilderness Road führte durch das Cumberland Gap nach Kentucky. Die Old Walton Road durchdrang die Berge von Tennessee. Als der Kongreß im Jahre 1796 Zane's Trace bauen ließ, unternahmen einige kühne Frontiersmen bereits Streifzüge durch das von Spanien kontrollierte Territorium von Louisiana westlich des Mississippi.

und gab den Weg frei für die Shawnee und andere Indianerstämme der Algonquin in Ohio, die darauf erpicht waren, die Catawba im Süden anzugreifen.

Doch am Morgen des 8. Juli 1755 zogen die Shawnee nicht friedlich vorbei. Diesmal kamen sie als neue Verbündete Frankreichs, um die englischen Frontier-Siedlungen zu zerstören. Draper's Meadows hatte keine Ahnung von der drohenden Gefahr. William Ingles und John Draper, die stämmigen jungen Gründer der Siedlung, befanden sich auf entfernten Feldern, als die bemalten, halbnackten Krieger zwischen den Holzhütten auftauchten. Colonel James Patton, ein Offizier der Miliz, saß gerade in einer der Hütten – er war der einzige in der Siedlung, der einige Augenblicke lang Widerstand leisten konnte. Er war zwar 63 Jahre alt, aber einsneunzig groß und hatte für gewöhnlich einen Säbel bei sich. Diese Waffe lag vor ihm auf dem Tisch, als zwei Indianer eindrangen. Er griff danach und brachte damit die beiden Shawnee um, ehe ihn eine Kugel tötete, die ein dritter Marodeur durch die offene Tür auf ihn abfeuerte.

Die anderen Krieger liefen zu den restlichen Hütten und rissen die Türen auf. Sie fingen und erschossen zwei weitere Männer, töteten Drapers Mutter und brachten seine Frau Bettie mit einem Schuß zum Stehen, der ihr den Arm brach. Sie hatte schon ihr Baby aufgehoben und verzweifelt zu entfliehen versucht. Ein Indianer packte den Säugling und zerschmetterte ihm an einem Türpfosten den Schädel. Die brüllenden Rothäute plünderten die Hütten und setzten sie in Brand; dann fingen sie die Pferde der Siedler ein und hoben die verwundete Frau auf eines der Tiere. William Ingles' Frau Mary, die im neunten Monat schwanger war, wurde zusammen mit ihrem vierjährigen Sohn Thomas und seinem zwei Jahre alten Bruder George ebenfalls auf ein Pferd gesetzt und mitgenommen.

Dieser blutige und tragische Zwischenfall leitete ein viel bedeutenderes Kapitel der amerikanischen Geschichte ein, als die daran Beteiligten hätten ahnen können. Auf ihrem Zug nach Westen waren die frühen Frontier-Siedler wie die Ingles' und die Drapers im Norden wie auch im Süden von Feinden umgeben – von den Franzosen und später den Briten in Kanada, von den Spaniern und Franzosen in Florida und Louisiana. Ihren imperialen Träumen nachjagend, spannten sie gleichermaßen Indianer als Helfer ein, und die abgelegenen Siedlungen waren diesen Raubzügen in den auf den Zwischenfall von Draper's Meadows folgenden 50 Jahren so beständig ausgesetzt, daß der Krieg in den Wäldern für die Siedler ein Teil ihres Lebens wurde – kaum anders als das Jagen und der Maisanbau.

Die Indianer marterten die Frontiersmen und schlitzten ihren schwangeren Frauen die Bäuche auf; dafür griffen die Siedler die Indianer aus dem Hinterhalt an, skalpierten und ermordeten sie. Und da sie von den Machthabern weitgehend im Stich gelassen wurden, entwickelte sich bei den Pionieren der Frontier gleichzeitig eine unüberwindliche Abneigung gegen die an der Ostküste betriebene Politik, gegen die von der Regierung erhobenen Steuern und das elitäre Betragen all jener, die in den Städten und auf den Plantagen dieser Küstenregion das Sagen hatten. Sie entwickelten sich zu einem Menschenschlag eigener Prägung: unbeugsam, gewalttätig, untereinander verschworen, aber tapfer, aufrecht und von unbändigem Freiheitswillen beseelt. Die ständige Gefahr machte sie zu gelassenen, aber argwöhnischen Realisten, die sich in ihren Vorstellungen von gerechter Vergeltung auf das Alte Testament stützten. Indem sie die Grenze über die östlichen Bergketten hinaus unaufhaltsam weiter nach Westen voranschoben und später obendrein mit der Entsendung Andrew Jacksons nach Washington der Politik für immer eine neue Stoßrichtung gaben, waren diese Pioniere an der Formgebung der Vereinigten Staaten wesentlich beteiligt.

Während die rauhen Backwoodsmen sich ihren Weg nach Kentucky, Tennessee, Ohio und Illinois erkämpften und auf den Mississippi zudrängten, traten am amerikanischen Westen noch andere Seiten zutage. Die Wildnis war nicht nur Jagdgrund für indianische Krieger und Wildjäger, sondern auch für einen Schlag von Spekulanten, die der wandernden Grenze 200 Jahre lang ihren Stempel aufdrücken sollten. Oft hatte es den Anschein, als ob sich jeder Einflußreiche in allen amerikanischen Kolonien auf großangelegte Bodenspekulationen im Mohawk- und Kanawha-Tal, in Kentucky, Virginia und Ohio einließe – Grundstücksgeschäfte, deren Durchführung beständig erschwert wurde durch nicht ausreichend dokumentierte Rechtstitel, sich überschneidende Grenzlinien, fehlende oder fehlerhaft ausgefertigte Verträge mit den Indianern und nicht zuletzt durch die Überzeugung der Siedler, das Land gehöre dem, der seine Hütte darauf errichtet habe. Prompt traten auch Betrüger, Banditen, Verräter und Aufschneider in Erscheinung, denn das Frontier-Gebiet zog säumige Schuldner, Schurken und Taugenichtse magnetisch an. Dies wiederum hatte zur Folge, daß Vigilanten-Truppen gebildet wurden. Banden von „Regulatoren" sammelten sich in den Bergen Carolinas, stellten Frauenschänder, Viehdiebe und andere Übeltäter, peitschten sie aus und hängten sie, ohne es mit der formalen Rechtspflege allzu genau zu nehmen.

Das Leben an der Frontier war selbst für die stärksten Männer und Frauen hart und oft qualvoll. Die Siedler von Draper's Meadows hatten dies früher als die meisten ihrer Weggenossen erfahren. Und doch war die schwere Prüfung,

Skizzenbuch eines Naturforschers

Ehe noch John James Audubon seinen Ruf als Amerikas bedeutendster Tiermaler begründete, hatte mehr als hundert Jahre zuvor ein englischer Botaniker still die lebenden Wunder an der Frontier eingefangen. Es war Mark Catesby, der am 3. Mai 1722 in den Carolinas eintraf, um im Auftrag der Royal Society die Pflanzen und Tiere der Wildnis zu beschreiben.

Von Charles Town ausgehend, arbeitete sich Catesby nach Westen vor. Gewissenhaft stattete er seinen Bericht mit Anmerkungen, Skizzen und Aquarellen aus. Er begann mit dem Weißköpfigen Seeadler und identifizierte insgesamt 113 Vögel, denen er bleibende Namen gab, wie etwa „Blauhäher", „Rotkopfspecht" und „Hüttensänger". 46 Fische und Dutzende von Insekten, Reptilien und Säugetieren wurden von ihm unter die Lupe genommen.

Verständlicherweise beging er Fehler, wie etwa in der sich auf Hörensagen gründenden Anmerkung über den in Carolina beheimateten Langschwanz-Papagei: „Seine Eingeweide sind für Katzen ein sicheres und schnellwirkendes Gift." Im Ganzen gesehen betrieb er sein dreijähriges Studium mit bewundernswerter Sorgfalt, ein Studium, das Kakerlaken ebenso einschloß wie den majestätischen Bison, der als Folge der Besiedlung östlich des Mississippi schon 1819 ausgerottet war.

Im Jahre 1726 kehrte Catesby nach England zurück und verbrachte die folgenden 19 Jahre damit, eine Naturgeschichte zu schreiben und zu bebildern, die bis zum Auftreten Audubons als bestes Werk über die nordamerikanische Flora und Fauna galt. Catesby selbst hatte das Projekt arm gemacht; er fand zwar seinen Lohn in der Hochachtung der Wissenschaftler, aber nicht in klingender Münze. Er starb 1749 mit 66 Jahren und hinterließ nicht viel mehr als die 220 herrlichen Druckplatten, die fertigzustellen er den größten Teil seines Lebens aufgewendet hatte.

AMERIKANISCHER BISON

WANDERTAUBE

KUTSCHERPEITSCHE

KAPPENSÄNGER

PRÄRIEHUHN

die ihnen von den Shawnee auferlegt wurde, nur typisch für Tausende solcher Morde und Entführungen, die Familien auseinanderrissen und einen unversöhnlichen Haß auf die Indianer in die Herzen der frühen Pioniere säten. Als sie das Kriegsgeschrei und die Schüsse in der Siedlung hörten, mußten sich William Ingles und John Draper augenblicks zwischen Selbstmord und erbärmlicher Vernunftsüberlegung entscheiden. Ohne eingreifen zu können, versteckten sich beide, bis ihre Frauen und Kinder fortgebracht worden waren. An der Frontier stieß diese Art von schmerzlichem Realismus auf Verständnis, doch jeder dieser Männer empfand ein bohrendes Verlangen nach Rache. In den folgenden Jahren wandelten sich beide zu gefürchteten Soldaten der regionalen Miliz.

Die an dem Überfall auf Draper's Meadows beteiligten Indianer hatten es nicht eilig, als sie sich mit den gestohlenen Pferden auf den langen Rückweg zum Ohio machten. Schon in der nächsten halben Stunde entdeckten sie zwei abseits gelegene Hütten, bei denen sie anhielten. In der ersten skalpierten und töteten sie einen alten Mann namens Philip Barger und reichten seinen Kopf, den sie zuvor in einen Sack gesteckt hatten, mit breitem Grinsen einer Frau, die sie aus der zweiten Hütte herausholten. Nun prägte kindliche Freude ihr Benehmen; um ihren Spaß zu haben, taten sie der Frau nichts zuleide. Und während die Shawnee durch die engen Schluchten des New River in die Wildnis des westlichen Virginia zogen, begegneten sie ihren Gefangenen ohne jede Bösartigkeit.

In der dritten Nacht brachte Mary Ingles ihr Baby zur Welt, ritt aber, das Kind an sich gedrückt, am nächsten Tag mit ihren Entführern weiter. Bettie Draper erduldete mit der gleichen äußeren Gelassenheit die Schmerzen, die ihr der zerschmetterte Arm verursachte. Beide konnten jedoch nicht dem Schicksal entgehen, als Siegespreise angeboten zu werden, sobald sie die „Hauptstadt" der Shawnee am Zusammenfluß des Ohio und des Scioto erreicht hatten. Bettie Draper ging durch viele Hände, für sie begann ein Leben als Sklavin und Konkubine. Die kleinen Jungen wurden von zwei verschiedenen Gruppen verschleppt – George nach Detroit, Thomas in ein Dorf in Ohio.

Mary Ingles hatte mehr Glück. Sie fand heraus, daß die Shawnee in den Besitz eines Ballens karierten Tuches gelangt waren; sie machte sich daran, Hemden daraus zu schneidern, und stieg unverzüglich zur Berühmtheit auf, da jeder Indianer, der ein Hemd von ihr erhalten hatte, seinen Schatz an einem Stockende schwenkte und jubilierend durch das Dorf rannte. Ihrem Ruf als fleißige Arbeiterin hatte sie es zu verdanken, daß sie zusammen mit einer alten Holländerin, die den Shawnee in Pennsylvania in die Hände gefallen war, einer Gruppe zugeteilt wurde, die sich zur Big Bone Lick in Kentucky auf den Weg machte. Nach ihrer Ankunft bei dieser salzhaltigen Quelle gelang es ihr nicht nur zu entkommen, sondern auch noch die andere Frau zu den Appalachen zurückzuführen.

Big Bone Lick lag so weit von jeder menschlichen Behausung entfernt – 140 Kilometer vom Shawnee-Dorf und 420 Kilometer von Draper's Meadows –, daß die zwei Frauen unbewacht blieben, wenn sie nicht gerade damit beschäftigt waren, das salzhaltige Wasser zum Verdampfen zu bringen. Mary Ingles war 23 Jahre alt, von athletischem Körperbau und stolz darauf, daß sie mit einem einzigen Satz in den Sattel zu springen vermochte. Doch außer einem entwendeten Tomahawk und einer Decke besaß sie nichts von alldem, was man notwendig braucht, um eine so weite Strecke zurückzulegen. Und obwohl sie zwei Söhne schon verloren hatte, und obwohl ihr klar war, daß die Indianer nach ihrer Flucht nicht zögern würden, ihr Baby zu töten, entschloß sie sich, den Säugling zurückzulassen. Sie wußte, daß ihr keine andere Wahl blieb, wenn sie sich wieder mit ihrem Mann vereinigen wollte. Und diesen Versuch zumindest hielt sie für ihre höchste Pflicht. Als die Holländerin sich endlich bereit erklärte, mitzukommen, weinte sie einige Minuten lang an der aus Baumrinden gefertigten Wiege des Kindes, verlor aber dann keinen Augenblick mehr und machte sich eiligst auf den Weg.

Ihr Plan war ganz einfach: Sie beabsichtigte, den Ohio entlang bis zur Mündung des Kanawha River zu gehen und dann an diesem Fluß aufwärts zu wandern, bis er zu dem ihr vertrauten New River wurde, der sie mit ein wenig Glück zu ihrer Hütte führen würde. Keine Verfolger ließen sich blicken; nachdem sie ein paar Signalschüsse abgegeben hatten, nahmen die Shawnee an, daß sich ihre Gefangenen entfernt hatten, um Beeren zu suchen, und dabei die Beute wilder Tiere geworden waren. Die beiden Frauen hatten Glück, schon am zweiten Tag ihrer Flucht sahen sie den Ohio durch die Bäume schimmern. Ein Fluß nach dem anderen mündete ein, aber da sie nicht durch die gefährlich tiefen, reißenden Wasser schwimmen konnten, sahen sie sich genötigt, kilometerweit stromaufwärts zu marschieren, um Furten zu finden, die sich durchwaten ließen; dann mußten sie am anderen Ufer wieder zurückgehen und ihren Weg zum Kanawha River fortsetzen. Als Nahrung dienten ihnen Nüsse, Wurzeln, Beeren und wilde Trauben; sie hatten keine Möglichkeit, Feuer zu machen, und fanden kein Obdach, außer in hohlen Bäumen oder auf Haufen trockener Blätter. Ihre Mokassins lösten sich in ihre Bestandteile auf. So umwickelten sie ihre Füße mit Tuchfetzen, die sie aus ihrer Kleidung rissen, und eilten weiter.

Dreimal lächelte ihnen das Glück. Sie fanden eine verlassene Hütte und daneben ein mit Mais bepflanztes Stückchen Land. Dort stopften sie sich mit den harten Körnern der getrockneten Kolben voll und schliefen nach langer Zeit wieder einmal unter einem Dach. Der Klang von Metall auf Metall weckte sie im Morgengrauen; sie erschraken zutiefst, weil ihre Hütte genau gegenüber dem Shawnee-Dorf am anderen Ufer des Ohio stand. Doch als sie hinauslugten, entdeckten sie, daß das Schicksal ihnen einen alten Gaul beschert hatte, der ein umgehängtes Glöckchen trug. Mit ihrem neugefundenen Gefährten, auf dem eine von ihnen saß, während die andere ihn am Zügel führte, zogen sie weiter. Doch bald mußten sie wieder ganz zu Fuß marschieren. Sie versuchten, das Pferd mit einer Art Floß über einen Fluß zu transportieren, mußten aber das Tier opfern, als es dabei mit allen vier Beinen zwischen treibende Stämme geriet und sie es nicht zu befreien vermochten.

Die beiden Frauen fühlten sich schwach vor Hunger, als sie endlich den Kanawha erreichten, und beide nagten gierig an einem faulenden Hirschkopf, den sie im seichten Wasser fanden. Kälte und Regen verschlimmerten ihre Lage noch weiter – es war jetzt schon Mitte November –, und ihr Fortkommen wurde zunehmend beschwerlicher, da die Felswände der Schlucht immer enger zusammenrückten. Sie kletterten endlos über riesiges, schlüpfriges Flußgestein und mußten wiederholt ins Wasser steigen, um an den hohen Klippen vorbeizukommen. Eines Abends machte die Holländerin einen wahnsinnigen Vorschlag: Eine sollte die andere töten und dann verzehren. Sie zerrte ihre Wohltäterin zu Boden und packte sie mit schwachen Kräften an der Kehle. Mary Ingles riß sich los und lief stromaufwärts, um sich zu verstecken. Am nächsten Morgen setzte sie ihren Weg allein fort, erfrischt durch ein Frühstück, das aus zwei rohen Steckrüben bestand, die sie vor einem verlassenen Lager gefunden hatte, und ermutigt durch Wegzeichen, die ihr das Gefühl gaben, keine 50 Kilometer von den verkohlten Resten ihrer alten Hütte entfernt zu sein. Doch eine letzte Barriere stellte sich ihr entgegen: Anvil Rock, „ein gigantisches Kliff, über 100 Meter hoch, die Sohle im Wasser, mit überhängendem Plateau“, wie John Hale, ihr Urenkel, es formulierte, der ihr Bravourstück viele Jahre später dokumentarisch belegte. „Sie war“, schrieb er, „über die gewaltigen Klippen knapp unterhalb der Mündung des Stony Creek gekrochen. Irgendwie hatte sie es geschafft, die mächtige Wand des Kliffs, das drei Kilometer in den Fluß bis zum Doe Creek hineinragte, zu meistern.“

„Die Nacht brach an; Schnee war gefallen, und es war bitter kalt. Schließlich schien es einfach nicht mehr weiterzugehen. Sie hatte nichts zu essen. Verzweifelt warf sie sich auf das Geröll und blieb dort mehr tot als lebendig bis zum nächsten Morgen liegen. Als der Tag heraufzog, mußte sie zu ihrem Schrecken entdecken, daß es nur eine einzige Möglichkeit gab, diese turmhohe Barriere zu überwinden: Sie mußte rund um das Plateau herum- und darüber hinwegklettern. Doch als sie sich erheben wollte, waren ihre Glieder von Nässe und Kälte so steif und geschwollen, daß sie kaum aufrecht stehen konnte. Langsam begann sie ihren gewundenen, mühseligen, qualvollen Weg; fast fühlte sie sich versucht, aufzugeben und sich fallen zu lassen, um Erlösung und ewigen Frieden zu finden. Sie kletterte und rastete, rastete und kletterte, bis sie endlich, als der Tag schon zur Neige ging, den Gipfel erreichte. Solange sie lebte, bezeichnete sie diesen Tag als den schrecklichsten ihres ganzen ereignisreichen Lebens.“

Doch Geborgenheit, Nahrung und Ruhe waren jetzt in greifbarer Nähe, und sie hatte schon eine scheinbar unendliche Strecke zurückgelegt. Adam Harmon, ein Siedler, hörte sie schließlich auf seinem Maisfeld rufen, und zusammen mit seinen beiden Söhnen trug er sie in seine warme Hütte. Wenige Tage später konnte sie ihren Mann in die Arme schließen. Die Holländerin stieß auf das Lager eines Fallenstellers und wurde ebenfalls gerettet.

Nie wieder hörte Mary Ingles etwas von ihrem Baby oder von ihrem jüngeren Sohn. Thomas, der ältere, wurde von den Indianern ausgetauscht, als er 16 war – ein wildes, verschrecktes Geschöpf, dem seine Eltern fremd waren. John Draper sah seine Frau Bettie sechs lange Jahre nicht wieder, und als er endlich ihre Freiheit erkaufen konnte, mußte er feststellen, daß sie nicht mehr dieselbe Gefährtin war, mit der er geschlafen und gegessen hatte, bis die Shawnee sie entführten. So war die Wirklichkeit, die ein hartes neues Geschlecht in einer Wildnis formte, wie Europäer sie sich nicht vorzustellen vermochten.

Zu Beginn des 18. Jahrhunderts war der ganze amerikanische Subkontinent nach Westen hin bis zum Mississippi – ausgenommen die besiedelten Gebiete an der Atlantikküste – ein einziger riesiger Wald, dessen immense Ausdehnung durch vereinzeltes Marsch- oder Prärieland noch betont wurde. Weite, ineinander verschlungene, mit Lorbeerbäumen und Rhododendren bewachsene Flächen säumten die hochaufragenden Gebirgszüge der Appalachen. Hier und dort hatten Indianer durch Abbrennen von Bäumen Schneisen geschaffen, durch die sie wartenden Jägern das Wild zutrieben. Mächtige Fichten, Tannen und Hemlockstannen bedeckten die Höhen des nördlichen New England und die höchsten Gipfel bis nach Tennessee. Von New Jersey und Pennsylvania bis ins nördliche Virginia gediehen Eichen und

Pioniere auf dem Weg nach Kentucky fahren mit ihrem Wagen über die von Daniel Boone 1775 durch das Cumberland Gap geschlagene Wilderness Road. Der Bergpaß erhielt seinen Namen von Thomas Walker *(oben)*, einem Gutsbesitzer aus Virginia und späteren Bodenspekulanten, der in den fünfziger Jahren des 18. Jahrhunderts die Appalachen erforschte.

Kastanienbäume, während Kiefern und Eichen in den Wäldern des Südens vorherrschten. An manchen Stellen bildete das Unterholz ein solches Dickicht, daß ein Mensch schon aus sechs Meter Entfernung nicht mehr auszumachen war. Nur wenige Singvögel lebten in den dunkelsten Tiefen des Waldes, und es herrschte eine Totenstille.

Die Indianer waren nicht die einzigen gefährlichen Bewohner des Waldes. Es gab Bisons, Hirsche und Eichkätzchen in großer Zahl, aber auch Bären, Wildkatzen, Pumas, giftige Schlangen und Wölfe, die in ihrer Raubgier selbst von Geschützfeuer keine Notiz nahmen. Der Wald konnte einen Unbedachten verschlingen. Seine breitesten Wege (der Ausdruck Trail war damals noch nicht üblich) waren als Trampelpfade der Bisons entstanden, führten aber oft ins Ungewisse, während die von Indianern gelegten Spuren für das ungeübte Auge nur schwer erkennbar waren. Jäger und Fallensteller durchstreiften das Waldland mit Gottvertrauen auf gut Glück; immer wieder durchwateten sie Flüsse und markierten Bäume, um den Weg zu kennzeichnen, auf dem sie aus der Tiefe der Wälder zurückfinden konnten. Sobald sich die Backwoodsmen mit ihren Frauen und Kindern, Rindern und Schweinen über die bestehende Siedlungsgrenze hinauswagten, bescherte ihnen der Wald Mühsal und Kummer; hatten sie sich einmal auf unbearbeitetem Boden niedergelassen, schwebten sie ständig in Gefahr. Die Indianer konnten unbemerkt auftauchen und wie Geister wieder im Wald verschwinden, aber die Hütte des Frontiersman war leicht auszumachen und stand fest und unverrückbar in der Wildnis.

Im ersten Jahrhundert der englischen Besiedlung entlang der Atlantikküste blieb diese unermeßlich große Wildnis praktisch noch unberührt. Ein so augenfälliger Durchlaß durch die Appalachen wie das Cumberland Gap – eine den Indianern längst vertraute Passage, durch die später die Siedler nach Kentucky strömen sollten – war den Weißen kaum bekannt, bis Dr. Thomas Walker, ein in Virginia beheimateter Landspekulant, es 1750 entdeckte.

Die Invasion des amerikanischen Westens wurde in der Alten Welt ausgelöst – durch die Armut der Deutschen in der Rheinpfalz und durch die Mißernten und den lähmend hohen Pachtzins (sowie die Unterdrückung des Presbyterianertums) in der nordirischen Provinz Ulster, wo schottische Tiefländer und Engländer seit hundert Jahren siedelten. Die Bodenspekulanten in den Kolonien wie auch die Britische Krone waren nur allzugern bereit, die Hoffnungen dieser Protestanten auf ein besseres Leben jenseits des Ozeans zu nähren – und diese Menschen zur Besiedlung in die nahezu leeren Gebiete Amerikas zu lenken, Gebiete, auf die Frankreich und Spanien begehrliche Blicke warfen.

In den Dezennien vor dem Unabhängigkeitskrieg überquerten die Auswanderer alljährlich zu Tausenden den Atlantik. Bis 1770 hatten mehr als 400 000 Amerika erreicht. Als kein gutes Land mehr verfügbar war, schwappte diese Flut nach Pennsylvania über und drang in die Waldgebiete ein. Dann wandte sich der Menschenstrom nach New England im Norden und südlich den Appalachen-Graben hinunter, bis er die Vorberge und die bewaldeten Täler der Carolinas erreichte; schließlich bewegte er sich abermals nach Westen und Norden und begann die Eroberung der Wildnis jenseits der den Osten begrenzenden Gebirgskette.

Die Iro-Schotten bildeten die Spitze der Invasion der Waldgebiete. Die meisten deutschen Einwanderer zeigten einen deutlichen Hang zur raschen Seßhaftigkeit. Sie schnitten die Stämme vierkantig zu, um solide Hütten zu bauen, und blieben dort, wo sie gutes Land vorfanden. Aber die Schotten aus Ulster waren ein ruheloser Menschenschlag. Um ihre Hütten zu errichten, kerbten sie lediglich die Enden der Stämme ein, und um Bäume zum Absterben zu bringen, begnügten sie sich oft damit, deren Rinde ringsum mit Einschnitten zu ringeln, ließen sie aber stehen und bewirtschafteten die sonnenbeschienenen Flächen dazwischen, bis der Boden erschöpft war oder sie Lust verspürten, weiterzuziehen. Menschen verschiedenster Art erlagen den Verlockungen der riesigen Siedlungsräume – mit der Zeit beherbergten die Wälder Engländer, Hugenotten, Skandinavier und Hochland-Schotten, und die ungebundeneren Deutschen und ihre Söhne taten es ihnen gleich. Vornehmlich aber entwickelten sich die Iro-Schotten zu zähen Backwoodsmen, und über mehr als hundert Jahre bildeten sie die Vorhut der Ausbreitung nach dem Westen.

Deutsche und Schweizer jedoch wurden als die ersten Waffenschmiede der Frontier tätig. Es ist kaum feststellbar, wann die Pennsylvania-Büchse (die man später Kentucky-Büchse nannte) zuerst an der Frontier auftauchte. Aber schon um 1720 gab es in Lancaster, Pennsylvania, Schweizer Büchsenmacher, die die Kunst beherrschten, spiralförmige Züge in den Lauf eines Gewehres zu schneiden – eine Methode, die schon 200 Jahre in Mitteleuropa angewendet wurde, während man auf dem übrigen Kontinent Gewehre mit glattem Lauf benutzte. Diese Handwerker scheinen sehr bald damit begonnen zu haben, die Feuerwaffen der Gebirgsjäger und Meisterschützen der Alten Welt abzuändern, um sie den Bedürfnissen der Männer anzupassen, die die amerikanischen Wälder durchstreiften. Das Ergebnis ihrer Bemühungen war ein mit einem langen Lauf (bis 115 cm) ausgestattetes Steinschloßgewehr mit einem schmalen Hals am Hartholzkolben und verkleinertem Kaliber, um Pulver und Blei zu sparen.

Ein verängstigtes Paar auf der Suche nach Waldblumen versteckt sich angesichts der nahen Gefahr hinter einem Baum. Diese romantische Szene stammt von einem im Jahre 1874 angefertigten Stich nach einem Gemälde von George H. Boughton mit dem Titel *Dem Kriegspfad zu nahe*.

Die schwere Waffe mußte vor dem Schuß meist gegen einen Baum abgestützt werden, da die Konstruktion des Steinschlosses den Schützen zwang, nach dem Anvisieren und Abdrücken das Gewehr mehrere Sekundenbruchteile in der gleichen Position zu halten. Denn erst das gezündete Pulver auf der Pfanne zündete mit Verzögerung die Pulverladung im Lauf. Dennoch handelte es sich hierbei um die modernste Handfeuerwaffe der Zeit, und ihre Treffsicherheit war außerordentlich hoch.

Dieses tödliche und klug erdachte Gewehr wurde – zusammen mit der Axt – zu einem unverzichtbaren Bestandteil des für die Existenz an der Frontier nötigen Rüstzeugs und trug dazu bei, das Wesen und die Ziele der ersten Bewohner des Westens zu prägen. Diese Waffe verhalf ihnen zu einem Großteil ihrer Nahrung und Kleidung und ermöglichte ihnen eine enorme Beweglichkeit; mit ein paar Pfund Salz, etwas Maismehl, einer Kentucky-Büchse, einem Skalpiermesser und einer Ahle zum Flicken seiner Mokassins konnte ein Jäger monatelang in der Wildnis ausharren. Das Gewehr war seine beste Versicherung gegen Angriffe der Indianer und – während er allmählich die bitteren Lektionen der Kriegführung mit den Rothäuten erlernte – eine Waffe, die ihm auch bei Scharmützeln mit regulären Truppen im Waldland Überlegenheit gab.

Die europäischen Soldaten des 18. Jahrhunderts waren darauf gedrillt, in massivem Einsatz mit dem Bajonett anzugreifen. Wenn sie überhaupt feuern durften, feuerten sie Salven ab, denn die Chance, mit Einzelfeuer aus ihren ungenau schießenden Musketen zu treffen, war sehr gering. Ein Backwoodsman aber stellte auch noch aus 200 Meter Distanz eine tödliche Gefahr dar und war darin geübt, aus dieser Entfernung Offiziere einzeln abzuschießen. Am Ende sahen sich die Armeen der Welt genötigt, es ihm in der Bewaffnung gleichzutun. Bis dahin verging aber noch viel Zeit. Im Unabhängigkeitskrieg kämpften die Truppen der amerikanischen Kontinentalarmee mit unterschiedlichen Musketen, während die Franzosen in den Napoleonischen Kriegen an ihrer Charleville-Muskete und die Briten an ihrer Brown Bess festhielten; alle erblickten in den Backwood-Scharfschützen wahre Wundertiere, bis schließlich die Hinterlader entwickelt wurden.

Noch bewundernswerter aber war die Schnelligkeit, mit der sich Tausende und Abertausende von Einwanderern aus der Alten Welt samt ihren Kindern einer Lebensweise anpaßten, in welcher der Bedarf an derartigen Waffen eine Selbstverständlichkeit darstellte, aber auch die Endgültigkeit, mit der sie die Gewohnheiten ihres früheren Lebens hinter sich ließen. Sie traten als die ersten Siedler in Erscheinung, die ihren Blick lieber westwärts in das Innere Amerikas als ostwärts nach Europa gerichtet hielten, um sich über Ziel und Bestimmung ihres Daseins klarzuwerden. Den meisten blieb allerdings keine andere Wahl. Sie mußten ihren Lebensunterhalt aus dem Wald gewinnen oder sterben. Ebenso erging es den Siedlern im westlichen Pennsylvania, im Bergland des westlichen Virginia, in den Tälern des Clinch River, des Nolichucky, des Holston und anderer Nebenflüsse des Tennessee, wie auch in der Wildnis Kentuckys. Die ihnen in diesem dauernden Kampf mit der Natur aufgezwungene Geisteshaltung zeigte überall an der Frontier eine auffallende Ähnlichkeit, ebenso wie die Mittel und Wege sich glichen, die unvorstellbaren Schwierigkeiten zu meistern, mit denen sie zu kämpfen hatten.

In unserer heutigen Zeit sind nur sehr wenige Menschen so abhängig von ihrer eigenen Arbeit und Erfindungsgabe. Die Blockhütte mit dem Fußboden aus Erde oder roh behauenen Holzpfosten wurde für gewöhnlich in ein oder zwei Tagen mit Hilfe von Nachbarn oder Verwandten und völlig ohne Nägel erbaut. Auch ihre Einrichtung – ein rohgezimmerter Tisch, ein aus Brettern gefertigtes Bett, ein paar dreibeinige Stühle und einige Kleiderhaken an der Wand – wurde an Ort und Stelle rasch zusammengehauen. Auf dieselbe Art entstanden die Haushaltsgeräte. Einige Wohlhabendere mochten eine kleine Zahl von Zinkgefäßen und Eisenlöffeln ihr eigen nennen, aber im allgemeinen aßen und tranken die Pionierfamilien unter Zuhilfenahme von Hornlöffeln, hölzernen Schüsseln, Krügen und Schneidebrettern sowie den Hälften von verschiedenen hartschaligen Kürbisarten. Als Sieb benutzte die Hausfrau ein Stück pergamentdünner Rehhaut, die über einen hölzernen Ring gespannt und mit einem heißen Draht durchlöchert wurde. In dem an die Hütte angrenzenden Hof befanden sich unweigerlich ein ausgehöhlter Klotz aus Walnußholz, in dem mit einem derben Stampfer der Mais zerstoßen wurde, und ein in den Boden eingelassener Gerbbottich, in dem Rehfelle zu brauchbarem Leder verarbeitet wurden.

Dennoch war keine Familie ganz von der Außenwelt abgeschnitten. Jagdmesser, Hacken, eiserne Pfannen oder Kochtöpfe, Ahlen, Nadeln, Salz, Feuerwaffen, Pulver, Blei und Kugelzangen – auch diese Dinge selbst herzustellen, überstieg ihre Fähigkeiten. Um sie zu beschaffen, gebrauchte der Frontiersman seine Büchse. Es war praktisch kein Geld in Umlauf, und er erwarb solche Schätze im Tauschhandel gegen Hirsch- und Rehfelle.

Alle Fontiersmen paßten sich der spezifischen Kost der Wildnis an. In den hundert Jahren in Ulster hatten sich die Schotten beständig geweigert, den Verzehr von Schweinefleisch zuzulassen; jedoch war es leicht, Schweine aufzuziehen, und ihr Fleisch eignete sich besonders gut zum Pökeln und Räuchern; also wußte man an der Frontier Speck und Schinken sehr zu schätzen. Begehrt war auch das Fleisch von Hirsch und Reh, Bison, Bär, Murmeltier und Eichhörnchen; Mais stellte die gängige Feldfrucht dar, und Milch war das normale Getränk jener Leute, die Kühe besaßen.

Die selbstgefertigte Kleidung spiegelte die gleiche Fähigkeit wider, sich den Erfordernissen des Lebens in der Wildnis anzupassen. Die Jagdbluse – eine lose Wickeljacke, die bis zu den Oberschenkeln reichte, bedeckte den Oberkörper. Sie war aus derbem Leinen genäht, das aus dem Flachs gewebt wurde, den die Pioniere in den Waldlichtungen zogen; wenn auch ein wenig Wolle zur Verfügung stand, nähte man die Blusen aus einem wärmeren Halbwollzeug. Nur im Notfall fertigte man diese Jagdbluse aus Rehhaut an, da diese bei Regen durch und durch naß und klamm wurde, wodurch ihr Träger die winterliche Kälte noch beißender empfand. Der Backwoodman gebrauchte seine Bluse nicht nur als Kleidungsstück, sondern auch als eine Art Reisetasche. Er konnte ein Stück Maisbrot oder ein Bund Werg zum Putzen seiner Büchse hineinstopfen und am bloßen Körper tragen. Der Gürtel, der immer am Rücken geschlossen wurde, diente nicht nur dazu, die Bluse an den Leib zu drücken, sondern auch zum Befestigen von Jagdmesser, Tomahawk, Kugeltasche und Pulverhorn. Die meisten Männer schützten ihre Beine mit einer Hose, unterhalb der Knie zusätzlich mit Ledergamaschen – wobei junge Burschen oft die Indianer nachäfften und sich mit Lendenschurzen und hohen Lederstrümpfen kostümierten; in diesem Fall blieben ihre Oberschenkel und großenteils auch ihre Hinterbacken unbedeckt.

Mokassins waren die allgemein übliche Fußbekleidung. Sie verjüngten sich zu Schäften, die oberhalb der Knöchel mit Lederriemen zusammengebunden wurden, um Steine oder Schnee abzuhalten. Bei kaltem Wetter blieben sie angenehm warm, weil man sie mit Rehhaar oder getrockneten Blättern ausfütterte, aber wie die Jagdblusen aus Rehhaut saugten sie sich bei Regen mit Wasser voll. Zwar trugen auch die Frauen Mokassins, gingen aber im Sommer und bei der Hausarbeit für gewöhnlich doch barfuß. Eine Frau, die mehr Garderobe besaß als einen Sonnenhut, ein einfaches Halbwollkleid, einen Unterrock, ein Tuch und ein Nachtgewand – das sie bei festlichen Anlässen auch als eine Art Abendkleid gebrauchte – wurde von ihren Schwestern schon beneidet.

Diese ungebildeten, vorwiegend analphabetischen Backwoodsmen wußten nichts vom Stand der Medizin ihrer Zeit – was ihnen in den meisten Fällen vermutlich zum Segen gereichte. Sie behandelten Verletzungen und Krankheiten mit einer recht sonderbaren Sammlung von Altweiberheilmitteln. Schußwunden wurden mit Breiumschlägen kuriert, denen Ulmenrinde oder Leinsamen beigemengt waren; wer unter Würmern litt, nahm vom Löffel abgeschabte Zinnspäne mit etwas Zucker ein; Husten oder Diphtherie wurde mit Knoblauch oder gerösteter Zwiebel kuriert. Schlangenbisse wurden zuweilen mit einem scharfen Messer aufgeschnitten, und die Wunde bestäubte man mit Schießpulver. Die schwarze Katze, die einem an der Frontier gelegentlich über den Weg lief, besaß meist keine Ohren und nur einen Schwanzstummel; diese Körperteile waren ihr Stück für Stück abgeschnitten worden, weil das Blut gebraucht wurde – als Mittel gegen Wundrose oder Mutterkornvergiftung. Die Prognose war in allen Fällen die gleiche: Die Kräftigen überlebten oft, die Schwachen starben gewöhnlich.

Aber das Leben bestand nicht nur aus Gefahren, Entbehrungen und Plackerei. Preisschießen wurde als altvertrauter Sport gepflegt, und an Winterabenden bildete das Geschichtenerzählen die allgemein beliebte Art der Unterhaltung. Hausbau und Hochzeiten gaben Anlaß zu rauschenden Jubelfesten. Nur ein Krieg hätte die Gemein-

Die treffsichere Waffe, die jedermann zum Scharfschützen machte

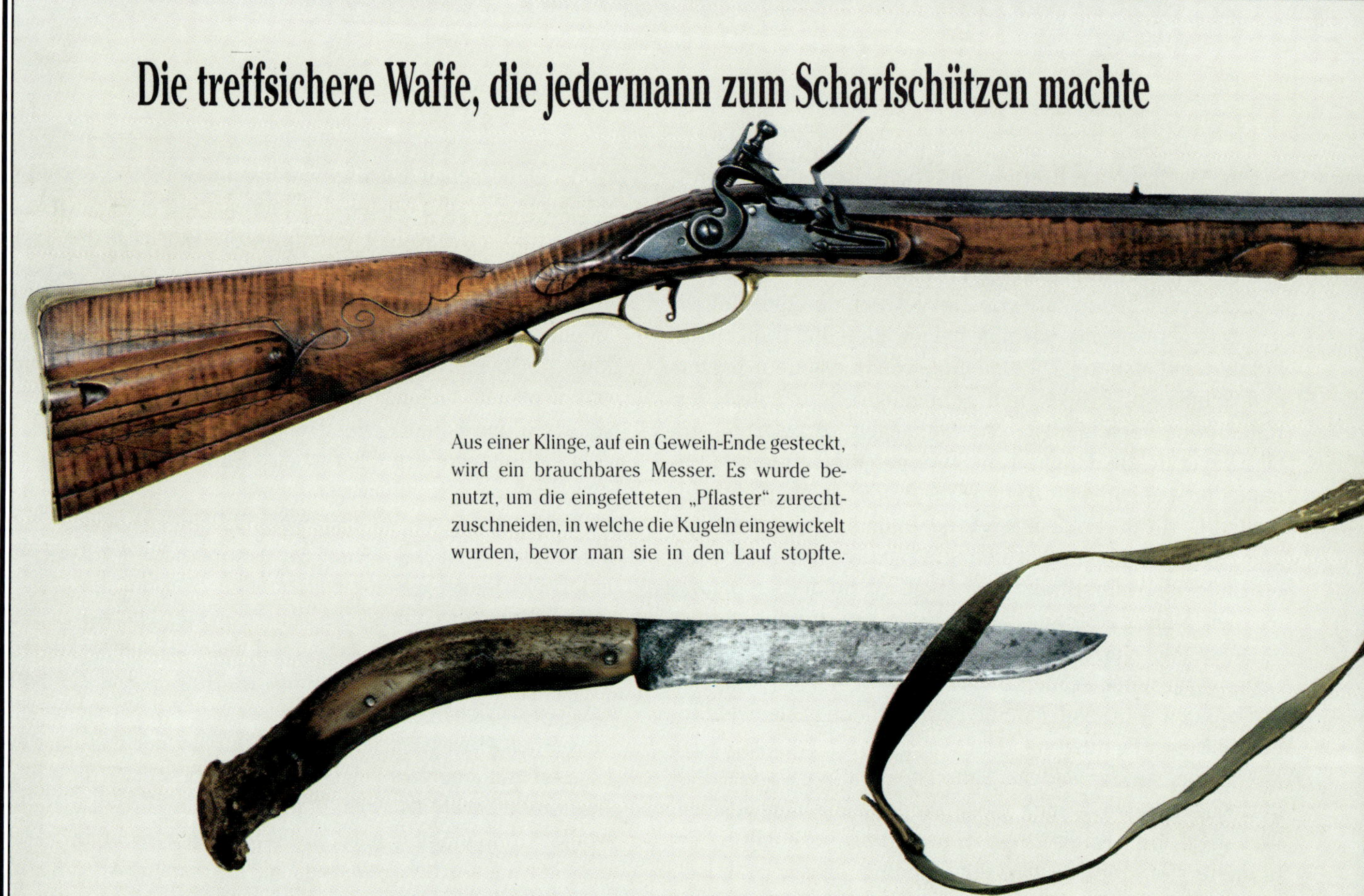

Aus einer Klinge, auf ein Geweih-Ende gesteckt, wird ein brauchbares Messer. Es wurde benutzt, um die eingefetteten „Pflaster" zurechtzuschneiden, in welche die Kugeln eingewickelt wurden, bevor man sie in den Lauf stopfte.

„Wenn Sie auf einen Rehbock aus sind, Herr Richter, oder auf ein Stück Bärenfleisch, dann müssen Sie die lange Büchse nehmen, sonst verschwenden Sie mehr Pulver, als Sie leere Mägen füllen können." So sprach James Fenimore Coopers Romanfigur Natty Bumppo 1823 und führte damit unter einem ihrer vielen Namen jene besondere Waffe in die Literatur ein, die die Speisekammer des Frontiersman immer wieder auffüllte und ihn vor Räubern schützte.

„Lange Büchse", „Amerikanische Büchse", „Pennsylvania-Rifle", „Kentucky-Büchse", „Stockbüchse" – alle Bezeichnungen meinten dasselbe: Ein Wunderding von einem Vorderlader mit einem Lauf aus geschmiedetem Weicheisen, einem aus Ahornholz geschnittenen Kolben und einem auf dem Amboß geformten Steinschloß. Ein Experte konnte mit ihm auf 45 Meter Entfernung eine Münze durchschlagen und auf 180 Meter einen Menschen töten. Wie General George Washington einmal feststellte, gelang es einem Schützen noch auf 350 Meter, ein 20 mal 25 Zentimeter großes Stück Papier mit drei von fünf Schüssen zu treffen. Zum Vergleich: Eine Muskete schoß eine Kugel nur 130 Meter weit – und schon auf 40 Meter war nicht mehr mit einem Treffer zu rechnen.

Das Geheimnis der unglaublichen Treffsicherheit der Büchse und das Fehlen einer solchen bei der Muskete lag in der Konstruktion des Laufes. Die Laufwandung der Muskete war glatt; die Kugel wurde einfach ausgestoßen, und nichts hinderte sie am Streuen. Die Laufwandung einer Büchse jedoch besaß spiralförmig eingeschnittene Rillen, die der Kugel einen präzisen Drall gaben, so daß sie sich stabilisierte und ihre genaue Flugbahn immer einhielt.

Die große Schußweite verdankte die Büchse einer anderen Neuerung. Bei der Muskete verwendete man strammsitzende Kugeln, die mit einer Eisenstange in den Lauf gestoßen wurden. Aber es ließ sich nicht verhindern, daß ein großer Teil der Treibkraft des Pulvers rund um die Kugel entwich und damit verlorenging. Eine Büchsenkugel hingegen war etwas kleiner als das eigentliche Kaliber, wurde aber mittels eines Tuch- oder Lederflickens fest eingepaßt. Diese Prozedur dauerte nicht länger als das Laden einer Muskete, garantierte aber dem Schützen, daß er beim Feuern das Maximum aus seiner Ladung herausholte.

„Die Kentucky-Büchse", schrieb ein Zeitgenosse, „ist eine eigene Spezialität, zu der es ein Konkurrenzprodukt irgendeiner anderen Nation einfach nicht gibt." Die Büchsen wurden so geschätzt, daß sie noch in den 1850er Jahren vielfach in Gebrauch standen – Jahrzehnte, nachdem das Perkussionsschloß das Steinschloß verdrängt hatte. Kein Wunder, denn die Waffenschmiede fertigten jede einzelne Büchse mit höchster Sorgfalt an und probierten sie persönlich aus.

Der Kolben aus Ahornholz, die Messingbeschläge und der eiserne Lauf sind Teile einer sorgfältig ausgewogenen Kentucky-Büchse aus dem Jahr 1761. – Ein Waffenschmied mußte damals immerhin eine 7jährige Lehrzeit absolvieren.

Diese Zange zur Herstellung von Büchsenkugeln weist zwei Aushöhlungen aus. Mit dem Vorderteil der Backen zwickte der Schütze ein Stück aus einem Bleibarren. Das Blei wurde dann geschmolzen und in die hintere Höhlung gegossen, wo es sich zu einer Kugel härtete.

Ein Pulverhorn ist mit Bändern am Riemen einer Jagdtasche aus Schweinsleder befestigt. Hörner wie dieses faßten bis zu 360 g, eine Menge, die für 75 Schuß ausreichte. Befestigt an der Tasche, die Feuersteine und Kugeln enthielt, waren auch eine Nadel zum Säubern des Zündlochs, ein Bürstchen zum Reinigen der Pulverpfanne und ein kleines Horn, das zum Abmessen der einzelnen Pulverladungen diente.

Auf dieser 1796 entstandenen Skizze mit ihrem stilisierten Hemlockstannen unterbricht die Frau eines Pioniers ihre Hausarbeit. Nur mit einer Axt ausgerüstet, konnte ein Siedler ohne fremde Hilfe ein dreieinhalb mal viereinhalb Meter großes Haus in zwei Wochen zermürbender Plackerei errichten.

schaft von Backwoodsmen zu jener intensiven Betriebsamkeit aufrütteln können, wie sie bei Hochzeiten üblich war. Der Bräutigam, seine Familie und seine Freunde setzten das Zeremoniell in Gang, indem sie am Morgen ihre Pferde bestiegen und zur Hütte der Braut und ihres Clans jagten. Spaßvögel, die wilde Reben über den Weg spannten und sich im Busch verbargen, um die Reiter mit Gewehrfeuer zu überraschen, mochten dem Ritt eine lustige Wendung geben. Mittlerweile sorgten auch die Anführer der Kavalkade für Aufregung. Zwei junge Männer erhielten den Auftrag, „die Flasche zu holen". Sie galoppierten durch den Wald, um eine Flasche Maisschnaps zu ergattern, die den Gewinner im Haus der Braut erwartete. Mit teuflischem Gebrüll jagten sie wieder zurück und überreichten die Flasche dem Bräutigam, der ein Schlückchen nahm und sie dann an die anderen weitergab, die mit von der Partie waren.

Aber der Reiterzug und die eigentliche Hochzeit bildeten nur den Auftakt für die nun folgende Feier, die den Höhepunkt des gesellschaftlichen Lebens an der Frontier darstellte. Es wurde gegessen und getrunken, gelacht und gescherzt, gefiedelt und getanzt, und die Frauen der Familie der Braut fühlten sich verpflichtet, Unmengen von Wildbret, Bären- und Schweinefleisch auf große hölzerne Schüsseln zu häufen. Vom Vater des Bräutigams wurde erwartet, daß er Whiskey gleich in Fässern herbeischaffte, der zumindest am frühen Nachmittag noch mit einer gewissen rituellen Förmlichkeit konsumiert wurde. „Wo ist die Schwarze Betty?" rief dann zum Beispiel ein von Durst Geplagter. „Ich möchte ihre süßen Lippen küssen." Und wenn man ihm darauf die Flasche reichte, wünschte er „Gesundheit und ein langes Leben für den Bräutigam – und meine Wenigkeit!" Kurz vor Mitternacht beeilten sich die Brautjungfern, die

Braut „wegzustehlen“ und über eine Leiter auf einen Dachboden zu befördern. Bald folgte der Bräutigam, von seinen Freunden begleitet, die nun unter ausgelassenen Reden darangingen, ihn neben seine junge Frau zu betten. Die Jungvermählten wurden allerdings nur selten sehr lange allein gelassen. Freunde ließen es sich nicht nehmen, für Nachschub an „Schwarzer Betty“ zu sorgen, Essen nachzuliefern und darauf zu achten, daß es auch verzehrt wurde. Oft piesackten sie das glückliche Paar bis zum Morgengrauen.

Unten wurde mittlerweile lärmend weitergefeiert. Wer sich in eine Ecke verzog, um ein wenig der Ruhe zu pflegen, wurde rüde auf die Beine gestellt und auf den Tanzboden geschoben. Auch außerhalb der Hütte erhob sich zuweilen gewaltiger Lärm, wenn es Balgereien oder nächtliche Verfolgungsjagden gab, denn Leute, die von solchen Festlichkeiten ausgeschlossen waren, revanchierten sich gerne damit, daß sie den Pferden der eingeladenen Gäste Mähne und Schweif abschnitten. Wurden sie dabei erwischt, stürzte sich eine Horde empörter Zecher auf die Übeltäter, um sie zur Rechenschaft zu ziehen. Das Gelage fand selten vor dem nächsten Nachmittag ein Ende und dauerte manchmal sogar durchgehend drei Tage und drei Nächte.

In Grundfragen der Moral und des guten Benehmens vertraten die meisten Backwoodsmen strenge und klare Ansichten, nahmen aber die feineren Punkte nicht allzu genau. Die presbyterianischen Priester der Iro-Schotten waren Burschen mit schwieligen Händen, die wochentags jagten und ihr Land bestellten und sich der Mundart ihrer Nachbarn bedienten, wenn sie am Sonntag auf die Kanzel stiegen. Aber nur wenige Siedlungen verfügten über einen Geistlichen. James Glen, in der Kolonialzeit Gouverneur von South Carolina, zeigte sich höchst erstaunt, als er 1753 Piedmont besuchte und dort auf einen fünfzigjährigen Mann traf, der noch nie in seinem Leben eine Kirche, einen Priester, ein Schiff oder ein „großes Geschütz“ gesehen hatte. Noch überraschter war er über die Nachbarn des Mannes, die ihren zahlreichen Kindern „auch nicht ein Minimum an Bildung“ angedeihen ließen. „Sie machen sich soviel Mühe, einen Wurf Ferkel aufzuziehen, aber ihre Kinder laufen ebenso nackt und schmutzig herum.“

Ein anglikanischer Kirchenmann namens Charles Woodmason hinterließ noch aufschlußreichere, wenn auch von den gleichen Vorurteilen geprägte Äußerungen über seine Eindrücke an der Frontier. Woodmason war ein bemerkenswert tüchtiger, aber auch erstaunlich beharrlicher Mann. Im Jahre 1752 kam er aus London nach Charleston, war in seinem Beruf erfolgreich und bereitete sich auf eine Beamtenlaufbahn vor, als er plötzlich – nach 13 sorgenfreien Jahren – auf die Idee kam, den unwissenden Geschöpfen an der Frontier die Segnungen der Episkopalkirche nahezubringen. Er kehrte unverzüglich nach England zurück, ließ sich ordinieren und überquerte abermals den Atlantik. Er kaufte sich ein Pferd und bereiste als Wanderprediger das Wateree- und Catawba-Tal. Sechs Jahre lang versah er dieses undankbare Geschäft; in dieser Zeit führte er ein in ebenso entrüstetem wie lebendigem Stil gehaltenes Tagebuch über seine Bemühungen, die Iro-Schotten, Quäker, Hugenotten und die Angehörigen „Hunderter anderer Sekten“ zu bekehren, die alle eines gemeinsam hatten: ein heftiges Mißtrauen gegen die Englische Staatskirche.

Wenngleich Woodmason wenig Dank für seine Anstrengungen erntete, fiel es ihm doch nicht schwer, Menschen in Mengen anzulocken. Seine Predigten galten als vorzügliche Unterhaltung, und manchmal ging die Zahl seiner Zuhörer in die Hunderte. Aber es war ein Publikum, das nach seiner Beschreibung „nur mit lüsternen Ohren zuhörte, ohne Bereitschaft des Herzens, ohne seelische Beteiligung. So zufrieden sind sie mit ihrer natürlichen Unwissenheit, daß sie sich beleidigt fühlen, wenn ich versuche, sie wachzurütteln.“ Woodmason tat sein Bestes. „Bringt keine Hunde mit!“ beschwor er sie. „Hört auf zu flüstern und zu schwätzen, feixt nicht und laßt euer dümmliches Grinsen! Nehmt endlich Abstand von der anstößigen, unziemlichen, häßlichen Angewohnheit des Tabakrauchens und Spuckens; diese Gewohnheit ist in der Öffentlichkeit lächerlich und absurd, insbesondere in der Anwesenheit von Frauen und im Haus Gottes.“ Er erreichte gar nichts. „Schlaff und ungeknüpft flattern die Bande der Gemeinschaft hier, wo jedermann tut, was ihm beliebt. In Flatt Creek wurde nach dem Gottesdienst geschmaust und getrunken, getanzt und gehurt, und noch bevor ich mich fortbegeben hatte, waren die meisten schon völlig betrunken. Ihr Betragen war grob und unverschämt, und sie unterschieden sich kaum von gewöhnlichen Wilden.“

Noch entsetzter war er im Januar 1768 in Granny Quarter Creek über „das gemeinste Pack von Kreaturen, das ich je zu Gesicht bekam. Nichts anderes als wilde Tiere. Die feinen Leute in London würden Augen machen, wenn sie sehen könnten, wie die Frauen (viele recht hübsch) nur mit einem Unterhemd und einem kurzen Unterrock bekleidet, barfuß und ohne Strümpfe zum Gottesdienst kommen.“ An anderer Stelle führte er Klage darüber, daß „die jungen Frauen eine sehr befremdende Manier haben, die ich ihnen nicht abgewöhnen kann. Sie ziehen ihre Hemden so eng wie möglich an den Körper und stecken sie fest, um die Rundungen ihrer Brüste und ihre schlanken Taillen zu zeigen (denn sie sind für gewöhnlich gut gebaut), und drücken ihre Unterröcke dicht an die Hüften, um die Vortrefflichkeit ihrer Glieder hervorzuheben – genausogut könnten sie in *puri naturalibus* dastehen. Fürwahr, Blöße erscheint ihnen hier weder tadelnswert noch anstößig, und sie zeigen sich oft auch ganz nackt – reiben sich das Haar mit Bärenfett ein und stecken es hinten zu einem Knoten zusammen.

Bei aller Schärfe seiner Beobachtungsgabe verstand Woodmason nicht, daß sich die Menschen der Frontier spezifische Verhaltensweisen und -maßstäbe zu eigen gemacht hatten, während sie die Lebensweise und die Konventionen der Städte und Plantagen im Osten als fremdartig und rückständig ablehnten. Diebstahl galt bei ihnen als großes Verbrechen, und in den meisten Siedlungen hielt man sich an die Regel: „Ein Dieb muß ausgepeitscht werden!" Fand man bei einem Mann das Eigentum eines anderen wieder, wurde er vor ein selbsternanntes Gericht gestellt und zu „40 Hieben weniger einem" verurteilt – wenn er sich nicht der Strafe entzog, indem er „sich das Gesicht bemalte" und als Renegat zu den Indianern überlief. Mundraub wurde mit Beschimpfung geahndet. Ein Siedler, der sich weigerte, seinen Teil an Arbeit für die Gemeinschaft zu erbringen, lief Gefahr, den Spitznamen Lawrence angehängt zu bekommen – eine unfreiwillige Namensbereicherung, die mit der gleichen spitzzüngigen Geringschätzung ausgesprochen wurde, wie in späteren Epochen der Ausbreitung nach Westen Namen wie Percy oder Mortimer. Und wer ein Lügner genannt wurde, war moralisch verpflichtet, zu kämpfen – und dabei häufig auch Biß- und Quetschwunden zu riskieren.

Die Backwoodsmen brachten die gleichen derben Begriffe von Anstand und Sitte auch in ihrer ebenso groben wie einfachen Selbstverwaltung zum Ausdruck. Das bemerkenswerteste Beispiel dafür findet sich in den frühen siebziger Jahren des 18. Jahrhunderts, als zwei Helden der Frontier – James Robertson und John Sevier – mithalfen, mehrere hundert Familien, die an den Nebenflüssen des Tennessee siedelten, in der Watauga Association zu organisieren. Die Leute von Watauga gehörten zu den ersten Amerikanern, die sich von der Britischen Kolonialherrschaft unabhängig erklärten. Doch handelte es sich hier nicht so sehr um eine Rebellion im eigentlichen Sinn als vielmehr um eine Frage der Zweckdienlichkeit. Die Siedler waren so weit entfernt von der Küste und dem dortigen Sitz der Kolonialregierung, daß sie beschlossen, ihre eigenen Vertragsartikel aufzusetzen, die sich auf die allgemein bekannten Statuten Virginias stützten. Die waffentragenden Männer wählten eine Ratsversammlung mit richterlichen wie auch gesetzgeberischen Befugnissen. So herrschten sie bis 1777, als North Carolina sich dieses Gebiet als Verwaltungsbezirk einverleibte, über eine Wildnis, die das Gebiet der Flüsse Watauga, Nolichucky, Holston und Doe umfaßte.

Diese politische Körperschaft an der Frontier verdient Aufmerksamkeit nicht nur wegen ihrer ersten Organisatoren – beide erst Mitte 20 –, sondern auch als Beweis für die Fähigkeit der Siedler, sich selbst zu verwalten. Robertson und Sevier unterschieden sich sehr voneinander. Robertson war ein finsterer, schweigsamer, drahtiger Jäger mit leuchtend hellblauen Augen und struppigem, dunklem Haar. Im Jahre 1771 führte er seine Familie und eine ganze Reihe von Freunden durch das Gebiet nördlich der Great Smokies auf unbebautes Land am Watauga. Seitdem betrachteten sie ihn als ihr Vorbild an Mut und Entschlossenheit. Sevier war eine ganz andere Persönlichkeit und bildete zugleich eine große Ausnahme unter den Frontiersmen: ein schmucker, gebildeter, sinnenfroher Abkömmling von Hugenotten, der mit Männern wie Franklin und Madison in Korrespondenz stand und seine Jagdblusen trug, als wären sie aus Samt. Während Robertson seinen Nachbarn mit Scharfsinn und Urteilskraft zur Seite stand, bezauberte Sevier mit seiner persönlichen Ausstrahlung. Sein ungestümer Wagemut stimmte selbst die rauhesten Gesellen freundlich und erhob ihn zu einem Kämpfer, dem alle bedenkenlos folgten. Beide Männer hinterließen tiefe Spuren an der sich weiter in Fluß befindlichen Grenze: Robertson als Förderer der Besiedlung Tennessees, Sevier als führender Kopf hinter riskanten Spekulationen und Machtkämpfen nach dem Unabhängigkeitskrieg und, zu einem späteren Zeitpunkt, als erster Gouverneur des Staates Tennessee.

Diese beiden und drei andere Mitglieder der Ratsversammlung brachten es fertig, ihr kleines Dominion als einen Staat freier Bürger zu regieren. Robertson beteiligte sich am Abschluß eines Friedensvertrages mit den Cherokee, der bis 1776, als die Stämme das Kriegsbeil wieder ausgruben, seine Gültigkeit behielt. In den Jahren seiner Amtsführung sorgte dieser Rat für Ordnung, warb eine Miliz an und schlichtete Streitigkeiten über Eigentumsrechte und Grundbesitz. Er stellte Heiratsurkunden aus, beurkundete Testamente und Erbschaften und trieb Schulden ein. Im übrigen behielt er in allen Fällen einer Bedrohung der verfaßten Ordnung die rüden und energischen Verhaltensweisen bei, wie sie überall an der Frontier üblich waren. Aus alten Urkunden geht hervor, daß ein Pferdedieb an einem Montag ergriffen, Mittwoch verurteilt und noch am Freitag der gleichen Woche gehängt wurde.

Während die Siedler der Watauga Association eine ganze Reihe von Impulsen und Bestrebungen des neuen Westens widerspiegelten, stellte ihr formeller Zusammenschluß mit seinen schriftlich niedergelegten Bestimmungen und seiner gesetzgebenden Körperschaft eine Art politischer Struktur dar, wie sie die durchschnittlichen Frontier-Gemeinschaften

Der Schwarzbär: Gefürchteter König der Wälder

Von allen Tieren, die die Wälder der Frontier bevölkerten, war der große Schwarzbär bei weitem das gefährlichste. Pumas, Wölfen und giftigen Reptilen wurde von Indianern wie Siedlern gleichermaßen gebührender Respekt erwiesen. Aber ein ausgewachsener Schwarzbär, der aufrechtstehend 1,80 Meter maß und bis zu 250 Kilogramm wog, war ein Geschöpf, das allerorten Furcht und Schrecken verbreitete.

Die Indianer veranstalteten sorgfältig vorbereitete Jagden. Dabei stapfte eine große Zahl Krieger, manchmal bis zu 500, durch den Wald, um die Bären auf offenes Gelände zu treiben, wo andere Jäger sie mit einem Hagel von Speeren und Pfeilen empfingen. Mit ihren langläufigen Büchsen und Stahlfallen befanden sich die weißen Jäger im Vorteil, die bedeutende Mengen von Bären wegen ihres Fleisches und ihres Fells töteten. In Tennessee wurde Davy Crockett dafür berühmt, daß er in einem Monat nicht weniger als 47 Bären erlegte.

Aber diese Jagd stellte ein riskantes Geschäft dar. Es kam vor, daß verwundete Tiere die Jäger niederrannten und sie entsetzlich zurichteten. Und wehe dem Unseligen, der in die Nähe einer Bärin geriet, die über ihre Jungen wachte.

Ein solches Zusammentreffen mit einer Bärin gab auch den Anstoß zu einer der großen Legenden an der frühen Frontier. Im Sommer 1787 waren ein junger Mann namens Francis Downey und sein Freund auf der Suche nach einem streunenden Pferd, als sie plötzlich von drei Indianern angegriffen wurden. Einen der Krieger tötete Downeys Freund mit seiner Büchse, doch dann mußten die beiden Männer um ihr Leben laufen, jeder von einem Indianer verfolgt. Downeys Freund konnte sich retten, indem er sich seinem Gegner stellte und ihn mit seinem Messer verwundete. Downey selbst jedoch schien verloren. Seinen Tomahawk schwingend, kam der ihn hetzende Indianer immer näher, als er plötzlich um einen Baum herumschoß und dabei unversehens in ein Gebüsch stolperte.

„Dabei ergab sich“, berichtete ein Chronist, „daß eine riesige Bärin – war es Vorsehung? – ihr Lager in dem Buschwerk aufgeschlagen hatte und gerade ihre Jungen säugte.

Kaum hatte der überraschte Wilde sich hochgerappelt, sprang ihn das wütende Tier an und umschlang ihn mit seinen gewaltigen Armen.“ Während der Krieger einen verzweifelten Kampf gegen die rasende Bärin führte, lief Downey Hals über Kopf nach Hause. Als die Siedler am nächsten Tag diese Stelle aufsuchten, fanden sie die Bärin tot daliegend, jedoch keine Spur von dem Indianer. Sie erfuhren nie, ob er irgendwie überlebt hatte oder tot von seinen Stammesbrüdern fortgeschafft worden war.

Der junge Francis Downey kann seinem indianischen Verfolger entfliehen, als dieser völlig unvermutet von einer riesigen Bärin angegriffen wird.

John Sevier, der 1779 die Führung der Siedlungen am Watauga River übernahm, verließ sich auf Gewehre, nicht auf leere Worte. Er vertrieb im Jahre 1780 die Cherokee aus dem Tal des Clinch-River, indem er ihre Ernten vernichtete.

James Robertson, seit 1771 Führer der Siedler des Watauga-Tals in Tennessee, schloß Freundschaft mit den dort lebenden Cherokee, die sich neutral verhielten, als sich die ihnen benachbarten Shawnee 1774 auf den Kriegspfad begaben.

nicht kannten. Die meisten großen Siedlungen wurden nur durch eine einzige verbindende Kraft zusammengehalten: die ständig drohende Gefahr eines Angriffs der Indianer; es gab nur eine einzige kommunale Einrichtung: das Blockhaus; und nur eine einzige Form bürgerlichen Zusammenwirkens: die örtliche Miliz. Niemand hatte das Gefühl, einer gesetzmäßigen Gewalt unterstellt zu sein, und jeder war von seinem Recht überzeugt, „zu tun, was ihm richtig erschien" – wie Prediger Woodmason es ausdrückte. Doch konnte auch keiner die Nöte seiner Mitbürger ignorieren, wenn er hoffte, „sein Haar zu behalten". Der Fortbestand der Siedlungen hing davon ab, wie die Bewohner in diesem Widerstreit moralischer Werte reagierten.

Jede Gemeinschaft umsichtiger Frontiersmen errichtete, sobald sie neues Land erreicht hatte, so schnell wie möglich ein Blockhaus. Diese Holzbauten waren für Angreifer praktisch uneinnehmbar, denn die Indianer – selbst wenn sie von den Franzosen oder Briten entsprechend ausgerüstet wurden – nahmen bei ihren Beutezügen im Waldland nie Artillerie mit. Schießscharten erlaubten es den Verteidigern, Angreifer mit konzentriertem Feuer zu empfangen. Das Obergeschoß, das über die Wände des unteren hinaus vorragte, war mit überhängenden Schießscharten versehen, durch die die Belagerten jeden Angreifer aufs Korn nehmen konnten, der an der Wand unterhalb der Schießscharten im Erdgeschoß Deckung suchte. Größere Siedlungen verwendeten diese Blockhäuser als Eckpfeiler eines Forts, dessen Innenhof von schweren Palisaden umgeben war und sich durch massive Holztore verschließen ließ.

Das schützende Fort zu erreichen, stellte jedoch für die Bewohner abgelegener Hütten oft ein nervenaufreibendes Abenteuer dar. „Ich entsinne mich noch gut", schrieb Joseph Doddridge in seinen Erinnerungen an seine Kindheit an der Frontier, „wie die Familie manchmal mitten in der Nacht von einem Boten mit der Nachricht hochgeschreckt wurde, daß Indianer im Anmarsch waren. Der Bote kam leise an die Tür oder ans Hinterfenster und weckte die Familie durch sanftes Klopfen. Sofort waren alle in Bewegung. Mein Vater griff nach seiner Büchse. Meine Stiefmutter weckte die Kinder und zog sie an, so gut sie es in der Eile vermochte, und da ich das älteste Kind war, bekam ich auch einen Teil der Sachen zu tragen, die es ins Fort zu bringen galt. Es war ausgeschlossen, in der Nacht an ein Pferd zu gelangen, das uns bei der Übersiedlung ins Fort hätte helfen können. Wir packten alles an Kleidung und Lebensmitteln zusammen, was wir im Dunkeln erwischen konnten, denn wir wagten nicht, das Feuer zu schüren oder gar eine Kerze anzuzünden. Alles wurde in größter Hast und Lautlosigkeit verrichtet. Wir bemühten uns, das jüngste Kind nicht zu wecken. Bei den anderen genügte es, das Wort ‚Indianer' zu flüstern, und schon war kein Sterbenswörtchen mehr zu hören."

Im Inneren des Forts zusammengepfercht, sahen sich die Verteidiger und ihre Familien Beanspruchungen ausgesetzt, die auch den Duldsamsten auf eine harte Probe stellten. Diese Zufluchtsstätten wurden nur selten direkt am Wasser errichtet, denn an Flußufern war der Boden manchmal schlammig und für gewöhnlich von Überschwemmungen bedroht. Viele Forts waren auch nicht mit Brunnen ausgestattet. Das Leben in einem belagerten Blockhaus kam einer Lektion im Ertragen von Strapazen gleich, die sich noch verstärkten, wenn die Eingeschlossenen zusätzlich zu dem Knallen der Gewehre, dem erstickenden Pulverrauch, dem Gestank ungewaschener Leiber und der durch Schlaflosigkeit und Anspannung bewirkten Entkräftung auch noch von Durst geplagt wurden. Nicht selten erlagen die Backwoodsmen zudem ihrer eigenen Langeweile, wenn sie sich ständig innerhalb eines Forts aufhalten mußten. Die Indianer erfaßten sehr bald, daß die ruhelosen Weißen in ihre Hütten zurückkehrten, wenn sie ein oder zwei Tage sich selbst überlassen blieben. Die Rothäute setzten die Kampfmoral und das Temperament der Siedler einer wesentlich härteren Probe als durch einen Generalangriff aus, wenn sie zunächst außer Sicht blieben, um dann die leichtsinnigen Optimisten zu ermorden. Bei jedem neuerlichen Alarm mußten sich die Männer im sicheren Fort abermals auf den Weg machen, um die Unvorsichtigen in ihren Hütten zu warnen, womit die Prozedur der hastigen Übersiedlung ins Fort von neuem begann.

Die Frontier-Siedlungen besaßen ihre eigenen Milizen, und das waren in der Tat recht unkonventionelle Trupps. Die Offiziere wurden gewählt oder „ausfindig" gemacht, denn die Backwoodsmen folgten nur Männern, die sie kannten und denen sie vertrauten. Disziplin um der Disziplin willen lehnten sie ab; oft verweigerten sie auch Befehle, mit denen sie nicht einverstanden waren. Wegen ihrer Gewohnheit, sich über das Exerzieren – wenn derartige Übungen überhaupt angesetzt wurden – lustig zu machen, indem sie statt ihrer Gewehre Maisstengel schulterten und sich damit in Positur setzten, nannte man diese ungepflegten, schlampigen Frontier-Milizionäre zuweilen auch Maisstengelsoldaten. Sie dienten selten sehr lange: Sie nahmen an einem Kampf teil und eilten umgehend zu ihren Lichtungen zurück, wie einst die Hochland-Schotten. Dennoch war jeder körperlich taugliche Mann Milizionär und bei drohender Gefahr verpflichtet, gegen die Indianer anzutreten, wenn er nicht aus der Gemeinde ausgestoßen werden wollte.

Mit ihrer stoischen Mißachtung aller Mühsal, ihrer zur Tradition gewordenen Gewalttätigkeit, ihren langläufigen Büchsen und ihrer Vertrautheit mit dem Terrain waren die Frontiersmen bei genügend aufgestauter Wut und unter geschickter Führung furchteinflößende Kämpfer. Sie erlitten größere Verluste als die Indianer, denn sie schlugen sich für Land und Familie; die Indianer dagegen kämpften für Ruhm und um ihrem Stamm die Jagdgründe zu erhalten; sie hielten es für blanken Wahnsinn, ein Gefecht zu riskieren und zu sterben, wenn sie in der Minderheit waren. Doch um die Zeit des Unabhängigkeitskrieges waren die Frontiersmen den Indianern beim Kampf in Waldgelände schon fast ebenbürtig. Sie hatten gelernt, die Baum-um-Baum-Taktik der Indianer gegen sie selbst zu kehren, verstanden es nun, nicht in Panik zu geraten, wenn sie aus dem Hinterhalt angegriffen wurden oder Einzelkämpfe zu bestehen hatten – und sie hatten sich daran gewöhnt, den Feind so brutal zu skalpieren, wie der Feind sie skalpierte.

Am 10. Oktober 1774 kämpften tausend Milizionäre aus Virginia den ganzen Tag gegen die gleiche Anzahl von Kriegern unter dem berühmten Shawnee-Häuptling Cornstalk (Maisstengel); es war die Schlacht von Point Pleasant, und die Milizionäre erzielten ein blutiges Unentschieden unter Kampfbedingungen, die den regulären Truppen vermutlich ein Massaker beschert hätten. Frontier-Scouts verfolgten im Sommer 1776 heimlich große Scharen von Cherokee, als sich dieser Stamm mit gewaltigem Aufgebot erhob, und warnten die Anwohner, als die Rothäute Siedlungen am Watauga, Clinch und Holston einkreisten. Milizionäre unter James Robertson schlugen eine indianische Streitmacht beim Watauga-Fort zurück; eine andere Gruppe von 170 Mann machte ganz offen Jagd auf Indianer und mähte in den Long Island Flats, einem Waldgebiet, eine große Schar nieder, die sie frontal angriff. In den folgenden Jahren suchten kleine Gruppen wagemutiger Milizionäre unter John Sevier Cherokee-Dörfer heim, vernichteten ihre Ernten, verbrannten ihre Hütten und zwangen die Indianer zu einem Waffenstillstand, der bis in die Jahre des Unabhängigkeitskrieges hinein Bestand hatte.

Ein aufschlußreiches Ereignis gab den Backwoodsmen Gelegenheit, sich an den von den Briten gesteuerten amerikanischen Tories zu messen – und bestätigte ihre Ansichten über Uniformen, Drill, sture Offiziere und all die anderen Begleiterscheinungen des militärischen Autoritätsglaubens, den sie so geringschätzten. In den Kolonien des Südens löste der Freiheitskampf einen bitteren Bürgerkrieg aus. Königstreue amerikanische Tories kämpften gegen die rebellischen amerikanischen Whigs, hängten sie, plünderten ihre Habe und setzten ihre Scheunen und Häuser in Brand; die Whigs zahlten es ihnen mit gleicher Münze heim. Um 1780 jedoch beherrschten die Tories die Lage, was sie nicht zuletzt der Energie und dem Organisationstalent von Major Patrick Ferguson zu verdanken hatten, einem tapferen schottischen Berufssoldaten, der die amerikanischen Loyalisten in den Carolinas ausbildete und anführte. Am Ende aber beging Ferguson einen Fehler, als er drohte, die Berge zu überqueren und die Siedlungen am Oberlauf des Tennessee River heimzusuchen.

Isaac Shelby, nach dem Unabhängigkeitskrieg Kentuckys erster Gouverneur, war zu jener Zeit Anführer der Miliz der Siedlungen am Watauga River und hörte von diesen Drohungen zuerst aus dem Mund von Whig-Flüchtlingen, die nach Westen gekommen waren, um hier eine neue Heimat zu finden. Er eilte zu John Seviers Blockhaus am Nolichucky River. Die beiden Männer organisierten unverzüglich einen Trupp berittener Scharfschützen, der die Bergketten im Osten überqueren und Ferguson angreifen sollte, bevor er nach Westen kommen und ihre Täler und Lichtungen verwüsten konnte. Schnell rekrutierten sie Colonel Charles McDowell, der sich mit 160 Whigs aus North Carolina in das Hügelland zurückgezogen hatte, Colonel William Campbell, einen rothaarigen Riesen, der etwa 400 Milizionäre in den Quellgebieten Virginias befehligte, sowie eine Reihe weniger bedeutender Anführer, von denen erwartet werden konnte, daß sie Backwoodsmen für ihre gute Sache anzuwerben verstanden.

Mehr als tausend Mann brachen am 26. September von ihrem Sammelplatz, den Sycamore Shoals (Klippen) des Watauga, nach Osten auf. Sie ritten den Doe River entlang, erklommen einen Paß, wo zwischen den Roan und Yellow Mountains schon der erste Schnee lag, passierten die Mündung des Grassy Creek, überquerten drei Tage später die Blue Ridge Mountains bei Gillespie's Gap und stiegen dann in die von Wald eingeschlossenen Präriestreifen der Catawba-Wasserscheide hinab. Hier, in Quaker Meadows, erhielten sie Zuzug von 350 Whigs aus North Carolina, befehligt von Colonel Benjamin Cleveland, einem verbissenen Gegner der Indianer. Damit zählten sie jetzt 1400 Mann, aber Tory-Spione saßen ihnen auf den Fersen. Es gelang ihnen jedoch nicht, Genaues über den Aufenthalt ihrer Gegner in Erfahrung zu bringen, und zu alledem drohten regionale Differenzen immer wieder, die Streitmacht in rivalisierende Gruppen zu zersplittern.

Die Anführer der Backwoodsmen waren bekanntermaßen eifersüchtige und übelnehmerische Männer, aber Shelby rang sich zu einer großzügigen Geste durch: Er schlug vor, William Campbell, der das größte Kontingent an Scharfschützen befehligte, das Oberkommando zu überlassen. Cleveland, McDowell und Sevier erklärten sich ebenso großzügig einverstanden. Nun begannen Whig-Spione über Fergusons Bewegungen zu berichten; nachdem er Kenntnis von einem „Schwarm von Backwoodsmen" erhalten hatte, verließ er Gilbert Town und wandte sich nach Osten Richtung Charlotte, um bei den regulären Truppen Lord Charles Cornwallis' Schutz zu suchen. Die kleine Streitmacht aus den Wäldern – sowohl Pferde als auch Männer sah sich nach tagelangen Märschen ohne Rast und ausreichende Verpflegung außerstande, unverzüglich die Verfolgung aufzunehmen. Sie erreichte Cowpens, wo sich ihr weitere 400 Mann aus den Carolinas anschlossen. Und dort, am Abend des 6. Oktober, belebten sich ihre Geister wieder.

Die Frontiersmen überfielen die Rinderfarm eines Torys, schlachteten das Vieh und taten sich daran gütlich. Ihre Offiziere erfuhren, daß Ferguson mit Wagen und Vorräten im Osten auf einem schmalen, felsigen, flachen Kamm des King's Mountain Lager bezogen hatte. So begaben sich die kräftigsten unter den Frontiersmen und ihre Hilfstruppen aus Carolina und Virginia – über 900 Mann einschließlich einiger Dutzend Unberittener – auf den Weg; die schwächeren Leute ließen sie zurück. Sie hielten erst an, als ihre Vorreiter am nächsten Tag einige Torys gefangennahmen, die ihnen exakte Angaben über die Lage des Plateaus zwischen zwei Flüssen lieferten und über die Aufstellung des Feindes entlang des 200 Meter langen Kammes. Die Gefangenen verrieten auch noch, daß Ferguson eine helle, bunte Lederjacke trug, an der man ihn leicht von allen anderen unterscheiden konnte.

Gegen Mittag erreichten die Frontiersmen die westliche Flanke des Bergkamms. Sie banden ihre Pferde an Bäumen fest und setzten ihren Vormarsch zu Fuß fort, um rund um den Fuß des Berges eine Kampflinie zu bilden. Und dann demonstrierten sie ihre tödliche Meisterschaft im Umgang mit der Kentucky-Büchse.

Ferguson hatte in seinem Lager ungefähr 900 Mann versammelt – 200 andere waren auf Streifzügen unterwegs –, als Campbell und die anderen Offiziere ihre Scharfschützen den Berg hinauf in Marsch setzten. Unter den Männern oben im Biwak gab es ein paar Halsabschneider und Brandstifter, die sich nur hatten anwerben lassen, weil sie auf Beute hofften. Aber Ferguson hatte auch 100 amerikanische Freiwillige, königstreue Berufssoldaten, in den Kolonien angeworben und im Gebrauch des Bajonetts gründlich ausgebildet, sowie Hunderte von Tory-Milizionären, die mit an den Musketen befestigten Messern ebensogut zurechtkamen. Da er die Höhen beherrschte, glaubte er, sich in einer sehr vorteilhaften Position zu befinden – was er auch gewesen wäre, wenn er es mit regulären Truppen zu tun gehabt hätte. Als die Feldwache Alarm schlug, ließ er die Trommel rühren, bestieg sein Pferd und schickte sich an, diesen Vorteil zu nützen. Er glaubte an die Macht des blanken Stahls, und als die Backwoodsmen unter lautem Kriegsgeschrei den Berg hinaufkamen, griffen seine Männer mit Bajonetten an.

Durch diese massiven Attacken wurden die kleinen Verbände der Frontiersmen ein um das andere Mal zurückgeschlagen. Auch machten ihnen die von oben abgefeuerten Salven zu schaffen – bis sie entdeckten, daß die Tories weit, über das Ziel hinausschossen, da sie, einer wie der andere, ins Tal hinunterzielten. Ferguson schien überall gleichzeitig zu sein; unbekümmert ritt er über das unebene Terrain, schwang den Degen in der Linken (er hatte vor drei Jahren seinen rechten Arm verloren) und blies auf einer silbernen Pfeife, um seine Truppen zu dirigieren. Die Frontiersmen waren angewiesen worden, sich zu zerstreuen, neu zu formieren und zurückzuschlagen. „Auf die indianische Tour!" lautete der Befehl, und die Männer wurden dazu ermuntert, jeder als sein eigener Offizier zu agieren. Sie wichen nur zurück, um auf den steilen Hängen hinter Felsen und Bäumen in Deckung zu gehen und mit tödlicher Wirkung ihre Angreifer unter Beschuß zu nehmen, die alle Mühe hatten, sich in die Stellungen auf dem Plateau zurückzuziehen, die sie erst kurz zuvor verlassen hatten. Und während Sevier, Shelby, Cleveland und Campbell unter ihren Leuten umherritten, um sie anzufeuern, nahmen diese jede Gelegenheit wahr, an Höhe zu gewinnen.

Als Ferguson bergab und mitten in die Reihen der Backwoodsmen stürmte, verlor er zwei Pferde, und sein Degen zerbrach beim Angriff auf einige Männer, die er niedergeritten hatte. Doch selbst seine angestrengtesten Bemühungen konnten das Unglück nicht mehr abwenden. Teils erschöpft, teils von feindlichen Kugeln getroffen, begannen seine Tories zu fallen. Und als er auf einer Seite des Plateaus Campbells Männer angriff, jagten Shelbys Verbände auf der anderen den steilen Hang hinauf.

„Der Berg", erzählte später ein Augenzeuge, „war von Rauch und Feuer eingehüllt und schien zu beben." Seviers Männer, die sich an den Kamm herangearbeitet hatten, schossen Ferguson vom Pferd und töteten ihn. Immer noch leisteten die Verteidiger Widerstand. Whigs und Tories, beide aus Carolina, waren einander nahe genug, um sich zu erkennen, und stießen, während sie feuerten, wilde Flüche und Schmähungen aus. Seviers Männer erreichten das Plateau auf einer Seite, während Campbell und Shelby weitere Truppen auf der anderen Seite heranführten. Die Tories – ein Drittel war bereits gefallen oder verletzt – liefen daraufhin auf ihre Zelte und Wagen zu und steckten Taschentücher an ihre Gewehre und Ladestöcke. Shelby, hoch zu Roß, forderte sie auf, die Waffen niederzulegen. Campbell lief brüllend unter seinen zornigen Männern umher, die nur widerwillig davon abließen, den geschlagenen Feind auch noch zu massakrieren. Die Schlacht, die nur eine Stunde gedauert hatte, war zu Ende.

Einige häßliche Episoden kennzeichneten das Nachspiel. Auge um Auge, so lautete die Devise. Sie waren zwar in der leidenschaftlichen Ansprache eines Frontier-Predigers bei ihrem Aufbruch nach Osten als „Schwertträger des Herrn und Gideons" glorifiziert worden, doch nun verloren sie jede Ähnlichkeit mit dem losen militärischen Verband, den sie in der Schlacht noch gebildet hatten. Sie erschossen Gefangene, hängten einige Offiziere und zerstreuten sich, um die umliegenden Farmen von Tories zu plündern. Dann verschwanden sie so schnell, wie sie gekommen waren; bald waren sie wieder daheim in den Bergen des Westens.

King's Mountain war ein großer Sieg, denn er schwächte den Einfluß der Briten auf den Süden. Aber er erhellte auch, was vielleicht noch mehr ins Gewicht fiel, die zukünftige Entwicklung: King's Mountain ließ unübersehbar die Dynamik dieser durch das Massiv der Appalachen eingeengten Bewohner des neuen Westens hervortreten, zeugte von ihrem unbezwingbaren Freiheitsdurst, der sie zweifellos anspornte, bald in noch größerer Zahl über die Barriere der Berge zu strömen, und bewies vor allem deutlich ihre Eignung und Tauglichkeit zur Besiedelung der riesigen, fast leeren Räume jenseits der Gebirgskette.

Das halbe Jahrhundert der Waldsiedlungen und des Waldkrieges war in vieler Hinsicht ein Vorgriff auf kommende Ereignisse. Die Frontier am Appalachen-Graben hatte als riesiger Übungsplatz gedient, auf dem sich die Siedler vorbereitet hatten, dem Cumberland Gap nach Kentucky, der Braddock's und Forbes's Road zum oberen Ohio und zu versteckten Pässen nach Tennessee zu folgen. Viele Schlachten und Entbehrungen erwarteten sie. Die grausamen Shawnee, die Indianerstämme der Miami und Illinois waren noch immer Werkzeuge der Briten, die Indianer im Süden noch immer Verbündete der Spanier, die in Louisiana und an der Golfküste das Vordringen der Amerikaner mit Furcht und Feindseligkeit erwarteten. Doch die Backwoodsmen waren ein zäher Menschenschlag und im Grunde ihres Herzens überzeugt, daß das Schicksal sie zu den Herren dieses Kontinents bestimmt habe.

In einer entscheidenden Schlacht des Unabhängigkeitskrieges bei King's Mountain nehmen amerikanische Scharfschützen, nach Indianerart hinter Bäumen und Felsen verschanzt, die Loyalisten unter Feuer. Am 7. Oktober 1780 töteten oder verwundeten die Frontiersmen in einer einzigen Stunde 300 ihrer Gegner.

2 | Der „edle und hochherzige“ Boone

Mit Daniel Boone an der Spitze verließen im September 1773 sechs Familien North Carolina, um nach Kentucky zu ziehen. Der 39jährige Boone hatte die Wildnis schon vorher auf Jagdexpeditionen zweimal durchstreift und wollte sich dort nun mit seiner Familie niederlassen. Seine Frau Rebecca ritt an seiner Seite. Ihr 16 Jahre alter Sohn James war zurückgeritten, um Nachschub zu holen.

Zwei Wochen ging alles gut. Dann wurden James und ein Freund unweit des Cumberland Gap von Shawnee aus dem Hinterhalt überfallen; der junge Boone wurde zu Tode gemartert. Der Vater erfuhr von den furchtbaren Geschehnissen durch einen Überlebenden und ritt zurück, um seinen Sohn zu begraben.

Dies war ein prophetischer Beginn für die Rolle, die Boone als Vorhut bei der Besiedlung spielen sollte. Immer wieder mußte er härtesten Belastungsproben standhalten. Aber er gab nicht auf und erwies sich als unerreichtes Vorbild.

Nach einem anstrengenden Ritt von 38 Tagen überschauen Daniel Boone und seine Gefährten 1769 das mit frischem Grün bedeckte Kentucky.

Jemima Boone legt sich verzweifelt in die Riemen, und ihre Freundinnen rufen um Hilfe, während ein Shawnee sie ans Ufer zerrt. Drei Tage lang folgte Jemimas Vater den Spuren der Mädchen, tötete zwei der Entführer und befreite seine Kinder. Das Bild stammt von dem Maler Victor Nehling.

Schüsse pfeifen durch die Luft, während Boone in der Schlacht bei den Blue Licks im Jahre 1782 seinen Sohn Israel vor einem Wyandot zu schützen versucht. 60 Männer aus Kentucky, darunter Boones Sohn, fanden dabei den Tod.

Boone weist der Zivilisation den Weg nach Westen. „Ich komme mir manchmal vor wie ein Blatt, das auf einem Strom dahingleitet", schrieb Boone. „Es mag herumwirbeln, sich drehen und wenden, aber es wird stets weitergetrieben."

Das sagenumwobene Leben eines berühmten Waldläufers

Die europäischen Romantiker des 19. Jahrhunderts setzten Daniel Boone mit dem „edlen Wilden" gleich, und Lord Byron, der ihn in seinen *Don Juan* aufnahm und dazu beitrug, ihn zu einem der gefeiertsten Amerikaner seiner Zeit zu machen, nannte ihn „den Glücklichsten unter den Sterblichen". Diese Auffassungen entsprachen zum Teil der Wahrheit, jedoch gingen die fernen Bewunderer von philosophischen Thesen aus, die an der amerikanischen Frontier recht sonderbar geklungen hätten. Gewiß waren nur wenige Backwoodsmen imstande, „indianisch zu denken", wie Boone es konnte. Und er war ein glücklicher Mensch. Das Leben brachte ihm viel Drangsal und Leiden. Zwei Söhne wurden in der Wildnis von Indianern aus dem Hinterhalt angegriffen und getötet, Anwälte und Schulden machten seine Träume von großem Besitz zunichte – eine Last, an der er im vorgerückten Alter viele Jahre lang schwer zu tragen hatte. Aber er brauchte nur mit Old Tick-Licker, seiner Lieblingsbüchse, im Wald zu verschwinden, um sich in einer Umwelt wiederzufinden, mit der er sofort wunderbar harmonierte.

Boone war ein kluger, nüchterner Geschäftsmann. Er hatte ein scharfes Auge für sich bietende Gelegenheiten. Er war eine Art von Politiker. Er betätigte sich als Landvermesser. Er war Offizier der Miliz. Er war Bodenspekulant, Schmied und Gastwirt; obendrein kaufte er Ginsengwurzeln auf, um sie nach China zu verschiffen, wo sie als Allheilmittel geschätzt wurden. Doch sein Leben im Wald ging allen diesen Unternehmungen vor. Was immer er sonst gewesen sein mag, Boone blieb stets der Pionier der Wildnis, der stolz den Vermerk einschnitzte: „Bei diesem Baum hat D. Boone einen Bären erlegt." Es war etwas Genialisches an seinem Verhältnis zum Wald – ein Gefühl für die Veränderungen von Licht und Schatten, für das Rauschen und Strömen der Luft und für die wilden Menschen und Tiere, die imstande waren, sich so lautlos in der Wildnis fortzubewegen. Es war diese Seite seines Charakters, die ihn zu seinen bemerkenswertesten Großtaten befähigte.

Boone war einer der ersten unter den „unermüdlichen Jägern", die in den sechziger Jahren des 18. Jahrhunderts die Appalachen überquerten, um monatelang – in seinem Fall während einer Expedition gar volle zwei Jahre – die Wildnis Kentuckys zu durchstreifen. Er war Captain der dauerhaften Siedler, die anfingen, sich mit ihren Familien über die Berge nach Westen vorzuarbeiten, um 1775 das Bluegrass-Gebiet in Besitz zu nehmen. Gefördert von Richter Richard Henderson, einem Finanzier aus North Carolina, trieb Boone die erste grob gebaute Straße durch das Cumberland Gap und gründete Boonesborough, diese standhafte Bastion der amerikanischen Frontier.

Er war natürlich nicht der einzige Führer dieses ersten Exodus aus den östlichen Wasserscheiden; James Harrod, ein Hitzkopf aus Pennsylvania, und Benjamin Logan, später Gesetzgeber in Virginia, legten ihre eigenen kleinen Siedlungen nur wenige Kilometer westlich von Boones Enklave am Kentucky an. Er verteidigte auch nicht als einziger die westlichen Vorposten während des Unabhängigkeitskrieges: Harrod, Logan und Virginias Frontier-Soldat George Rogers Clark spielten eine dramatische Rolle im Krieg gegen die Algonquin-Indianer und die Verbündeten der Appalachen. Aber Boone pflegte seinen eigenen Stil und seine eigene Methode. Im Jahre 1778 wehrte er vor Boonesborough nicht nur die heftigsten Indianerangriffe ab – und rettete damit Kentucky höchstwahrscheinlich für den weißen Mann –, er tat es obendrein ohne fremde Hilfe und bewies dabei so viel Schlauheit und Tollkühnheit, daß er schließlich einen einzigartigen Rang unter den Frontierscouts einnahm und zum ersten Helden des Westens wurde.

Schon als Quäkerssohn in dem stillen Winkel von Pennsylvania, in dem er seine Kindheit verbrachte, zog es Boone in die Wildnis. Seine Eltern waren friedliche und fleißige Leute aus Devon. Sein Vater, Squire Boone, ließ sich in der Nähe

Nur die weißen Haare verraten Daniel Boones hohes Alter, der auf diesem Gemälde mit durchdringenden blauen Augen dreinschaut. Das Porträt ist eine spätere Kopie und zeigt den 84jährigen zwei Jahre vor seinem Tod im Jahre 1820.

von Reading nieder, arbeitete als Weber und Schmied, wurde in die Quäker-Gemeinde aufgenommen, kleidete sich in graues Tuch und ermutigte seine elf Kinder, etwas zu lernen. Für jene Zeit und für ihren gesellschaftlichen Stand waren die meisten Angehörigen der Familie gut erzogen; nur bei Daniel als einzigem von allen haperte es mit dem Buchstabieren. Daniel war „anders“; sein kluger Vater tat nichts, um ihn zu ändern. Auf einem abgelegenen Stück Land züchteten die Boones Rinder, und als der Junge zehn Jahre alt war, bekam er den Auftrag, sie zu hüten, im Wald zu leben und Dinge zu lernen, die man nicht in Büchern finden kann.

Daniel studierte Tiere. In Pennsylvania verhielten sich die Indianer friedlich, und Daniel studierte auch sie. Er übte sich darin, mit einem Speer zu jagen. Mit 13 Jahren bekam er eine Büchse. In der Schmiede seines Vaters lernte er dann, mit Metall umzugehen – Büchsen mußten oft repariert werden. Und bald darauf entdeckte Daniel ausgedehntere Wälder, die er durchstreifen konnte.

Im Bethaus der Friends of Exeter betrachtete man die romantischen Verbindungen der älteren Boone-Kinder mit Mißfallen. So heiratete Daniels Schwester Sarah nicht allein nach auswärts, nahm einen „Weltling“ zum Mann – sie entschloß sich zu diesem Schritt überdies erst, nachdem der Mann sie geschwängert hatte, wie zwei Quäkerinnen herausfanden. Squire Boone versöhnte die Kritiker, indem er die Verantwortung auf sich nahm. Im Sitzungsbericht der Quäker-Versammlung wurde notiert: „Er gibt zu, einen Fehler begangen zu haben, und hofft, in Zukunft sorgsamer zu sein.“ Doch dann heiratete auch Daniels Bruder Israel „hinaus“. Daraufhin „verstießen“ die Friends of Exeter ihr Mitglied Squire Boone so lange, bis er „Göttliche Reue in sich verspüren“ würde. Vater Boone erkannte diese Entscheidung nicht an, ließ sich von seinen Kritikern nicht beirren, verkaufte Land und Vieh, Haus und Werkzeuge und zog mit seiner Familie im Mai 1750 nach Süden an den Yadkin River, an die westliche Frontier North Carolinas.

Dieses Land war wild und ursprünglich. Ein Jäger wie Daniel – er war damals 15 Jahre alt – konnte an einem Vormittag ein Dutzend Hirsche schießen, und als junger Mann mit angeborenem Instinkt für Gewinn konnte er die Felle noch am selben Tag mit einem Lastpferd nach Osten bringen, um sie in dem kleinen Marktflecken Salisbury zu verkaufen. Ohne zu zögern folgte er hier seiner innersten Berufung. Zwei Jahre später begegnete ihm zum ersten Mal in seinem Leben ein feindlicher Indianer: ein Catawba namens Saucy Jack, der, wütend über Boones überlegene Schießkunst, ihn zu skalpieren drohte.

Boone bekam noch viel mehr Feinde zu sehen, als er sich als Fuhrmann für die große britische Expedition anwerben ließ, in deren Verlauf Major General Edward Braddock das französische Fort Duquesne an der Gabelung des Ohio River zu nehmen hoffte. Als Braddocks Rotröcke von 800 Franzosen und Indianern am Turtle Creek in einen Hinterhalt gelockt wurden, tat Boone das einzig Vernünftige: Er schnitt sein Gespann vom Wagen los, brachte sich in Sicherheit und wartete in einiger Entfernung ab, um den britischen Überlebenden bei ihrem Rückzug zum Fort Cumberland am Potomac Hilfe zu leisten.

Knapp ein Jahr nach seiner Rückkehr, im Sommer 1755, ehelichte Boone ein großgewachsenes, dunkelhaariges Mädchen namens Rebecca Bryan, deren Bruder bereits mit Boones Schwester Mary verheiratet war. Um sie vor indianischen Räuberbanden zu schützen, brachte er Rebecca nach Virginia und begann dort, sich seinen Lebensunterhalt mit der Beförderung von Tabak zu den Märkten zu verdienen. Aber nicht lange. Schon 1759 war das junge Paar wieder am Yadkin River. Aus alten Registern geht hervor, daß der Pflanzer Daniel Boone dort für 50 Pfund 250 Hektar Land von seinem Vater kaufte – und kaum hatte er hier ein Blockhaus gebaut und die erste Maisernte eingebracht, brach er schon nach Westen in die Berge auf. So sollte sich auch in Zukunft sein Leben abspielen. Im Frühjahr und im Sommer betrieb er ein wenig Landwirtschaft, dann verschwand er, um im Herbst zu jagen und im Winter Biberfallen aufzustellen, in den „unendlichen Weiten“, wie Theodore Roosevelt mehr als hundert Jahre später die frühe Wildnis der Appalachen beschrieb, „deren äußerste Verlorenheit jene nur schwer verstehen können, die nicht selbst in urzeitlichen Bergwäldern gelebt und gejagt haben“.

In der Geschichte tritt Rebecca nur in Spuren folkloristischen Gedankengutes und als Geschöpf aus der Feder von Biographen des 19. Jahrhunderts in Erscheinung, die sich redlich bemühten, Boone zu einer Figur ihrer eigenen philosophischen Auffassungen zu machen: „Die lauen Lüfte von siebzehn Sommern hatten Rebecca Bryans Stirn umfächelt. Von eher dunkler Hautfarbe, im ganzen Benehmen von kindlicher Offenheit geprägt, bot sie einen liebreizenden Anblick...“ Der Epiker und Poet Daniel Bryan aus Virginia machte eine dramatischere Gestalt aus ihr: „Mein Boone! rief sie und drückte ihn an ihren wogenden Busen. Mein Boone! Wie kannst du nur dein Heim verlassen, dein Weib und deine armen Kinder? Wie soll ich Frieden finden, wenn nur Gefahren lauern, die meinem teuren Mann zum Tod gereichen können?“

In Wirklichkeit war Rebecca eine zähe und realistische junge Frau, die eine ehrfurchtgebietende Fähigkeit entwickelte, in ihrem ganzen langen Leben allein mit allem fertig zu werden. Eines Tages, als sich Boone nicht in seinem Haus am

Simon Kenton war ein vollendeter Waldläufer, übertroffen nur noch von Daniel Boone. Hätte er am 24. April 1777 weniger heldenhaft gehandelt, wäre vermutlich er auf den Ehrenplatz vorgerückt. An diesem Tag wurde Boone in den Knöchel geschossen, als er mit dem 21jährigen Kenton unweit von Boonesborough gegen eine Bande von Shawnee kämpfte. Kenton tötete zwei Krieger, als sie versuchten, Boone zu erschlagen, nahm seinen 85 Kilo schweren Lehrmeister auf die Schultern und stürmte ins Fort zurück. Vierzig Jahre, nachdem Kenton Modell für das Porträt *(oben)* gesessen hatte, veröffentlichte *Harper's Monthly* 1864 das Bild rechts, das seine tapfere Tat zeigt. Kentons einziger Lohn war das Lob, das Boone ihm spendete: „Du bist wirklich ein feiner Kerl!"

Yadkin befand, schoß sie von einem Sitz im Baum herab sieben Hirsche. Sie pflegte ihren Garten, hackte Holz, gebar zehn Kinder und half mit, eine Schenke zu führen, die Boone in späteren Jahren am Ohio eröffnete. Sie besaß ihren eigenen Willen. Als Daniel noch um sie warb und nach dem Ausnehmen von Wild einmal in blutbefleckter Jagdbluse bei ihr erschien, verspottete sie ihn. Nach ihrer Heirat weigerte sie sich kategorisch, mit ihm nach Florida zu gehen. Aber sie folgte ihm ohne zu klagen an die rauhere Frontier, und als sie beide alt geworden waren, zog sie mit ihm in die Wälder Missouris, um für ihn zu kochen und ihm bei der Herstellung von Ahornzucker zu helfen.

Der junge Boone war nur einer von vielen Abenteurern, die durch die Bergschluchten nach Tennessee und in das wilde Hochland des östlichen Kentucky zogen. Solche Wanderer in der Wildnis waren Nathaniel Gist, der Sohn von George Washingtons altem Scout Christopher Gist, weiterhin ein großer kräftiger Holländer namens Mike Stoner, und ein wenig später auch Simon Kenton, ein Virginier, der es im Lesen der indianischen „Schrift" sogar mit Boone aufnehmen konnte.

Boones Erkundigungszüge stellten mehr dar als einfach nur prickelnde Abenteuer. Um Rebecca und seine Familie zu ernähren, jagte er ohne Unterlaß, und wenn er mit seinen Fellen nach Salisbury kam, zahlte man ihm oft 100 Pfund und mehr. Bald wurde er mit den Persönlichkeiten des Städtchens ebensogut bekannt wie mit den Backwoodsmen, die an seinem Lagerfeuer saßen – und ganz besonders mit Richter Henderson, der allem Anschein nach ihm schon einige Jagdzüge finanzierte, noch bevor sie sich zur Gründung von Boonesborough zusammentaten.

Zu seinem längsten, ehrgeizigsten und eindrucksvollsten Jagdzug wurde Boone 1769 von einem gewissen John Finley überredet, der wie er selbst als Fuhrmann unter Braddock gedient hatte. Finley langte mit einem Hausiererpacken auf dem Rücken bei Boones Haus am Yadkin an. Zwei Jahre zuvor war er ohne festes Ziel mit Handelswaren den Ohio hinuntergetrieben und hatte die Indianer, denen er begegnete, mit bunten Bändern und allerlei Kram erfreut. Er hatte sich ihnen angeschlossen und wußte nun, wo ein Bodenspekulant reich wie ein Krösus werden konnte. Die Indianer hatten ihn in das fruchtbare Hochland von Kentuckys Bluegrass-Gebiet mitgenommen. Er wäre gern wieder dorthin zurückgekehrt, verspürte aber kein Verlangen, bei Begegnungen mit den Indianern am Ohio noch einmal seine Kopfhaut zu riskieren. Da kam ihm die Idee, daß ein Mann wie Boone Wege durch die Berge kennen müßte. Er sprach zu Boone von Wild, Wild in endlosen Herden. Boone erklärte sich einverstanden, ihn nach Westen zu bringen, denn auch

er fieberte nach neuem Land. Und um die Farm und seine wachsende Familie zu erhalten, hatte er sich in Schulden gestürzt. Wild aber bedeutete bares Geld.

Kein Jäger, der auf Gewinn aus war, wanderte nur einfach mit einer Büchse in den Wald. Bevor Boone am 1. Mai mit Finley den Yadkin verließ, beschaffte er Reitpferde und Lasttiere, Kessel, Fallen, Salz, Blei, Schießpulver, Reservebüchsen, Decken, etwas Rum und Proviant für die ersten paar Tage. Und sie gingen auch nicht allein. John Stuart, der Mann von Boones jüngster Schwester Hannah, wollte sich an der Jagd beteiligen, und drei „Lagerhüter" – Joseph Holden, James Mooney und William Cooley – begleiteten sie, um

Auf diesem phantasievollen Bild einer Begebenheit aus dem Jahre 1770 skalpieren Indianer Daniel Boones Freund John Stuart und vertreiben Boone und seinen Bruder. In Wirklichkeit befand sich Stuart allein auf der Jagd, als er einfach verschwand. Jahre später wurde ein Skelett gefunden, das man als seines identifizierte, doch der Schädel ließ keine Spuren eines Skalpiermessers erkennen.

zu kochen, die Felle zu bearbeiten und erforderlichenfalls auch Wild zu schießen. Daniels 24 Jahre alter Bruder, Squire Boone der Jüngere, erklärte sich bereit, ihnen im Frühwinter mit frischen Pferden und Proviant zu folgen. Sie hatten es nicht eilig. Es machte Boone Freude, das Land zu betrachten, seine Initialen und belehrende Hinweise in Bäume einzuschnitzen („Nur weiter, Jungs, hier gibt es gutes Wasser!"), komfortabel zu kampieren, wo es ging, und manchmal einem Publikum am Lagerfeuer aus Gullivers Reisen vorzulesen – einem Buch, das er stets mit sich führte.

Nachdem sie das Cumberland Gap durchquert hatten, errichteten sie schließlich im Juni ein Sammellager an einem Nebenfluß des Kentucky, den sie Station Camp Creek nannten. Boone eilte allein nach Westen weiter, erklomm einen hohen Hügel und blickte endlich auf das reiche, ebene Land voller Wild hinab, das zu finden sie gekommen waren; Hunderte von Bisons wirbelten auf ihren Pfaden dichte Wolken von Kalksteinstaub auf.

Einige Tage später führte Finley sie tiefer ins Innere des Landes. Es war fürwahr ein Paradies für Bodenspekulanten, wie es der Händler geschildert hatte – 20 000 Quadratkilometer unberührtes Waldland und welliges, grasbewachsenes Gelände. Es war auch ein Paradies für Jäger: Die sechs Männer teilten sich in Zweiergruppen und schossen sieben

Monate lang ohne Zwischenfälle das Hochwild ab. Schließlich hatten sie ein kleines Vermögen an Fellen in ihrem Sammellager. Doch das Gefühl friedlichen Wohlergehens, das die Landschaft in ihnen erweckte, erwies sich als trügerisch. Als Boone und Stuart an einem Dezembertag entlang einem Bisonpfad jagten, brachen berittene Shawnee aus einem Rohrdickicht hervor, ergriffen die beiden Jäger, entdeckten das Sammellager, luden alle Felle und Vorräte auf, bemächtigten sich ihrer Pferde und führten die Gefangenen mit sich nach Norden, auf den Ohio zu.

Hoch erfreut über ihre Beute, ließen die Indianer die Jäger nach zweitägigem Ritt frei, und ihr Häuptling – den Weißen unter dem Namen Captain Will bekannt – gab ihnen Pulver, Blei, eine kleine Büchse und einen guten Rat mit auf den Weg. „Geht heim!" befahl er ihnen und fügte hinzu, daß „Hornissen" sie stechen würden, wenn sie je wiederkehrten. Statt dem Rat zu folgen, blieben Boone und Stuart den Dieben auf den Fersen und stahlen tollkühn ein halbes Dutzend Pferde zurück, nachdem die Indianer ihr Lager aufgeschlagen hatten. Um sich gegen eine Verfolgung abzusichern, ritten sie die ganze Nacht durch. Doch als sie am nächsten Morgen haltmachten, um die Tiere zu tränken, kamen Captain Will und seine Krieger schon an; sie stießen ein Triumphgeschrei aus und grinsten über das ganze Gesicht. Captain Will band ein Glöckchen um Boones Hals und hieß ihn auf und nieder hüpfen. „Pferdediebe, was?" rief er. Wieder nahm er die beiden nach Norden mit, aber diesmal versteckten sich die zwei Gefangenen nachts in einem Rohrdickicht und gelangten zu Fuß sicher zu ihrem ausgeraubten Sammellager zurück.

Niedergeschlagen machten sich Finley und die Lagerhüter auf den Rückweg. Boone und Stuart dachten nicht daran, abzuziehen. Bald traf Bruder Squire mit frischen Pferden, Büchsen, Proviant und einem anderen Jäger namens Alexander Neeley ein. Doch ein neues Unglück erwartete Boone in seinem wilden Paradies. Stuart überquerte den Kentucky, um zu jagen, und kam nicht wieder. Boone folgte seiner Spur bis zur Asche eines Lagerfeuers und einem Baum mit seinen Initialen. Dort verlor sich die Spur. Stuart wurde nie wieder gesehen. Das war zuviel für Neeley, und er machte sich nun mit aller Vorsicht ebenfalls auf den Heimweg. Doch die Boones hatten ihrer Meinung nach noch Geschäfte in „Kaintuck" zu erledigen und fühlten sich verpflichtet, das Begonnene zu Ende zu führen. Daniel war von dem neu entdeckten Land bezaubert – trotz der Indianer und all den Unbilden – und empfand ein brennendes Verlangen, noch mehr davon zu sehen.

Die beiden Brüder trafen außerordentliche Vorsichtsmaßnahmen, um nicht wieder von Räubern ausgeplündert zu werden. Sie schlugen ihr Lager tief im Waldesinnern auf, fernab von den Pfaden der Indianer, bewegten sich im seichten Wasser des nahe gelegenen Flusses und schwangen sich, wo immer möglich, an wilden Reben von einer Stelle zur anderen. Dennoch vergaßen sie das Jagen nicht. Im Mai 1770 glaubten sie genügend Felle beisammen zu haben, um ihre Schulden bezahlen zu können. Squire belud die Packtiere und ritt nach Osten. Allein gelassen, „ohne Brot, ohne Salz, ohne Zucker, ohne ein Pferd oder einen Hund", begann Daniel das westliche Kentucky zu erforschen, lernte dabei das Land so gut kennen, wie die Indianer es kannten – und erreichte eine Art Meisterschaft in der intuitiven, primitiven Kunst des Überlebens in einer feindseligen Wildnis.

Boone war noch unvorsichtig gewesen, als er das Sammellager für die erste Jagdgesellschaft errichtet hatte. Jetzt aber, da sein Gepäck nur aus Büchse, Munition und einer Decke bestand, wanderte er frei und listig wie ein Wolf durch das Land. Nachdem er abends sein Fleisch gebraten hatte, ließ er das Feuer brennen, zog in der Dämmerung weiter und schlief in Röhrichten oder Kalksteinhöhlen entlang des Weges. Er durchmaß die Täler des Kentucky und des Licking und folgte dem Ohio nach Westen bis zu seinen Fällen. Nur ein einziges Mal wurde er von Indianern entdeckt – und umringt –, als er es riskierte, eine Klippe über dem Dick's River, einem Nebenfluß des Kentucky, näher in Augenschein zu nehmen. Er packte seine Büchse, sprang hinunter – und landete im Laubwerk eines großen Ahornbaums. Die Indianer folgten ihm nicht, und andere bekamen ihn nicht zu Gesicht, obwohl Boone sie aus der Deckung heraus ungehindert beobachtete.

Im Juli kam auch Squire wieder, und die beiden Brüder zogen, immerzu jagend, gemächlich nach Südosten, in sichereres Gebiet. Es wurde Herbst, und noch immer konnte Boone es nicht über sich bringen, die Wildnis zu verlassen. Es war März, als die Brüder endlich ihre Felle und Häute aufluden und sich auf den Zugang zum Cumberland Gap zubewegten – und noch einmal verloren sie alles, was sie besaßen. Ein halbes Dutzend Indianer trat freundlich grüßend an ihr Lagerfeuer in Powell's Valley, aß von ihrem Fleisch, bedrohte sie aber plötzlich mit Tomahawks und machte sich mit Pferden, Büchsen und sämtlichen Fellen aus dem Staub. Dann lauerten sie im Hinterhalt, doch die Brüder, die ihnen in der Dunkelheit folgten, ahnten die Gefahr und konnten sich noch rechtzeitig in Sicherheit bringen.

Im Juni 1771, nach zwei Jahren Mühsal und Plackerei, kam Boone schließlich wieder heim. Unerschütterlich war er von der Überzeugung durchdrungen, daß das Bluegrass-Land ihm ein Vermögen einbringen würde. Und so führte ihn die Hoffnung auf einen „großen Speck" (wie er jedes riskante

Nachdem er Schulden bezahlt und seine Familie versorgt hat, kehrt Squire Boone 1770 mit „Nachschub an Pferden und Munition“ zu seinem Bruder Daniel zurück, um mit ihm zusammen in der Wildnis von Kentucky Hirsche zu jagen.

Abenteuer bezeichnete, das Gewinn versprach) im Herbst 1773 abermals nach Westen – diesmal mit Rebecca, seinen acht Kindern und fünf anderen Familien vom Yadkin –, um sich für immer in Kentucky niederzulassen. Doch diese 40 Menschen und ihre Rinder kamen nur bis zum Powell River beim östlichen Zugang zum Cumberland Gap. Boone schickte seinen ältesten Sohn James Anfang Oktober auf dem Weg zurück, den sie gekommen waren, um noch ein paar Säcke Mehl und einige landwirtschaftliche Geräte aus Captain William Russels Lager zu holen, das sie erst wenige Tage zuvor verlassen hatten. Als James und Russells Sohn Henry mit dem Nachschub wieder nach Westen ritten, wurden sie von Indianern aus dem Hinterhalt überfallen, gemartert und getötet. Die Kriegsrotte zerstreute auch die Viehherden der bestürzten Weißen. Sie zogen sich daher eilig nach Snoddy's Fort am Clinch River zurück, um sich in Sicherheit zu bringen; dort trennten sie sich, um auf verschiedenen Wegen den Heimweg anzutreten.

Dennoch spürte Boone mit innerster Gewißheit, daß Kentucky sein Utopia war, und bemühte sich erneut darum, finanziellen Rückhalt bei demselben Richter Henderson aus North Carolina zu finden, zu dem er schon früher von seinem

Glauben an die Zukunft der Bluegrass-Region gesprochen hatte. Henderson reagierte mit einer Mischung aus Faszination und Habgier, als Boone ihm das neue Paradies beschrieb, wo mächtige Ulmen aus fruchtbarer Grasnarbe emporragten, wo Hirsche, Elche und Bisons in großer Zahl umherzogen und wilde Truthähne in Schwärmen von nie gesehener Größe aufstiegen. Es gab legale Hindernisse: die Gesetze Virginias und North Carolinas verboten den privaten Landkauf von Indianern, und auch England hatte 1763 jede Besiedlung westlich der Appalachen untersagt. Henderson jedoch glaubte, daß er in diesem Labyrinth von Verboten ein Hintertürchen gefunden hatte: Einen Gesetzesparagraphen der Engländer, wonach private Abkommen mit regierenden indischen Fürsten und Königen erlaubt waren. Das Gesetz bezog sich natürlich auf Potentaten in Asien.

Henderson aber interpretierte es anders, denn das englische Wort „Indian" kann sowohl indisch als auch indianisch bedeuten. Mit dem Auftrag, sein Vorhaben anzukündigen, schickte er Boone in die Dörfer der Cherokee. Dann traf der Richter bei den Sycamore Shoals des Watauga River mit den habgierigeren unter den Stammeshäuptlingen zusammen und überredete sie dazu, ihm acht Millionen Hektar Land südlich des Kentucky für Decken, Hemden, Spiegel, Werkzeuge und andere Waren im Wert von 10 000 Pfund zu verkaufen.

Anfang Mai 1775 brach Boone mit 30 bewaffneten und berittenen Holzfällern auf – begleitet von seinem Nachbarn am Yadkin, Colonel Richard Callaway, der eine Art Verwaltungshoheit über die neue Siedlung ausüben sollte. In 14 Tagen hieben sie einen Pfad für Packtiere frei, der über das Cumberland Gap und von dort in westlicher Richtung den alten Kriegspfad entlang führte. Mit einem ersten Kontingent von Siedlern folgte Henderson ihnen über die Berge zu Boones „Fort". Dieses Fort bestand aus ein paar elenden Hütten entlang dem Kentucky, doch der Richter berief eine Versammlung von „Delegierten" unter einer Ulme ein und setzte eine Regierung von „Transylvania" ein – den „Grundstein eines Gebäudes", wie er ausführte, dessen „Pfeiler in den Schoß der Zukunft ragen".

Doch leider wurde Transylvania nicht einmal ein Jahr alt. Die in Virginia während des Unabhängigkeitskrieges amtierende gesetzgebende Körperschaft verurteilte den Landerwerb von Indianern ohne besondere Genehmigung und weigerte sich, eine solche zu erteilen. Auch der neue Continental Congreß gab Hendersons flehentlichen Bitten, den Landkauf zu sanktionieren, nicht nach. Und schließlich widersetzten sich die Siedler – die Henderson nach einiger Zeit als „Lumpenpack" betrachtete, „das weder an Gott glaubt noch den Teufel fürchtet" – seiner Absicht, auf ewig zwei Shilling Pacht für je 40 Hektar Land zu kassieren: Aber wenn sich auch die „Regierung von Transylvania" auflöste, die Siedlungen selbst – Boonesborough, Harrodsburg und Logan's Station – wurden von Virginia eingemeindet und blieben bestehen. Neue Siedlungen kamen hinzu: Und nun zeigte sich plötzlich ein Indianerstamm nach dem anderen äußerst betroffen von der Tatsache, daß die Weißen Land in Besitz genommen hatten, das sie – einschließlich der Cherokee, die die „Verkäufer" gewesen waren – als ihr gemeinsames Wildreservat betrachteten.

Der englische Militärkommandant und Lieutenant Governor in Detroit, ein gewisser Henry Hamilton, schürte diese Umtriebe, indem er den Ottawa, Miami, Shawnee und Delaware Waffen und Munition lieferte und alle, die mit Skalps aus Kentucky zurückkehrten, reich belohnte: Er schenkte jedem triumphierenden Krieger so viele Waren aller Art, wie dieser mit beiden Armen halten konnte: Dies brachte ihm den Spitznamen „Haarkäufer" ein. Auf sein Betreiben wurden um 1777 die Siedlungen unterhalb des Ohio ständig angegriffen und überfallen.

Die Siedler in kleinen, exponierten und isolierten Enklaven gaben ihre Hütten bald auf und schlossen sich Boone an oder zogen sich über die Berge weiter nach Osten zurück, wo sie sicher waren, Boonesborough, Harrodsburg und Logan's Station jedoch widerstanden allen Angriffen, denen sie ausgesetzt waren. Daniels Bruder Squire Boone erlebte „den besten kleinen Indianerkampf, den es je gab", als er außerhalb der Palisaden von Boonesborough von einem Krieger überrascht wurde, der ihm seinen Tomahawk auf den Kopf hieb und ihn sogar dann noch zu töten versuchte, als Boone seinen Angreifer blutüberströmt bereits mit einem kurzen Schwert völlig durchbohrt hatte. „Beide Gegner", erklärte Squire nicht ohne Bewunderung für seinen toten Feind, „kämpften aufrecht und tapfer." Aber die Räuber töteten das Vieh, zerstörten die kleinen Apfelbäume, die über die Berge gebracht worden waren, vernichteten Maisfelder, verbrannten abgelegene Hütten, ermordeten acht Menschen, die sie beim Jagen oder Roden abfingen – und kamen wieder – kamen immer wieder.

Im Januar 1778 herrschte in Boonesborough nicht nur Proviantknappheit, sondern auch der Salzvorrat neigte sich dem Ende zu. Für das Leben an der Frontier war Salz von entscheidender Bedeutung: es wurde gebraucht, um Felle und Fleisch zu trocknen und haltbar zu machen und stellte überdies ein begehrtes Tauschmittel dar (ein Scheffel Salz war so viel wert wie eineinhalb Kühe). Um diesem Notstand abzuhelfen, machte sich Boone mit 30 Mann und einer Koppel von Packpferden, die mit großen eisernen Kesseln

Diese antibritische Karikatur, die die auch nach dem Unabhängigkeitskrieg fortdauernden Grenzstreitigkeiten widerspiegelt, zeigt einen Offizier der Krone als „Haarkäufer“, der die Indianer für amerikanische Skalps großzügig mit Waffen bezahlte.

beladen waren, zu den Blue Licks auf, einer Reihe salzhaltiger Quellen unweit des Licking River im Norden von Zentral-Kentucky. Damit ließ er sich in das schwierigste seiner Abenteuer ein, in dessen Verlauf er nacheinander Gefangener, Stammesbruder und Verfolgter der Shawnee wurde, Zeuge des heftigsten Angriffs war, den je ein befestigtes Lager in Kentucky aushalten mußte, zum Verteidiger von Boonesborough wurde und zu guter Letzt als Dank für all seine Mühe auch noch vor ein Kriegsgericht kam, unter der Beschuldigung, in verräterischer Weise mit Indianern zusammengearbeitet und „es mit den Briten gehalten zu haben“.

Die Salzgewinnung stellte auch in den ruhigsten Zeiten ein gefährliches Geschäft dar. Wer Tiere – oder auch Menschen – jagte, wußte, daß es das verfolgte Wild früher oder später zu einer großen Salz-Lecke ziehen würde. Menschen blieben manchmal wochenlang an einem solchen Ort. Schließlich mußten für einen Scheffel Salz über 3000 Liter Salzwasser verdampft werden. Boone hatte sich schon einen Monat an den Blue Licks aufgehalten, als er Anfang Februar in Schwierigkeiten geriet. Er hatte einen Bison geschossen, um seine Leute zu verköstigen, und vier Shawnee fanden seine Spuren im Schnee. Nach einer Verfolgungsjagd, in deren Verlauf die Kugeln schließlich ungemütlich nahe an ihm vorbeipfiffen, suchte er Zuflucht hinter einem Baum und legte als Zeichen, daß er zum Aufgeben bereit war, seine Büchse vor sich auf den Boden. Die Indianer waren außer sich vor Freude, daß sie den berühmten Wide Mouth in ihre Gewalt gebracht hatten.

Doch Boone fing an, sich Sorgen zu machen – um das Schicksal von Boonesborough, wie auch um sein eigenes und das der Salzarbeiter –, während die Indianer ihn friedlich in ihr Lager brachten. Ein gewaltiges Lagerfeuer loderte zwischen den Bäumen, und ringsherum saßen mehr als hundert Krieger, für den Kampf bewaffnet und bemalt. Blackfish, ein berühmter Häuptling, saß unter ihnen. Schlimmer noch, Boone erkannte eine Gruppe britischer Agenten, unten ihnen James und George Girty, Überläufer gleich ihrem Bruder Simon Girty, einem „weißen Indianer“, der wegen seiner Grausamkeit gegen seine eigenen Rassegenossen von den Frontier-Siedlern verflucht wurde.

Boone war damals 43 Jahre alt, ein kräftiger, 1,75 Meter großer Mann mit blauen Augen, heller, frischer Gesichtsfarbe und dem breiten Mund, an dem die Indianer ihn er-

Kühne Taten im „Jahr der blutigen Siebener"

Samuel McColloch rettet sich am Wheeling Creek vor einer Gruppe verblüffter Indianer, indem er mit seinem Pferd von einem Kliff springt.

In der Erinnerung der frühen Frontiersmen blieb 1777 als das schrecklichste Jahr haften. Die es überlebten, sprachen noch lange in bitterem Ton vom „Jahr der blutigen Siebener".

Der Unabhängigkeitskrieg war in vollem Gange, und britische Strategen fanden bereitwillige Verbündete unter den Kriegerstämmen westlich der Appalachen. Britische Agenten beschenkten die Indianer mit Rum, Musketen, Streitäxten und Skalpiermessern und fachten den schwelenden Unmut der Stämme gegen die Siedler an, die immer weiter in die Wildnis vorstießen. Die Briten verfolgten das zweifache Ziel, die nach Westen drängende Flut der Amerikaner einzudämmen und die Kontinental-Armee von ihrer Hauptaufgabe, dem Kampf an der Ostküste, abzuziehen.

Für die Siedler begannen die Schrecken des Jahres 1777 mit dem Angriff auf Boonesborough im März, bei dem Daniel Boone selbst verwundet wurde, und erreichten ihren Höhepunkt im September, als Fort Henry am Wheeling Creek im westlichen Virginia innerhalb von drei Wochen zweimal berannt wurde. Keine Siedlung entlang dem 1500 Kilometer langen Bogen des Ohio River von Fort Pitt bis zum Mississippi war vor marodierenden Indianern sicher.

Manchmal griffen die Indianer in Banden von weniger als 20 Mann an; dann wieder stürzten sie unter lautem Kriegsgeschrei in großen Verbänden von 200 bis 300 Mann auf die Siedlungen ein, nahmen sie unter Feuer und schleuderten brennende Pfeile aus Zuckerrohr und Hickory über die Palisaden.

Jeder männliche Siedler, der ihnen außerhalb des Forts in die Hände fiel, wurde ermordet und skalpiert; Frauen und Kinder wurden als Kriegsbeute fortgeschleppt. Und bevor sich die Indianer zurückzogen, vernichteten sie die Heimstätten der Siedler, die sich innerhalb der Palisaden zusammendrängten.

Elizabeth Zane trotzt während der Belagerung von Wheeling dem Feuer der Indianer, um ein Fäßchen kostbaren Schießpulvers herbeizuholen.

Das furchtbare Jahr ließ legendäre Erzählungen von Tapferkeit und Opfermut aufkommen. Eine solche Geschichte berichtete von der Kühnheit Major Samuel McCollochs – „der Stolz der Siedlungen und für die Wilden ein Schrecken" –, der sich am Rand eines 60 Meter hohen Kliffs über dem Wheeling Creek von Rothäuten umzingelt fand, als etwa 400 Indianer am 2. September Wheeling belagerten. Es eröffnete sich nur ein Ausweg: McColloch gab seinem Pferd die Sporen und sprang hinab in den Abgrund. „Ein Sprung, ein Krachen – knackendes Holz und kollernde Steine, das war alles, was die verblüfften Wilden sehen oder hören konnten", hielt ein Augenzeuge fest. „Aber o Wunder! Noch bevor sich ein einziger Wilder von seinem Staunen erholt hatte, sprengte der unverwundbare Major auf seinem edlen Roß bereits über die Halbinsel davon."

Elizabeth Zane, die junge Schwester Colonel Ebenezer Zanes, des Erbauers von Fort Henry, ist die Heldin einer anderen berühmten Legende. Während der beiden Belagerungen standen die Frauen ihren Männern mutig zur Seite. Sie schmolzen ihr Zinngerät ein und gossen daraus Kugeln, luden Gewehre nach und trotzten dem feindlichen Feuer. Als einmal das Schießpulver knapp wurde, erinnerte sich Elizabeth Zane, daß ein Fäßchen davon noch im Haus ihres Bruders versteckt war. „Ihr könnt keinen Mann entbehren", sagte das tapfere Mädchen zu den Verteidigern – und schon lief sie los. „Eine Squaw, eine Squaw!" riefen die Indianer und sahen ihr verdutzt nach.

Wheeling hatte 41 seiner wehrfähigen Männer verloren, als die Indianer endlich aufgaben und im Wald verschwanden. Bevor der Winter den Angriffen ein Ende setzte, hatten Hunderte von Siedlern an der Frontier den Tod gefunden. Die Überlebenden bauten stur ihre Blockhütten wieder auf, und als der Frühling kam, bestellten sie von neuem ihre Felder.

kannt hatten. Dank seiner harten und gefahrvollen Jahre in der Wildnis besaß er eine eiserne Konstitution und verfügte über eine körperliche Ausdauer, deren sich nur wenige Männer, gleich welchen Alters, rühmen konnten. Diese Jahre hatten auch einen Charakterzug in ihm verstärkt, wie er sich an der Frontier nur selten fand: eine Art heiterer Gelassenheit, mit der er sich selbst gegen das ärgste Unglück zu wappnen wußte. Seine Wesensart scheint die Erklärung dafür zu sein, daß Boone seinen Zeitgenossen, denen sein sechster Sinn in der freien Wildbahn abging, immer wieder Rätsel aufgab. Er war kein Draufgänger, handelte aber manchmal mit einer Unerschrockenheit, die andere Leute als Tollkühnheit betrachteten – um sie bei anderen Gelegenheiten, insbesondere wenn er es mit Indianern zu tun hatte, durch Äußerungen und Verhaltensweisen zu verwirren, die gutmütige Resignation erkennen ließen. Mit anderen Worten: Er war ein Realist, der nur selten irgendwelchen Emotionen nachgab.

Was die Indianer betraf, hegte Boone keine Illusionen. Seit seiner Kindheit hatte er ihre Bräuche, Reaktionen und Eigenarten aufmerksam beobachtet. Er bekundete Interesse für sie und beurteilte sie so nachsichtig wie kaum ein anderer Backwoodsman. Diese Fähigkeit, sie als Individuen zu sehen, blieb ihm auch noch erhalten, nachdem sein Sohn James nahe der Wilderness Road zu Tode gemartert worden war. Er haßte die Indianer nicht, erschoß den einen oder anderen nur, wenn es unumgänglich war – und rühmte sich nie einer solchen Tat. Niemals nahm er einen Skalp; und er teilte die Auffassung der Indianer, nicht sinnlos auf verlorenem Posten zu kämpfen und seine eigene Kopfhaut zu riskieren.

So bemühte sich also Boone nach Kräften, ein freundliches Gesicht zu zeigen, als er zu Blackfish geführt wurde. Er drückte einsichtsvolles Bedauern aus, als der Häuptling ihm ankündigte, er sei zur Zerstörung Boonesboroughs hierhergekommen. Die Siedlung, erklärte Wide Mouth, sei einfach zu stark befestigt für so wenige Krieger. Sie werde sich jedoch ohne Blutvergießen ergeben, sagte Boone voraus, wenn eine größere Streitmacht sie einschließen würde – im Frühjahr; dann nämlich könnten die Frauen und Kinder ohne Schwierigkeiten nach Ohio ziehen, um dort mit den Shawnee zusammenzuleben. Blackfish ließ ihn wissen, daß seine Scouts viele junge Männer bei den Blue Licks entdeckt hatten. Das wären seine Männer, erklärte Boone stolz. Blackfish sollte ihr Leben garantieren und Boone würde dafür eine friedliche Übergabe in die Wege leiten.

Der Handel wurde nicht ohne Schwierigkeiten abgeschlossen. Die blutdurstigeren Indianer verlangten für sich das Recht, die Salzarbeiter töten zu dürfen, nachdem Boone diese überredet hatte, die Waffen niederzulegen; die britischen Agenten wiesen zu Recht darauf hin, daß Boonesborough ohnehin reif für einen Sturmangriff war. Ein feierlicher Häuptlingsrat wurde einberufen und – mit 61 zu 59 Stimmen – ein Massenmord abgewendet, nachdem Boone eine flammende Rede gehalten hatte.

Die weißen Gefangenen mußten jedoch eine harte Behandlung über sich ergehen lassen, während sie nach Little Chillicothe getrieben wurden, einem Dorf der Shawnee am Little Miami River. Nachts wurden sie, im Schnee sitzend, an Bäumen festgebunden, und ein Mann wurde gezwungen, mit einer „Ladung Bärenfleisch" auf dem Rücken nackt zu marschieren. Aber alle überlebten die Strapaze. 17 der 28 Gefangenen wurden sogar von den Indianern in den Stamm aufgenommen, die anderen an die Engländer verkauft. Boone wurde vom großen Blackfish persönlich als Sohn adoptiert.

Boone, in Sheltowee oder Big Turtle umbenannt, war ein guter Fang, und Blackfish nahm ihn bei der ersten Gelegenheit nach Detroit mit, um ihn der britischen Garnison vorzuführen. Er wurde unter genauer Beachtung aller Höflichkeitsformen von Henry Hamilton empfangen. Persönlich und privat bedauerte der „Haarkäufer" die oft barbarischen Praktiken seiner Verbündeten – fühlte sich allerdings, militärischer Notwendigkeit gehorchend, verpflichtet, sie dazu zu ermuntern. Er selbst erwies weißen Gefangenen, wenn sie ihm in die Hände fielen, jede erdenkliche Höflichkeit. Er sprach Boone mit „Captain" an und nahm dessen Andeutungen, die Leute von Kentucky würden möglicherweise im Frühjahr zu den Briten überwechseln, genauso gutgläubig auf, wie das schon die Shawnee getan hatten. Hamilton bot Blackfish sogar 100 Pfund für seinen Gefangenen an und überreichte Boone ein paar neue Kleider. Der Häuptling wies das Angebot schroff zurück. Boone war nicht besonders beunruhigt. Er hatte keine dringenden Verpflichtungen, beobachtete interessiert, wie Blackfish die Stämme der Mingo und Delaware besuchte, um Krieger für den geplanten Feldzug gegen Boonesborough anzuwerben, und war, als sie nach Ohio zurückkehrten, mit seinem Leben unter den Shawnee nicht eben unzufrieden.

Blackfish behandelte Boone wie einen bewundernswerten und unterhaltsamen Gefährten. Es schien ihm peinlich zu sein, als sich Boone, der zum Bäumefällen geschickt worden war, über diese für einen Krieger unangemessene Art von Arbeit beklagte. Blackfish befreite ihn von solch niedrigen Diensten, redete ihm zu, auf die Jagd zu gehen (ohne ihm allerdings viel Pulver und Blei mitzugeben), und freute sich, als sein „Sohn" an Wettschießen mit den Meisterschützen des Stammes teilnahm.

Boone hatte seinen Zusammenstoß mit Saucy Jack vor einigen Jahren noch nicht vergessen und legte es diesmal darauf an, bei diesen Wettbewerben oft zu verlieren. Hinterher beobachtete er zufrieden den „Ausdruck unbändiger Freude auf ihren Gesichtern, wenn sie mich übertrafen". Und er wandte einen listigen Trick an, um das Mißtrauen zu zerstreuen, das einige Indianer ihm entgegenzubringen schienen. Zunächst entfernte er heimlich aus allen geladenen Gewehren, die er finden konnte, die Kugeln. Dann verkündete er lauthals, er wolle fliehen, lief auf die nächsten Bäume zu und forderte seine neuen Brüder auf, ihn zu erschießen, bevor er ihnen entwischen könne. Schließlich griffen die Indianer nach ihren Waffen. Als sie – mit leeren Magazinen – zu feuern begannen, wirbelte Boone herum und tat so, als ob er die Kugeln in seiner Lederschürze auffinge. Dann kam er lachend zurück, reichte seinem verblüfften Publikum mit viel Aufhebens die Kugeln und rief: „Seht! Boone geht nicht fort!"

Zeit und Selbstgefälligkeit trugen dazu bei, das Mißtrauen der Indianer noch weiter zu zerstreuen; es fiel den Shawnee schwer zu glauben, daß ein Mann bei klarem Verstand nicht einer von ihnen zu sein wünschte, wenn er die Möglichkeit dazu hatte. Sie brachten ihm Gewehre zum Reparieren. Daher besaß er ein Gewehr ohne Schaft, etwas Pulver und ein paar Kugeln, als Blackfishs bevorstehender Kriegszug nach Kentucky ihn Mitte Juni zu der Überzeugung kommen ließ, er sei nun lange genug ein Shawnee gewesen.

Sheltowee (Boone) hielt sich mit ein paar Indianerfrauen im Lager auf, als die Männer auf der Jagd hinter einem Schwarm wilder Truthähne her in den Wald hasteten. Sobald er sie in einiger Entfernung durch das Unterholz poltern hörte, packte er sein Gewehr, schwang sich unter dem lautstarken Protest der Frauen auf ein Pferd und ritt einfach davon. Kaum war er außer Sicht, wechselte er in Galopp über, lenkte das Tier die ganze Nacht über von einem Flußbett in das nächste, um seine Spuren zu verwischen, und trieb es derart an, daß es am nächsten Morgen tot zusammenbrach. Dann lief er zu Fuß weiter bis zum Ohio River und überquerte ihn auf einem Baumstamm. Erst jetzt legte er eine Rast ein. Dann hielt er nicht mehr an, bis er wieder in Boonesborough war. In vier Tagen und Nächten hatte er rund 250 Kilometer zurückgelegt.

Er war gerade noch rechtzeitig gekommen. Das Lager war monatelang vernachlässigt worden und befand sich in einem Zustand fortgeschrittenen Verfalls. Boone sandte Boten mit der Bitte um Verstärkung nach Harrodsburg und Logan's Station und machte sich mit den anderen Siedlern eilig daran, einen neuen Palisadenzaun und zwei neue Blockhäuser zu errichten, die zusammen mit den beiden bestehenden Flankenfeuer aus allen vier Ecken der Einfriedung ermöglichen sollten.

Der Juni verging. Es kamen keine Indianer. Es wurde Juli. Endlich, Mitte des Monats, traf William Hancock, einer der Salzarbeiter, in Boonesborough ein. Aus seinem Bericht ging hervor, daß in weniger als zwei Wochen 400 Krieger nach Kentucky aufbrechen würden.

Für Boone war das Veranlassung genug, sogleich mit einem guten Dutzend entschlossener Männer den Ohio River in der Hoffnung zu überqueren, von den Indianern Pferde und Biberfelle zu stehlen, indes sie mit den Angriffsvorbereitungen beschäftigt waren. Die kleine Gruppe machte keine Beute, beobachtete jedoch die indianische Kolonne, die mit 456 Mann – unter ihnen zwölf Franko-Kanadier, die als britische Agenten dienten – auf Boonesborough vorrückte. Boone und seine Leute waren mit 24 Stunden Vorsprung noch rechtzeitig zurück, um Alarm schlagen zu können. Am 5. September „rüsteten" die Siedler das Fort.

Doch wie sich herausstellte, war Blackfish mehr gekränkt als feindselig gesinnt. Nach seiner Auffassung war es Sheltowees Pflicht – wegen seiner Flucht zu einem Zeitpunkt, da die Shawnee ihm gerade den Rücken gekehrt hatten –, das Dorf zu übergeben und sich mit dessen Bevölkerung nach Detroit aufzumachen. Er schickte einen gefangenen Schwarzen namens Pompey mit einer weißen Fahne und der Botschaft an den Palisadenzaun, er habe Briefe von Governor Hamilton und wünsche mit Captain Boone zu sprechen. Der Captain verließ unverzüglich das Fort, um ihn zu treffen.

Die Siedler, die die Szene durch Sehschlitze beobachteten, gaben Boone schon „verloren", aber der Häuptling schüttelte ihm die Hand und sagte: „Na, Boone, wie geht's dir?" „Und dir, Blackfish?" „Na, Boone, warum bist du vor mir davongelaufen?" Sheltowee war ganz sicher, daß Blackfish es verstehen würde: Er hatte einfach Sehnsucht nach seiner Familie gehabt. Warum hatte er denn das nicht seinem Vater gesagt?, wollte der Häuptling wissen – er hätte ihn doch gehen lassen. Dieser Frage wich Boone mit einer Gegenfrage aus: Warum hatten die Shawnee nicht besser gekämpft, als Boone sie vor ein paar Wochen überrascht hatte? Blackfish klatschte in die Hände, um Schüsse anzudeuten und darauf hinzuweisen, daß sich seine Krieger überlegener Feuerkraft gegenübergesehen hatten. Doch nun zur Sache: Er reichte dem Captain einen Brief Hamiltons, in dem dieser Boone ersuchte, ein Massaker verhindern zu helfen. Boone warf in gespielter Verzweiflung die Hände in die Luft. Er habe nicht mehr das Kommando, äußerte er listig. Virginia habe einen ranghöheren Captain geschickt. Er ging zum Fort zurück, öffnete einen Spalt das Tor und zeigte Blackfish den angeblichen, prächtig uniformierten Kommandeur, Major William Bailey Smith.

Der weiße Initiator indianischer Grausamkeiten

Die Frontiersmen fürchteten und verfluchten die Indianer, doch ihr tödlichster Haß galt einem der Ihren. Er hieß Simon Girty und bildete eine Abnormität in der Geschichte des Westens: Ein weißer Anführer der Indianer, ein Renegat, der zum Urheber von Greueltaten gegen die Siedler wurde. „Kein anderes Land und kein anderes Zeitalter hat je eine so brutale, elende und verworfene Kreatur hervorgebracht", schrieb ein Zeitgenosse voller Erbitterung.

Das war natürlich eine Übertreibung, aber Girty trieb es schon arg genug. Er wurde 1741 bei Harrisburg, Pennsylvania, geboren, das damals noch an die Wildnis grenzte, und verlebte eine schwere Kindheit. Eines Nachts, als er zehn Jahre alt war, zechte sein Vater mit einem als „zahm" geltenden Indianer in seiner Hütte; die betrunkenen Männer gerieten plötzlich in Streit, und Simon mußte entsetzt zusehen, wie der Indianer seinem Vater mit dem Tomahawk den Schädel spaltete. Fünf Jahre später nahm eine räuberische Horde von Delaware-Indianern die Familie gefangen; und wieder erlebte der Junge etwas Furchtbares: Er sah, wie sein Stiefvater gefoltert und skalpiert wurde. Simons Mutter und drei Brüder mußten bei den Delaware zurückbleiben, er selbst aber kam zu den Seneca, die ihn drei Jahre behielten.

Girty war 18, als die Seneca ihn 1759 wieder in die Zivilisation entließen: ein verderbtes Geschöpf mit einer düsteren Vergangenheit und einer Böses verheißenden Zukunft. Bis 1777 arbeitete er in der Gegend von Fort Pitt als Dolmetscher zwischen Indianern und Händlern. Er war für kurze Zeit als Werber für die Kontinental-Armee tätig, machte sich aber aus Enttäuschung darüber, daß man ihn nicht zum Captain befördert hatte, heimlich davon, um in Detroit den Briten seine Dienste anzubieten. Zwei seiner Brüder, George und James, folgten ihm bald, und zusammen arbeiteten sie 20 Jahre lang daran, das Feuer an der Frontier immer wieder von neuem zu entfachen, sobald es hier und da zu verlöschen drohte.

Simon tat sich dabei am meisten hervor. Wie ein Indianer gekleidet, mischte er sich unter die Mingo, Shawnee und Wyandot, predigte Tod und Zerstörung und verteilte Gewehre und Munition. „Brüder!" rief er sie auf. „Die Langmesser sind in euer Land eingefallen und haben sich eurer Jagdgründe bemächtigt. Sie haben die Zuckerrohrfelder zerstört, den Klee zertrampelt, Hirsche und Bisons getötet.

Brüder! Wenn ihr nicht aufsteht mit der Majestät eurer Macht und diese ganze Rasse ausrottet, könnt ihr den Jagdgründen eurer Väter Lebewohl sagen."

Dutzende von Kriegsrotten folgten Girty bei seinen Überfällen von Detroit bis nach Kentucky hinunter. Wie es heißt, ermutigte er die Indianer, ihre Gefangenen zu foltern; angeblich sah er mit Ergötzen dabei zu. Als der amerikanische Colonel Willim Crawford 1782 bei lebendigem Leibe verbrannt wurde (S. 72), soll er Girty gebeten haben, ihn zu töten. Wie berichtet wird, drehte ihm dieser aber den Rücken zu und antwortete: „Ich habe keine Waffe."

Die Kolonisten setzten schließlich 800 Dollar Belohnung auf seinen Kopf aus, worauf Girty mit noch größerer Grausamkeit reagierte. Als er 1791 an der Spitze von 300 Indianern Dunlap's Station belagerte, befahl er einem weißen Gefangenen: „Richte denen im Fort aus, daß wir ihnen weder ein Leid antun, noch uns an ihrem Eigentum vergreifen werden, wenn sie aufgeben; aber wenn sie es nicht tun, bei Gott, dann töten wir dich." Das Fort ergab sich nicht. Girty hielt sein Wort. „Sie zogen ihn nackt aus", berichtete ein Zeuge, „banden seine ausgestreckten Arme und Beine fest und entzündeten auf seinem Bauch ein Feuer. Die ganze Nacht gellten seine Schmerzensschreie in unseren Ohren; allmählich wurden sie schwächer, bis es Tag wurde und sie verstummten."

Der weiße Renegat wurde nie erwischt. Nach dem Rückzug der Briten aus Detroit floh Girty im Jahre 1796 nach Kanada, wo er dann 1816 starb.

Simon Girty, bis an die Zähne bewaffnet

Nicht mehr als 30 Männer und 20 Burschen, die mit einer Büchse umgehen konnten, befanden sich im Inneren des Forts. Hamilton aber, von einem gefangenen Kentuckyer getäuscht, hatte Blackfish gleich zu Beginn warnend darauf hingewiesen, daß alle drei Forts in Kentucky durch große Kontingente virginischer Miliz verstärkt worden seien. Der Häuptling wollte das Gespräch fortsetzen. Die Menschen im Fort und insbesondere Colonel Richard Callaway – ein Anführer der Siedler, der Boones „Tollkühnheit" mißtraute – zogen den Tod der Gefangenschaft vor, aber keiner hatte etwas dagegen, Zeit zu gewinnen, und so erklärten sich Callaway wie Smith bereit, Boone zu weiteren Verhandlungen außerhalb der Palisaden zu begleiten.

„Ich bin gekommen, um euch das Fortgehen leicht zu machen", sagte Blackfish. Die Verhandlungen dauerten drei Tage, in denen Blackfish sich ebenso redlich bemühte, die Weißen hereinzulegen, wie diese sich bemühten, ihn zu überlisten. Der Häuptling zog den Union Jack auf, ließ einen Dolmetscher und einen mit Stoff gedeckten Tisch kommen, bot ihnen einen offiziellen Friedensvertrag an und lockte acht von Boonesboroughs führenden Persönlichkeiten heraus, die ihn unterzeichnen sollten. Er entzündete eine Friedenspfeife. Dann ordnete er großes Händeschütteln an: Auf jeden Weißen traten zwei Indianer zu, ergriffen ihn jeder an einem Arm und versuchten so, alle acht Emissäre über einen Erdwall oberhalb des Flusses zu zerren.

In diesem Augenblick begann die Schlacht um Boonesborough. Boone schlug Blackfish zu Boden; seine Gefährten begannen sich zu wehren und rissen sich einer nach dem anderen los, während die Schützen im Fort das Feuer eröffneten. Die Weißen liefen wie gehetzt auf das Palisadentor zu. Im Unterholz versteckte Indianer schossen auf sie. Boones Bruder Squire wurde von einer Kugel getroffen, stürzte, erhob sich aber wieder und erreichte das Fort. Das Tor wurde geschlossen und verbohlt – nur ein einziger glückloser Unterhändler blieb draußen, hinter einem Baum versteckt, der ihn glücklicherweise so lange schützte, bis er nach Einbruch der Dunkelheit zu seinen Kameraden zurückkehren konnte. Die in ihren Erwartungen getäuschten Krieger johlten und zeterten hinter ihrer Deckung hervor, das Heulen der Kinder und das Gebrüll der Ochsen im Fort antworteten ihnen. Boone schnitt seinem Bruder die Kugel mit einem Messer aus der Schulter. Squire begab sich auf schwankenden Beinen zu Bett – die Axt in Reichweite, um für alle Fälle gerüstet zu sein. Die Schützen des Forts ließen sich neben ihren Schießscharten nieder, während jenseits der Palisaden Blackfish sich darauf einrichtete, sie auszuhungern.

Sei es, daß es nicht ihrer Wesensart entsprach oder ihnen die nötige Technik fehlte, die Indianer fanden sich jedenfalls nur selten bereit, eine Frontier-Festung zu belagern. Aber sie hatten es auch selten in so großer Zahl versucht und noch nie mit der gewaltigen Menge an Munition und Nachschub, wie sie Blackfish von Hamilton zur Verfügung gestellt worden war. Bald gab es keinen Zweifel mehr, daß die Krieger nach Boonesborough gekommen waren, um zu bleiben. Das lärmende Salvenfeuer stellten sie bald ein. Aber Tag für Tag nahmen Heckenschützen die Schießscharten des Forts aufs Korn. Andere kletterten auf Bäume oder erstiegen die Hügel jenseits des Flusses und schossen von oben in die Festung hinein – wobei sie hin und wieder einen Siedler trafen.

In der siebten Nacht brachen die Indianer aus dem Dunkel hervor, um Feuerbündel gegen die Palisaden zu schleudern und brennende Pfeile auf die Dächer der Häuser zu schießen. Wild feuerten die Siedler auf diese Brandstifter, und ebenso wild feuerten indianische Schützen auf die Männer, die auf den Dächern erschienen, um die Pfeile herunterzufegen.

Ein Siedler namens William Patton, der beim Nahen der Indianer gerade den Wald durchstreift und sich dort bis zu diesem nächtlichen Angriff versteckt gehalten hatte, eilte nun nach Logan's Station, um zu berichten, daß Boonesborough gefallen sei. „In der Nacht richteten die Indianer einen furchtbaren Angriff auf das Fort", schrieb Daniel Trabue, der sich bei Pattons Ankunft in Logan's Station aufhielt. „Sie stürmten es in großer Zahl mit großen Feuerbränden und Fackeln und schrien und heulten so grauenhaft, wie man es sich nur vorstellen kann. Mr. Patton dachte, das Fort wäre genommen, und er hörte tatsächlich, wie die Indianer Menschen töteten, und er hörte auch die Frauen und Kinder und Männer gellend aufschreien, als die Indianer sie töteten."

In Wirklichkeit hatten die Indianer für ihr kühnes Unternehmen einen schlechten Zeitpunkt gewählt. Wie die Verteidiger erleichtert feststellten, hatte ein kurz zuvor niedergegangener Nieselregen die hölzernen Palisaden so durchnäßt, daß sie nicht brannten. Und das blieb nicht ihre einzige Genugtuung. Squire Boone, ein Mann, den es nicht lange im Bett litt, konstruierte eine hölzerne Kanone. Er versteifte das Rohr mit dem eisernen Reifen eines Wagenrads, lud sie mit Büchsenkugeln und nahm eine Gruppe Indianer unter Beschuß, die sich im Morgennebel an die Palisaden heranschlich; die Indianer mußten „eiligst das Weite suchen". Ein anderer Siedler schoß mit seiner Büchse einen Indianer ab, der jenseits des Flusses auf einen Baum gestiegen war. Aber das waren nur unerhebliche Erfolge. Dutzende von Indianern schufteten ununterbrochen Tag und Nacht, um einen Tunnel von der Uferböschung zur nächsten Palisadenwand zu graben.

Boonesborough – jetzt schon in der zweiten Woche seiner Belagerung – war ohnehin fast am Ende seiner Kräfte, als es sich dieser drohenden Gefahr gegenübersah. Die Lebensmittel gingen zur Neige, die Wasserreserven waren fast erschöpft, und Verletzungen, Schlaflosigkeit, seelischer Druck und interne Reibereien zehrten zunehmend an den Kräften der kleinen Garnison. Die Verteidiger taten, was sie konnten: sie gruben selbst einen Tunnel im rechten Winkel zu dem des Feindes, in der Hoffnung, die Indianer würden durchbrechen und sich einer nach dem anderen abschießen lassen. Viele sahen ein schrecklicheres Ende voraus. Blackfish hatte Pulver in Hülle und Fülle, und seine Krieger brüllten aus vollem Hals: „Wir bohren ein Loch! Heute nacht ihr fliegen in Hölle!" Doch die Nacht bescherte den Siedlern Blitz und Donner und einen Wolkenbruch – und am nächsten Morgen glaubten sie, ihren Augen nicht trauen zu können: vor ihnen lag eine völlig stille und leere Landschaft. Sie schickten Späher aus. Sämtliche Schießscharten waren von einem dichten Kranz aus Blei umgeben. Der Tunnel aber war in dem Regenguß eingebrochen, und die Indianer hatten bis auf den letzten Mann das Weite gesucht.

Für den Unabhängigkeitskrieg im Westen war Boonesboroughs Widerstand von entscheidender Bedeutung. Henry Hamilton hatte gehofft, die Siedlungen in Kentucky auszuradieren – als ersten Schritt zur Einnahme von Fort Pitt, das aufgrund seiner Lage in der Gabelung des Ohio River eine Schlüsselstellung für die Siedlungsgrenze innehatte. Damit hätte er die Möglichkeit gehabt, den amerikanischen Einfluß ein für allemal hinter die Appalachen zurückzudrängen, den Oberlauf des Mississippi und sein gesamtes Einzugsgebiet Englands indianischen Verbündeten zurückzugeben und den Handel mit England neu zu beleben. Die Art, wie Boone die Shawnee überlistet hatte, seine geschickte Flucht aus der Gefangenschaft und der von ihm erreichte Zeitgewinn – das alles hatte ganz wesentlich zur Rettung des Forts beigetragen. Wäre der Angriff nur drei Tage früher erfolgt – noch bevor die Palisaden ausgebessert waren –, wäre der Tunnel noch vor dem Regen fertig gewesen, hätte dies sicherlich das Ende bedeutet für Boonesborough wie auch für Logans und Harrods Enklaven.

Seine im Jahre 1778 bestandenen Abenteuer krönten die Reihe von Boones Großtaten, die ihn zum berühmtesten Helden des Westens machen sollten, und bildeten in vieler Hinsicht den Höhepunkt eines dramatisch verlaufenen Lebens. Manche allerdings fanden diese Abenteuer schändlich und empörend. Richard Callaway und Benjamin Logan warfen ihm vor, die Gruppe der Salzarbeiter an die Shawnee ausgeliefert und mit den Briten gemeinsame Sache gemacht zu haben. Ein von der virginischen Miliz in Logan's Station eingesetztes Kriegsgericht sprach ihn jedoch in allen Punkten frei; und das Beweismaterial für seine Unschuld war so erdrückend, daß er vom Captain zum Major der Miliz befördert wurde. Er hingegen zeigte sich bestürzt über die Bösartigkeit von Männern, die er für Freunde gehalten hatte. So war es noch keine zwei Jahre her, daß er Callaways Tochter Betsey aus den Händen indianischer Entführer gerettet hatte. Und Callaways Sohn Flanders war mit Boones Tochter Jemima verheiratet. Angewidert verließ Boone Boonesborough und gründete eine neue Siedlung – Boone's Station – nördlich des Kentucky River.

Bald aber mußte er sich selbst Vorwürfe machen, die um vieles bitterer waren als alles, was andere bei seinem Prozeß gegen ihn vorgebracht hatten. Zu Beginn des Jahres 1780 ritt er nach Virginia, um beim staatlichen Landzuweisungsamt in Richmond Berechtigungsscheine zu lösen, die zum Nachweis von Ansprüchen auf herrenlose Anbauflächen erforderlich waren. Er hatte 20 000 Dollar eigenes Geld und 30 000 Dollar von Freunden bei sich. Sie alle waren eifrig darauf bedacht, den Spekulanten von der Ostküste große Teile des Bluegrass-Gebietes abzujagen. Aber Boone verlor das ganze Geld, als er in James City, Virginia, in einem Gasthof übernachtete. Während er schlief, schlich sich ein Dieb in sein Zimmer und verschwand mit seinen Satteltaschen. Viele Freunde standen ihm bei. „Mir tut der arme Boone leid", schrieb Thomas Hart, einer der Geschädigten. „Er ist ein edler und großherziger Mann, und ich erlasse ihm aus freien Stücken die Rückzahlung jenes Betrages aus meinem Vermögen, das er zu dem kritischen Zeitpunkt in Besitz hatte." Dennoch blieb ein Makel an Boone hängen. Und seine militärische Karriere endete mit einer Tragödie: am 19. August 1782 fand sein Sohn Israel sinnlos den Tod, als eine Abteilung von Frontier-Milizionären Boones Warnungen in den Wind schlug und in der Schlacht bei den Blue Licks – dem letzten größeren Gefecht des Unabhängigkeitskrieges – in einen Hinterhalt der Indianer geriet. Sie wurde niedergemäht, ehe sie sich über den Licking River zurückziehen und in Sicherheit bringen konnte.

Dieses blutige Gemetzel bildete das Nachspiel zu einem Raubzug auf Kentucky-Gebiet, den der berüchtigte Simon Girty an der Spitze von mehr als 400 Ohio-Indianern unternahm. Bryan's Station, nördlich von Boonesborough, war das Ziel des weißen Renegaten. Die Siedlung rühmte sich unüberwindlicher Palisaden, und in der Hoffnung, die Verteidiger außerhalb des Forts zu überraschen, hielt Girty seine Krieger die Nacht über versteckt und wartete auf eine günstige Gelegenheit. Damit löste er eines der aufregendsten kleinen Dramen in der Geschichte der Frontier aus. Die Verteidiger ahnten, daß sie belagert werden sollten, durchschauten die Strategie des unsichtbaren Feindes und riskier-

Bei der Belagerung von Boonesborough im Jahre 1776 gab es innerhalb der Palisaden nur wenig Platz für die Dutzende von Siedlern, ihre Rinder, Pferde, Schweine und Hühner. Zu ihrem Elend trug noch bei, daß sie über zuwenig Wasser verfügten und die sanitären Einrichtungen im Fort mehr als primitiv waren.

ten daher das Leben ihrer Frauen und Töchter, indem sie sie bei Morgengrauen mit Eimern aussandten, um das für sie lebensnotwendige Wasser aus einem nahe gelegenen Bach zu schöpfen. Die Indianer ließen sie in der Tat passieren. Vermutlich wollten sie sich ihren vermeintlichen Überraschungseffekt nicht verderben. Das aber war ein schwerer Fehler, denn kaum waren die Frauen ins Lager zurückgekehrt, verriegelten die 44 Schützen der Ansiedlung das Tor und verteidigten es gegen jeden Versuch, eine Bresche in die Mauern zu schlagen.

Eine deutliche Spur hinterlassend – die er sogar durch das Einkerben von Bäumen markierte –, zog sich Girty daraufhin an den Licking River zurück. Er hoffte, die Miliztruppen, die ihn bereits einzuschließen begannen, von den Siedlungen fort nach Süden zu locken. Boone gehörte zur ersten Gruppe der Verfolger – sie umfaßte weniger als 200 Berittene unter Lieutenant Colonel John Todd. Boone war überzeugt, an der Nase herumgeführt zu werden; ihm war bekannt, daß Indianer sich aufzuspalten pflegten, wenn sie einem Feind ausweichen wollten und vermutete daher, daß ihnen irgendwo auf ihrem Weg sicherlich an die 500 Krieger auflauern würden. Die Berge jenseits des Licking River schienen verlassen, als sie dort ankamen, aber Boone bemerkte zwei mit Unterholz bewachsene Schluchten – hier hielten sich die Indianer tatsächlich versteckt –, und er empfahl nachdrücklich, auf Benjamin Logan zu warten, der mit weiteren 400 Mann nachrückte. Major Hugh McGary aus Lincoln hatte schon früher denselben Vorschlag gemacht. Todd hatte McGary jedoch ausgelacht. Verärgert über die vermeintliche Beleidigung, kehrte er jetzt Boone den Rücken zu und rief seine Reiter zum Angriff auf.

Es gelang Boone und Todd nur noch, ein wenig Ordnung in den unüberlegten Angriff zu bringen. Totenstille herrschte, als die Backwoodsmen den ersten Hügel erklommen, doch dann stürzten Unmengen von Indianern aus den Felsschluchten hervor, indes andere den Berg herabstürmten, um den Weißen am Ufer den Rückzug abzuschneiden. Die Siedler aus Kentucky begannen, um ihr Leben zu laufen. Von einer Kugel tödlich getroffen, sank Boones Sohn unweit des Flusses zu Boden; ein Blutstrahl schoß ihm aus dem Mund. Boone versuchte, ihn zu tragen, gab es aber auf, weil er einen indianischen Angreifer abwehren mußte. Schließlich ließ er ihn liegen, um anderen Siedlern zu helfen, wieder über den Fluß zurück an das jenseitige Ufer zu gelangen. Das Ganze hatte nur fünf Minuten gedauert. Die siegestrunkenen Krieger – emsig damit beschäftigt, Verwundete und Tote gleichermaßen zu skalpieren – verzichteten auf die Verfolgung der geschlagenen Weißen.

Als Boone nach fünf Tagen mit Logans Männern zum Schauplatz des Massakers zurückkehrte, fand er Israels Leiche und 42 weitere getötete Backwoodsmen. Sein Leben lang fühlte Boone sich schuldig, weil es ihm nicht gelungen war, den vorschnellen Angriff seiner Leute bei den Blue Licks zu verhindern. Über Israels Tod konnte er nicht sprechen, ohne dabei in Tränen auszubrechen.

Und doch war dieser fast Fünfzigjährige im Begriff, zu einer der bekanntesten Persönlichkeiten der Welt aufzusteigen. Obendrein war es ihm vergönnt, auch noch Mitglied der gesetzgebenden Körperschaft von Kentucky, Pferdehändler, Gastwirt, Landvermesser und einer der reichsten, wenn auch einer der naivsten Bodenspekulanten des Landes zu werden.

Ein recht ungewöhnlicher Mann sicherte Boone seinen Platz im Pantheon amerikanischer Helden: ein aus Pennsylvania gebürtiger Schullehrer namens John Filson, der 1782 Kentucky bereiste. Filson interessierte sich oberflächlich für die Landwirtschaft, sprach mit alteingesessenen Siedlern, darunter auch Boone, und zog sich zwei Jahre später nach Wilmington, Delaware, zurück, um dort ein propagandistisches Werk zu verfassen – *Die Entdeckung, Besiedlung und gegenwärtige Lage Kentuckys.* Offenbar wollte er Bewohner des Ostens dazu verleiten, in aller Eile die Appalachen zu überqueren und sich auf die Suche nach besonders günstig angebotenem Grundbesitz zu machen. Natürlich befanden sich einige dieser „Gelegenheiten" im Besitz des Autors, der in weiser Voraussicht ausgedehnte Flächen in der Wildnis Kentuckys aufgekauft hatte, bevor er zur Feder griff.

Das Buch enthielt eine Landkarte mit der verheißungsvollen Inschrift „Arbeitet und werdet reich" und stellte Kentucky als einen neuen Garten Eden dar, in dem „Milch und Honig flossen". Da die meisten Amerikaner den Ruf Kentuckys als eines „düsteren und blutigen Bodens" kannten, fügte der Verfasser auch ein langes Kapitel über Boone ein. Er präsentierte ihn als einen Mann, der nicht nur alle Gefahren bestanden, sondern dabei auch noch seine Seele geläutert habe. Filson ersuchte seinen Helden, zusammen mit James Harrod und einem gewissen Levi Todd ein Vorwort zu schreiben, worin sie das Buch der Allgemeinheit „zu deren eigenem Nutzen" warm ans Herz legten.

Dies erwies sich als überaus geschickter Schachzug, denn das Kapitel mit dem Titel „Die Abenteuer von Colonel Daniel Boone" wurde von Tausenden begeistert aufgenommen. Die „Abenteuer" waren in der Ich-Form abgefaßt und erweckten den Eindruck, Boone erzähle seine Geschichte mit eigenen Worten. Filson stattete seinen Helden mit einer unleidlich gezierten Sprache aus: „Oft waren meine Schritte von Blut gezeichnet. In vielen dunklen und schlaflosen Nächten war ich, dem der winterliche Frost hart zusetzte, der Eulen Gefährte. Nun aber herrscht Frieden in den Gefilden der Waldgötter." Der Bericht enthielt eine Unzahl von Fehlern; außerdem überging er so unerfreuliche Geschehnisse wie etwa das Ende von Boones Sohn, den die Indianer zu Tode gemartert hatten; sie sollten keinen Schatten auf den eigentlichen Zweck der Erzählung werfen: die Aufmerksamkeit des Lesers auf „Frieden und Sicherheit, den süßen Duft der Freiheit, die reichen Gaben der Vorsehung" zu lenken, die – für Geld – in „Kentucke" zu haben waren. Und wirklich – das Buch übte, ungeachtet seiner Fehlerhaftigkeit, eine gewaltige Wirkung aus.

Die „Abenteuer" Boones wurden bald aus Filsons Buch exzerpiert, in Amerika und England in mehreren Auflagen gedruckt und in viele europäische Sprachen übersetzt. Filson machte seinen Abenteurer zu einem Superman der Wildnis, zu einem tapferen und doch sanftmütigen Naturburschen, der den einheimischen Wilden bei ihren grausamen Plänen zuvorkam und dabei noch zu einem Adel der Gesinnung gelangte, der all den Menschen versagt blieb, deren Tugenden sich unter den Versuchungen der Großstädte

Im Jahre 1782 füllen die Frauen von Bryan's Station in Kentucky in aller Ruhe ihre Wasservorräte auf – vor den Augen einer Kriegerrotte von Shawnee. Die Indianer waren dermaßen verblüfft, daß die Frauen ungehindert genügend Wasser zurückbringen konnten, um den Angriff durchzustehen.

verschlissen. Boone wurde noch zu Lebzeiten zu einer mythischen Gestalt – und zu einem Vorbild für die Helden literarischer und dramatischer Werke, die in späteren Jahren die Eroberung des Westens verherrlichten.

Der Ruhm brachte ihm die Mittel zum Erwerb riesiger Gebiete unbebauten Bodens ein. Oststaatler konnten sich keine gefahrlosere Art der Spekulation mit Kentucky-Land vorstellen, als sich an den bekannten Backwoodsman persönlich zu wenden und ihn zu bevollmächtigen, eine geeignete Liegenschaft für sie zu finden, zu vermessen und abzustecken. Boone erwies sich als harter Geschäftsmann: Er verlangte als Entgelt für seine Dienste, daß die Hälfte des Landes urkundlich auf ihn übertragen wurde. Doch die Spekulanten aus dem Osten waren ebenso wie nicht wenige Neuankömmlinge im Westen überzeugt, daß Boone eine so hohe Vergütung wert sei. Er kannte Kentucky wie kein anderer. Er war ein kundiger Landvermesser. Er war ehrlich. Und schließlich war er ein echter Held.

Boone übersiedelte nach Limestone am Südufer des Ohio River und begann, als vielbeschäftigter Mann endlich die Privilegien zu genießen, die dem Begründer eines neuen Garten Eden zustanden. Er führte nicht nur seinen Gasthof in Limestone selbst, sondern trieb auch einen regen Handel mit allen möglichen Waren. Er verlieh Geld. Aber vor allem gehörte dem „Immobiliengeschäft" seine Leidenschaft. Um das Jahr 1788 besaß er mindestens 20 000 Hektar Land, doch durch die Art und Weise ihres Erwerbs beschwor er seinen eigenen Ruin herauf.

Viele der früheren Vermessungen in Kentucky waren ungenau vorgenommen worden, so daß weite Gebiete

This Map of KENTUCKE, Drawn from actual Observations, is inscribed with the most perfect respect to the Honorable the Congress of the United States of America; and to his Excell.cy George Washington late Commander in Chief of their Army. By their Humble Servant, John Filson.
Scale of 10 Miles to an Inch.
EXPLANATION.
Stations or Forts.
Salt Springs & Licks.
Towns.
Dwelling houses & Mills.
Wigwams.
The dotted lines represent Roads some Cleared others not.
While this Work shall live, in this Inscription remain a Monument of the Gratitude of the Author, to Col. Dan. Boon, Levi Todd, & Ja. Harrod, Capt. Chris. Greenup, Jn. Cowan, & W.m Kennedy Esq.rs of Kentucke: for the distinguish'd Assistance, with which they have honord him, in its Composition; & a testimony, that it has recieved the Aprobation of those whom he justly Esteems the best qualified to Judge of its Merit.
The stream of the Ohio is in every part Moderate, except the Rapids.
Here is an extensive Tract, call'd Green River Plains, which produces no Timber, and but little Water; mostly Fertile, and cover'd with excellent Grass and Herbage.
Abundance of Iron Ore
Land reserved for the Virginia Troops, extending to the Carolina Line, which runs parallel with the bottom of this Map in 36 N. Lat.
FAYETTE
COUNTY
JEFFERSON COUNTY
LINCOLN COUNTY
INDIAN TERRITORY
RIVER OHIO
KENTUCKE RIVER
GREEN RIVER
CUMBERLAND RIVER
SALT RIVER
LICKING RIVER
Fine Cane Land
Abundance of Cane
Fine Cane
Natural Meadow
Natural Meadow
Lexington
Clarksville
Louisville
Harrods Town
Bards Town
Greenville
Lee's-town
Boonsborough
Old Chelicothe
Piccaway town
Blue lick
Fish Ponds
Town Fork
Rolling Fork
Hanging Fork
Pattersons Mill
Craigs
Path
Gen.l Clarks Grant 150,000 Acres
Longitude 9 West from Philadelphia.
12
11
10
9
39
38
37

John Filson *(oben)* veröffentlichte 1784 einen Bericht über Daniel Boones Abenteuer, der den bescheidenen Waldläufer zum ersten Helden des Westens in der Literatur machte und Filson Anerkennung als erstem Historiker Kentuckys einbrachte. Seinen Zeitgenossen an der Frontier aber war Filson besser als Bodenspekulant und Landvermesser bekannt, dessen erste Karte von „Kentucke" *(links)* akkurat genug war, um ein Heer von Siedlern in das Land zu locken. Zu diesem Zweck hatte er sie verfertigt und darauf das fruchtbare, leicht bewaldete „feine Zuckerrohrland" und schiffbare Flüsse angepriesen.

aufgrund miteinander kollidierender Besitzansprüche Konfliktstoff in sich bargen. Boone wähnte sich immer noch in unerschlossener Wildnis und beanspruchte zuweilen Land für seine Kunden und sich selbst, das bereits von anderen abgesteckt worden war. Er verabscheute Neuengländer und die legalistische Denkweise der Oststaatler. So ließ er die verhängnisvolle Neigung erkennen, sich mit der Erbringung eines rechtsgültigen Eigentumsnachweises für Land, das er ausfindig gemacht und vermessen hatte, Zeit zu lassen und lieber auf die Jagd zu gehen; es kam ihm niemals in den Sinn, daß andere den Verzug nutzen könnten, um ihrerseits den Eigentumsnachweis zu erbringen. In den neunziger Jahren des 18. Jahrhunderts schlugen seine Briefpartner einen immer schärferen Ton an:

„Der Berechtigungsschein über die 400 Hektar Land, den ich in Ihre Hände gelangen ließ, hat mich viel Geld gekostet", schrieb ihm 1796 ein gewisser Charles Yancey, „aber nun habe ich weder den Schein noch das Land. Eine Anzahl von Parzellen, die Sie mir berechnet haben, wurden nicht vermessen und auch nicht erstattet und sind nun für uns möglicherweise für immer verloren. Ebenso hat mir Mr. Wm. Lipscomb mitgeteilt, daß er weder in Fayette noch in Lincoln auf seinen Namen lautende Besitzurkunden finden konnte, daß sich bereits viele Siedler auf diesem Land niedergelassen haben und daß es nun wohl verloren ist."

Zu seinem Entsetzen mußte Boone erfahren, daß ihn die Leute in Kentucky immer mehr für einen Schwindler hielten, der hinter dem warmen Ofen saß und die Grenzen des von ihm angebotenen Landes nur aufs Geratewohl abschätzte. Es kamen ihm Gerüchte zu Ohren, er solle ermordet werden. Eine Prozeßlawine rollte auf ihn zu. Er verkaufte Land, um seine sich mehrenden Schulden zu bezahlen, und mußte erfahren, daß ein gut Teil des Landes, das er verkaufen wollte, gar nicht sein Eigentum war.

Boone blieb nicht der einzige, der in Bedrängnis geriet. Im selben Maß, wie sich in Kentucky Anwälte niederließen und Gerichtsbehörden eingesetzt wurden, verloren auch Hunderte und Aberhunderte von Siedlern ihr Land – Leute, die in ihrer Naivität geglaubt hatten, mit dem Roden einer Lichtung sei schon alles Nötige getan.

Wie in alten Zeiten verschwand Boone immer noch häufig in die Wälder, um zu jagen. Ein Backwoodsman staunte nicht schlecht, als er Mitte der neunziger Jahre auf den nun schon 60jährigen Boone stieß, der mit seiner Frau Rebecca, zwei Töchtern und deren Männern in offenen Schuppen unweit des Big Sandy River lebte. Boone war bester Laune. Er habe soeben, sagte er, den Bären aller Bären geschossen und erwarte sich einen guten Preis für die Felle, die rund um das Lagerfeuer zum Trocknen aufgehängt waren.

Landvermesser auf ihrem Weg durch den unbekannten Kontinent

Den waghalsigen „unermüdlichen Jägern“, die als erste die Wildnis Kentuckys erschlossen, folgten die Landvermesser, die gegen Ende des 18. Jahrhunderts in das wellige Bluegrass-Gebiet eindrangen, um für Siedler, die zu Tausenden nach Westen drängten, das Land kartographisch zu erfassen und zu parzellieren.

Um in Kentucky Land zu erwerben, mußte sich ein Siedler – oder Spekulant zunächst in Virginia einen Berechtigungsschein lösen, weil dort das Gebiet als Territorium verwaltet wurde. Veteranen hatten je nach Rang Anspruch auf kostenlose 80 bis 2000 Hektar Land; alle anderen mußten zwischen 2 und 16 Dollar pro Hektar bezahlen. Der Verlauf der Grenzlinien des neuen Landes war auf den Berechtigungsscheinen nicht verzeichnet. Sie hatte der Vermesser festzulegen.

In Kentucky reiste ein Landvermesser für gewöhnlich mit zwei „Meßkettenträgern“, die die Entfernungen ausmaßen, einem „Landmarkierer“, der Markierungen in Bäume ritzte sowie einem „Spion“, der für Proviant sorgte und ein scharfes Auge auf Indianer hatte.

Der Vermesser nahm an leicht wiederzuerkennenden Wegzeichen Kompaßpeilungen vor und notierte die Entfernungen in Maßeinheiten von je 5 Metern, die man Pole nannte. Dann rechnete er diese Pole auf Hektar um. Zum Sitz der zuständigen Behörde zurückgekehrt, registrierte er schließlich jedes von den Erwerbern beanspruchte Stück Land und fertigte Pläne oder Karten an, aus welchen jeder neue Besitzer die Lage des von ihm erworbenen Landes ersehen konnte.

Das in Virginia gebräuchliche System der Berechtigungsscheine bevorteilte jeden, der das Terrain kannte, und so war es für Männer wie Daniel Boone, der Kentucky in seiner ganzen Länge und Breite durchstreift hatte, nur natürlich, sich in der Hoffnung auf große Gewinne als Landvermesser zu betätigen. Aber es war ein riskantes Geschäft. Die nur langsam vorankommenden Vermessertrupps waren ständig der Gefahr indianischer Überfälle ausgesetzt. Viele

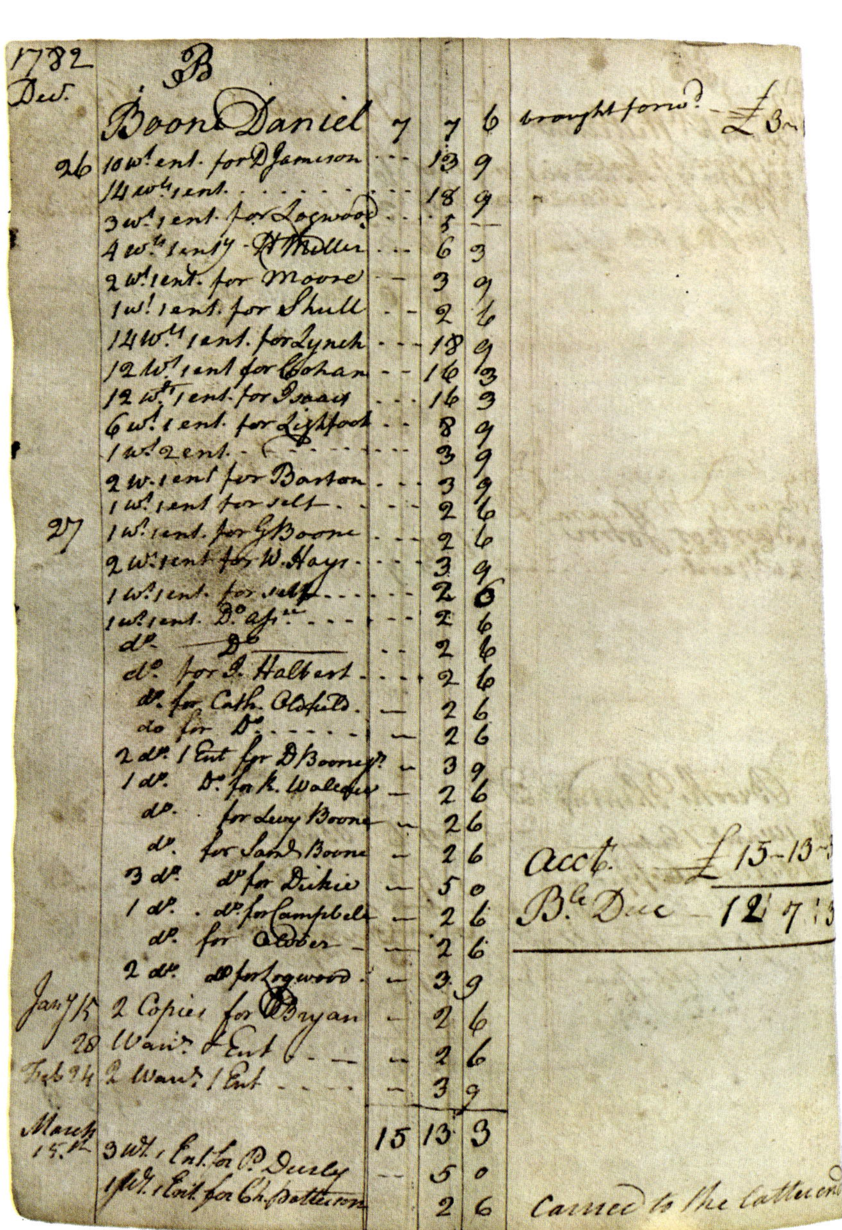

1782 Dec. B
Boone Daniel 7 7 6 brought forw^d £3
26 10 w^t ent. for D Jameson .. 13 9
14 w^ts ent. .. 18 9
3 w^t ent. for Logwood .. 5 –
4 w^ts ent. Miller .. 6 3
2 w^t ent. for Moore – 3 9
1 w^t ent. for Shull .. 2 6
14 w^ts ent. for Lynch .. 18 9
12 w^t ent for Cohan .. 16 3
12 w^t ent. for Isaacs .. 16 3
6 w^t ent. for Lightfoot .. 8 9
1 w^t 2 ent. .. 3 9
2 w^t ent for Barton .. 3 9
1 w^t ent for self .. 2 6
27 1 w^t ent. for G Boone .. 2 6
2 w^t ent for W. Hays .. 3 9
1 w^t ent. for self .. 2 6
1 w^t ent. D^o .. 2 6
d^o D^o 2 6
d^o for I. Halbert .. 2 6
d^o for Cath. Oldfield – 2 6
do for D^o .. 2 6
2 d^o 1 Ent for D Boone – 3 9
1 d^o D^o for R. Wallace – 2 6
d^o for Levy Boone – 2 6
d^o for Saml Boone – 2 6
3 d^o d^o for Dickie – 5 0
1 d^o d^o for Campbell – 2 6
d^o for [illegible] – 2 6
2 d^o d^o for Logwood – 3 9
Jany 15 2 Copies for Bryan – 2 6
28 Warr^t & Ent – 2 6
Feb 24 2 Warr^t 1 Ent – 3 9
15 13 3
March 15 3 w^t Ent. for P. Durly – 5 0
1 w^t Ent for Ch. Patterson 2 6
Acc^t £15-13-3
B^l Dec 12 7 3
Carried to the [illegible]

Auf dieser Niederschrift des Grundbuchamtes von Virginia sind die von Daniel Boone zwischen Dezember 1782 und März 1783 durchgeführten Vermessungen eingetragen. Die Rechnung über 15 Pfund, 13 Shilling und 3 Pence schließt auch die Gebühren für die Registrierung der Berechtigungsscheine und Besitzurkunden ein, die Boone vornehmen hieß.

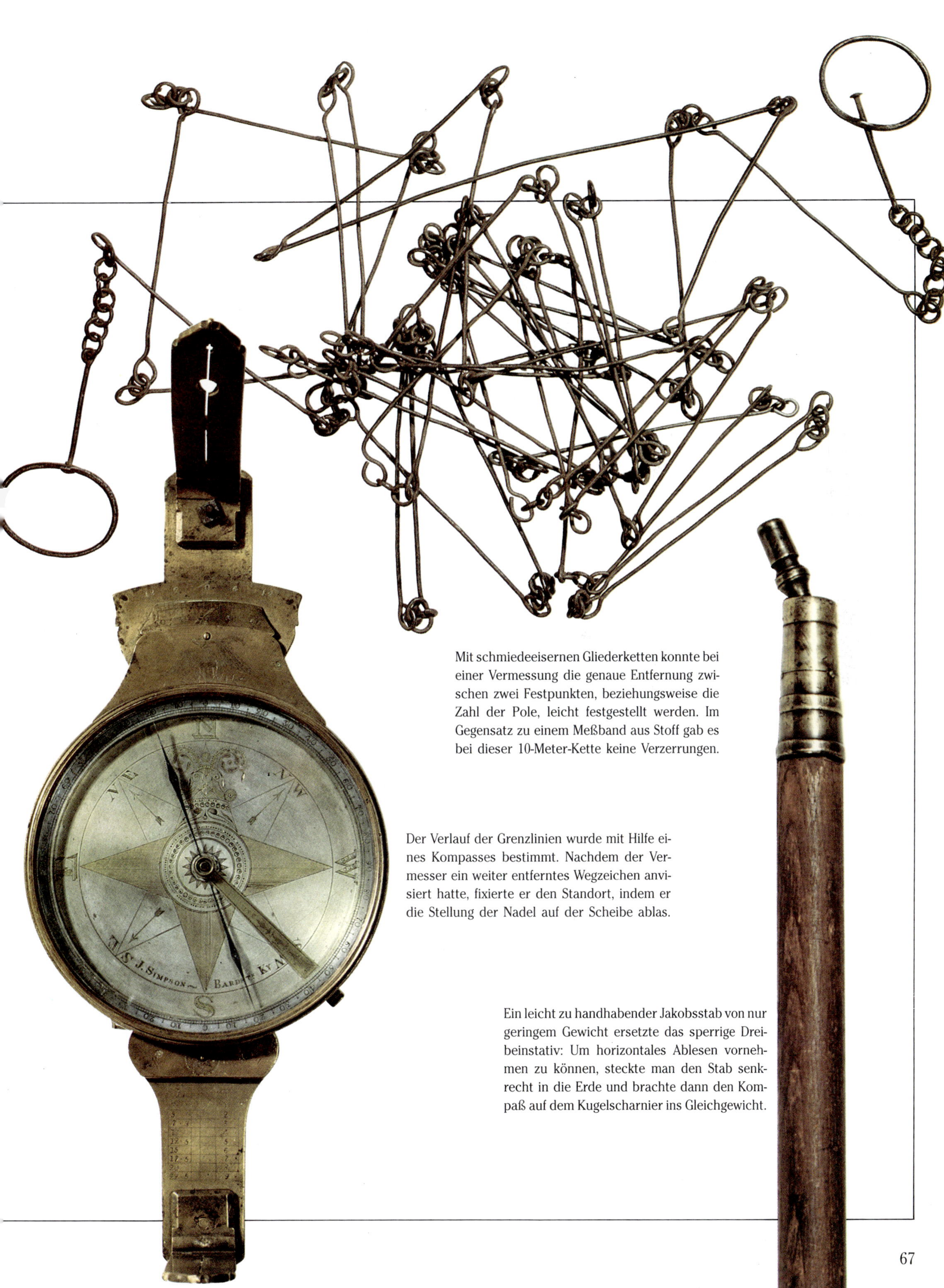

Mit schmiedeeisernen Gliederketten konnte bei einer Vermessung die genaue Entfernung zwischen zwei Festpunkten, beziehungsweise die Zahl der Pole, leicht festgestellt werden. Im Gegensatz zu einem Meßband aus Stoff gab es bei dieser 10-Meter-Kette keine Verzerrungen.

Der Verlauf der Grenzlinien wurde mit Hilfe eines Kompasses bestimmt. Nachdem der Vermesser ein weiter entferntes Wegzeichen anvisiert hatte, fixierte er den Standort, indem er die Stellung der Nadel auf der Scheibe ablas.

Ein leicht zu handhabender Jakobsstab von nur geringem Gewicht ersetzte das sperrige Dreibeinstativ: Um horizontales Ablesen vornehmen zu können, steckte man den Stab senkrecht in die Erde und brachte dann den Kompaß auf dem Kugelscharnier ins Gleichgewicht.

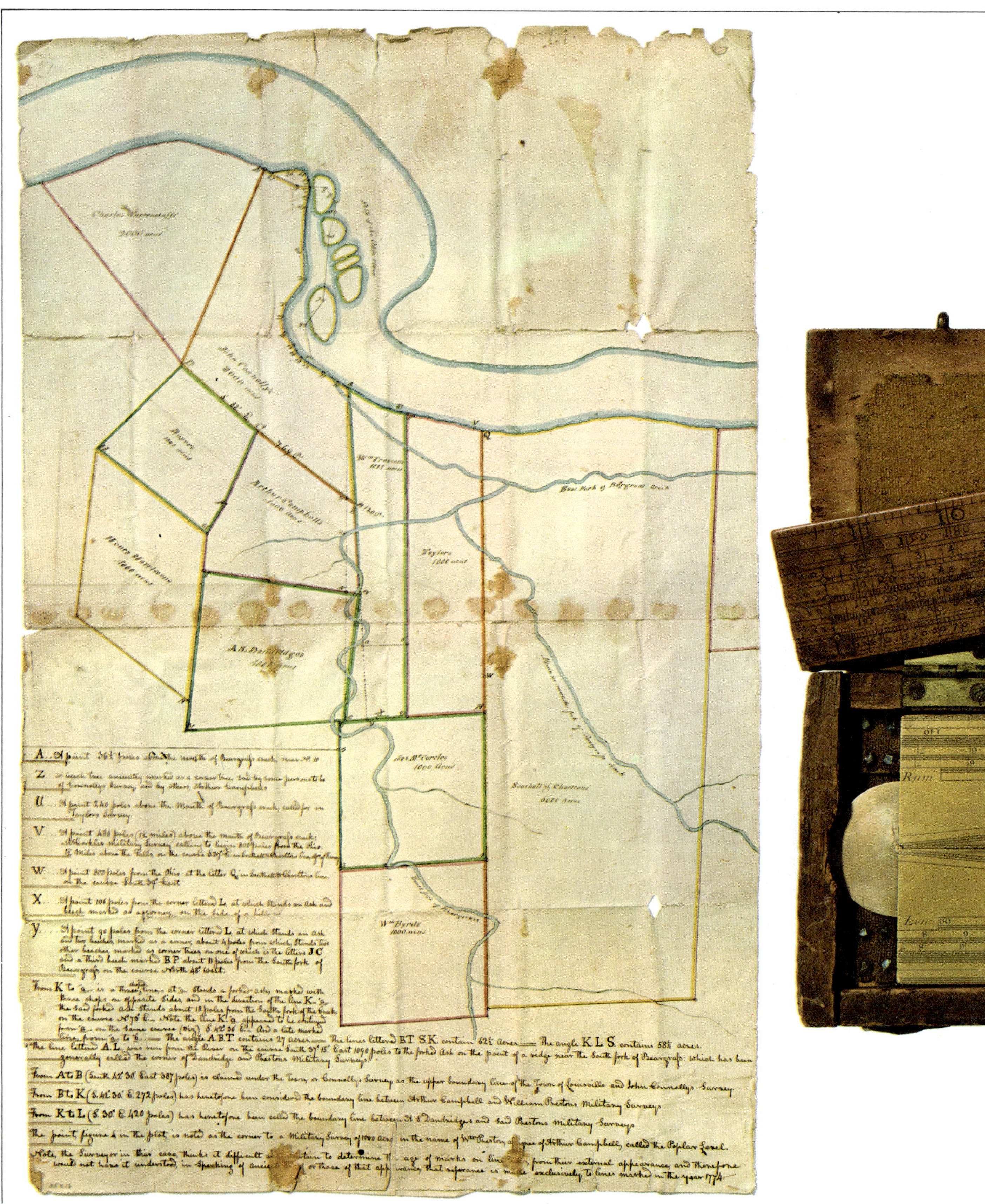

Diese Karte zeigt in allen Einzelheiten die Liegenschaftsgrenzen an der Stelle des heutigen Louisville in Kentucky.

von Boones engsten Freunden, darunter John Filson, fanden auf Vermessungsexpeditionen in Kentucky den Tod.

Doch Männer vom Schlage eines Daniel Boone schreckten vor den Fährnissen des Waldes nicht zurück. Dafür trieben ihn und viele andere die Kontroversen auf dem Grundbuchamt zur Verzweiflung – und schließlich in den Bankrott. Von einem Vermesser erwartete man enzyklopädische Kenntnisse: Er mußte wissen, auf welche Parzellen schon ein Anspruch bestand und welche noch verfügbar waren. In vielen Fällen mußte auch Boone feststellen, daß er Land beanspruchte, das schon vergeben war. Die Sache wurde noch weiter dadurch kompliziert, daß einander überschneidende Vermessungsergebnisse unvermeidlich waren, da selbst penibelste Untersuchungen mit ungenauen Instrumenten nur grobe Annäherungswerte ergaben.

Die Streitigkeiten um Land in Kentucky zogen sich noch über Jahrzehnte hin, und um die alten Berechtigungsscheine wurden etliche Prozesse geführt. Ein positives Ergebnis allerdings ist anzumerken: Die Auseinandersetzungen dienten dem Kongreß 1785 als gutes Beispiel bei Beratungen darüber, wie das unbebaute und nördlich des Ohio River gelegene Land verwaltet werden sollte.

Die Gesetzgeber legten fest, daß zuerst das ganze Gebiet vermessen werden müsse – und erst dann dürften Siedler Anspruch auf bestimmte, schon vorher registrierte Ländereien erheben.

Zu den kartographischen Instrumenten eines Landvermessers gehörten ein hölzernes Lineal, ein Winkelmesser und ein zusammenlegbarer „Sektor" – ein Vorläufer des modernen Rechenschiebers – für trigonometrische Berechnungen.

Das empörte Geschrei seiner Gläubiger verstummte, als seine redliche Mühe offenbar wurde, alle seine Schulden zu bezahlen. Im Jahre 1798 benannte der Staat sogar einen Bezirk nach ihm – im selben Jahr, in dem Exekutivbeamte wegen seiner Steuerverpflichtungen 4000 Hektar seines Besitzes verkauften. Das war zuviel für Boone. Er übertrug seine Geschäfte einem Neffen, Colonel John Grant, wies ihn an, alle zu Recht bestehenden Forderungen zu begleichen (was zur Folge hatte, daß er am Ende ohne einen Hektar Land dastand) und lehnte es ab, sich noch länger mit seinem Grundbesitz zu beschäftigen.

Sein Sohn, Daniel Morgan Boone, hatte in seinem Namen bei den Behörden im spanischen Missouri vorgesprochen und kehrte mit schmeichelhaften Nachrichten zurück: Die Regierung seiner katholischen Majestät, des Königs von Spanien, würde es sich zur Ehre anrechnen, einen so berühmten Amerikaner zu empfangen und nicht nur ihm, sondern auch jedem Verwandten und Diener, den er mitzubringen wünschte, in großzügigster Weise Land zuweisen.

Und 1799 zog der bereits 64jährige mit seinen Söhnen Daniel und Nathan, Nathans Frau, seinem Bruder Squire und dessen Familie, seiner Tochter Jemima und deren Mann Flanders Callaway abermals nach Westen. In St. Louis ließen die Spanier ihm zu Ehren die ganze Garnison aufmarschieren, und schon im Winter hatten die Boones oberhalb von St. Charles am unteren Missouri ihre neuen Wohnsitze auf großen Ländereien errichtet.

Boone hatte die einzig richtige Entscheidung getroffen. So war es ihm erlaubt, in den letzten zwei Jahrzehnten seines Lebens nicht allein als eine Art Backwood-Patriarch zu herrschen; jetzt, da er wieder eine unberührte Wildnis vor seiner Haustür hatte, wurde er abermals zu dem unermüdlichen Jäger seiner Jugendzeit und durchstreifte rüstig die Wälder fast bis zum Tag seines Todes. Die Spanier machten ihn zum Syndikus – einer Art Militärgouverneur – des Bezirkes Femme Osage, und kraft dieses Amtes regelte er Nachlässe, hielt Ruhe und Ordnung aufrecht, beurkundete Dokumente und ahndete Verbrechen. Nur selten verurteilte er Schuldige zu einer Gefängnisstrafe im *calabozo* von St. Charles, statt dessen band er sie nach Verhandlung ihres Falles unter einem „Gerichtsbaum" neben seinem Haus an einen Baumschößling, schwang die Peitsche und ließ sie laufen. Im Protokoll vermerkte er: „Übeltäter gestäupt, Rechnung beglichen." Reisende machten es sich zur Gewohnheit, einen kurzen Aufenthalt einzulegen und ihn fast ehrfürchtig zu betrachten.

Immer noch quälten ihn seine Gläubiger aus Kentucky. Als der Kongreß seine Eigentumsrechte auf die „tausend Arpenten" bestätigte, die Spanien ihm vor der Louisiana Purchase geschenkt hatte, standen wenige Tage später drei dieser Schuldforderer vor seiner Haustür. Er verkaufte alles, um sie auszuzahlen. Aber seine Söhne und Verwandten besaßen Land – und im Westen lag immer noch ein fast leerer Kontinent. Jeden Winter stellte er unverzagt Fallen auf. Der Rheumatismus, die Plage aller Waldbewohner, machte ihm zwar zunehmend zu schaffen, aber er unternahm auch weiterhin noch lange Streifzüge durch die Wildnis. Die Offiziere von Fort Osage waren überrascht, als er im Alter von 82 Jahren erschöpft in ihr Lager gestapft kam. „Zweimal im Jahr geht er in der entlegensten Wildnis auf die Jagd", berichtete einer von ihnen. „Er verließ uns dann in Richtung Platte River, das ist ein gutes Stück weiter nördlich." Er sprach davon, in die Rockies zu gehen, und nach seinem Tod waren alle Leute in Missouri sogar der Ansicht, er hätte noch den Yellowstone River erkundet.

Mit der Zeit machte sich doch das Alter bemerkbar. Seine Jagdzüge wurden kürzer. Seine Augen verloren an Sehkraft. Er ließ sich nach eigenen Angaben einen Sarg aus Kirschholz zimmern und verwahrte ihn unter seinem Bett. Nach Rebeccas Tod im Jahre 1813 verbrachte er immer häufiger die Abende im Kreis seiner Kinder und Enkel am Kamin. Er beschäftigte sich damit, Pulverhörner zu reinigen. Für die Jagd im Herbst, ließ er verlauten. Nachdem er einst seinen Gefährten im Wald aus *Gullivers Reisen* vorgelesen hatte, drängte er jetzt andere, aus Filsons „Abenteuer des Colonel Daniel Boone" vorzutragen. Es ergötzte ihn, wenn man ihm seine eigenen Taten in der blumigen Sprache des Werkes berichtete. „Jedes Wort ist wahr!" nickte er dann zustimmend. Seine letzten Schulden waren bezahlt, und er fühlte sich „erleichtert von einer Last, die mich lange bedrückt hat. Niemand wird sagen können: ‚Boone war kein redlicher Mann.' Jetzt will ich gerne sterben."

Als er im Herbst 1820 mit 86 Jahren seine Tochter Jemima besuchte, erkrankte der alte Herr und wurde zu Bett gebracht. Aber nach kurzer Zeit erklärte er, daß er sich besser fühle, stand auf, kleidete sich an, bestieg sein Pferd Old Roan und ritt davon, um seinen Sohn Nathan aufzusuchen. Doch bald ging es ihm wieder schlechter, und er mußte abermals ins Bett. Drei Tage später „entschlief er sanft", wurde in den speziell für ihn angefertigten Sarg gelegt und auf einem Hügel bestattet, der den Missouri überblickte. Dort blieb er 25 Jahre. Das Volk von Kentucky, das ihn vertrieben hatte, holte ihn schließlich heim. Man grub seine Gebeine aus, brachte sie nach Frankfort zurück, erwies ihm militärische Ehren und setzte ihn neben seiner Rebecca in der Erde bei, die zu finden er vor so langer Zeit über das Cumberland Gap gekommen war.

Auf dieser Lithographie kämpfen Boone und ein Krieger in klassischer Pose, während sich seine Frau schützend über ihr Kind beugt. Als dieses Bild im Jahre 1874 erschien, hatten die Legenden um Boone bereits mythische Ausmaße erreicht.

3 | Der Tod am Marterpfahl

Im Sommer 1782 riet General George Washington seiner Armee, es solle „keiner sich einfallen lassen, in diesen Zeiten lebend den Indianern in die Hände zu fallen". Die Nachricht von dem grauenhaften Schicksal Colonel William Crawfords lag dieser dringenden Empfehlung zugrunde. Er war in Gefangenschaft der Delaware geraten, die auf Rache sannen, nachdem Weiße etliche von ihnen umgebracht hatten.

Wie die (Jahre später rekonstruierte) Szene rechts zeigt, beendete Crawford sein Leben innerhalb eines Feuerkreises an einen Pfahl gebunden; seine Peiniger bewarfen ihn mit glühenden Kohlen, stießen ihm brennende Stäbe ins Fleisch, schnitten ihm die Ohren ab. Auch ein zweiter Gefangener, Dr. John Knight (in der Ecke rechts unten), sollte – das Gesicht mit Holzkohle geschwärzt – denselben Tod erleiden, konnte aber fliehen und über das entsetzliche Geschehen berichten.

Crawford mußte noch dankbar sein, daß die Delaware ihn verachteten. Je größer der Respekt war, den die Waldindianer einem Feind entgegenbrachten, desto unbarmherziger marterten sie ihn. Einem bedeutenden Krieger wären weit entsetzlichere Qualen am Marterpfahl zugedacht worden, als Crawford sie erleiden mußte.

Der Tod am Marterpfahl galt nämlich als ritueller Wettstreit, bei dem die Mannhaftigkeit des Opfers der Siegespreis war. Der Gequälte konnte ihn für sich beanspruchen – das Spiel gewinnen –, indem er, wie ein Historiker es ausdrückte, „bewies, daß sein Mut jeder Prüfung standhielt und er auch vor der Macht des Todes nicht zurückschreckte". So ernst nahmen die Gegner ihre Rollen, daß Indianer, die sich die Schädel zu rasieren pflegten, eine einzelne Haarlocke stehen ließen, um dem siegreichen Feind das Skalpieren zu erleichtern.

Kein Wunder, daß die Weißen, die diesen Indianern begegneten, unmenschliche Barbaren in ihnen erblickten.

Im Jahre 1782 verbrennen Delaware Indianer in Ohio Colonel William Crawford. Für die Indianer war eine

Hinrichtung ein festliches Ereignis, und das Feuer wurde so angelegt und die Marter so bemessen, daß das Opfer möglichst lange am Leben blieb.

Die wohlgeordnete und kultivierte Welt der Waldindianer

Ich habe britische Offiziere oft sagen hören, daß die Indianer undisziplinierte Wilde sind", schrieb James Smith, ein Frontier-Soldat aus Pennsylvania, der um 1750 fünf Jahre als Gefangener bei einem kriegerischen Stamm in Ohio verbrachte. „Aber das ist ein fataler Irrtum. Sie verfügen über alle Merkmale strenger Disziplin: Sie werden gut geführt, befolgen prompt alle Befehle (es gibt keine Körperstrafen) und sind zu gemeinsamem Vorgehen imstande, indem jeder einzelne genau auf die Bewegungen seines Nachbarn zur Rechten achtet. Sie können verschiedene notwendige Manöver durchführen: sehr langsam oder so schnell, wie sie laufen können, einen Kreis, Halbkreis oder ein leeres Rechteck bilden. Wenn sie in den Krieg ziehen, beschweren oder behindern sie sich nicht mit viel Kleidung; für gewöhnlich kämpfen sie nackt bis auf Lendenschurz, Leggings und Mokassins. Meist sind sie gut ausgerüstet und im Gebrauch von Waffen überaus flink und erfahren.

Ihre Hauptleute planen, regeln und führen alle Unternehmungen, bis sie zum Einsatz geschickt werden; dann machen sie sich geschlossen und frohen Sinnes auf, alle Anweisungen unverzüglich zu befolgen. Befehle – vorzurücken oder sich zurückzuziehen – werden für gewöhnlich während der Schlacht gegeben; das geschieht durch einen Ruf oder Schrei, worauf jeder einzelne so zu kämpfen hat, als müsse er die Schlacht im Alleingang gewinnen. Es interessiert die Indianer nicht, wie viele Weiße ihnen gegenüberstehen. Sie kämpfen auch gegen eine zehnfache Übermacht."

Smith beobachtete, daß die Indianer „sehr geschickt beim Auskundschaften sind" und daß selbst die Wachhunde, die in keiner Frontier-Siedlung fehlten, kaum je ein Problem für sie darstellten. Die Indianer erklärten ihm, daß ihre Scouts einfach warteten, bis der Wind so drehte, daß die Hunde sie nicht wittern konnten; dann schlichen sie sich an die Fenster und guckten hinein, um die Leute am Kamin zu zählen. „Ist eine Streitmacht gegen sie unterwegs, bedienen sie sich aller Mittel, um deren Zahl, Marschordnung, ihre Lager etc. zu erforschen. Sie schicken ihre tüchtigsten Läufer als Späher aus, die sich bei starkem Wind, wenn die Wachen sie nicht hören können, anschleichen und das Lager in Augenschein nehmen. Stellen sie fest, daß der Feind auf einem kleinen Stück Land und in geschlossener Ordnung kampiert, fühlen sie sich zu einem Angriff ermutigt, denn wenn sie plötzlich von allen Seiten anstürmen und hinter Bäumen Posten beziehen können, haben sie ihre Feinde schon oft im Verhältnis von zwanzig zu eins getötet."

Bei der entsetzlichen Niederlage, die General Edward Braddock 1755 erlitt, stand die Gefallenenrate der Briten gegenüber den Indianern in einem Verhältnis von hundert zu eins, wie Smith berichtete. Die Briten hatten 700 Mann verloren, aber nur sieben Indianer waren nach den Informationen, die Smith erhalten konnte, gefallen.

„Sollen wir glauben", schrieb Smith, „daß undisziplinierte Wilde einen Braddock – und andere – besiegen konnten? Betrachten wir doch einmal das Blut, das vergossen und das Vermögen, das ausgegeben wurde, um eine verhältnismäßig geringe Zahl von indianischen Kriegern in Schach zu halten, dazu die sinnlose Zerstörung und das grausame Gemetzel, das die Frontier in einem 50 Kilometer breiten Streifen vom Round-Oak bis nach Susquehanna verwüstete! Ich behaupte, daß sie uns in der Kriegsführung weit überlegen sind."

Für gewöhnlich zogen sich die Indianer schnell wieder zurück, sobald das Kriegsglück sich gegen sie wendete – „sie lassen sich nicht zusammenhauen wie die Hochländer oder andere britische Truppen", bemerkte Smith zu diesem Punkt – aber das hatte mit ihrer Taktik zu tun und nicht im mindesten mit Feigheit. Und in der Tat kämpften die Indianer oft tapfer bis zum Ende, wenn sie in der Falle saßen und ihnen keine andere Wahl blieb, als sich zu ergeben. „Als Col. Armstrong Cattanyantown umzingelte, verschanzte sich Capt. Jacobs, ein Häuptling der Delaware, mit einigen Kriegern in einem Haus. Er wurde aufgefordert, sich zu ergeben. Man versprach ihnen gute Behandlung; andernfalls

Auf diesem Stich aus dem Jahre 1787 schwingt ein grimmig dreinschauender Krieger der Iroquois seine Kriegskeule, die in einen bedrohlichen Kopf ausläuft. Der Schmuck auf der Mündung seines Gewehres besteht aus erbeuteten Skalps.

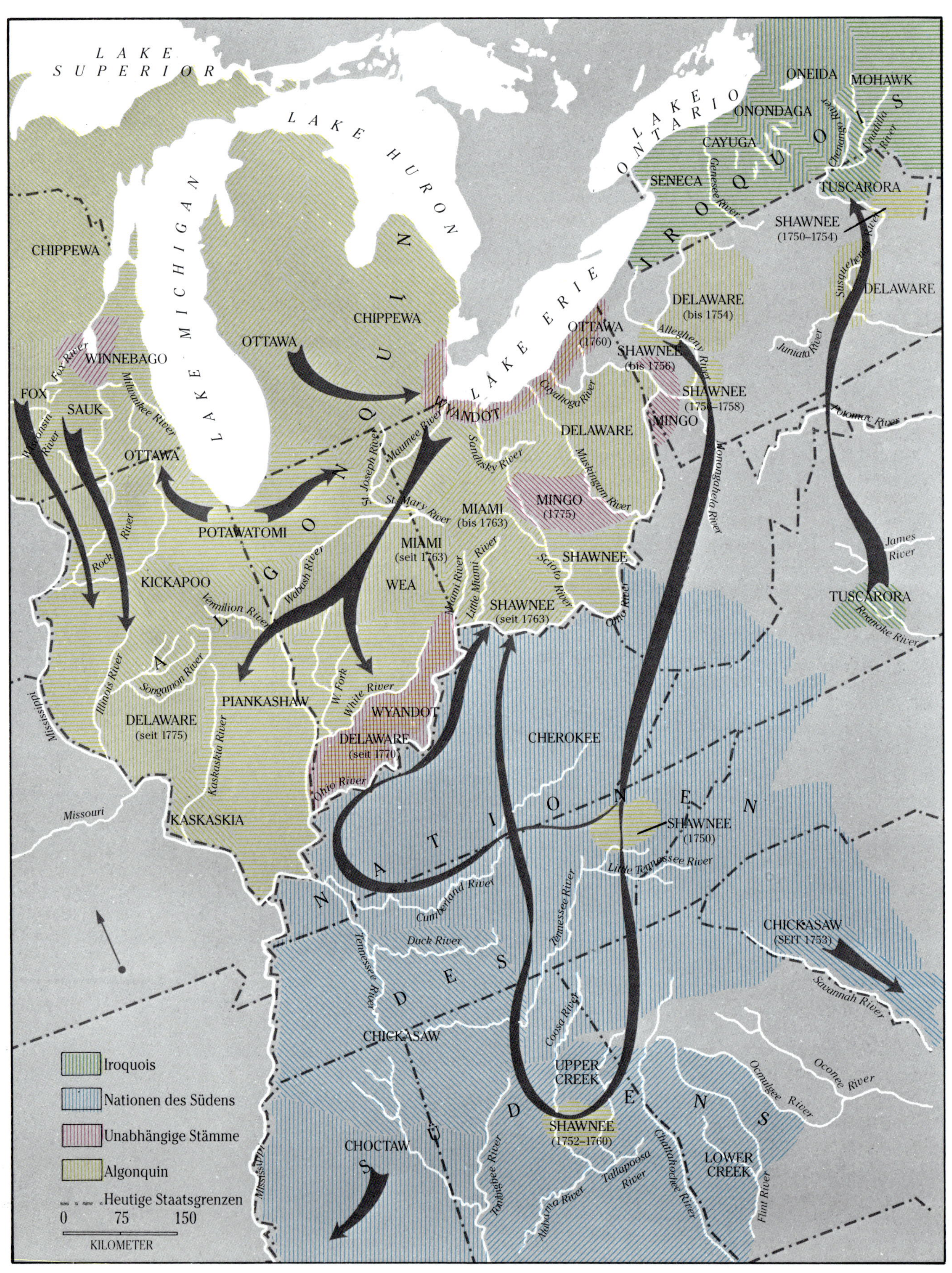

LAKE SUPERIOR
LAKE MICHIGAN
LAKE HURON
LAKE ERIE
LAKE ONTARIO
ONEIDA
MOHAWK
ONONDAGA
CAYUGA
SENECA
TUSCARORA
SHAWNEE (1750–1754)
DELAWARE (bis 1754)
DELAWARE
CHIPPEWA
CHIPPEWA
OTTAWA
OTTAWA (1760)
SHAWNEE (bis 1756)
SHAWNEE (1756–1758)
MINGO
WINNEBAGO
FOX
SAUK
OTTAWA
WYANDOT
DELAWARE
MINGO (1775)
POTAWATOMI
MIAMI (bis 1763)
MIAMI (seit 1763)
SHAWNEE
KICKAPOO
WEA
SHAWNEE (seit 1763)
TUSCARORA
PIANKASHAW
WYANDOT
DELAWARE (seit 1775)
DELAWARE (seit 1770)
CHEROKEE
KASKASKIA
SHAWNEE (1750)
CHICKASAW (SEIT 1753)
CHICKASAW
UPPER CREEK
SHAWNEE (1752–1760)
CHOCTAW
LOWER CREEK
IROQUOIS
ALGONQUIN
NATIONEN DES SÜDENS
Iroquois
Nationen des Südens
Unabhängige Stämme
Algonquin
Heutige Staatsgrenzen
0 75 150
KILOMETER

würde man das Haus über ihren Köpfen anzünden. Er und seine Männer seien Krieger, antwortete Captain Jacobs auf Englisch, er könne auch Feuer fressen. Als das Haus dann in Flammen stand, kamen er und seine Gefährten, ihre Waffen schwingend, herausgestürzt und wurden alle getötet."

Smith, der übrigens später im Unabhängigkeitskrieg als Colonel in der Miliz diente, hielt in seinen Aufzeichnungen als eine Großtat fest, daß es Schützen aus Virginia 1774 gelungen war, „einen ganzen langen Tag an der Mündung des Great Kanawha River" gegen Indianer zu kämpfen. Kleine Abteilungen von Kentuckymen seien „den Indianern in waldreichen Gebieten im Kampf durchaus ebenbürtig". Er veröffentlichte *eine Abhandlung über Art und Weise der Kriegsführung, Taktik, Disziplin und Lagereinrichtung der Indianer,* um darauf hinzuweisen, daß es auch regulären amerikanischen Truppen im neuen Konflikt mit England von Nutzen sein würde, die von den Indianern entwickelten Methoden des Guerillakampfes – Blitzangriff und anschließender Rückzug – anzuwenden.

Smiths Memoiren und Tagebücher enthielten noch eine ganze Reihe weiterer, grundsätzlicher Aussagen über diese Waldbewohner: sie waren um vieles pfiffiger, erfahrener und – als menschliche Wesen – bewundernswerter, als die meisten Backwoodsmen je zugeben wollten. Smith begriff auch noch etwas anderes: Die Kultur der Indianer war der der Europäer so fremd, ihre Wertvorstellungen waren so festgelegt durch ihren Glauben an Zauberei, persönlichen Ruhm und die Würde anderer Geschöpfe des Waldes, daß sie – weil sie nicht Eroberer sein konnten – der Zivilisation der Weißen unvermeidlich zum Opfer fallen mußten.

In den ersten zwei Jahrhunderten der Besiedlung der Neuen Welt durch die Weißen erfuhr die Politik der Briten und der Amerikaner gegenüber den Indianern unzählige Veränderungen, führte zu unzähligen Kampfpausen und veranlaßte Sprecher beider Rassen zu unzähligen klangvollen Friedensbeteuerungen. Von Anfang an waren Weiße und Indianer in einen beklemmenden Zustand gegenseitiger Abhängigkeit verstrickt. In Kanada stellten die Iroquois für die Engländer ein so nützliches Bollwerk gegen die Franzosen dar, daß Queen Anne in den ersten Jahren des 18. Jahrhunderts vier ihrer Häuptlinge nach London einlud.

Mittlerweile spielten die Indianer im Pelzhandel schon eine so bedeutende Rolle, daß sie – zumindest auf Umwegen – in Frankreich und England, aber auch in Kanada und den Kolonien – eine Art wirtschaftlichen Druck ausüben konnten. Sie avancierten zu derart starken Verbrauchern von Decken, Messern, Gewehren und Rum – mit diesen Waren wurden sie als Fallensteller und Söldner beider Länder entlohnt –, daß sie sich für alle Zeiten in die Abhängigkeit der weißen Eindringlinge aus Europa begaben.

Dennoch blieben die Indianer eine kämpferische Rasse, die jeden Aspekt ihres Lebens dem Streben nach Ruhm und Ehre im Krieg unterordnete. Und die Weißen hörten nicht auf, das Land zu begehren, das diese Krieger durchstreiften und behüteten – „gleich Wölfen", wie George Washington es einmal ausdrückte, „denn Raubtiere sind sie alle, Weiße wie Rote". Und in ihrem Innersten bekannten sich Weiße wie Rote zu der Erklärung, die ein früher königlicher Gouverneur Virginias zu diesem Dilemma abgab: „Entweder müssen wir sie oder sie uns aus dem Land werfen."

Die Indianer wiegten sich lange Zeit in dem Glauben, daß ihnen das „Hinauswerfen" gelingen werde – wenigstens westlich der Appalachen. Sie bildeten weit hartnäckigere Gegner als die glücklosen Azteken und Inkas oder die ebenso glücklosen Eingeborenen Afrikas. Die Waldindianer der östlichen Stammesverbände waren der Tradition nicht weniger verhaftet als die weißen Kolonisten, waren sich ihres Wertes ebenso voll bewußt wie Franzosen oder Engländer, fanden den Feind in vielen seiner Gewohnheiten genauso barbarisch wie der Feind sie und erwiesen sich in dem halben Jahrhundert nach Braddocks fürchterlicher Niederlage von 1755 als so erfolgreich im Frontier-Krieg, daß sie trotz der

DIE DOMÄNE DER WALDBEWOHNER, 1750–1775

Um 1750 war das Land zwischen den Appalachen und dem Mississippi bereits von vielen Stämmen der Waldindianer bevölkert, die sich zu drei größeren Gruppen zusammengeschlossen hatten: Die Iroquois, die Algonquin und die Nationen des Südens. Sie lebten in geschlossenen Dörfern, meist an einem Fluß. Da die Stammesgrenzen in Bewegung waren, überschnitten sich oft die größeren Siedlungsgebiete *(links)*, und die einzelnen Stämme teilten sich friedlich ihre Jagdgründe. Doch als der erste Schub der weißen Besiedlung einige der östlichen Stämme entwurzelte, wurde das Land zu einem kostbareren Gut. Die Tuscarora flohen nach Norden und wurden zur sechsten Nation im Bund der Iroquois. Die aus dem östlichen Pennsylvania verdrängten Delaware zogen ständig nach Westen. Teile der Shawnee wanderten in das Gebiet nördlich des Ohio River, das die Miami verlassen hatten. Die weiter westlich ansässigen Stämme, von der vorrückenden Frontier noch wenig berührt, dehnten ihre Territorien aus. Nur die Chickasaw im Süden zogen nach Osten, um dem weißen Mann und seinen Handelsposten näher zu sein. Die Pfeile zeigen diese Bewegungen an, die Zahlen, wann sie stattfanden.

Vier Iroquois als Helden des Tages in London

JOHN (CLAN DES WOLFES)

HENDRICK (CLAN DES WOLFES)

„Sie greifen herzhaft zu, und von allen Speisen, die ihnen vorgesetzt werden, schmeckt ihnen das *englische* Rindfleisch am besten. Sie scheinen unser feines helles Ale den besten *französischen* Weinen vorzuziehen. Sie leiden weder an Gicht noch an Wassersucht und haben auch keinen Harngrieß, und trotz ihrer großen Unbeherrschtheit im Trinken wirft kein Fieber sie je nieder."

So beschrieb ein Londoner Beobachter vier Häuptlinge der Iroquois, die von Kolonialoffizieren 1710 nach England gebracht wurden, um Queen Anne vorgestellt zu werden. England und Frankreich, die in Nordamerika miteinander Krieg führten, dachten sich immer neue Projekte aus, um die wilden Iroquois zur Loyalität zu verpflichten. Nun hofften die Kolonisten, eine Allianz zu schmieden, indem sie den Häuptlingen „soviel wie möglich von der Größe und Pracht Britanniens" vor Augen führten. Auch mochte eine Demonstration indianischer Loyalität Queen Anne dazu bewegen, die königliche Schatzkammer zu öffnen und für die geplante Invasion Französisch-Kanadas durch die Kolonial-Armee weitere Schiffe und noch mehr Truppen zur Verfügung zu stellen.

Von ihren Lehrmeistern gut instruiert, suchten die Indianerhäuptlinge offiziell um militärische Hilfe und um eine Audienz bei der Königin nach. Um ihre unerschütterliche Loyalität unter Beweis zu stellen, baten sie sie um Unterweisung

BRANT (CLAN DES BÄREN)

NICHOLAS (CLAN DER SCHILDKRÖTE)

im christlichen Glauben – eine Gunst, die die Königin ihnen alsogleich gewährte, indem sie die Gesellschaft für die Verbreitung des Evangeliums im Ausland damit beauftragte. Mittlerweile unterhielt sie ihre vornehmen Gäste mit einer Kavalierstour durch London.

Schaulustige folgten den Indianern überall hin, und im Haymarket-Theater hielt das Publikum eine Vorstellung von Macbeth so lange auf, bis die Häuptlinge sich auf der Bühne zeigten. Die Königin beauftragte sogar den holländischen Maler John Verelst, ihre Porträts (oben) für ihre Privatgalerie anzufertigen.

Die ganze Zeit über bewiesen die Häuptlinge, wie es hieß, „Schönheitssinn und eine schnelle Auffassungsgabe"; ihre eigenen Kommentare zu alldem sind uns allerdings nicht überliefert.

Jedenfalls erfüllte der Besuch seinen Zweck. Zu der Flotte, die sie in die Heimat zurückbrachte, gehörte auch eine Anzahl von Schiffen mit britischen Marinesoldaten an Bord, die gleich nach ihrer Ankunft mithalfen, die französische Kolonie Acadia zu erobern. Sie erhielt bald darauf den Namen Nova Scotia. Die Häuptlinge waren immerhin so beeindruckt, daß sie bis zum Ende des nach Queen Anne benannten Krieges treue Verbündete blieben. Nicht erfüllt wurden die Hoffnungen auf ihre Bekehrung zum Christentum. Kaum waren sie wieder daheim, beklagte ein Chronist, „kehrten sie in ihr altes brutales Leben zurück".

ständig wachsenden Zahl weißer Siedler an der Frontier ihre Zuversicht nicht verloren.

Die Stämme der Waldindianer teilten sich in Gruppen ein, die in drei verschiedenen Regionen der Wildnis zwischen den Appalachen und dem Mississippi lebten. Die sechs Nationen der Iroquois bewohnten das Gebiet südlich des Lake Ontario und des Lake Erie im nördlichen New York und in Pennsylvania. Die etwas stärker aufgelockerten Algonquin bevölkerten das Land von Tennessee und Virginia im Süden bis Kanada im Norden. Und die appalachische Konföderation von fünf im Süden ansässigen Indianerstämmen breitete sich über North und South Carolina, Tennessee, das nördliche Georgia, Alabama, Mississippi und Florida aus. Alle diese Gruppen bestellten ihre Äcker und lebten ständig in ihren Dörfern, und zwei von ihnen – die Iroquois und die fünf Appalachen-Stämme – hatten eine um vieles kompliziertere Zivilisation, als sie die nomadisierenden Prärie-Indianer der Great Plains je erreichten.

Die Stämme der Iroquois (Mohawk, Oneida, Onondaga, Cayuga, Seneca und Tuscarora) lebten in Dörfern, deren Bevölkerungszahl von wenigen hundert bis zu über tausend reichte. Den Mittelpunkt dieser Dörfer bildete das Langhaus, ein bis zu 30 Meter langer, eingeschossiger Bau mit einem Durchgang (in dem die Bewohner eine gemeinsame Kochstelle unterhielten) und getrennten Wohnungen für bis zu 20 Familien. Die Siedlungen der Iroquois waren durch hohe Palisadenzäune aus angespitzten Pfählen geschützt und von Feldern umgeben, auf denen sie gemeinschaftlich Getreide anbauten. Auch die südlichen Nationen (Creek, Cherokee, Choctaw und Chickasaw, die sich im Lauf der Zeit mit den Seminole, einer Gruppe zersplitterter Stämme, verbanden) errichteten von Palisaden umzäunte Dörfer. Sie lebten in strohgedeckten Fachwerkhäusern aus Holz, die meist rings um ein größeres Rats- oder Andachtshaus standen.

Die Algonquin (Shawnee, Delaware, Miami, Potawatomie, Ottawa und mehrere verwandte Stämme) lebten zum größten Teil in weniger stabilen, zeltähnlichen Hütten mit Außenbekleidung aus Fell, Matten oder Rinde, bauten aber manchmal auch Blockhäuser.

Die meisten Indianer waren weit bessere Landwirte als die Frontiersmen, die in ihre Jagdgründe eindrangen. Sie züchteten über ein Dutzend Mais-Sorten. Sie pflanzten fünf Arten Kürbisse und mehr als zehn Sorten Bohnen. Im Herbst verbrannten sie die toten Stauden oder pflügten sie unter, um der Erde frische Kräfte zu geben; außerdem ernährten sie sich, wie alle Waldbewohner, mit einer Vielfalt von Wurzeln, Nüssen und Früchten. Die Indianer im Süden bauten nicht nur den Mais, die Kürbisse und Bohnen des Nordens an, sondern auch Tabak, Reis und Melonen.

Die Dörfer der Algonquin nördlich des Ohio bestanden aus kegelförmigen Tipis, die mit einander überlappenden, nur selten zusammengenähten Fellen oder Baumrinden gedeckt waren und sich ganz leicht wieder abbrechen ließen.

Die höchstentwickelte Wohnstätte der Waldindianer, das Langhaus der Iroquois, beherbergte bis zu 20 Familien in Räumen, die an einen Mittelgang grenzten. Eine Stammesmutter regierte dort, und auf der weiblichen Seite des Hauses waren alle Bewohner miteinander verwandt.

Die in Alabama und Georgia ansässigen Creek übernahmen bereitwillig die Blockhüttenstruktur der weißen Siedler. Die charakteristischen Merkmale dieser für jeweils eine Familie vorgesehenen Behausungen waren ein mit Spaltlatten gedecktes Dach mit niedrigen Traufen und ein sorgsam mit einer Mischung aus Lehm und Moos abgedichteter hölzerner Außenkamin.

Nach einer 1818 von Siedlern veranstalteten, ruhmreichen Jagd liegen tote und verendende Tiere in einem Wald bei Hinkley im heutigen Ohio verstreut. Dem Gemetzel, vorgeblich in Szene gesetzt, um wilde Tiere abzuschießen, fielen 17 Wölfe und 21 Bären, dazu Fasane, Truthähne und 300 Hirsche zum Opfer.

Nach ihrer Berührung mit den Weißen lernten die Cherokee rasch, Rinder, Pferde, Geflügel und Schweine anzuschaffen und zu züchten. Und die Creek bestimmten ausgedehnte, an Mehlbeeren, Dattelpflaumen und Kastanien reiche Flächen zu „geliebten Bärengründen" („geliebt" war das Wort, mit dem sie alles bezeichneten, was ihnen der Bewunderung wert erschien), wo Bärenvölker unbekümmert weiden und sich vermehren konnten, bis der Stamm es für richtig befand, die Tiere zu schlachten. Die Creek teilten sich untereinander ein in „rote Dörfer" oder „rote Stöcke", die dem Krieg anhingen, und „weiße Dörfer" oder „weiße Stöcke", die dem Frieden zuneigten. Doch alle feierten die Erntezeit mit dem Grün-Mais-Tanz, in dessen Verlauf sie ihre Feuer löschten und wieder entzündeten, ein bitteres „Schwarzgetränk" hinunterkippten (aus Blättern spezieller Büsche gewonnen) und ihre persönlichen Streitigkeiten für beendet erklärten.

Die Algonquin pflanzten Kürbisse, Erbsen und Wassermelonen, wie auch den üblichen Mais. Die an den Ufern des Lake Erie und des Lake Huron ansässigen Indianer, so berichtete ein französischer Soldat in Michilimackinac, „genossen den Überfluß an Fisch, das tägliche Manna, das nie versiegte" – Weißfisch, Forelle, Stör und Hecht, und alle gefangen im „reinsten, klarsten und hellsten Wasser, das man sich nur vorstellen kann".

Fast alle Waldlandstämme glaubten an ein Leben nach dem Tod, für Tiere wie auch für sich selbst, wenn auch nicht in den „Ewigen Jagdgründen", in die die weißen Romantiker sie versetzten. Und sie fühlten sich weit enger an moralische und religiöse Tabus und Vorstellungen gebunden als die meisten Weißen an der Frontier. Viele Algonquinstämme glaubten, daß die Welt von einem Großen Kaninchen geschaffen worden war, das über magische Kräfte verfügte – einem ziemlich gerissenen Geschöpf, das jeden Widerstand durch Täuschung und falsches Spiel überwand. Doch wie andere Indianer auch, verbanden sie sich innerlich mit reineren und persönlicheren Gottheiten (der Sonne, einem Baum, einem Tier) und erbaten deren Rat in Träumen oder in halluzinatorischen Zuständen, die sie durch langes Fasten herbeiführten. Die Weißen hielten indianische Priester oder Medizinmänner oft für schamlose Scharlatane, aber viele waren autodidaktische Heilpraktiker und Botaniker von einigem Können und überdies nicht weniger überzeugt als ihre Stammesgenossen, daß sie die Gabe besaßen, sich mit Geistern in Verbindung zu setzen und so das Geschehen auf Erden zu beeinflussen. Fast alle Indianer glaubten an eine geheimnisvolle übernatürliche Kraft (die Iroquois nannten sie Orenda), durch die sich die Seele eines Menschen mit den Seelen aller existierenden Tiere und Pflanzen verband.

Die Indianer besaßen ein starkes Gefühl für das Gleichmaß der Natur und waren daher immer wieder über das Abschlachten der Waldtiere empört, das auf jede dichtere Besiedlung der Frontier-Gebiete durch die Weißen folgte. Dies scheint sogar bei jenen der Fall gewesen zu sein, die es dem weißen Mann gleichtaten und Biberpelze und Hirschfelle horteten, um ihre neuerwachte Gier nach Handelswaren zu befriedigen. Keiner vergaß jemals, daß sie vor dem Auftauchen der Weißen das Wild nur für den Eigenbedarf getötet hatten. Sie empfanden alle eine geistige Verwandtschaft mit den Tieren, die sie erlegten, und waren ihnen dankbar. Und weil sie vor der Ankunft der Siedler stets in endlosen, leeren Waldräumen gelebt hatten, betrachteten sie das ökologische Gleichgewicht als das natürliche, ja geheiligte Maß aller Dinge auf Erden.

Die in Pennsylvania ansässigen Stämme sahen sich zu blutigen Vergeltungsmaßnahmen herausgefordert, als ein übler Backwoodsman namens Black Jack Schwartz, „der wilde Jäger der Juniata“, etwa 1760 am West Mahantango Creek eine große Treibjagd veranstaltete. Der „wilde Jäger“ und eine Gruppe seelenverwandter Geister, die sich die Panther Boys nannten, schossen 109 Wölfe, 112 Füchse, 41 Pumas, 114 Bergkatzen, 17 Schwarzbären, einen Weißbären, 198 Hirsche, 111 Bisons und über 500 kleinere Tiere. Dann steckten sie – nachdem sie mühsam Holz auf diesen Fleischberg geschichtet hatten – den riesigen Haufen in Brand, um ihre Heldentat zu feiern. Selbst an der Frontier war dieser Schwartz ein aus dem Rahmen fallender Verrückter, und die Weißen in der Gegend zeigten sich fast so empört wie die Indianer – wenn auch nur, weil der schwelende Scheiterhaufen noch so lange und so entsetzlich stank. Aber Schwartz spiegelte die Einstellung der Weißen gegenüber dem Wild wider – es existierte nur, um getötet zu werden – und verdeutlichte in krasser Form den europäischen Begriff persönlichen Eigentums, der eine so unüberbrückbare Kluft zwischen den Rassen aufriß, während sich die Siedlungsgrenze immer weiter nach Westen verschob.

Der Landbesitz als formaler Begriff war den Indianern völlig fremd. Nach ihrer Ansicht gehörte das Land allen gemeinsam. Das soll nicht heißen, daß nicht mächtige Stämme wie die der Iroquois zeitweilig ausgedehnte Gebiete beherrschten; aber sie kontrollierten sie durch Waffengewalt – ihre Macht war etwa mit der zu vergleichen, die ein Land mit einer großen Flotte über die Weltmeere ausübt. Doch für die von den Spekulanten so heiß begehrten Landbesitzrechte fehlte den Indianern jedes Verständnis. Später waren manche Häuptlinge schon so gerissen oder eingeschüchtert, daß sie Gebiete, die ihnen gar nicht gehörten, gegen Gewehre, Decken, Streitäxte und Spiegel an die Weißen abtraten.

Solche Abmachungen und Verträge gaben eher zu Reibereien als zu freundlichen Beziehungen Anlaß. Da der unerbittliche Druck der Besiedlung die Vereinbarungen schnell zu wertlosen Fetzen Papier machte, war es für die Weißen fast selbstverständlich, sie zu brechen. Hinzu kam, daß die vertragschließenden Indianer in den meisten Fällen das fragliche Land gar nicht besaßen (worüber andere Stämme sich ständig beklagten) und vor allem nur selten das Recht hatten, für ihre Gefährten zu sprechen (worauf gegnerische Häuptlinge energisch hinwiesen).

Durch die Expansion der Weißen bis an den Mississippi standen den Indianern so viele Eindringlinge gegenüber, daß ihr Schicksal, unter welchen Umständen auch immer, besiegelt war. Ihre weitgehende Unfähigkeit, sich überregional zu organisieren, beschleunigte diesen Prozeß noch. Hin und wieder gelang es einigen wenigen charismatischen Häuptlingen, mit Verstand, Überredungskunst und aufgrund ihres Ansehens größere Gefolgschaften um sich zu sammeln – aber fast immer nur für einzelne militärische Unternehmungen. Ein breitgefächerter Zusammenschluß verschiedener Stämme war selbst im Krieg häufig das Werk der Weißen – französischer oder britischer Agenten, die solche Bündnisse mit Handelswaren erkauften. Die indianische Gesellschaft basierte vornehmlich auf Familien und Clans; echte Loyalitäten beschränkten sich für gewöhnlich auf Blutsverwandtschaft, die Indianer waren nicht verpflichtet, einem Häuptling zu gehorchen, wenn sie sich nicht durch ihre geistige Einstellung dazu veranlaßt fühlten.

Muschelmuster als Spiegel einer Kultur

Der Muschelschmuck stellte nicht die „Indianerwährung“ dar, wie man allgemein glaubt. In der Tat benutzten zwar die frühen englischen und holländischen Kolonisten Muschelperlen als Ersatz für Münzen, die immer knapp waren, und die Indianer folgten später ihrem Beispiel. Ursprünglich aber maßen die Indianer der göttlichen Kraft, die diesen weißen und purpurfarbenen Muscheln aus ihrer Sicht innewohnte, eine viel zu hohe Bedeutung bei, als daß sie sie als Tauschobjekt verwendet hätten.

Sie bewahrten die Muscheln auf und machten daraus Ketten und Gürtel, die ihre Gesetze und die Geschichte ihres Stammes sinnbildlich darstellten. Die meisten Muschelperlen wurden im Tauschhandel von Küstenstämmen erworben, die weiße Perlen aus Teilen von Wellhornschneckenschalen und die kostbareren Purpurperlen aus den violetten Flecken bestimmter Venusmuscheln herstellten. Schalenstücke wurden zu winzigen Zylindern geformt und durchbohrt. Manche Perlen wurden mit rotem Ocker bemalt. Die einzelnen Ketten konnten getrennt verwendet oder zu Gürteln verarbeitet werden, die oft kunstvolle Zeichnungen aufwiesen.

Bei den Zeremonien der Iroquois spielte der Muschelschmuck eine besonders wichtige Rolle; die sechs Nationen verwendeten ihn zur Pflege diplomatischer Beziehungen und Übermittlung von Nachrichten. Jede Farbe besaß ihre eigene Bedeutung: Weiß wies auf Frieden, Purpur auf Trauer oder Beileid, Rot auf Krieg hin. Auch mit dem Muster auf einem Muschelgürtel hatte es seine Bewandtnis: Eine ovale Form mochte das Lagerfeuer des Stammes, eine weiße Linie einen Weg, eine Reihe Karos die Bande der Freundschaft bedeuten.

Die Gürtel wurden gebraucht, um gefangene Krieger freizukaufen, Häuptlinge einzusetzen, Kriege zu erklären und Verträge zu ratifizieren. Bei den Iroquois waren sie das Äquivalent einer Schwurbibel: „Was der Indianer sagt, wenn er die Hand auf den Muschelgürtel legt, ist wahr“, erklärte ein Häuptling.

In Ermangelung einer Schriftsprache verwendeten die Führer der Iroquois die Muschelmuster, um ihr Gedächtnis aufzufrischen und ihre Beredsamkeit zu schärfen. Am Ende gelangten die Gürtel in die Hände der „Bewahrer des Muschelschmucks“, lebende Archive, die die Bedeutung jedes einzelnen ihrer Gürtel herzusagen wußten. Starb ein solcher Häuptling, nahm er ein Stück Geschichte seines Stammes mit sich ins Grab.

Dieser Druck zeigt einen Stammeshäuptling, der bei einer Ratsversammlung der Iroquois einen rituell bedeutsamen Muschelgürtel in der Hand hält.

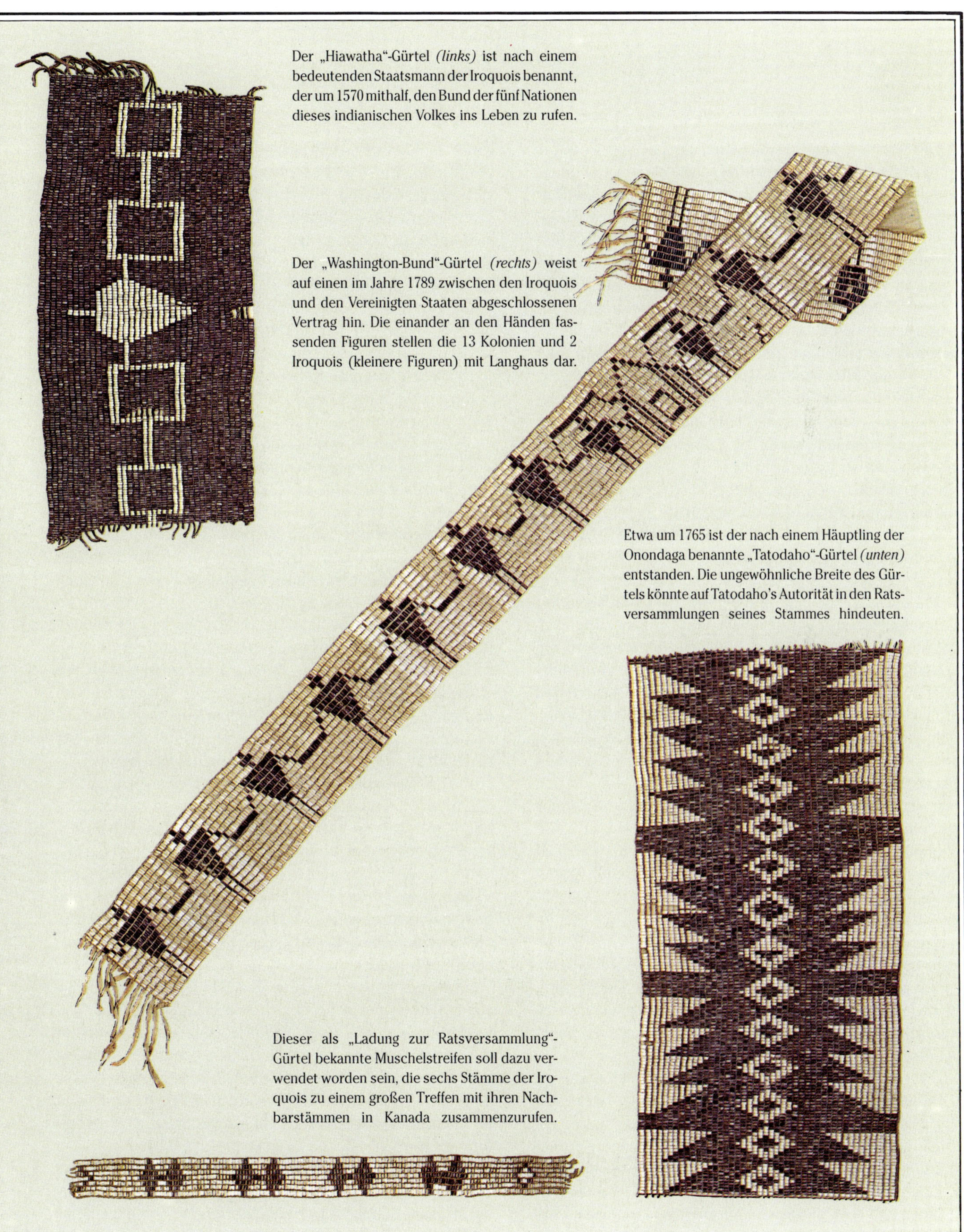

Der „Hiawatha"-Gürtel *(links)* ist nach einem bedeutenden Staatsmann der Iroquois benannt, der um 1570 mithalf, den Bund der fünf Nationen dieses indianischen Volkes ins Leben zu rufen.

Der „Washington-Bund"-Gürtel *(rechts)* weist auf einen im Jahre 1789 zwischen den Iroquois und den Vereinigten Staaten abgeschlossenen Vertrag hin. Die einander an den Händen fassenden Figuren stellen die 13 Kolonien und 2 Iroquois (kleinere Figuren) mit Langhaus dar.

Etwa um 1765 ist der nach einem Häuptling der Onondaga benannte „Tatodaho"-Gürtel *(unten)* entstanden. Die ungewöhnliche Breite des Gürtels könnte auf Tatodaho's Autorität in den Ratsversammlungen seines Stammes hindeuten.

Dieser als „Ladung zur Ratsversammlung"-Gürtel bekannte Muschelstreifen soll dazu verwendet worden sein, die sechs Stämme der Iroquois zu einem großen Treffen mit ihren Nachbarstämmen in Kanada zusammenzurufen.

Lediglich die Iroquois erreichten nahezu als einzige unter den indianischen Nationen so etwas wie staatliche Einheit und setzten sie im 17. und 18. Jahrhundert mit verheerender Wirkung gegen die Weißen ein. Sie nutzten ihre geographische Lage und ihre kriegerische Angriffslust, um Franzosen und Briten mit erstaunlicher Anmaßung und Sicherheit gegeneinander auszuspielen. Zwar waren auch sie in Clans organisiert, gleichzeitig jedoch imstande, ein gewisses Maß an Loyalität durch eine Art von demokratischem Konsens zu erreichen: Echte Fähigkeiten wurden belohnt, indem man Anführer ohne Rücksicht auf Geburt und Herkunft kürte. Sie wurden „Kiefernhäuptlinge" genannt. Die Iroquois waren bekannt als schonungslose und mörderische Kämpfer – und terrorisierten ein Jahrhundert lang alle anderen Waldvölker. Ihre schweren Verluste an Kriegern kompensierten sie, indem sie, ähnlich wie die alten Römer, ihre Gefangenen adoptierten und sie zu Iroquois machten.

Sie pflegten gegenüber den Europäern eine Art bewaffneter Neutralität. Wenn sie im allgemeinen den Briten auch den Vorzug gaben, trafen sie Übereinkommen „nur mit Leuten, die uns gut scheinen" und begegneten Drohungen und Schmeicheleien mit würdevollem Stolz. Sowohl französische wie britische Emissäre „fluchten und wüteten" über die durch nichts zu unterdrückende Freiheitsliebe – und Tücke – dieser Menschen, die ein empörter Jesuit als „nicht zu durchschauende, durchtriebene, abgefeimte Schurken" bezeichnete. Es gab nur wenige Häuptlinge, gleich welchen Ranges – einschließlich der späteren Führer der kläglichen Überreste dieser Stämme –, die nicht etwas von diesem Hang zur Intrige erkennen ließen und als politische Redner nicht über die Gabe verfügten, auf bewundernswerte Weise mit bildlichen Ausdrücken und symbolischen Darstellungen umgehen zu können. Die Weißen, und das ist ein faszinierendes Detail, sahen sich bei ihren Tauschgeschäften mit den Indianern fast immer genötigt, beim Feilschen das indianische Zeremoniell zu beachten und zu kopieren.

Doch die wahre Antwort der Indianer auf die weiße Frontier war der Krieg – der Krieg mit den entsetzlichen Martern, die ihn begleiteten und so viele Backwoodsmen dazu verleiteten, grausame Vergeltungsmaßnahmen zu ergreifen, wenn sie Gelegenheit zur Rache hatten.

Es hat nie eine genaue Volkszählung der Indianer gegeben, die zu Beginn des 18. Jahrhunderts östlich des Mississippi lebten. Damals sprachen die Weißen von Hunderttausenden, aber fast sicher waren es weit weniger: vielleicht 10 000 Iroquois, möglicherweise 20 000 bis 30 000 weitere Indianer im Süden und etwa die gleiche Anzahl Algonquin. Und es ist sogar zu bezweifeln, daß auch nur eine dieser drei Gruppen jemals mehr als 3000 voll ausgebildete Krieger auf die Beine bringen konnte. Nie marschierten auch nur annähernd so viele im geschlossenen Verband – nicht mehr als tausend Krieger verbündeter Stämme kämpften je gemeinsam, und auch dies nur höchst selten. Die meisten Erfolge der Indianer an der Frontier wurden von Kampfgruppen mit weniger als hundert Mann errungen, die aber, wie ein Franzose es ausdrückte, „wie Füchse auftauchten, wie Löwen kämpften und wie Vögel wieder verschwanden". Meist blieben sie selbst den erfahrensten Leuten der Frontier-Miliz überlegen.

Der weiße Mann kämpfte in der Neuen Welt – wie er es in Europa getan hatte – zunächst für Grund und Boden und dann, als er sich auf dem Land niedergelassen hatte, für sich und seine Leute. Er war es gewohnt, dem Feind von Angesicht zu Angesicht gegenüberzutreten und, wenn nötig, Verluste hinzunehmen, um den Gegner zu zermürben und letzten Endes den Sieg zu erringen – Gewohnheiten, die er nur sehr zögernd ablegte, auch nachdem er sich die Schliche der Indianer im Buschkrieg zu eigen gemacht hatte. In den Augen der Indianer waren diese Verhaltensweisen unsinnig und unbegreiflich. Sie jagten Menschen ebenso listig, wie sie Tiere jagten, kämpften nicht um Besitz, sondern für persönlichen Ruhm, von dem ihre Anerkennung in ihrer Gemeinschaft abhing und fochten – ihren grausamen Regeln gemäß – für die Chance, einen Feind zu erniedrigen und zu verstümmeln und sich so für den Verlust von Verwandten zu rächen. Die Vorstellung, allein für eine Sache zu sterben, war dem Indianer (der stets zum Sterben bereit war, wenn er damit seine Tapferkeit beweisen konnte) genauso fremd, wie die Art, das Leben zu riskieren, wenn der Feind zahlenmäßig überlegen war und eine Niederlage drohte; lieber verschwand er, um den Kampf an einem anderen, besser geeigneten Tag fortzusetzen.

Jede Kriegergruppe hoffte darauf, den Feind zu überrumpeln, die nichtsahnenden Männer, Frauen und Kinder abzuschlachten, Gefangene für Folter und Konkubinat zu machen und wieder im Wald zu verschwinden, um der Vergeltung seitens eines wütenden Feindes zu entgehen. Sie zogen sich ebenso listig zurück, wie sie angriffen, und töteten Gefangene mit dem Tomahawk, wenn sie bei dem stürmischen Fluchttempo nicht mithalten konnten. Waren die Verfolger abgeschüttelt, mußte der Gefangene nach der triumphalen Rückkehr der Kriegsrotte in ihr Heimatdorf damit rechnen, gemartert oder als amüsantes Schaustück vorgeführt zu werden.

Es gibt nur wenige Anhaltspunkte zur Beantwortung der Frage, wie die Folter in die Kultur der amerikanischen Indianer gelangte. Einige Autoritäten vermuten, daß sie auf das aztekische Ritual der Menschenopfer zurückzuführen ist, und halten es für möglich, daß sich das Ritual im Laufe der Zeit, unterwegs seiner religiösen Bedeutung entkleidet, nach Norden ausgebreitet haben könnte. Man kann darüber streiten, ob die Folter die Indianer zu roheren Barbaren stempelte als die Väter der spanischen Inquisition – oder ob eine Gruppe von Holländern den Namen eher verdiente, die 1643 in New Amsterdam einem Indianer bei lebendigem Leib die Haut abzog, während der holländische Gouverneur „herzlich lachte". Die Folterung des Feindes wurde von den meisten Indianern – von Opfer und Sieger gleichermaßen – als ein Mittel der Rache und Ausdruck des Triumphs nach einem Kampf aufgefaßt.

Die Folter war, zumindest in der Theorie, kein völlig einseitiger Vorgang, denn es erfüllte den besiegten Krieger mit großem Stolz, seine Henker zu schmähen, bis er starb. Die Auswahl der Opfer erfolgte nach unterschiedlichen Prinzipien. Viele Stämme überließen sie gewöhnlich den Frauen, die den Gefangenen als Ersatz für einen im Krieg gefallenen Verwandten beanspruchen oder ihn – wie in der Mehrzahl der Fälle – an den Marterpfahl binden lassen konnten. Oft wurde es den Frauen auch gestattet, sich als Folterknechte zu betätigen. Besondere Freude machte es ihnen, dem Opfer der Reihe nach die einzelnen Fingergelenke „wegzumachen" und dann ihre Aufmerksamkeit mit entsetzlich qualvollen Methoden den Genitalien zuzuwenden. Manchmal brachten die Krieger solche Riten damit zum Abschluß, daß sie einen kleinen Jungen hochhoben und ihn unter allgemeinem Beifall dazu anhielten, dem Opfer mit einem Tomahawk den Schädel einzuschlagen.

In seinen Memoiren gibt Antoine de la Mothe Cadillac, ein französischer Lieutenant, der gegen Ende des 17. Jahrhunderts den französischen Außenposten bei Michilimackinac unweit des Lake Huron befehligte, der Vermutung Ausdruck, daß solch grimmiges Zeremoniell für beide Teile, für Märtyrer und Inquisitor, gleichermaßen ein überaus dramatisches Schauspiel darstellte. „Die Frauen liebkosen sie zunächst und nehmen sie in ihre Hütten mit. Sie salben sie und geben ihnen zu essen und legen ihnen nahe, ihre Kräfte zu sparen, um länger und tapferer dulden zu können. Plötzlich schlägt ihre einschmeichelnde Sanftheit um in Empörung und teuflische Wut; auf diese Weise setzt die Frau, die den Tod des Gefangenen gefordert hat, den Unglücklichen jetzt von dem Schicksal in Kenntnis, das ihn erwartet. Sie beschwört den Schatten ihres getöteten oder verbrannten Gemahls oder Sohnes herab und spricht:

‚Komm zu mir, mein Sohn! Heute bereite ich dir frisches Fleisch zum Schmaus. Nimm an das Opfer, das ich dir mit diesem tapferen Krieger bringe! Freue dich, mein lieber Sohn, denn er wird braten, und seine Geschlechtsteile werden ihm aus dem Leib gerissen werden. Wir werden aus seinem Schädel trinken, wenn wir ihm den Skalp nehmen.' Nun tritt einer der Krieger ein und sagt: ‚Fasse Mut, mein Bruder. Du wirst verbrannt werden.' Der andere erwidert: ‚Das ist gut so, ich danke dir für die Nachricht, die du mir überbringst.' In diesem Augenblick erhebt sich im ganzen Dorf ein furchtbarer Schrei. Der Schrei heißt *Sakakua.* Sie packen ihn, zerren ihn fort und binden ihn an den Pfahl. Diese unheimlichen Vorbereitungen, die den Mann schaudern machen sollten, sind jedoch für ihn nur ein Mittel, um seiner Verachtung für seine Peiniger Ausdruck zu verleihen. Mit fester Stimme singt er sein Grablied, indem er alle kriegerischen Taten aufzählt, die er in seinem Leben vollbracht hat, und schildert, wie er seine eigenen Gefangenen verbrannt hat; er fordert alle, die ihn umringen, auf, ihn nicht zu schonen und ihn wie einen Krieger zu töten. Ich glaube nicht, daß dieses ganze Gerede ehrlich gemeint ist; sicher ist nur, daß der Mann seine Peiniger unverwandten Blicks mustert und seine Fassung bewahrt."

„Die Marter beginnt damit, daß man dem Gefangenen mit den Zähnen alle zehn Fingernägel ausreißt, einen nach dem anderen. Dann stecken sie die Finger des Opfers in den Kopf einer Pfeife und rauchen sämtliche zehn Finger, alle nacheinander. Nach dieser kleinen Leckerei zünden fünf oder sechs Krieger Fackeln an und halten sie so lange an seine Fuß- und Handgelenke sowie an seine Schläfen, bis Nerven und Fleisch bis auf die Knochen verbrannt sind. Wer diese Tortur durchgestanden hat, bekommt ein Halsband aus rotglühenden Streitäxten angepaßt, das ihm über die Schultern gehängt wird. Dann schneidet sich jeder mit dem Messer ein Stück aus seinem Hinterteil heraus, grillt und ißt es. Die Frauen halten Kessel mit kochendem Wasser bereit, das sie über diese Wunden gießen. Von Zeit zu Zeit stoßen sie ihm rotglühende Eisen in den Hals und in die Achselhöhlen. Sie brennen seine Genitalien mit Birkenrinde an, die besonders hell auflodert."

„Man könnte meinen, daß ein Mensch, der so gefoltert wird, Tränen vergießt oder jämmerliche Schreie ausstößt. Aber die meisten Opfer verhöhnen ihre Peiniger, nennen sie Feiglinge und Schlappschwänze, denen der Mut fehle, sie in kleine Stücke zu schneiden; und wenn eine Stelle ihres Körpers noch vom Feuer verschont geblieben ist, weisen sie selbst darauf hin und sprechen folgendermaßen zu ihnen: ‚Falls ihr jemals von meinem Stamm gefangengenommen und in meinem Dorf verbrannt werdet, weint nicht und schreit nicht auf, denn ein wahrer Krieger sollte sterben, wie ich es tue.' Am Ende ziehen sie ihm die Kopfhaut ab, werfen heiße Asche und Sand auf das geschundene, blutige Fleisch und schneiden ihm den Kopf ab. Das ganze Dorf stößt

Schreie der Begeisterung und des Entzückens aus, als ob man einen großen Sieg errungen hätte. Wer diese kurze Schilderung liest, dem mag es vielleicht schwerfallen, zu glauben, daß ein Mensch solche Qualen erdulden kann, ohne zu sterben – sie lassen ihm keine Arterie und keinen Nerv, der nicht dem Feuer oder dem Messer ausgesetzt worden ist – aber sie ist völlig wahr."

Wenn Weiße ein persönliches Verhältnis zu Indianern fanden, waren sie nach dem Anschauen solch grauenhafter Szenen allesamt von der Herzenswärme, wenn nicht gar vornehmen Gesinnung überrascht, die dieselben grausamen Geschöpfe zuweilen in ihren Beziehungen zu Menschen ihres Blutes an den Tag legen konnten.

Nur wenige lernten diese Seite indianischer Wesensart besser kennen als James Smith, der Frontier-Soldat aus Pennsylvania, der fünf Jahre seines Lebens als Gefangener bei den Indianern verbrachte. Smith arbeitete gerade an einer Straße, die im Zusammenhang mit dem unheilvollen Vormarsch Braddocks im Jahre 1755 gebaut wurde, als er einem mit den Franzosen verbündeten Indianerstamm in die Hände fiel. Nach seiner Gefangennahme wurde er beim Spießrutenlaufen windelweich geprügelt und nach Fort Duquesne gebracht, wo ein französischer Militärarzt sich seiner Verletzungen annahm. Die Indianer erlaubten ihm zuzusehen, wie der erste aus einem Dutzend von Männern der geschlagenen britischen Armee am jenseitigen Ufer des Allegheny River verbrannt wurde. Smith hatte selbst allen Grund, um sein Leben zu fürchten. Doch aus unerfindlichen Gründen verschonten die Rothäute das Leben des Mannes aus Pennsylvania. Statt ihn zu töten, brachten sie ihn in ein Dorf am Scioto River, wo er in den Stamm der kriegerischen Caughnawaga aufgenommen wurde, eines Iroquois-Volkes, das westwärts nach Ohio gewandert war.

Bei den Aufnahmezeremonien rissen ihm seine Peiniger den größten Teil seiner Haare aus, stießen ihn in einen Fluß, wo einige Frauen ihn schrubbten, als wollten sie ihm die

Pontiacs Aufstand: Widerstand durch einen großen Häuptling

Im Jahre 1760, nach Einstellung der Feindseligkeiten im Französischen und Indianischen Krieg, wurde Major Robert Rogers entsandt, um die von den Franzosen in der Wildnis jenseits der Alleghenies errichteten Forts für England in Besitz zu nehmen. Rogers äußerte sich Jahre später voll Bewunderung über Pontiac, den Häuptling der Ottawa, den er auf seinem Weg kennengelernt hatte.

Pontiac wurde 1760 zum Anstifter der gewaltigsten indianischen Widerstandsbewegung, der sich die Briten je gegenübergesehen hatten – einer Rebellion, in deren Verlauf alle die Forts (bis auf drei) wieder fielen, die die Engländer den Franzosen abgenommen hatten.

Kaum hatte Rogers den Union Jack über diesen westlichen Vorposten aufgezogen, als das hochmütige Benehmen anderer britischer Offiziere die Stämme der Region zu verärgern begann. Sie waren die zwanglose Art der Franzosen gewohnt. Im Frühjahr 1763 hatte die britische Arroganz einen Punkt erreicht, den Pontiac unerträglich fand. Ende April rief er die Stämme zum Widerstand gegen die Eindringlinge auf.

Pontiac selbst schmiedete Pläne, um das mit einer starken Garnison besetzte Fort Detroit in seine Gewalt zu bekommen. Er wollte die Festung unter dem Vorwand betreten, eine dringende Unterredung führen zu müssen; die Krieger in seiner Begleitung sollten Gewehre und Streitäxte unter ihren Umhängen versteckt tragen. Auf ein Zeichen von Pontiac hatten sie anzugreifen.

Am Abend vor dem Überfall soll eine junge Chippewa-Frau von dem geplanten Anschlag erfahren und den Mann gewarnt haben, den sie liebte – den Kommandanten des Forts, Major Henry Gladwin. Wie auch immer, Gladwin war über Pontiacs Absichten unterrichtet; als die Indianer die Festung betraten, war die Garnison in Alarmbereitschaft. Wütend stürmte der Häuptling wieder hinaus, ohne das Zeichen zu geben. Zwei Tage später kehrte er zurück und begann das Fort zu belagern.

Andere Rebelleneinheiten überrannten neun britische Vorposten vom Allegheny River bis zum Lake Michigan. Sir Jeffery Amherst, der britische Kommandant, war so beunruhigt, daß er 200 Pfund auf Pontiacs Skalp aussetzte.

Doch schon im Herbst begann die Rebellion abzuflauen. Pontiacs Belagerung bröckelte ab, als die Krieger ihn verließen, um auf die Jagd für den Winter zu gehen, und die Briten besetzten ihre Forts von neuem. Pontiac erkannte König George als „Vater" an und kehrte nach Illinois zurück. 1769 wurde er von einem Peoria ermordet – angestiftet hätten ihn die Briten, hieß es, die das aufrührerische Charisma des alternden Häuptlings immer noch fürchteten.

Haut abziehen – um sein weißes Blut auszuwaschen – und „durchbohrten mir Nase und Ohren“, um Ringe hineinzustecken. Dann legten sie ihm eine kunstvoll gefertigte Kleidung an, „setzten mich auf ein Bärenfell, reichten mir eine Pfeife und einen Tomahawk, umringten mich und wiesen einen Dolmetscher an, mir die Rede eines der Häuptlinge zu übersetzen: ‚Mein Sohn, du bist jetzt Fleisch von unserem Fleisch. Du hast nichts zu befürchten. Wir sind jetzt genauso verpflichtet, dich zu lieben, dir beizustehen und dich zu verteidigen, wie wir verpflichtet sind, einander zu lieben, beizustehen und zu verteidigen.‘ Damals traute ich diesen schönen Worten nicht, doch dann erkannte ich, daß sie aufrichtig waren. Wenn sie reichlich mit Kleidung versehen waren, war auch ich reichlich versehen; wenn sie Mangel litten, litt ich mit ihnen.“

Smith empfand so etwas wie Ehrerbietung vor der Weisheit und dem Charakter eines alten Häuptlings namens Tecaughretanego. Er „war kein gewöhnlicher Mensch, sondern unter den Indianern das, was Sokrates in der heidnischen Welt der Antike darstellte. Es mag sein, daß er ihm ebenbürtig war – wenn nicht an Weisheit und Bildung, dann vielleicht an Langmut und Seelenstärke.“ Im Winter 1758 war der alte Häuptling von Rheumatismus fast gelähmt und erwarb sich für immer Smiths Hochachtung durch die Würde und Selbstlosigkeit, mit der er in einer Zeit, da es kein Wild gab, den Hunger ertrug.

Tecaughretanego war überzeugt, daß die Menschen unter dem beherrschenden Einfluß des Großen Geistes stünden, und hielt Smith eines Tages einen begeisternden Vortrag über seinen Glauben, als dieser „kleinmütig und erschöpft“ von einem erfolglosen Jagdzug zurückkehrte. Tecaughretanego „wies seinen kleinen Sohn Nunganey an, mir etwas zu essen zu holen, und der Junge brachte mir eine Schüssel mit ein paar Knochen und Brühe. Rasch verzehrte ich meine bescheidene Ration, und als ich mein kärgliches Mahl beendet hatte, fragte mich Tecaughretanego, wie ich mich

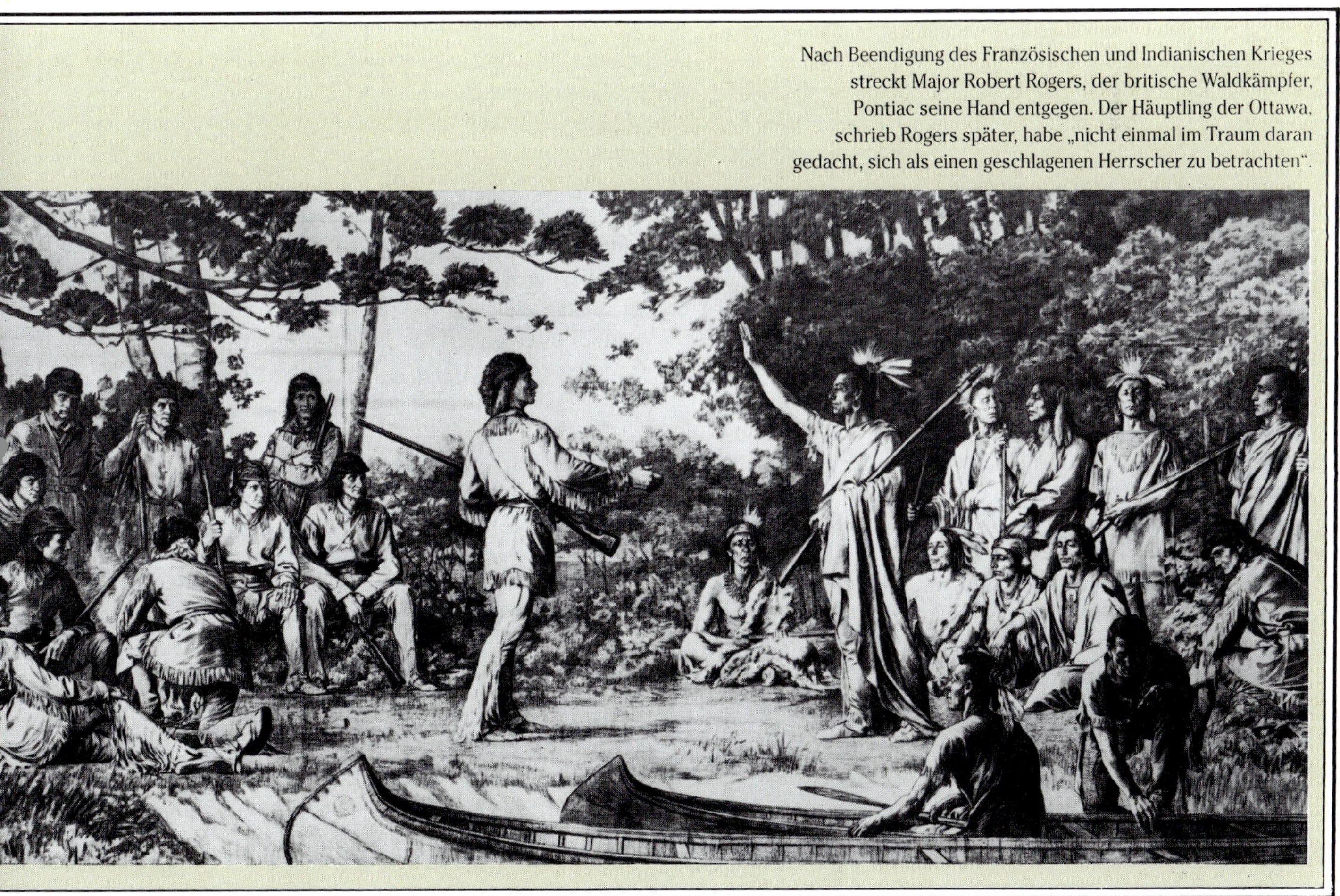

Nach Beendigung des Französischen und Indianischen Krieges streckt Major Robert Rogers, der britische Waldkämpfer, Pontiac seine Hand entgegen. Der Häuptling der Ottawa, schrieb Rogers später, habe „nicht einmal im Traum daran gedacht, sich als einen geschlagenen Herrscher zu betrachten“.

fühle. Ich antwortete ihm, ich hätte mich recht gut erholt. Nun sagte er, daß er mir etwas Wichtiges mitzuteilen wünsche. Er habe es bisher aufgeschoben, fuhr er fort, denn nur wenige Männer befänden sich mit Hunger in der richtigen Stimmung für ein gutes Wort. Für gewöhnlich zeigten sie dann Verdruß und erhöhte Reizbarkeit, ‚doch da du nun heiteren Gemütes zu sein scheinst, will ich dir die Gedanken meines Herzens kundtun'. ‚*Bruder*', sagte er, ‚ich war jung, und jetzt bin ich alt. *Owaneeyo* läßt es zuweilen zu, daß wir darben, weil er uns daran erinnern will, daß wir von seiner Gnade abhängen. Sei versichert, daß dir Nahrung beschert werden wird. Sei stark, sei ein Mann, und der Große Geist wird dir deinen Weg weisen.'"

Statt dessen beschloß Smith am nächsten Morgen, „in meine Heimat, nach Pennsylvania, zu fliehen. Ich hatte nur geringe Hoffnung, daß mir meine Flucht gelingen würde, aber ich befand mich in einer verzweifelten Lage. Ich fürchtete Hungers zu sterben, wenn ich blieb, und wenn mir unterwegs Indianer begegneten, würden sie mich gewiß töten." Nachdem er 15 bis 20 Kilometer durch den Schnee gestapft war, stieß er auf Bisonspuren. Es gelang ihm, „eine sehr große Bisonkuh" zu erlegen. Er aß ein Stück Fleisch, „fast roh – und sogleich erfüllte mich zärtliche Sorge um meinen alten indianischen Bruder und den kleinen Jungen, die ich in so mißlichen Umständen zurückgelassen hatte. Ich beeilte mich und lud soviel Fleisch auf, wie ich nur tragen konnte. Der Mond tauchte die Landschaft in ein helles Licht, so daß ich leicht zu unseren Hütten zurückfand, wo ich den alten Mann in gewohnt guter Laune antraf. Er dankte mir und forderte mich auf, mich zu setzen, da ich doch recht müde sein müsse. Sogleich füllte ich Wasser in den Kessel, schnitt das Fleisch in dünne Streifen und tat es hinein. Nachdem es eine Weile gekocht hatte, wollte ich es vom Feuer nehmen, aber der Greis meinte: ‚Laß es nur gar werden!' So lässig sagte er das und so unbeteiligt, als ob es ihn gar nicht nach einer Mahlzeit drängte.

Nachdem wir uns alle gelabt hatten, begann Tecaughretanego zu sprechen. Er stellte uns in eindringlichen Worten vor Augen, wie nötig und erfreulich es sei, unseren Lebensunterhalt mit Dankbarkeit entgegenzunehmen, da wir doch wüßten, daß *Owaneeyo* der große Wohltäter sei. Man mag es nicht glauben wollen, daß ein Indianer solcher Worte fähig ist, aber wenn wir uns über den Krieg gegen diese Leute Gedanken machen, können wir zu dem Schluß kommen, daß sie kein unwissendes oder dummes Volk sind; sonst wären sie nicht so gefährliche Feinde gewesen."

Tecaughretanego war nicht der einzige alte Häuptling, der sich durch Langmut und Klugheit auszeichnete. Es gab sogar recht viele, die wegen ihrer Führungseigenschaften im Krieg bewundert wurden, dabei aber zu der Einsicht gelangten, daß der fortdauernde Konflikt mit den Siedlern politischer Kurzsichtigkeit entsprang, oder aber aus Ehrgefühl versuchten, die Bestimmungen einer Waffenruhe einzuhalten, die ihnen von den Umständen aufgezwungen worden war. Allerdings konnten sie nur selten die Hitzköpfe in ihren eigenen Reihen im Zaume halten, die sich im Grunde ihres Herzens den Traditionen ihrer kriegerischen Vorfahren verpflichtet fühlten und – völlig zu Recht – den Standpunkt vertraten, daß Krieg die einzig logische Antwort an diese Eindringlinge war. Für Friedensstifter brachen gewöhnlich schwere Zeiten an, wenn Frontiersmen ihrerseits erst einmal gesehen hatten, wie die Leiber schwangerer Frauen von Indianern aufgeschlitzt und die Leichen der ungeborenen Babys daneben auf Pfähle gespießt worden waren. Sie verspürten dann kaum die Neigung, Betrachtungen über die politische Einstellung eines Indianers anzustellen, wenn sich ihnen eine Gelegenheit zur Rache bot.

Der Häuptling der Shawnee, Cornstalk, besiegelte selbst sein Schicksal, als er sich für den Frieden entschied, nachdem er in Lord Dunmores Krieg Algonquin-Indianer gegen eine starke Abteilung der Frontier-Miliz geführt hatte. Dies war ein Buschkrieg, der 1774 vom königlichen Gouverneur von Virginia begonnen worden war, um die Besiedlung voranzutreiben. Das einzige bewaffnete Zusammentreffen des Krieges, als Schlacht bei Point Pleasant in die Geschichte eingegangen, war die erste großangelegte militärische Auseinandersetzung (auf jeder Seite kämpften rund tausend Mann), in der mit Büchsen bewaffnete Backwoodsmen einer vergleichbaren Zahl von Indianern stundenlang Widerstand leisteten und den Sieg für sich beanspruchen konnten, als die einbrechende Dunkelheit den Feindseligkeiten ein Ende setzte. Obwohl sich die Long Knives gut hielten in diesem Ringen, bestimmte doch Cornstalk fast allein das taktische Geschehen der Schlacht und zeichnete auch mehr als die Virginier verantwortlich für ihren Abbruch.

Am Morgen des 10. Oktober schlossen die Indianer Colonel Andrew Lewis und seine 1100 Milizionäre auf einer Landzunge zwischen den Mündungen des Kanawha und des Ohio River ein, töteten 75 und verwundeten 140 Mann und ließen sie bis zum Abend nicht entkommen.

Während die Schlacht wütete, erkannte Cornstalk immer klarer, daß die Virginier sich nicht geschlagen geben würden, obwohl sie, in den Worten des Schützen Isaac Shelby, einen „sehr harten Tag" hatten. „Die entsetzlichen Schreie unserer Feinde und das Stöhnen der Verwundeten, es war genug, um auch die furchtlosesten Herzen erzittern zu lassen." Am Nachmittag gelang es den Backwoodsmen sogar, die Indianer für eine Weile zurückzutreiben und sie durch das dichte

Ein unter dem Namen Captain John Logan bekannter Mingo-Häuptling findet 1774 seine Familie von weißen Verbrechern ermordet vor. Die entsetzliche Entdeckung, wie sie auf diesem Stich aus dem 19. Jahrhundert festgehalten ist, trieb den ehemals friedlichen Logan auf den Kriegspfad, bis er 1780 starb.

Unterholz zu verfolgen. „Es ging die ganze Zeit über heiß her", berichtete Shelby, „und ihre Tapfersten setzten ihre Kampfkraft voll ein, während andere die Toten in den Ohio warfen und die Verwundeten abtransportierten." Cornstalk hatte weniger Verluste als die Weißen zu beklagen, ordnete aber trotzdem eine strategische Frontbegradigung an, führte in der Stille der Nacht einen Rückzug über den Ohio durch und berief den Häuptlingsrat ein.

„Sollen wir alle unsere Frauen und Kinder töten", fragte er, „und dann kämpfen, bis wir alle tot sind?" Betretenes Schweigen schlug ihm entgegen. „Da ihr nicht geneigt seid zu kämpfen, werde ich gehen und Frieden machen", rief Cornstalk aus. Daraufhin vereinbarte er ein Zusammentreffen mit Lord Dunmore, der mit einer zweiten Abteilung heranrückte, handelte mit ihm einen Waffenstillstand aus und bewahrte auf diese Weise die Städte der Shawnee vor einem Zweifronten-Angriff.

Noch nach dem Ausbruch des Unabhängigkeitskrieges fühlt sich Cornstalk an dieses Abkommen gebunden. Im Jahre 1777 begab er sich in ein Fort, das die Amerikaner am Kanawha River errichtet hatten, und wies den Kommandanten, einen Captain Arbuckle, darauf hin, daß die Briten entschlossen waren, abtrünnige Shawnee gegen die Siedlungen an der Frontier einzusetzen. Als Dank für seine Ehrenhaftigkeit wurde er von Arbuckle als Geisel festgehalten und auch einer seiner Söhne, Elinipsico, zur Geisel genommen, als dieser kam, um sich nach seinem Vater zu erkundigen. Das bedeutete für beide das Ende. Truppen der Garnison schüchterten ihre Offiziere ein, stürmten in den Raum, in dem die beiden Indianer gefangengehalten wurden, und schossen sie nieder, um einen Kameraden zu rächen, der außerhalb der Palisaden in einen Hinterhalt geraten war. Als sie schon den Tod vor Augen hatten, sagte Cornstalk zu seinem Sohn: „Mein Sohn, der Große Geist hat es für richtig befunden, daß wir zusammen sterben sollen. Darum hat er dich hergeschickt. Es ist sein Wille, und wir wollen uns ihm fügen – es geschieht alles zum Besten."

In diesen Jahren kam die Freundschaft mit Siedlern den Mingo-Häuptling Tahgahjute – als Captain John Logan bekannt – fast ebenso teuer zu stehen. Mit seiner hoch-

In Erfüllung seiner Mission predigt der Mährische Bruder David Zeisberger 1776 zu einem Stamm der Delaware. Diese hundert Jahre später entstandene Skizze diente einem Gemälde als Vorlage, das zur Erinnerung an dieses Geschehen von den Mährischen Brüdern in Amerika in Auftrag gegeben wurde.

gewachsenen, würdevollen und Achtung gebietenden Gestalt beeindruckte Logan selbst die rauhesten Backwoodsmen, die ihm an der Frontier Pennsylvanias begegneten; ein weißer Freund nannte ihn „das edelste Exemplar eines Menschen, das je meinen Weg gekreuzt hat, ob weiß oder rot". Als er nach Westen an den Ohio River zog, wurde ihm seine Güte durch einen weißen Schurken namens Greathouse vergolten, der Angehörige seines Stammes, einschließlich seines Bruders und seiner Schwester, im Hause eines anderen weißen Mannes am Yellow Creek zum Trinken nötigte, um sie dann zu ermorden, als sie völlig betrunken waren. Logan rächte sich, indem er als Anführer einer Bande Überfälle auf Frontier-Siedlungen verübte und sich hinterher rühmte, ganz allein 13 Skalps abgezogen zu haben. Schließlich versank er in Melancholie, wurde ein Opfer des Fusels und im Streit von einem Neffen getötet.

Obwohl Logan in der Schlacht bei Point Pleasant selbst keine aktive Rolle gespielt hatte, war er doch ein so bedeutender Häuptling, daß Lord Dunmore ihn aufforderte, an den Friedensverhandlungen mit Cornstalk teilzunehmen. Er lehnte empört ab und diktierte eine leidenschaftliche Erklärung, die ein Dolmetscher auf englisch niederschrieb und dem Gouverneur und seinen Offizieren überbrachte. Logan irrte in einem Faktum – er verwechselte Greathouse mit einem Frontier-Soldaten namens Cresap –, aber sein Monolog rüttelte die Friedensstifter auf, wurde von den Kolonialzeitungen zu wiederholten Malen abgedruckt, beeindruckte Thomas Jefferson und blieb als Perle volkstümlicher Rhetorik bestehen. Ganze Generationen amerikanischer Schuljugend mußten ihn auswendig lernen.

„Ich fordere jeden weißen Mann auf zu sagen, ob er nicht gespeist wurde, wenn er je hungrig in Logans Hütte kam; ob er nicht gekleidet wurde, wenn er je kalt und nackt Logans Hütte erreichte. Während des letzten, langen und blutigen Krieges verharrte Logan müßig in seiner Hütte, ein Befürworter des Friedens. So groß war meine Liebe für die Weißen, daß meine Brüder, wenn sie an mir vorbeikamen, auf mich deuteten und sagten: ‚Logan ist der Freund des weißen Mannes.' Ich hatte sogar daran gedacht, mit euch zu leben, wäre nicht die Unbill gewesen, die mir ein Mann zufügte. Im letzten Frühjahr ermordete Colonel Cresap kaltblütig und ohne jede Veranlassung Logans sämtliche

Drei Delaware-Indianer werden hier von einem Mährischen Bruder getauft. Zahlreiche indianische Konvertiten zogen von Pennsylvania nach Ohio, um eine vorbildliche christliche Gemeinschaft zu gründen. Leider wurde ihnen jedoch von Indianern und Weißen gleichermaßen mit Mißtrauen begegnet.

Verwandten und verschonte auch meine Frau und Kinder nicht. Kein Tropfen meines Blutes fließt in den Adern eines lebenden Wesens. Das forderte meine Rache heraus. Ich habe sie geplant: Ich habe viele getötet; ich habe meine Rache gestillt. Für mein Land freue ich mich über die Strahlen des Friedens. Aber gebt euch nicht dem Wahn hin, meine Freude entspränge der Furcht. Logan hat nie Furcht empfunden. Er wird nicht fliehen, um sein Leben zu retten. Wen gibt es noch, der um Logan trauern würde? Niemand."

Und kein Algonquin vergaß je das Los einer Gruppe von Delaware, eines Unterstammes der Algonquin, die von deutschen Missionaren der Herrnhuter – einer als Mährische Brüder bekannten Sekte, die Widerstands- und Gewaltlosigkeit predigte – zum Christentum bekehrt wurden. Die Missionare bewirkten eine wunderbare Veränderung in ihren konvertierten Wilden. Als diese 1771, von ihren weißen Lehrmeistern geführt, auf ein Gebiet westlich des Ohio River zogen, um dort das Land zu bestellen, verkörperten sie sehr wahrscheinlich die friedlichsten, fleißigsten und christlichsten Geschöpfe auf dem ganzen Kontinent. Die Mährischen Indianer, wie man sie nannte, wohnten in sauberen Dörfern mit Namen wie Salem und Gnadenhutten, züchteten Pferde und Rinder, kultivierten Obstgärten, beackerten den Boden, versammelten sich Tag für Tag zum Gottesdienst und hielten Verfolgern beider Rassen geduldig die andere Wange hin.

Im Unabhängigkeitskrieg drängten die Briten die mit der Krone verbündeten Krieger, die Mährischen Indianer aus ihren Häusern zu vertreiben, und die Iroquois kamen diesem Wunsch gerne entgegen: mit Überfällen und verächtlichen Drohungen, aus den Mährischen „Hackfleisch zu machen". Die Forderung, die Mährischen zu vernichten, erhob sich zur gleichen Zeit unter den amerikanischen Backwoodsmen, die – völlig zu Unrecht – glaubten, die Dorfbewohner gewährten feindlichen Indianern Unterschlupf. Die ganze Zeit über hielten die friedlichen Indianer an ihren Höfen fest. 90 Einwohner befanden sich an einem Märztag des Jahres 1782 in Gnadenhutten, als eine wilde Horde amerikanischer Milizionäre unter Colonel David Williamson über sie herfiel, Männer, Frauen und Kinder in die Kirche trieb und ihnen verkündete, sie müßten alle sterben. Die unglücklichen Indianer baten nur um eine Gnadenfrist von einigen Minuten,

Das Ende eines Traumes auf dem Schlachtfeld

Der letzte große Versuch der Waldindianer, ihr Land zurückzugewinnen, begann 1808 unter der Führung des charismatischen Shawnee-Häuptlings Tecumseh und seines Bruders Tenskwatawa *(rechts)*. Von ihrer Basis bei Tippecanoe im heutigen Indiana reisten die Brüder bis nach Florida, um die Stämme zum Kampf gegen die Frontiersmen aufzurufen.

General William Henry Harrison in Vincennes beobachtete, wie die Föderation Gestalt annahm. Er beschrieb Tecumseh als „eines dieser ungewöhnlichen Genies, die hin und wieder auftauchen, um Revolutionen anzuzetteln". Aber Harrison zerschlug das Bündnis. 1811 stürmten seine Truppen Tippecanoe und brannten es nieder. 1813 führte er am Thames River in Ontario, Kanada, 3000 Milizsoldaten zum Sieg über 600 Indianer. In dieser Schlacht fand Tecumseh den Tod.

An Harrisons Sieg erinnern eine Goldmedaille *(oben links)* und ein Druck, auf dem zu sehen ist, wie er Tecumseh erschießt.

Tecumsehs einäugiger Bruder Tenskwatawa gewann Tausende von Indianern für ihre Sache, als er eine Sonnenfinsternis richtig voraussagte.

um sich mit Küssen voneinander zu verabschieden und das „Hohelied“ zu singen. Diesem Wunsch wurde widerstrebend entsprochen; dann wurden alle getötet.

Dieses brutale Verbrechen rief unter einigen Amerikanern Empörung und Reue hervor. Aber es steigerte auch ihr Entsetzen über die ungezügelte Grausamkeit der Algonquin-Stämme, denn als Antwort auf das Massaker an den mährischen Delaware zogen die Algonquin plündernd den oberen Ohio River entlang und verbrannten einen Gefangenen, einen Colonel der Miliz namens William Crawford. Crawford hatte überhaupt nichts mit den Morden zu tun. Sein Unglück wollte es, daß er bei einer späteren Expedition das Kommando über Williamsons Truppen übernommen hatte. Er bat einen Delaware-Häuptling namens Wingenund – einen alten Freund –, sich für ihn zu verwenden, bevor man ihn an den Marterpfahl band. Ihr Gespräch, wie der mährische Missionar John Heckewelder es rekonstruierte, enthüllt die hoffnungslose Zwiespältigkeit der amerikanisch-indianischen Beziehungen im 18. Jahrhundert.

Crawford: Entsinnst du dich der Freundschaft, die immer zwischen uns bestanden hat?
Wingenund: Ich erinnere mich an alles. Ich erinnere mich, daß wir so manches Glas Punsch geleert haben. Ich entsinne mich auch anderer Wohltaten und Gefälligkeiten, die du mir erwiesen hast.
Crawford: Dann hoffe ich, daß uns immer noch die gleiche Freundschaft verbindet.
Wingenund: Das würde sie selbstverständlich, wenn du dich am richtigen Ort und nicht hier befändest.
Crawford: Und warum nicht hier, Captain? Ich hoffe, du wirst einen Freund in Not nicht im Stich lassen. Nun ist es an der Zeit, daß du dich für mich verwendest – so wie ich mich für dich verwenden würde, wenn du an meiner Stelle wärst.
Wingenund: Colonel Crawford! Du befindest dich in einer Lage, die es mir und anderen deiner Freunde unmöglich macht, etwas für dich zu tun.
Crawford: Wie das, Captain Wingenund?
Wingenund: Indem du dich diesem fluchwürdigen Williamson und seinen Leuten angeschlossen hast; dem Mann, der vor wenigen Tagen eine so große Zahl Mährische Indianer ermordet hat – wohl wissend, daß er keine Gefahr eingeht, wenn er Menschen abschlachtet, die sich nicht wehren.
Crawford: Ich versichere dir, Wingenund, daß das nicht geschehen sein würde, wäre ich damals dabeigewesen... Später ritt ich mit ihm mit, um ihn daran zu hindern, weitere Mordtaten zu begehen.
Wingenund: Das, Colonel, würden die Indianer nicht glauben, selbst wenn ich es ihnen sagte.
Crawford: Was werden sie mit mir machen? Kannst du mir das sagen?
Wingenund: Ich sage es dir mit Trauer im Herzen, Colonel. Williamson und seine ganze feige Bande haben sich aus dem Staub gemacht, und da du meinen Brüdern in die Hände gefallen bist, werden sie an dir statt an ihm Rache nehmen.
Crawford: Siehst du keine Möglichkeit, mich freizubekommen?
Wingenund: Hätten sie Williamson zusammen mit dir gefangengenommen, wäre es mir und einigen Freunden vielleicht gelungen, dich zu retten, aber wie es jetzt aussieht, würde es keiner wagen, sich für dich ins Mittel zu legen. Und wenn der König von England selbst mit allem seinem Reichtum und seinen Schätzen hierher käme, er würde nichts ausrichten. Das Blut der unschuldigen Mährischen schreit nach Rache. Die Nation, der sie angehörten, fordert Rache. Und auch alle mit uns in einem Bund vereinten Nationen rufen: Rache! Rache!
Crawford: Dann scheint also mein Schicksal besiegelt zu sein, und ich muß mich auf den Tod vorbereiten.
Wingenund: Ja, Colonel. Es tut mir leid, aber ich kann nichts für dich tun. Es bleibt dir nichts anderes übrig, als dein Schicksal wie ein tapferer Mann hinzunehmen. Leb wohl, Colonel Crawford! Sie kommen. (Weinend) Ich werde mich an einen einsamen Ort zurückziehen.

Crawfords Peiniger verbrannten ihn bei lebendigem Leib. Er wurde an den Marterpfahl gebunden und zwei Stunden gefoltert, bevor er zusammensank und der Tod ihn von seinen Qualen erlöste.

Solch traurige Geschehnisse bestärkten zwar Soldaten und Vertragsunterhändler der Weißen, die nach dem Unabhängigkeitskrieg mit den Indianern verhandelten, noch in ihren Absichten, aber weder beschleunigten sie, noch verzögerten sie die Unterwerfung und Vertreibung der Waldstämme. Man betrachtete die Indianer als lästiges Pack und zweifelte nicht daran, daß die steigende, unaufhaltsame Flut der weißen Besiedlung, die sich über ihre Jagdgründe ergoß, sie fortschwemmen würde. Die einst mächtigen Iroquois kapitulierten als erste. Die Mohawk, Onondaga, Cayuga und Seneca, die England im Unabhängigkeitskrieg unterstützt hatten, wechselten in Massen nach Kanada über, als die 13 Staaten schließlich ihre Unabhängigkeit errungen hatten, und ließen nicht mehr als 6000 Männer, Frauen und Kinder zurück. Gegen bescheidene Barabfindungen und das Versprechen auf jährliche Rentenzahlungen überließen diese zermürbten Leute einer staatlichen Kommission weite Gebiete im Westen New Yorks. Um das Jahr 1800 waren sie in schmerzliche, an eine Reservation gebundene Bedeutungslosigkeit versunken, aus der sie nie wieder hervortraten.

Die Algonquin Ohios, Indianas und Illinois' ließen sich nicht so leicht vertreiben. Nach dem Unabhängigkeitskrieg waren die Backwood-Siedlungen noch weitgehend auf das Gebiet südlich des Ohio River beschränkt. Kanada – und die Briten mit ihren Waffenlieferungen und Hoffnungen auf territoriale Einbrüche – lagen im leicht erreichbaren Norden, und ausgedehnte Gebiete indianischen Jagdlandes waren noch unberührt. Die Indianer des Nordwestens hatten wenig Grund, eine Veränderung ihrer eigenen Lage befürchten zu müssen, nur weil irgendwo weit weg ein Streit zwischen den amerikanischen Kolonien und dem englischen König beigelegt worden war; wie bisher unternahmen sie auch weiterhin ihre Raubzüge auf die andere Seite des Ohio River. Doch der Druck der weißen Zivilisation machte sich zunehmend bemerkbar und trieb sie Jahr für Jahr immer mehr in die Winkel ihrer zusammenschrumpfenden Domänen oder auf fremdes Land westlich des Mississippi, wo jene, die Krankheit, Alkoholismus und den Tod in der Schlacht überdauerten, für immer und in Freuden leben sollten.

Die neue Regierung im Osten sprach mit frommem Augenaufschlag – und wirklichkeitsfremd – von der Anteilnahme, die sie für die Indianer empfand. Henry Dearborn, Thomas Jeffersons Kriegsminister, meinte es völlig ernst, als er seine Pläne für die „Einführung der Fertigkeiten der Zivilisation" bekanntgab, die „letzten Endes alle Unterschiede zwischen wilden und zivilisierten Menschen ausgleichen" würden. Der Kongreß richtete schon früh Indianer-Agenturen ein und war daran interessiert, mit Hilfe von christlichen Missionaren die Verhaltensweisen der Indianer zu ändern. „Die Besiedlung der Westgebiete", schrieb George Washington, „und der Abschluß eines Friedens mit den Indianern sind so miteinander verknüpft, daß man das eine nicht erörtern kann, ohne Überlegungen über das andere anzustellen."

Doch die harmlosen Mittelchen, die er guten Gewissens empfahl, brachten weder „Besiedlung" noch „Frieden". Die Indianer des Nordwestens wollten weder von diesem noch von jenem etwas wissen, und unter den Weißen, die mit ihnen zu tun hatten, gab es nur wenige, denen die „Fertigkeiten der Zivilisation" am Herzen lagen.

Die Schmälerung indianischen Besitzstandes im Nordwesten begann mit General Anthony („der tolle Anthony") Waynes Sieg in der Schlacht von Fallen Timbers. Wenige Monate später wurden 1000 ausgewählte Delaware, Potawatomi, Wyandot, Shawnee, Miami, Chippewa, Ottawa, Wea, Piankashaw, Kickapoo und Kaskaskia vom General 50 Tage lang fürstlich bewirtet. Nachdem er auf diese Weise Einschüchterung mit Gastfreundschaft verbunden hatte, legte er ihnen 1795 den Vertrag von Greenville vor. Er versprach ihnen darin Waren im Wert von 20000 Dollar und nahm ihnen gleichzeitig Ohio (bis auf einen Streifen am Lake Erie) und ein Stück von Indiana.

William Henry Harrison wendete die gleiche Methode an, nachdem er 1800 zum Gouverneur des Territoriums Indiana bestellt worden war. Er pflegte die Stammeshäuptlinge zu animieren, ihm ihre Sorgen mitzuteilen – oder zwei Gruppen von Häuptlingen zuzuhören, die sich übereinander beklagten – und ihnen dann als eine Art Nebenprodukt hochoffizieller, mitfühlender Anteilnahme um einen Spottpreis Land abzufordern. Bis zum Winter 1809 waren über 40 Millionen Hektar kraft Vertrages ins Eigentum der Bundesregierung übergegangen, die es dann besonders wagemutigen Siedlern zur Verfügung stellte.

Diese Untergrabung indianischen Lebensraums und indianischer Macht ging nicht ohne Widerstand vonstatten. Ein Shawnee namens Tecumseh – einer der Häuptlinge, die herausragende staatsmännische Qualitäten bewiesen – begann zu Anfang des 19. Jahrhunderts, Landkaufverträge für ungültig zu erklären, und rief die Stämme des Nordens und des Südens auf, sich zu einer Föderation zusammenzuschließen, die stark genug sein würde, die Nichtanerkennung der Verträge durchzusetzen.

Tecumseh stellte eine bemerkenswerte Erscheinung dar – groß, aufrecht, kraftvoll, von hell kupferroter Gesichtsfarbe – und stand in hohem Ansehen als Krieger, denn in jungen Jahren hatte er sich an vielen Frontier-Schlachten beteiligt. Aber er war weit mehr als ein Krieger. Er besaß einen scharfen Verstand, war sich der Unvermeidbarkeit der weißen Herrschaft über den Kontinent bewußt und betrachtete seine Föderation als unabhängigen Pufferstaat zwischen Kanada und den Vereinigten Staaten. Er forderte die Erhaltung des Bestands an indianischen Gebieten innerhalb dieses Staates, um den Zerfall der Stämme und ihrer Traditionen aufzuhalten. Auf die Indianer übte er einen beachtlichen Einfluß aus: Er konnte es sich leisten, gegen die Folter und andere grausame Praktiken zu argumentieren, ohne auch nur im geringsten an Ansehen zu verlieren.

Sein unversöhnlicher Gegner Harrison sprach mit einer gewissen Ehrerbietung von ihm: „Es ist wirklich erstaunlich, mit welch blindem Gehorsam Tecumsehs Anhänger ihm folgen und welche Wertschätzung sie ihm entgegenbringen.

Sequoyah, ein glänzender Cherokee-Führer, zeigt hier sein Silbenalphabet. Das nach zwölfjähriger Arbeit im Jahre 1821 fertiggestellte Werk gab den Indianern eine Schriftsprache und ermöglichte ihnen die Herausgabe einer Stammeszeitung, der sie den anschaulichen Namen „Sprechende Blätter" gaben.

Hinderte ihn nicht die Nachbarschaft der Vereinigten Staaten, er könnte vielleicht ein Reich gründen, das Mexiko oder Peru an Ruhm nicht nachstände. Er läßt sich von keinen Schwierigkeiten abschrecken."

Der Paragraphenreiterei der Weißen stand Tecumseh nicht wehrlos gegenüber. Er vertrat die Meinung, ohne Zustimmung aller Stämme könne Grund und Boden rechtmäßig weder verkauft noch abgetreten werden. Er berief sich auf Anthony Waynes Vertrag von Greenville; dieser sei der beste Beweis für die Richtigkeit seiner Auffassung, denn die Regierung habe mit allen versammelten Stämmen verhandelt und ihnen ausdrücklich das Recht auf alles den Weißen nicht abgetretene Land zugesichert. Tecumseh drang mit seinen Argumenten nicht durch – nicht weil man sie für falsch hielt, sondern einfach darum, weil spätere amerikanische Gesetzgeber von diesem Präzedenzfall keine Notiz nahmen. Während Tecumseh im Süden wie im Norden einen Stamm nach dem anderen besuchte, forderte er das indianische Volk auf, nun keine weiteren Verträge mehr abzuschließen und einer Föderation beizutreten, die stark genug sein würde, um ihren Widerstand zu einer brauchbaren Verhandlungsmethode mit der amerikanischen Regierung auszubauen.

Tecumsehs Kampagne erhielt einen religiösen, nahezu magischen Beiklang durch die Machenschaften seines Bruders Tenskwatawa, eines einäugigen Epileptikers, der als „Der Prophet" zu Berühmtheit gelangte. Tenskwatawa begann seine Karriere als eine Art Supermedizinmann, nachdem er offenbar im Verlauf eines epileptischen Anfalls das Bewußtsein verloren hatte und beim Wiedererwachen verkündete, er sei in der Geisterwelt gewesen und dort vom Herrn des Lebens zum Überbringer neuer Offenbarungen gemacht worden. Harrison entging Tenskwatawas zunehmender Einfluß nicht, und er schrieb den Delaware einen zynischen Brief: „Wenn er wirklich ein Prophet ist, sagt ihm doch, er soll den Lauf des Mondes verändern, die Sonne stillstehen und die Quellen versiegen lassen." Der Prophet nahm die Herausforderung bereitwillig an (er hatte von weißen Freunden gehört, daß am 16. Juni 1806 eine totale Sonnenfinsternis zu beobachten sein würde) und verlieh Tecumsehs Plänen den Charakter eines Kreuzzugs, indem er zur angegebenen Stunde den Tag zur Nacht verkehrte.

Man kann sich nur schwer vorstellen, daß Tecumseh – trotz des ihm von den Stämmen entgegengebrachten Vertrauens – mit seinen grandiosen Plänen hätte Erfolg haben können. Die ihm entgegenbrandenden Wellen der weißen Besiedlung würden letzten Endes auch die stärkste indianische Zivilisation fortgeschwemmt haben. Aber erst Tenskwatawa besiegelte das Schicksal der Föderation, nachdem Harrison am Zusammenfluß des Wabash und des Tippecanoe River nahe von Prophet's Town, der Hauptstadt der beiden Brüder, mit tausend Mann Lager bezogen hatte – in der Hoffnung, einen Anlaß zu militärischem Eingreifen finden zu können. Tecumseh befand sich gerade auf Propagandareise bei den Stämmen des Südens, wo er mit kriegsmäßig schwarz bemaltem Gesicht um ihre Zusagen zu bewaffneter Hilfeleistung warb: „Verbrennt ihre Wohnstätten! Bringt ihre Herden um! Krieg jetzt! Krieg für alle Zeiten! Krieg den Lebenden! Krieg den Toten; holt ihre Leichen aus den Gräbern; die Gebeine der Weißen dürfen in unserer Erde keine Ruhe finden!"

In Wirklichkeit sah Tecumseh im Krieg nur den letzten Ausweg und auch nur dann, wenn die ganze indianische Nation daran teilnahm. Der Prophet jedoch produzierte sich in magischen Riten, versicherte den jungen Kriegern, daß keine Kugel sie verwunden könne, und schickte sie im Morgengrauen des 7. November 1811 aus, um Harrisons schlafende Soldaten zu überfallen.

Der Angriff kam nur wenige Minuten lang gut voran. Harrisons Flanken waren durch einen tiefen Sumpf, durch einen Wasserlauf und dichtes Buschwerk gesichert. Er verfügte über altgediente Soldaten, dazu über eine Abteilung regulärer Truppen; als diese Streitmacht aus dem Schlaf gerissen war, feuerte sie – obwohl sie 38 Mann verlor und 150 Verwundete zählte – mörderische Salven in die Reihen der angreifenden Indianer hinein und versprengte sie vollends mit einer Kavallerieattacke aus zwei Richtungen. Noch 36 Stunden lang zweifelte Harrison, ob er tatsächlich die Schlacht von Tippecanoe gewonnen habe, und hielt seine Männer in Erwartung neuer Vorstöße bis zum Abend des folgenden Tages in Alarmbereitschaft. Doch der Ruf des Propheten – und zu einem großen Teil auch der von Tecumseh – war dahin, zurück blieben nur die von Kugeln zerfetzten Leiber der Krieger, die sein Zauber nicht zu schützen vermocht hatte, als die weißen Soldaten das Feuer eröffneten. Schließlich schickte Harrison Kundschafter aus; sie fanden Prophet's Town verlassen vor und brannten es bis auf die letzte Hütte nieder.

Nun erbat Tecumseh von den Briten Hilfe, um seine Pläne zur Schaffung einer Föderation zu verwirklichen. Nach der Niederlage seines Bruders ging er nach Kanada, wo er Brigadegeneral bei den Briten wurde. Als der Krieg begann, führte er die Indianer der Great Lakes und des Ohio Valley mit der Überzeugung gegen die Amerikaner, seine englischen Freunde würden die Siedler aus den indianischen Gebieten vertreiben. Als die Engländer dann doch ihren Plan verwarfen, ins Ohio Valley einzufallen, machte Tecumseh dem britischen General bittere Vorwürfe: „Ihr habt uns immer wieder versichert, daß ihr nie britischen Boden

aufgeben würdet, aber jetzt, Vater, müssen wir sehen, daß ihr genau das tun wollt. Wir müssen das Verhalten unseres Vaters mit dem eines fetten Tieres vergleichen, das seinen Schwanz aufrecht trägt, aber ihn zwischen die Beine klemmt und davonläuft, wenn es Angst bekommt."

Schließlich zogen sich die Briten und ihre indianischen Verbündeten, von den Truppen des alten Widersachers Harrison hitzig verfolgt, nach Kanada zurück. Am 5. Oktober 1813 kam es zur Schlacht am Thames River. Tecumseh und 33 seiner Krieger fanden den Tod, und damit waren alle Pläne für eine Föderation gescheitert.

Mittlerweile war auch der Prophet nach Kanada gegangen und verbrachte den Rest seiner Tage als Pensionär der Briten. Die entmutigten Anhänger der Brüder folgten den Anweisungen der Regierung, verließen ihre Dörfer und begannen ein neues Leben in Reservationen.

Ein noch schmerzlicheres Schicksal ereilte die Indianer des Südens. Auch sie hatten in weißen Siedlungen geplündert und gemordet – im Flachland unterhalb der Appalachen wie auch in den Bergtälern des westlichen Georgia, in Alabama, Tennessee und in den Carolinas. Sie hatten den Engländern als Söldner gedient und waren viele Jahre Spaniens Bollwerk gegen die Anschläge der Amerikaner auf den unteren Mississippi und die Golfküste gewesen. Doch keine anderen Indianerstämme machten sich die „Fertigkeiten der Zivilisation" so begeistert und erfolgreich zu eigen wie die Völker im Süden, als sie sich den ihnen oktroyierten Gesetzen und Verhaltensnormen unterworfen hatten.

Mitte der zwanziger Jahre des 19. Jahrhunderts waren die noch 15000 Cherokee eine friedliche und blühende Ackerbaugesellschaft, die aus rund 15000 Menschen bestand. Sie verfügten über ein im Ausbau begriffenes Unterrichtswesen und besaßen 22000 Rinder, 2000 Spinnräder, 10 Sägewerke, 8 Entkörnungsmaschinen, 31 Getreidemühlen und 700 Webstühle (und 1300 schwarze Sklaven). Ein genialer Cherokee namens Sequoyah (nach dem später die Gattung *Sequoia* benannt wurde, der die riesigen, in Kalifornien heimischen Redwood-Bäume angehören) erfand in diesem Dezennium eine aus 82 Buchstaben bestehende Schriftsprache, die dazu verwendet wurde, eine Zeitung, *The Cherokee Phoenix*, herauszugeben. Eine aus Stammesangehörigen bestehende Polizeitruppe sorgte für Ordnung. Im Jahre 1827 setzten die Delegierten der Stämme eine Verfassung nach dem amerikanischen Modell in Kraft, und aus den nachfolgenden Wahlen einer sich selbst verwaltenden Stammesrepublik ging als Führer Häuptling John Ross hervor.

All dies gewährte ihnen jedoch nicht den geringsten Schutz vor den Bodenspekulanten, die sie vom Osten her bedrängten. Der Staat Georgia nahm ihr Land in Besitz; der Oberste Gerichtshof (im Prozeßfall: *Die Nation der Cherokee gegen den Staat Georgia*) verweigerte ihnen die Entschädigung, die ihnen von Rechts wegen zugestanden hätte; und die Bundesregierung vertrieb sie in Massen in die Wildnis des heutigen Oklahoma – ein Viertel von ihnen starb auf dem Weg dorthin.

Auf die gleiche Weise wurden auch die Creek, Choctaw und Chickasaw nach Westen gejagt, und es blieb ihnen überlassen, wie sie die sommerlichen Sandstürme und winterlichen Schneefälle, Cholera, Pocken und das Elend durchstehen sollten, das sie am Ende des *Nuna-da-ut-sun'y* (der Weg, auf dem sie weinten) erwartete.

Während die Frontier gegen die Waldindianer vorrückte, wurden sie von den Weißen ebenso erbarmungslos behandelt, wie sie die ersten Backwoodsmen behandelt hatten, die vor hundert Jahren über die Appalachen gekommen waren.

Rückblickend läßt sich sagen, daß das Schicksal ihnen offenbar nur eine einzige wichtige Rolle bei der Weiterentwicklung der neuen amerikanischen Nation zugewiesen hatte – die Menschen, die den Kontinent am Ende besitzen sollten, durch hohen Blutzoll zu stählen. Es schien darauf angelegt zu haben, die Ureinwohner zu vernichten, sobald sie ihre Rolle ausgespielt hatten. Die Tragödie, in die sie durch ihre Konfrontation mit den weißen Eindringlingen hineingezogen wurden, nahm ihren Lauf: Selten nur sind zwei so unterschiedliche Kulturen so unvorbereitet aufeinandergeprallt – mit so geringen Chancen, ihre widersprüchlichen Hoffnungen und Sehnsüchte auf einen Nenner zu bringen.

„Eine Reihe von Vorkommnissen wie etwa das Vorgehen Georgias gegen die Cherokee", schrieb Theodor Roosevelt, „sind untilgbare Flecken auf dem Schild unseres guten Rufes; und doch werden uns die Geschichtsschreiber dort nicht gerecht, wo sie sich mit dem Gesamtkonzept unserer Handlungsweise gegenüber den Indianern auseinandersetzen. Die Stämme waren kriegerisch und blutrünstig und mißgünstig sowohl gegeneinander als auch gegen die Weißen, und die jungen Krieger standen immer bereit, Greueltaten zu begehen, wo sie es nur ungestraft tun konnten. Andererseits betrachteten die übelgesinnten Weißen die Indianer als Freiwild für Raub und Gewalttaten jeder Art; und sogar der größere Teil der gutgesinnten Bürger verurteilte die Handlungsweise der Regierung, die nach ihrer Meinung nicht genügend für ihren Schutz sorgte und noch dazu versuchte, sie von ungenutztem und unkultiviertem Land fernzuhalten, das aus ihrer Sicht nicht mehr und nicht weniger Eigentum der Indianer wie das ihrer eigenen Jäger war. Auch mit den besten Absichten war es völlig unmöglich, Ordnung in dieses Chaos zu bringen, ohne den höchsten Schiedsrichter anzurufen – das Schwert."

Auf dieser 1807 von einer französischen Baronin gezeichneten Skizze sitzt eine Seneca-Mutter recht unbehaglich auf dem Stuhl eines weißen Mannes.

4 | Fort Detroit: Schlüssel zu den Great Lakes

„Der Himmel ist immer klar“, schrieb Antoine de la Mothe Cadillac über die idyllischen Weidegründe längs der Wasserstraße *(le détroit)*, die den Lake Huron und den Lake Erie verbindet. Doch nicht so sehr die Schönheit des Ortes zog ihn an, sondern die vielversprechende Nutzung der Wasserstraße als „Verbindungsweg“ zu „weiten Flächen von Süßwasser“.

Das Fort, das er dort errichtete, beherrschte die Great Lakes in einer Schlüsselposition, die es Frankreich erlaubte, über ein halbes Jahrhundert lang den Pelzhandel zu kontrollieren, bis England diese Perle als Preis für seinen Sieg von 1760 in seinen Besitz brachte. Bei den Briten fand das Fort eine andere Verwendung: im Unabhängigkeitskrieg machten sie es zum Ausgangspunkt für Angriffe auf amerikanische Frontier-Siedlungen, oft unter Zuhilfenahme ihrer indianischen Verbündeten.

Bei Kriegsende waren sie laut Vertrag eigentlich verpflichtet, das Fort zu übergeben. Aber sie erklärten sich erst 1796 zum Abzug bereit, als die britische Garnison infolge des Sieges General Anthony Waynes über die Indianer zeitweilig nicht verteidigt werden konnte.

Diese Karte von Detroit und den landwirtschaftlich genutzten Parzellen ringsum, die 1763 angefertigt wurde, während der Belagerung des Forts durch Häuptling Pontiac, läßt die Isolation erahnen, in der sich die britische Garnison befand. Die Inschrift bezeichnet den Platz, an dem die Indianer kampierten und wo es dem Captain Dalyell nicht gelang, sie zu vertreiben.

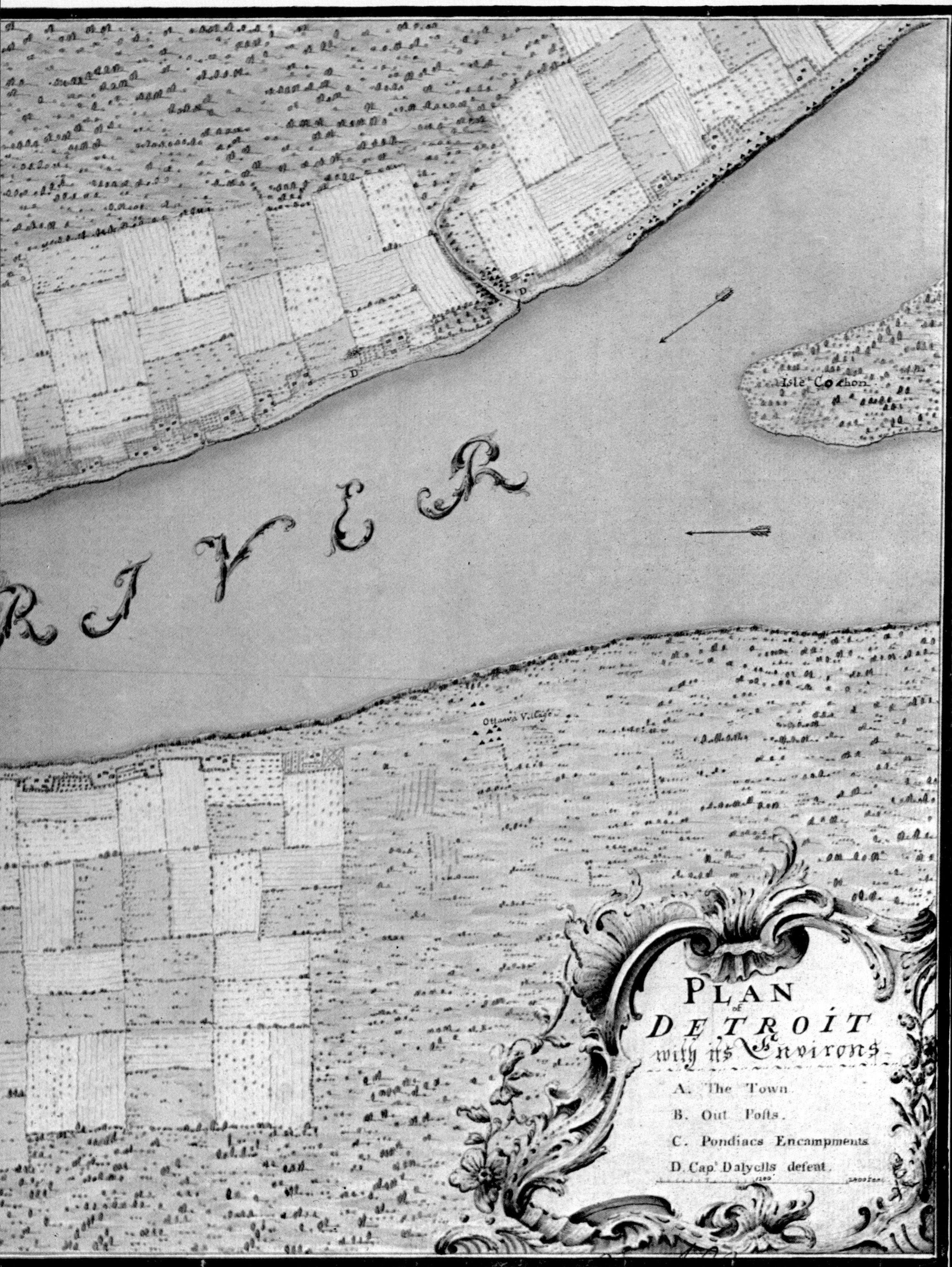
Isle Cochon
RIVER
Ottawa Village
PLAN
of
DETROIT
with its Environs
A. The Town.
B. Out Posts.
C. Pondiacs Encampments
D. Capt. Dalyells defeat.
1200
2400 Feet

„Das Fort ist viel besser als erwartet“, erklärte ein britischer Captain nach der Kapitulation der Franzosen 1760, dem Jahr, in dem diese Karte gezeichnet wurde. Innerhalb der Mauern befanden sich 300 Gebäude, einschließlich einer Bäckerei (mit E bezeichnet). Die kleinen Bilder zeigen die Konstruktion der Palisaden *(oben links)* und eine „Ansicht vom Westen“ *(unten Mitte*, das erste bekannte Bild von Detroit).

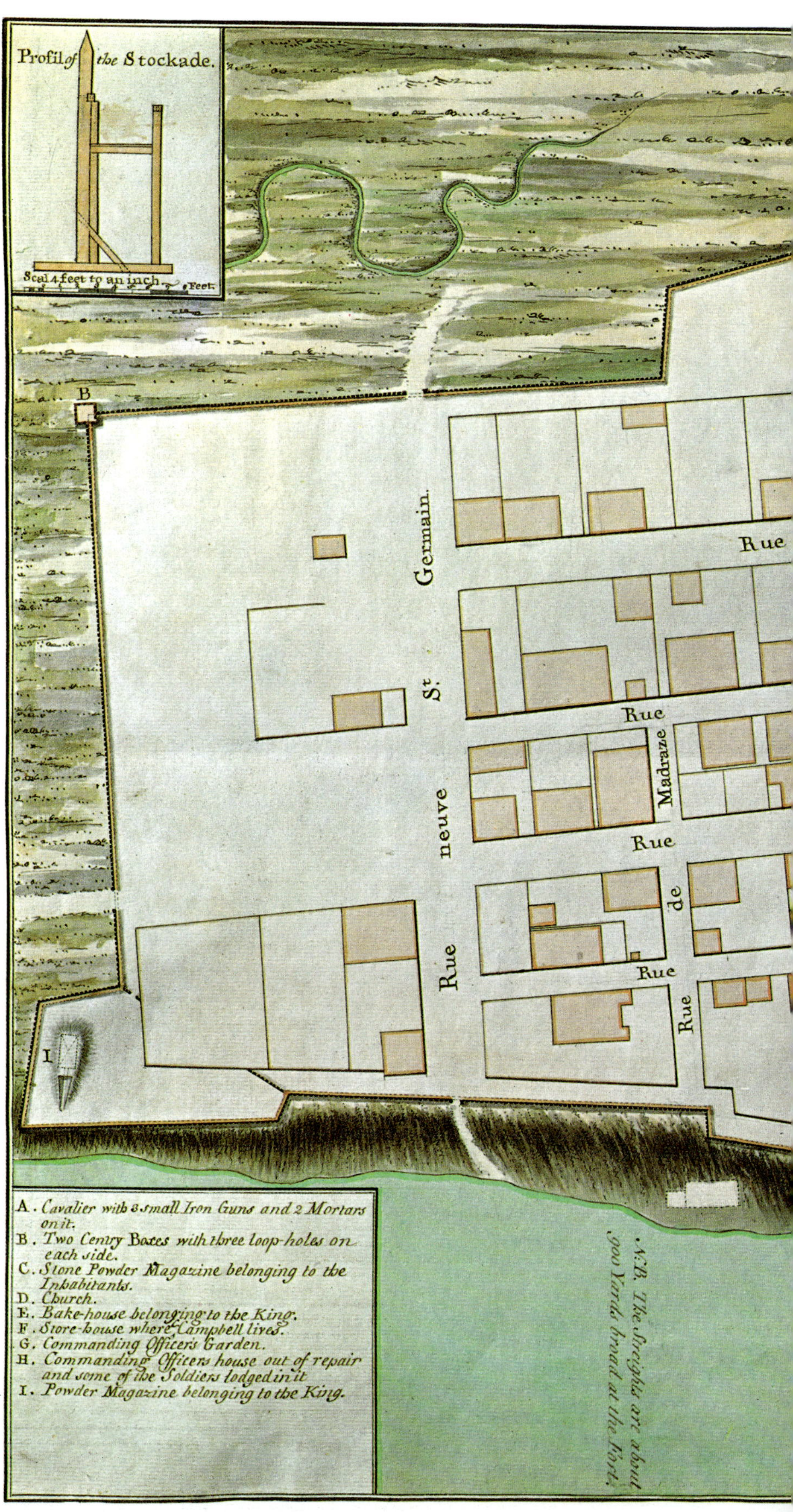

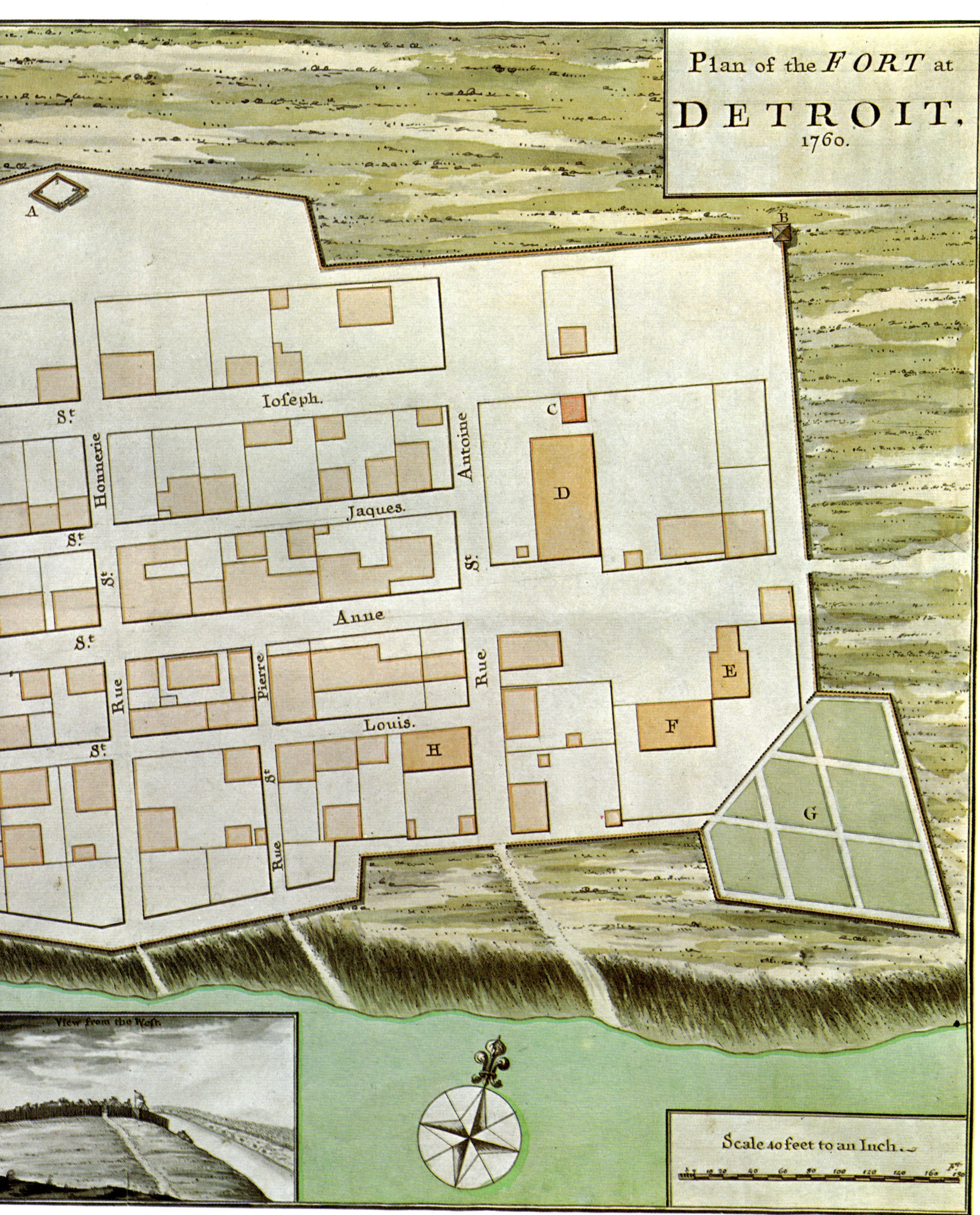

Plan of the FORT at
DETROIT,
1760.
A
B
C
D
E
F
G
H
Ioseph.
St
Jaques.
St
Anne
St
Louis.
St
Rue Honnerie St
Rue Pierre St
Rue Antoine St
View from the West
Scale 40 feet to an Inch.

Eine detaillierte Volkszählungs-Liste, die nach London geschickt wurde, als Detroit noch von den Engländern besetzt war, teilt die 1367 Bewohner in neun und den Viehbestand in fünf Kategorien ein. Nach einem starken Rückgang der Einwohnerzahl im Jahre 1764, ausgelöst durch Übersiedlungen in das neu gegründete St. Louis, nahm die Bevölkerung wieder zu.

A General Return of all the Inhabitants of Detroit their Possessions Cattle, Houses, Servants and Slaves taken by Phillip Dejean Justice of the Peace for the said place the 22nd day of September 1773.

	Men	Women	Young men from 10 to 20	Boys from 1 to 10	Young Women from 10 to 20	Girls from 1 to 10	Servants	Men Slaves	Women Slaves	Oxen	Cows	Heifers	Sheep	Hogs	Acres of Land in Front	Acres of Land in Depth	Acres of Land Cultivated	Horses	Barnes
South side of the Fort	107	81	33	112	30	76	27	6	3	222	203	117	21	390	228	„	1427	93	63
North Side of the Fort	124	107	45	137	24	134	36	26	22	211	306	241	424	602	284	40	1175½	117	93
The Fort	66	36	6	35	4	30	27	14	14	20	83	22	62	45	„	„	„	68	„
On Hog Island	1	1	„	„	„	„	3	„	„	20	17	32	121	30	.	„	„	2	1
Total	298	225	84	284	58	240	93	46	39	473	609	412	628	1067	512	40	2602½	280	157

NB The Troops & Naval Departm.t with their Cattle &c are not included in the above; the men [illegible] generaly more Numerous Severals being now hunting and at the Indian Villages altho all the farms are Calculated at 40 Acres in depth eight of them are 80 and one 60.

Signed P. Dejean

In der Erwartung eines Angriffs durch George Rogers Clark begannen die Briten 1778 mit dem Bau des sternförmigen Fort Lernoult als Zusatzverstärkung für Detroit. Clark dankte den Engländern in einem ironischen Schreiben dafür, daß sie den „Amerikanern eine Menge Baukosten" für die Errichtung ihres eigenen Forts erspart hätten, erreichte Detroit aber nie.

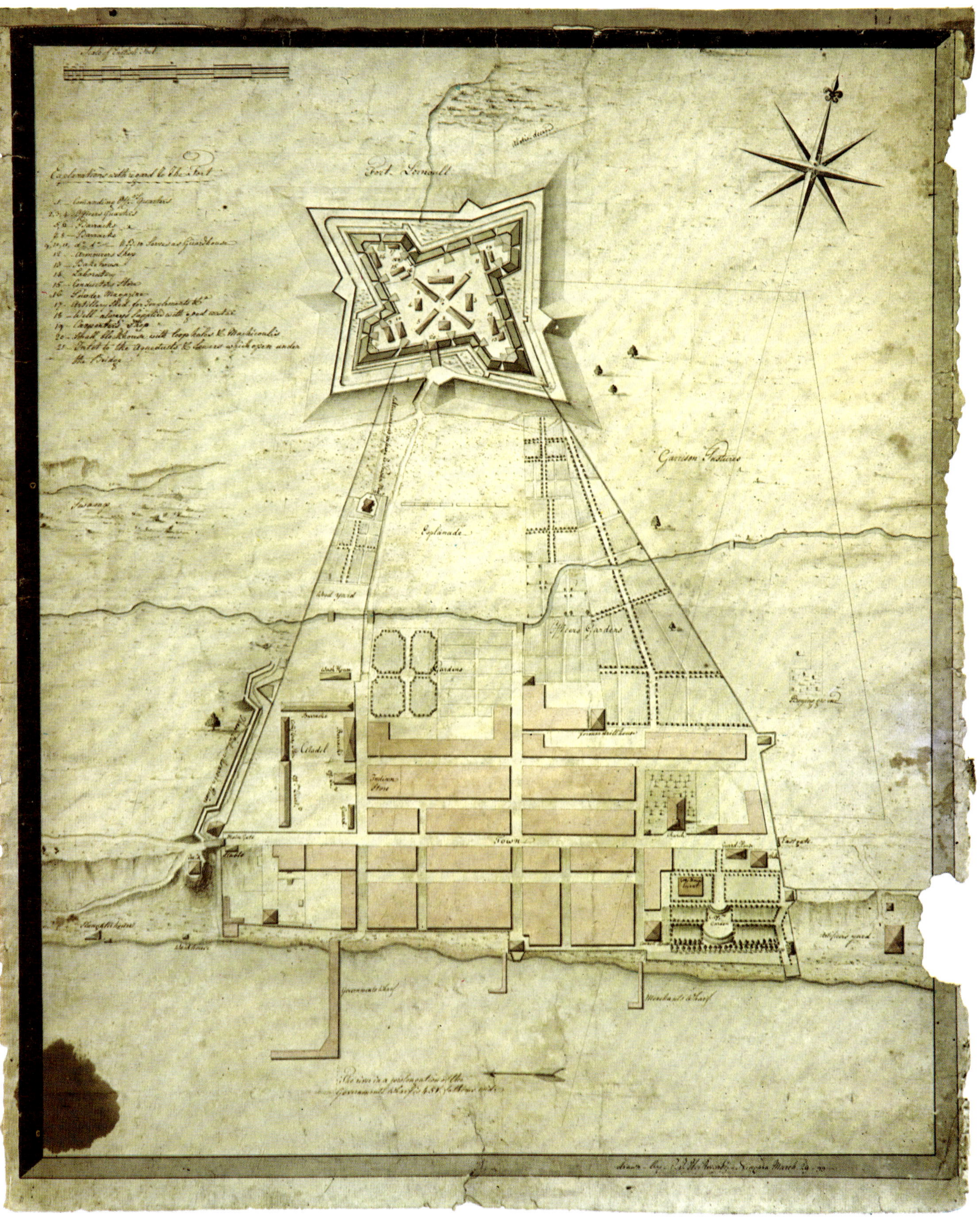
Garrison Pastures
Esplanade
Officers Gardens
Gardens
Citadel
Town
Government Wharf
Merchants Wharf

Auf diesem zarten Aquarell aus dem Jahre 1794, das die Erinnerung an die Frühgeschichte Detroits wachruft, beherrschen Kriegsschiffe der Royal Navy eine von kleinen Fahrzeugen belebte Flußlandschaft. Obwohl eine englische Fahne über den Mauern flattert, spiegeln die giebeligen, geteerten Dächer den französischen Ursprung des Dorfes wider. 1796 wurde Detroit eine amerikanische Stadt.

Ein listenreicher Streiter im Kampf gegen die Engländer

Dutzende von Frontier-Captains beteiligten sich an der Sicherung der sich stetig weiter nach Westen verschiebenden Grenze gegen die Indianer und die mit ihnen verbündeten Briten; niemand jedoch leistete mehr, um die territoriale Integrität der neuen Vereinigten Staaten sicherzustellen – und deren Pläne im Westen zu fördern – als George Rogers Clark, der Held von Vincennes, und Anthony Wayne, der Held der Schlacht von Fallen Timbers. Jeder der beiden vertrieb den Feind – Clark die Briten, Wayne die Algonquin-Indianer – aus den endlosen Weiten nördlich des Ohio River, und beide befanden sich dabei in scheinbar ausweglosen Situationen, die die nackte Existenz und Ehre der jungen Nation gefährdeten.

Die Männer waren unterschiedlicher Herkunft und verfolgten eigene Methoden, verdankten aber beide ihre militärischen Erfolge dem Umstand, daß sie die in ihrer Zeit anerkannten Kriegsregeln nach selbstentwickelten Prinzipien auslegten. Clark brach mutig mit der Tradition, indem er mit ein paar Backwoodsmen gut bewaffnete Europäer in befestigten Städten durcheinanderbrachte und besiegte. Wayne verwendete Unmengen von regulären Truppen, Befestigungswerken und methodischen Vormärschen, um die Stämme des Nordwestens zu verwirren und einzuschüchtern. Zusätzlich zu ihren militärischen Fähigkeiten hatten die beiden Männer noch etwas gemeinsam: Sie strahlten Autorität aus und besaßen große Willenskraft.

Clark, ein großer, rothaariger Virginier, griff als erster von beiden 1778 England und seine Verbündeten im Nordwesten an. Obwohl erst Mitte 20, war er schon zu Beginn des Unabhängigkeitskrieges zu dem Schluß gekommen, daß er persönlich die enormen Vorteile ausgleichen könne, die England durch sein Bündnis mit den Waldstämmen im heutigen Ohio, Indiana, Illinois und Michigan genoß.

Ein 1821 zum Andenken an George Rogers Clark entstandenes Porträt verleiht dem Aussehen des draufgängerischen Colonel, der 43 Jahre zuvor den Nordwesten im Sturm genommen hatte, Gelassenheit und gesetzte Würde.

Auf den ersten Blick schien diese Überlegenheit erdrükkend zu sein. Die englische Basis Detroit verband der Wasserweg mit dem Handelszentrum Montreal; die südlichen Zugänge waren durch freundlich gesinnte Shawnee, Delaware, Mingo, Ottawa und Piankashaw gesichert, die Pelze und Skalps gegen Gewehre, Schießpulver, Farben zur Kriegsbemalung und andere Waren tauschten.

Aber Clark gelang es durch List und Bluff, drei strategisch wichtige Städte zu erobern und den britischen Kommandanten Henry Hamilton gefangenzunehmen. Er hatte damit die Stämme eingeschüchtert und einen großen Plan vereitelt, demzufolge die Briten hofften, die zerstreuten amerikanischen Vorposten in Kentucky stürmen und auf diese Weise die 13 rebellischen Kolonien östlich der Appalachen isolieren zu können.

Dennoch hätten Clarks Erfolge möglicherweise zu nichts geführt, wäre nicht Wayne – Berufssoldat mit Leib und Seele und General im Unabhängigkeitskrieg – 1792 wieder zur Fahne gerufen worden. Wayne formte die klägliche Nachkriegsarmee zu der schlagkräftigen Legion der Vereinigten Staaten und führte sie zum Sieg gegen die Stämme in Ohio. England machte sich auch noch nach dem Unabhängigkeitskrieg große Hoffnungen, die wackelige Föderation der amerikanischen Staaten zum Scheitern zu bringen, und tat sein Möglichstes, um den Nordwesten in ein Dauerproblem zu verwandeln, das die Ressourcen der Föderation erschöpfen und sie in ihrer Entschlossenheit wankend machen sollte. Die Briten kümmerten sich nicht um den Vertrag, worin sie 1783 dieses Territorium an die Vereinigten Staaten abgetreten hatten; sie stachelten die Algonquin an, auch weiterhin aus ihren Waldfestungen heraus Raubzüge zu unternehmen, und benutzten sie volle zehn Jahre dazu, amerikanische Siedlungen im Westen zu verwüsten und den Präsidenten und den Kongreß der Vereinigten Staaten vor den Augen der Welt herabzuwürdigen.

Waynes und Clarks Streifzüge durch die Wildnis des Nordwestens waren schon an sich bemerkenswert. Als Clark 1778 mit seiner bunt zusammengewürfelten Armee von Backwoodsmen in Illinois einfiel, bedeutete dies eines der

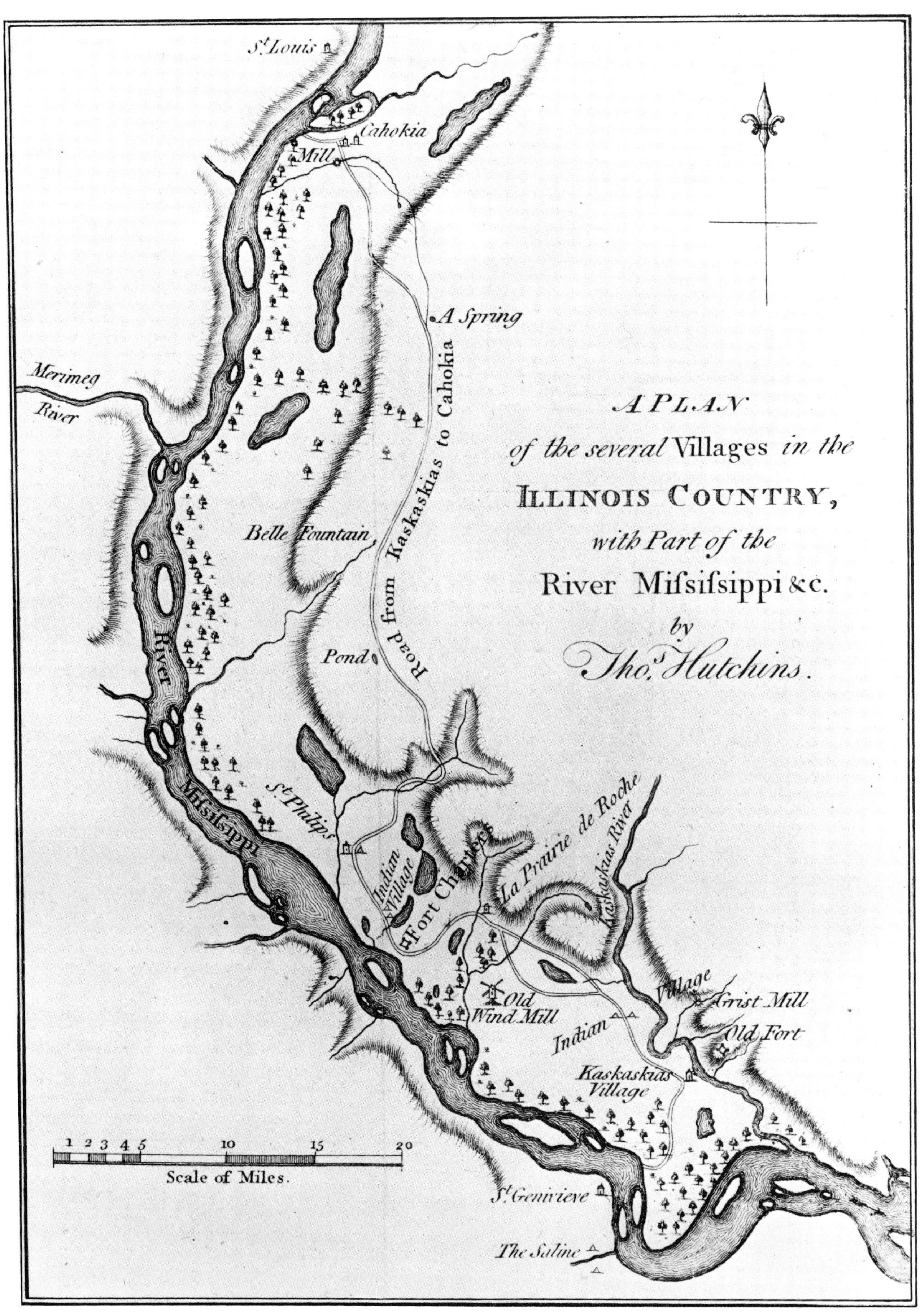
A PLAN
of the several Villages in the
ILLINOIS COUNTRY,
with Part of the
River Missisippi &c.
by
Thos. Hutchins.
St. Louis
Cahokia
Mill
A Spring
Road from Kaskaskias to Cahokia
Merimeg River
Belle Fountain
Pond
River Missisippi
St. Philips
Indian Village
Fort Chartres
La Prairie de Roche
Kaskaskias River
Old Wind Mill
Indian
Village
Grist Mill
Old Fort
Kaskaskias Village
St. Genivieve
The Saline
1 2 3 4 5 10 15 20
Scale of Miles.

Die von einem britischen Offizier gezeichnete Karte der Dörfer auf der zu Illinois gehörenden Uferseite des Mississippi zeigt die Lage der beiden Siedlungen Kaskaskia und Cahokia unmittelbar vor Clarks Überraschungsangriff in der Nacht des 4. Juli 1778.

dreistesten und unwahrscheinlichsten militärischen Abenteuer der amerikanischen Kriegsgeschichte. 15 Jahre später lieferte Waynes Vorstoß nach Ohio endlich den Beweis, daß Regierungstruppen mit Indianern fertig werden konnten – und das mit einer Unbarmherzigkeit, wie sie die Frontier-Milizen nur selten an den Tag legten. Doch beide Expeditionen waren von noch größerer Tragweite: Clark und Wayne formten die Zukunft des amerikanischen Westens, als sie sich, beide im rechten Augenblick, aufmachten, um nördlich des Ohio River Schlachten zu bestehen.

Man würde es George Rogers Clark – Sohn eines wohlhabenden Pflanzers aus Virginia und älterer Bruder von William Clark, der zusammen mit Meriwether Lewis bis an die Pazifikküste vorstoßen sollte – wohl verziehen haben, hätte er seinen ganzen verrückten Plan aufgegeben, noch ehe er ihn begonnen hatte. Mit Gefahr war er schon immer hinlänglich vertraut gewesen; dem Jünglingsalter kaum entwachsen, hatte er als Landvermesser seinen Weg zur Frontier gemacht. Ein zähes Rauhbein war aus ihm geworden, und die Wildnis war ihm wohlvertraut.

Der junge Clark war auch ein Mann mit guten Verbindungen in Williamsburg, der Hauptstadt Virginias. Er hatte die Siedlungen in Kentucky 1776 gegen Angriffe der Indianer unterstützt, indem er die Gesetzgeber in Virginia dazu überredete, ihnen 20 Faß Pulver zu überlassen, und es selbst zu den Siedlern brachte. Als er im Herbst 1777 in den Osten zurückkehrte und sich erbot, den Westen von englischem Einfluß und den Indianern zu säubern, wurde er von Virginias Gouverneur, Patrick Henry, herzlich empfangen. Doch das Schicksal schien es in den folgenden Monaten darauf angelegt zu haben, seinen Wagemut zu dämpfen und seinen politischen Einfluß zu schwächen.

Clark wollte den Engländern Detroit abjagen, das Zentrum des britischen Machtbereichs im Nordwesten, fürchtete aber zu Recht, daß Williamsburg einem so ehrgeizigen Vorhaben die Zustimmung verweigern würde, „herrschte doch die Meinung vor, daß mehrere tausend Mann nötig wären, um an die Festung heranzukommen“. Statt dessen schlug er eine vorbereitende, schon für sich genommen nicht eben leichte Operation vor: die Einnahme der alten französischen Städte Kaskaskia, Cahokia und Vincennes, die nach den Französischen und Indianischen Kriegen an England gefallen waren und die nun als Stützpunkte für indianische Raubzüge in das südwärts gelegene Kentucky dienten. Hatte er die Briten erst einmal dieser Bastionen beraubt, hoffte er, sich auf diese Weise den Weg für einen Marsch gegen Detroit freigemacht zu haben. Clarks Vorschlag, die drei Städte zu erobern, faszinierte Henry und seinen Freund Thomas Jefferson. Doch der Gouverneur fürchtete um die Geheimhaltung des Planes, wenn er den Politikern des virginischen Parlaments vorgelegt werden würde, ohne dessen Billigung nichts unternommen werden konnte. Auch war Henry nicht bereit, Virginia der 500 Milizsoldaten zu berauben, die Clark für notwendig hielt, um erfolgreich operieren zu können. Im Gegenteil fand er seine Ressourcen durch die Erfordernisse des Krieges östlich der Berge schon mehr als strapaziert.

Der Gouverneur löste dieses Dilemma, indem er zwei unterschiedliche Befehlsanweisungen ausgab. Die erste, die das Parlament ordnungsgemäß billigte, verlieh Clark die Position eines Colonel in der Miliz und gestand ihm das Recht zu, 350 Schützen für einen dreimonatigen „Einsatz“ in Kentucky anzuwerben – mit der Einschränkung, daß sie in den Frontier-Dörfern westlich der Blue Ridge Mountains ausgehoben werden müßten, um eine Schwächung der Kriegsstärke an der Küste zu vermeiden. Virginia erklärte sich auch bereit, Boote, Ausrüstung und Munition zur Verfügung zu stellen. Henry vervollständigte diese vagen Anweisungen mit einem zweiten, geheimen Dokument, worin er Clark ermächtigte, den britischen Posten in Kaskaskia (im Südwesten des heutigen Illinois) anzugreifen.

Bald sah sich Clark in einem Sumpf frustrierender Enttäuschungen versinken. Seine Werbeoffiziere hatten gegen die Feindseligkeit örtlicher Anführer und das Widerstreben der Siedler anzukämpfen, ihre Frauen und Lichtungen zu verlassen. So hatte er weniger als 150 Mann zusammengebracht, als er am 12. Mai endlich Richtung Pittsburgh und auf den Ohio River zu mit fünf Flachbooten den Monongahela River hinuntersteuerte. Dabei war er der Meinung, weitere vier Kompanien mit insgesamt 200 Mann marschierten über Land durch Kentucky, um sich ihm bei Corn Island anzuschließen – einem verlassenen Stück Waldland inmitten der Wasserfälle des Ohio River. Dieses Gebiet hatte er ganz bewußt zum Auffangraum bestimmt, um unter den weniger begeisterten Angehörigen seiner Backwood-Soldateska den Gedanken an Fahnenflucht gar nicht erst aufkommen zu lassen.

Aber nur eine der vier erwarteten Abteilungen stellte sich auf Corn Island ein, und einige ihrer Angehörigen stahlen sich noch in der Nacht davon, nachdem sie über den wahren Zweck ihrer Expedition informiert worden waren. Ganze 175 Mann folgten Clark in die Wildnis von Illinois.

Waren seine Pläne bis jetzt alle schiefgelaufen, schienen sie von diesem Zeitpunkt an von den Kriegsgöttern gesegnet zu sein. Er verfügte über vier tüchtige und ihm treu ergebene Lieutenants – William Harrod, John Montgomery, Leonard Helm und Joseph Bowman – und hatte einen bedeutenden

Waldland-Scout, Daniel Boones alten Freund Simon Kenton, in seinen Diensten. Als sie nun endlich ins Unbekannte vorstießen, schienen seine vier kleinen Schützenkompanien wie neu belebt zu sein von der Kühnheit des Unternehmens.

Der Zufall brachte ihnen bald Kunde von dem Wild, das sie verfolgten. Sie begegneten einer Gruppe amerikanischer Jäger, die Clark berichteten, daß „in Kaskaskia die Miliz gut in Schuß gehalten war, am Mississippi Späher am Werk seien, alle Jäger, indianische und andere, aufgefordert waren, nach Rebellen Ausschau zu halten, das Fort instandgehalten sei, und sie schließlich glaubten, dies alles entspränge mehr einem Hang zum Repräsentieren, als der Erwartung eines feindlichen Angriffes". Mit Verwunderung erfuhr Clark, daß die Briten die französischen Bewohner der Stadt dahin gehend beeinflußt hatten, „sich ganz entsetzliche Vorstellungen von der Unmenschlichkeit der Rebellen, insbesondere der Virginier, zu machen".

Am 4. Juli erreichte Clarks kleine Streitmacht das Ufer des Kaskaskia River, nur wenige Kilometer oberhalb seines Zusammenflusses mit dem Mississippi. Die Männer waren halb verhungert. Unterwegs hatten sie sich ihres Gepäcks entledigt, „bis auf das, was wir brauchten, um uns nach Indianerart zu kleiden", aber sie waren dafür auch 190 Kilometer marschiert, den größten Teil davon über offene Prärie, ohne einer Menschenseele begegnet zu sein.

Bei Einbruch der Dunkelheit schlichen sie sich am Ufer entlang durch die Bäume, während ihre Scouts ein Stück Wegs voraus das Terrain auskundschafteten. Schließlich sahen sie das Fort und die Spitzdächer der Stadt vor sich auf einem Kliff, das in den Fluß hinausragte. Ein überraschter Farmer, den sie aus seinem Haus holten, berichtete ihnen, daß die Miliz nicht auf Wache war. „Wie ich erfuhr", schrieb Clark, „hatten sie Verdacht gehegt, daß sie angegriffen werden würden, und darum Späher ausgesandt. Als diese nichts entdeckten, wurden die Wachen wieder abgezogen." Am Ufer fanden Clarks Männer Boote und Kanus. Clark brauchte zwei Stunden, um seine Truppe über den Strom zu setzen und sie in zwei Einheiten aufzuteilen: die eine sollte die Stadt umzingeln, die andere mit ihm zum Fort marschieren.

Anfangs war das Summen der Insekten der einzige Laut, der die Stille der heißen Sommernacht unterbrach. Doch dann witterten die Hunde von Kaskaskia Clarks Männer, als sie eine Böschung oberhalb des Flusses hinaufkletterten, und schlugen mit wildem Kläffen Alarm. Aber es erschienen keine Wachen, um die Eindringlinge aufzuhalten. Das Palisadentor des Forts stand offen. Clark und der Scout Kenton stürmten in das Quartier von Philip de Rocheblave, einem französischen Edelmann, der sich bereit erklärt hatte, den Briten als Kommandant von Kaskaskia zu dienen. Sie hielten eine Laterne über sein Bett und teilten ihm mit, daß er und seine Frau nun Gefangene Virginias wären. Backwoodsmen rannten durch die Straßen, um den Einwohnern – aus vollem Halse brüllend – mitzuteilen, die Long Knives hätten die Stadt genommen und es dürfe „bei Todesstrafe" vor morgen früh keiner sein Haus verlassen. In weniger als 15 Minuten war Clark Herr über Kaskaskia. „Nichts", schrieb er, „konnte die Verwirrung dieser Leute noch vergrößern, denen man eingeredet hatte, daß sie die grausamste Behandlung seitens der Amerikaner zu gewärtigen hätten."

„Es lag in meinem Interesse, sie für mich einzunehmen", spann er seine Gedanken fort. Aber er ließ sie zittern, „als ob sie zur Hinrichtung geführt würden", bis Pater Pierre Gibault, ein Jesuit, ihn am folgenden Tag mit einer Abordnung der Gemeindeältesten aufsuchte und – in dem Glauben, daß man sie bestenfalls verbannen würde – darum bat, ihnen ein letztes Zusammentreffen mit Freunden und Nachbarn in der Dorfkirche zu gestatten. Er gab ihnen die Erlaubnis und ermahnte sie in ernstem Ton, keinen Versuch zu unternehmen, aus der Stadt zu fliehen.

Als die Gemeindeältesten ein zweites Mal vorsprachen, um zu bitten, man möge die Männer nicht von ihren Frauen und Kindern trennen, musterte Clark sie mit unheilverkündenden Blicken. Er fragte sie, ob „sie uns wohl für Wilde hielten", und setzte ihnen alsogleich auseinander, „daß es unser Prinzip wäre, Bewohner eingenommener Städte zu befreien, nicht sie zu knechten. Könnte ich ihrer Anhänglichkeit und Hingabe an die Sache Amerikas sicher sein, würden sie alle Vergünstigungen unserer Regierung genießen." Im übrigen habe er Neuigkeiten für sie, die ihre abgelegenen Gefilde wohl noch nicht erreicht hätten: Frankreich sei an der Seite der 13 Kolonien in den Krieg mit England eingetreten. In diesem Augenblick hatte Clark mit seiner Nachricht ganz Illinois für sich gewonnen, wie sich herausstellen sollte.

Die Einwohner von Kaskaskia strömten daraufhin nicht nur auf dem Marktplatz zusammen, um Virginia Treue zu schwören, sie schickten auch am nächsten Tag Emissäre, die Captain Bowman begleiteten, als dieser aufbrach, um in Cahokia und zwei kleineren Städten die gleiche Massenbekehrung in die Wege zu leiten. Pater Gibault ritt nach Vincennes und rief auch dort die Bevölkerung auf, die Sache Amerikas zu ihrer eigenen zu machen.

Doch Clark konnte jetzt nur mehr mit knapp hundert seiner ruhelosen Backwoodsmen rechnen – der Rest hatte sich nach Ablauf der dreimonatigen Dienstverpflichtung geweigert, auf seine eindringlichen Versicherungen einzugehen, ihnen ihren Sold auch weiterhin zu zahlen. Er schickte Bowman als Kommandanten in das nahe gelegene Cahokia

Nach der Einnahme von Kaskaskia gewinnt Colonel Clark die Sympathie einer von Pater Pierre Gibault geführten Abordnung von Dorfbewohnern. Als Gegenleistung für ihren Treueid garantierte Clark den französischen Siedlern in Illinois, sie würden „alle Vergünstigungen unserer Regierung genießen".

und Captain Helm nach Vincennes am Wabash River im Osten. Allerdings bestanden ihre Truppen aus denselben ortsansässigen französischen Milizionären, die erst vor so kurzer Zeit genötigt worden waren, in den Dienst des englischen Königs zu treten. Obendrein sahen sich Clark und seine Leute von einer großen Zahl von Indianern umgeben, die mit Beginn des Herbstes in drohender Haltung auf Cahokia vorrückten.

Sie hatten schon zu Hunderten ihre Lager bezogen – Häuptlinge, Unterhäuptlinge und Krieger nahezu aller Algonquin-Stämme aus dem Gebiet zwischen den Great Lakes und dem Mississippi –, als Clark Kaskaskia verließ und an ihren Lagerfeuern vorbei nach Cahokia ritt. Obwohl sie ihm zahlenmäßig weit überlegen waren, gelang es Clark, Sorglosigkeit vorzutäuschen. Für ihn gab es nur eine Art, mit den Indianern fertig zu werden: als Eroberer aufzutreten, der Unterwerfung erwartete. Kurz nach seiner Ankunft setzte er sich zur Abklärung der Lage mit den obersten Häuptlingen zusammen. Einer von ihnen bot ihm einen Friedensgürtel an, aber er legte ihn kühl zur Seite und erklärte den Stammesführern, daß er ihnen seine Antwort – Krieg oder Frieden – am nächsten Tag zu geben gedächte.

In dieser Nacht ließ er eine Bande frecher jugendlicher Winnebago und ihre Häuptlinge einsperren, nachdem seine Wachen sie bei einem Einbruchsversuch in sein Quartier überrascht hatten; eine Abordnung anderer Häuptlinge, die erschien, um die Freilassung der Gefangenen zu erbitten, wies er ab. Doch als er sich am nächsten Tag erhob, um zu den Häuptlingen der Stämme zu sprechen, nahm er eine recht freundliche Haltung an.

Die Long Knives und das „Rote Volk", begann er, seien einander sehr ähnlich. Beide wären von den Engländern hereingelegt worden. Aber nun hätten die Long Knives endlich ihre Messer geschliffen, und die Engländer, von Furcht erfüllt wie „Rehe im Wald", hätten das Rote Volk gedungen, damit es das Kämpfen für sie besorge.

Sei es ihr Wunsch, Krieg gegen ihn zu führen? Wenn sie sich auf den blutigen Pfad begeben wollten, er würde sie sicher aus der Stadt ziehen lassen. „Ich bin ein Krieger, kein Ratgeber." Aber er ermahnte sie, an ihre Frauen und Kinder zu denken, wenn sie sich ihm entgegenstellten. „Ich habe den Befehl, das Große Feuer für Krieger vom Himmel herabzuholen, auf daß es das Land verdunkle und das Rote Volk keinen Laut mehr höre als das Geschrei der Vögel, die von Blut leben." Diese Rede, notierte Clark später in einem Brief, „zeitigte mehr Wirkung als ein ganzes Regiment". Ein Stamm nach dem anderen flehte ihn um Frieden an – und erbat die Freilassung der Gefangenen. Als er diese Bitte zurückwies, wurden ihm zwei junge Männer angeboten, die sich opfern würden, um das Vergehen der Winnebago zu sühnen. Ihre Häupter mit Decken verhüllt, saßen sie vor ihm und erwarteten ihren Tod durch den Tomahawk.

Clark war sprachlos und voll Bewunderung für den Mut der zwei jungen Krieger zu seinen Füßen. Er hieß sie aufstehen und sagte ihnen, daß ihre Tapferkeit Frieden und Freiheit für ihr ganzes Volk gebracht hätte. Eine große Feier beendete die Versammlung, und die Indianer zogen sich in die Wälder zurück. Auf diese Weise verlor der britische Kommandant Henry Hamilton eine große Zahl seiner wichtigsten Verbündeten, und Clark herrschte nun, wenn auch nur durch Bluff und leere Worte, über eine Wildnis größer als Frankreich.

Hamilton in Detroit war über Clarks Erfolge gleichermaßen erstaunt und bestürzt – wenn auch nur aus dem einfachen Grunde, weil er damit beschäftigt war, Waffen und Ausrüstung für einen Angriff auf das von den Amerikanern gehaltene Fort Pitt zusammenzutragen. Dennoch verlor er keine Zeit und ging unverzüglich daran, der ungehörigen Präsenz der Amerikaner in Kaskaskia, Cahokia und Vincennes ein Ende zu bereiten. Am 7. Oktober verließ er Detroit und brach mit mehr als 200 Mann, einschließlich drei Dutzend Berufssoldaten, französischen und englischen Freiwilligen und 70 Indianern nach Vincennes auf.

Sein Expeditionskorps kam nur langsam voran. Er brauchte 71 Tage, um die 1000 Kilometer zurückzulegen, die ihn von seinem Ziel trennten, was zum Teil daran lag, daß das Niedrigwasser des Maumee und des Petite Rivière (ein Nebenfluß des Wabash River) immer wieder seine Boote auflaufen ließ, die bis unter die Luken mit Waffen und Proviant beladen waren. Doch die Handelswaren und eine Sechspfünder-Kanone – die er auf der Fahrt hin und wieder abfeuerte, um die Bewohner der Indianerdörfer zu beeindrucken – gewannen ihm Rothäute zurück, die von ihm abgefallen waren. Er hatte etwa 350 Indianer in seinem Gefolge, als er Vincennes zurückeroberte und Clarks glücklosen Captain Leonard Helm entwaffnete.

Als nächstes schickte Hamilton Indianer nach Kaskaskia, um Clark gefangenzunehmen und lebend zurückzubringen. Doch die Indianer gaben auf, als sie im Schnee steckenblieben. Daraufhin stellte Hamilton alle Operationen ein, entließ seine Freiwilligen sowie die Indianer und trug ihnen auf, nach der Aussaat im Frühjahr wiederzukommen. Dann machte er es sich in Vincennes gemütlich, um in aller Ruhe der Niederlage der Störenfriede entgegenzusehen, die er mit Sicherheit innerhalb weniger Monate erwartete.

Clark erhielt keine zuverlässige Nachricht über Hamiltons Sieg, bis am 29. Januar 1779 ein gewisser François Vigo, ein spanischer Händler, in Kaskaskia eintraf und ihn über die

Als Geste der Unterwerfung gegenüber Clark bieten Indianer in Cahokia ihm an, das Leben zweier vermummter Stammesbrüder zu opfern. „Dieses Angebot nahm mich für sie ein", schrieb Clark, der nicht nur die Krieger verschonte, sondern auch noch eine Anzahl von ihm gefangengenommener Häuptlinge freiließ.

Wiedereinnahme von Vincennes informierte. Clark überlegte. Der kalte Regen und die Schneeschmelze hatten die Prärie in einen Morast verwandelt und alle Flüsse über die Ufer treten lassen. Dennoch sah er keine andere Möglichkeit, als „den Feind in seiner Hochburg anzugreifen".

Er war sicher, daß ein Rückzug über den Ohio River nach Kentucky nichts einbringen würde, denn „alle dort verfügbaren Leute würden zusammen mit der vorhandenen Truppe dazu nicht ausreichen. Noch rechtzeitig Hilfe von der Frontier Virginias und Pennsylvanias zu bekommen, war eine vermessene Hoffnung. Wir sahen nur eine einzige Alternative, und die hieß: angreifen. Hatten wir Erfolg, würden wir damit die Sache Amerikas retten." Clark wurde ermutigt durch den „Gedanken an die außerordentlichen Konsequenzen, die unser Sieg nach sich ziehen würde". Und er war überzeugt, daß die Jahreszeit ihre Pläne begünstigte, denn „der Feind konnte nicht annehmen, daß wir so wahnsinnig sein würden, mitten im Winter an die 400 Kilometer durch überschwemmtes Land zu marschieren".

Zusätzlich zu seinem Sechspfünder in Vincennes' Fort Sackville verfügte Hamilton auch noch über zwei Dreipfünder auf Lafetten. Clark hatte zwei Vierpfünder und vier große Drehbassen, die er den Franzosen abgenommen hatte und nun auf einem großen Flachboot montierte, das er auf den Namen *Willing* taufte; dann ließ er den Hauptteil seiner Vorräte an Bord des Bootes schaffen und schickte es auf eine Rundfahrt den Ohio und den Wabash River hinunter; einige Kilometer unterhalb von Vincennes sollte es auf ihn warten. Am 4. Februar legte die *Willing* unter dem Kommando von Clarks Vetter Lieutenant John Rogers mit 40 seiner knappen Soldaten – sie sollten Ruder und Geschütze bedienen – von Kaskaskia ab.

Clark sprach zu den Bürgern von Kaskaskia, „als ob ich sicher wäre, daß ich Mr. Hamilton bald gefangennehmen würde". Seine Zuversicht hatte zur Folge, daß auch „die Damen munter wurden und lebhaftes Interesse an der Expedition bekundeten, was wiederum große Wirkung auf die jungen Männer ausübte". So gelang es ihm, seine

Unter George Rogers Clarks Führung arbeitet sich eine Brigade von Backwoodsmen mühsam durch eisiges Flutwasser, um die Briten in Vincennes zu überraschen. „Kein Proviant mehr, der Herr sei uns gnädig", schrieb ein halbverhungerter Soldat nach einem dreitägigen Gewaltmarsch. Doch dann begegneten die Männer einer Indianerin mit einem Kanu voller Bisonfleisch, das ihnen die nötige Kraft für den Angriff auf die Stadt zurückgab, der am 23. Februar 1779 stattfand.

Schützen mit zwei kleinen Freiwilligen-Kompanien französischer Miliz-Soldaten zu verstärken. Dennoch konnte er nur ganze 200 Mann einsetzen und hatte sich „auf ein gefährliches, ja verzweifeltes Unternehmen eingelassen. Ich würde mich zu sieben Jahren Sklavenarbeit verpflichtet haben", schrieb er in richtiger Einschätzung seiner Lage, „wenn ich dafür 500 Mann bekommen hätte."

Am 5. Februar, dem Tag nach der Abfahrt der *Willing*, löste Clark sein Lager auf und machte sich an der Spitze seiner Kolonne auf den Weg nach Vincennes. Die Route, die er einhalten mußte, hatte eine Länge von nahezu 400 Kilometern, und fast auf der gesamten Strecke „platschten wir im Wasser". Doch trotz all seiner Befürchtungen konnte Clark es kaum erwarten, seinem Gegner Hamilton in Vincennes eine Überraschung zu bereiten: „Ich kann es selbst nicht erklären, aber in meinem Innersten fühlte ich mich immer noch des Erfolges sicher; ich wog alles Für und Wider ab und konnte doch nie daran zweifeln." Seine Zuversicht wurde zur einzigen Stütze der Expedition; allein seine Tatkraft und Entschlossenheit hielten seine verzagten Streiter aufrecht, als sie nach tagelangen, anstrengenden Märschen auf kilometerweiten Morast und eine Unzahl von Wasserläufen stießen.

Clark legte Wert darauf, „genauso wie meine Männer auch durch Dreck und Wasser zu laufen". Trotzdem fiel es ihm schwer, seine Bestürzung vor ihnen zu verbergen, als sie an den ersten von zwei Flüssen gelangten, die sie Little Wabash nannten. Beide waren über ihre Ufer getreten, und ein See, „häufig ein Meter tief", bedeckte jetzt die acht Kilometer Flachland zwischen ihnen.

Clark zwang sich, gegen seine „Unentschlossenheit" anzukämpfen. Er gab den Befehl, aus einem großen Baumstamm ein Kanu herzustellen, und sagte sich immer wieder, daß seine Männer, sobald sie erst einmal die andere Seite erreicht hätten, „jeden Gedanken an Aufgabe verwerfen und bei Aussicht auf Erfolg lieber alle Schwierigkeiten in Kauf nehmen würden, als umzukehren mit der Gewißheit, alles bisher Ertragene noch einmal durchstehen zu müssen". Vier unsäglich mühevolle Tage benötigten sie, um diese Hürde zu nehmen. Mann für Mann mußte die Truppe, Pfund für Pfund das Gepäck über die beiden Flüsse gebracht werden. Die Männer errichteten Plattformen, auf welchen sie die Vorräte entlang des Weges abstellten, und zwischen den Flüssen sahen sich Mensch und Pferd gleichermaßen gezwungen, durch eiskaltes Wasser zu waten, das ihnen manchmal bis zum Kinn reichte.

Danach steigerte sich ihre Mühsal noch weiter. Abgesehen von einigen kleinen Erhebungen und Hügeln fanden sie keinen Flecken trockenes Land; ihr Proviant war am

18. Februar restlos erschöpft; von ihrem Kanonenboot war nichts zu sehen; und der unablässige Regen hatte einen Großteil ihres Pulvers unbrauchbar gemacht.

Nachdem sie ihre Pferde zurückgelassen und mit zwei Kanus den Wabash River selbst überquert hatten, befanden sich Clark und seine Männer am 23. Februar in Hörweite von Hamiltons Weckschuß. Doch der Nachtfrost hatte eine brusttiefe Wasserfläche mit einer dünnen Eisschicht überzogen, die sich sechs Kilometer breit zwischen ihnen und einer Anhöhe genau südlich von Vincennes erstreckte. Alle fühlten sich schwach vor Hunger. Einige Männer weigerten sich auch weiterzugehen. Sie zwangen sich dann aber doch, widerstrebend und zitternd vor Kälte, den Vormarsch fortzusetzen, nachdem Clark sich mit Pulver das Gesicht geschwärzt und unter lärmendem Kriegsgeschrei allein in den schrecklichen See gestürzt hatte.

Noch hegte er „einige Zweifel an drei oder vier von ihnen" und befahl Bowman, „mit 25 Mann eine Nachhut zu bilden und jeden zu töten, der den Weitermarsch ablehnte".

Was nun folgte, war ein einziger Alptraum. Die Männer stolperten durch das eisige Wasser, gingen unter und wurden nur von jenen vor dem Ertrinken bewahrt, die stark genug waren, sie wieder auf die Beine zu bringen. Die Schwächsten wurden mit Hilfe der zwei Kanus geborgen. Einige Männer versuchten, mit ihren Kräften hauszuhalten, indem sie sich an schwimmende Baumstämme klammerten, aber die meisten setzten verbissen in platschenden und taumelnden Gruppen ihren Weg fort. Die Kräftigen stützten die Erschöpften, aber während der Morgen langsam verrann, ließ das Wasser die Glieder der erschöpften Männer erstarren und zehrte an ihrer Lebenskraft. Der Anblick des trockenen Bodens, den sie nach qualvollen Stunden erreichten, war für so manchen einfach zuviel; sie blieben am Ufer liegen, die Beine noch im Wasser, unfähig, auch noch einen halben Meter weiterzukriechen. Aber wie durch ein Wunder waren alle am Leben geblieben. Und da sie tatsächlich überlebt hatten, was kein Mensch eigentlich hätte durchstehen können, sahen sie jetzt allen Grund zu neuer Hoffnung.

Die Robustesten schleppten dürres Holz herbei und entzündeten ein Feuer. Bald kochten in einem rauchgeschwärzten Kessel große Stücke Bisonfleisch, das sie einer Indianerin abgenommen hatten, die mit einem Kanu den Fluß heraufgefahren war. Eine trübe Wintersonne wärmte sie ein wenig und gewährte den vordersten Wachen endlich den Blick auf Vincennes und Fort Sackville.

Die Scouts fingen einen Entenjäger ab, der am Nachmittag aus der Stadt kam. Entschlossen, „so wagemutig wie möglich" zu sein, schickte Clark ihn mit einer Botschaft für die französischen Bewohner nach Vincennes zurück: „Ich befinde mich jetzt drei Kilometer von eurer Stadt entfernt und ersuche diejenigen unter euch, die treue Bürger sind und sich der Freiheit erfreuen möchten, die ich euch bringe, in ihren Häusern zu verbleiben. Wer ein wahrer Freund der Freiheit ist, darf mit guter Behandlung rechnen."

Diese Tollkühnheit erwies sich als weise Maßnahme, als das kleine Heer seine Waffen aufsammelte und nach Einbruch der Dunkelheit in die Stadt marschierte, ohne auf die *Willing* und ihre Artillerie zu warten.

Clark kam, und bis auf das Fort gehörte die Stadt ihm – einschließlich des kostbaren Schießpulvers, das die Franzosen vor den Briten vergraben und jetzt, nach Erhalt seiner Botschaft, eilig wieder ausgebuddelt hatten. So gut hielten die Bürger von Vincennes seine Anwesenheit geheim, daß Hamilton, heiter gelassen in sein Fort eingeschlossen, zunächst an betrunkene Indianer dachte, die in den Straßen randalierten, als Clarks Männer damit begannen, Lichtschimmer hinter den Schießscharten des Forts aufs Korn zu nehmen. Nach einer Weile antworteten die Eingeschlossenen mit Musketen- und Kanonenfeuer, aber Clarks Scharfschützen, die nach jedem Schuß wieder in Deckung rollten oder sprangen, bereiteten den Verteidigern auf die Dauer zu große Schwierigkeiten.

Am Vormittag stellte Clark das Feuer ein und schickte einen Mann mit einer weißen Fahne und einem Brief zum Fort hinauf: „Sir: um sich vor dem nahe bevorstehenden Sturm zu retten, der Ihnen jetzt droht, befehle ich Ihnen, sich unverzüglich mit Ihrer gesamten Garnison, Vorräten, etc., etc., etc., zu ergeben, denn wenn ich mich genötigt sehen sollte, zum Angriff vorzugehen, können Sie eine Behandlung erwarten, wie sie gerechterweise Mördern zuteil wird." Hamilton lehnte es ab, sich retten zu lassen – zumindest gleich. Seine Antwort lautete: „Governor Hamilton erlaubt sich, Colonel Clark davon in Kenntnis zu setzen, daß er und seine Garnison nicht gesonnen sind, sich eine Handlungsweise aufzwingen zu lassen, die Untertanen seiner britischen Majestät unwürdig ist."

Hamiltons 36 phlegmatische Rotröcke hatten ihm versichert, sie würden „wie Pech und Schwefel mit mir zusammenhalten". Seine französischen Freiwilligen hatten allerdings „ihre Köpfe hängen lassen" und gemeint, daß ja ihre Landsleute schon zu den Amerikanern übergegangen seien. Nach ein paar Stunden lärmenden Salvenfeuers ließ Hamilton eine weiße Fahne aufziehen und schickte Leonard Helm, den amerikanischen Offizier, den er bei der Wiedereroberung von Vincennes gefangengenommen hatte, mit einem Gegenvorschlag zu Clark: drei Tage Waffenstillstand und Geheimverhandlungen, die „dem Ansehen und der Ehre beider Parteien gerecht werden könnten".

Der Gentleman, den sie den „Haarkäufer" nannten

Für die amerikanischen Siedler im Ohio-Valley bestand der eigentliche Erfolg der Eroberung von Vincennes im Jahre 1779 in der Gefangennahme des britischen Kommandanten Henry Hamilton, auch als „Haarkäufer" bekannt. Als Vizegouverneur von Detroit organisierte und finanzierte Hamilton brutale indianische Überfälle auf Siedlungen im gesamten Frontier-Gebiet. In weiten Kreisen herrschte die Meinung vor, er habe für die Skalps, die bei diesen Überfällen erbeutet wurden, Belohnungen bezahlt.

Hamilton handelte sich dafür eine derartige Verachtung ein, daß Thomas Jefferson, damals Gouverneur von Virginia, es nicht über sich brachte, ihm die seinem Rang entsprechenden Höflichkeiten zu erweisen, als der gefangengenommene Kommandant nach Williamsburg gebracht wurde. Statt dessen gab er Befehl, Hamilton in Eisen zu legen und ihn in ein enges, stinkendes Verlies zu sperren. Als die Briten gegen diese Behandlung Protest erhoben, erwiderte Jefferson schroff, sie erscheine ihm „nach dem allgemeinen Prinzip nationaler Vergeltung angemessen".

Es läßt sich darüber streiten, ob Hamilton tatsächlich der Schurke war, für den ihn die Amerikaner hielten. Außer Frage steht jedoch, daß er die Indianer zu Raubzügen ermunterte, sie mit Nachschub versorgte und ihre Erfolge belohnte. Aber er bestritt entschieden, je für Skalps bezahlt zu haben.

Hamilton kam nach seiner Auffassung nur einem zwar unangenehmen, aber notwendigen Auftrag nach mit seinem Bemühen, den amerikanischen Siedlern den Westen zu versperren. Und die meisten Amerikaner, die ihm als Gefangene vorgeführt wurden, zeigten sich überrascht von der zuvorkommenden Behandlung, die er ihnen angedeihen ließ. Daniel Boone, der sich 1778 in Detroit für kurze Zeit in Hamiltons Gefangenschaft befand, war von der „großen Menschlichkeit" des Gouverneurs so beeindruckt, daß er dem eingekerkerten Briten in seiner Zelle in Williamsburg sogar einen Besuch abstattete.

Im Rahmen eines Gefangenenaustausches erlangte Hamilton 1781 seine Freiheit wieder und nahm seine Karriere unverzüglich wieder auf – zuerst als Vizegouverneur von Quebec, später als Gouverneur der Inselkolonien Bermuda und Dominica. Trotz des Schimpfes, mit dem die Amerikaner ihn überhäuft hatten, betrachtete das Kolonialministerium Hamilton als überdurchschnittlichen Verwaltungsbeamten und „sehr ehrenhaften und integren Gentleman".

Und es hätte Jefferson und die Frontiersmen fürwahr überrascht zu hören, daß der gemeine Lump, den sie für „unmenschliche und barbarische Taten" verantwortlich machten, ein bemerkenswert kultivierter Mann war. Er entstammte einer vornehmen schottischen Familie, die sich im Staatsdienst große Dienste erworben hatte, und diente 20 Jahre lang als Armeeoffizier, bevor er 1775 in Detroit stationiert wurde. In Detroit machte er sich die französischen Siedler rasch zu Feinden, indem er gegen sie wegen ihrer dunklen Geschäfte mit den Indianern scharf durchgriff – und gewann die Achtung der Stämme für seine korrekte Amtsführung.

Hamilton bemühte sich, indianische Sprachen zu lernen und zeichnete detaillierte Beobachtungen indianischer Bräuche und geographischer Gegebenheiten in seinem Tagebuch auf, das er mit teils flüchtig hingeworfenen, teils ins Einzelne gehenden Skizzen illustrierte. Fertigkeit im Zeichnen zu besitzen war durchaus nichts Ungewöhnliches für einen Gentleman des 18. Jahrhunderts, aber mehr als eine von Hamiltons Arbeiten deutet auf ein überdurchschnittliches künstlerisches Talent hin. Seine Indianerbilder verraten überdies ein Auge für ethnographische Details, die sie zu seltenen Dokumenten für die Stammeskleidung aus der Zeit des Unabhängigkeitskrieges machen.

Von den acht bekannten Porträts stellt das treffendste einen Miami-Häuptling namens Pacane dar, den Hamilton auf dem Weg von Detroit nach Vincennes kennenlernte. Der Reichtum des Häuptlings ist aus seinen silbernen Armbändern, Nasen- und Ohrringen sowie aus den muschelbesetzten Bändern ersichtlich, die seine Schultern schmücken.

Hamiltons Bild von Otcheek, einem „angesehenen Krieger der Mohawk", läßt den für die Iroquois charakteristischen Kopfschmuck aus Rabenfedern erkennen; das Porträt Quooquandarongs zeigt ein „weises und gemäßigtes Oberhaupt des Huron", das eine verzierte Friedenspfeife in der Hand hält und kupferne Wickler im Haar trägt.

PACANE

Tzenoritze, einen liederlichen Huron-Häuptling, verwarf Hamilton als „dem Trunk ergeben und leicht zu beeinflussen". Pepiquenne vom Stamm der Nipissin, dessen Namen Hamilton mit „die Flöte" übersetzte, beschrieb er als einen Mann „mit nur wenig Charakter oder Autorität". Schon diese Bemerkungen weisen darauf hin, was Hamilton von den meisten seiner Zeitgenossen an der Frontier, ob Briten oder Amerikaner, unterschied. Er betrachtete die Indianer als Individuen und nicht als „die abscheulichsten Wesen, die die Erde je heimgesucht haben", wie sein Vorgesetzter Lord Jeffery Amherst sich ausdrückte.

PEPIQUENNE

TZENORITZE

QUOOQUANDARONG

OTCHEEK

Während er seine Truppen den Wabash River hinunter nach Vincennes brachte, skizzierte Hamilton von seinem Boot aus die vorüberziehende Gegend und spürte auch am Ufer geologischen Merkwürdigkeiten nach. Am brüchigen Felsufer in der Nähe des heutigen Logansport, Indiana, untersuchte er Fossilien.

Wahrscheinlich machte Hamilton diese sorgsam ausgeführte Tuschzeichnung während eines kurzen Aufenthalts auf derselben Flußexpedition. Auch später, als Gefangener, blieb er ein unermüdlicher Zeichner, der sogar auf seinem 1100 Kilometer langen Marsch nach Williamsburg Zeit fand, die Landschaft einzufangen.

Clark lehnte den von Hamilton vorgeschlagenen dreitägigen Waffenstillstand ab, da er offenbar argwöhnte, sein Widersacher erwarte Entsatz aus Detroit, erklärte sich aber gesprächsbereit, falls Hamilton willens sei, unverzüglich in der französischen Kirche neben dem Fort mit ihm zusammenzutreffen. Mittlerweile war Clarks Männern eine Indianerbande in die Hände gefallen, die auf dem Weg zum Fort war, um den Engländern Skalps zu bringen, die sie bei den Wasserfällen des Ohio River erbeutet hatten. Vier überlebende Krieger wurden gefangengenommen. Clark befahl, diese „armen Teufel" an einen Zaun zu binden und sie vor den Augen der Verteidiger des Forts, die auf den Ausgang der Verhandlungen warteten, einen nach dem anderen mit dem Tomahawk zu töten. Damit wollte er den Indianern demonstrieren, daß die Engländer sie nicht mehr schützen konnten, und gleichzeitig den britischen Truppen einen eindeutigen Beweis seiner eigenen Strenge und Hartnäckigkeit liefern.

Der „Haarkäufer" schilderte diese Episode in seinem offiziellen Bericht voller Empörung: „Colonel Clark roch noch nach dem Blut dieser unglücklichen Opfer, als er auf der Esplanade erschien, wo ich mich zu einem Zusammentreffen mit ihm bereit erklärt hatte, um über die Übergabe der Garnison zu verhandeln. Er sprach mit Begeisterung von seiner letzten Ruhmestat, während er sich das Blut von den Händen wusch, die noch von dieser unmenschlichen Opferung besudelt waren." Dessenungeachtet erklärte sich Hamilton zur Räumung bereit, als man ihm drohte, daß „nicht eine einzige Menschenseele geschont werden würde" – und weil „die Hälfte unserer Leute Memmenhaftigkeit und verräterische Gesinnung hatte erkennen lassen, und weil unsere Verwundeten der Gnade erbarmungsloser Banditti überlassen werden mußten. Am Morgen des 25. um 10 Uhr verließen wir mit aufgepflanztem Bajonett, die Soldaten mit ihren Tornistern, das Fort. Die Fahne hatten wir an diesem Morgen nicht aufgezogen, damit uns die Demütigung, sie wieder einholen zu müssen, erspart blieb."

Clark verbrachte fast einen ganzen Monat damit, die Probleme zu lösen, die sein Sieg mit sich gebracht hatte, und die Herrschaft Amerikas über Illinois abzusichern – diesmal mit rein militärischen und weniger von Wagemut geprägten Mitteln. Er schickte Helm und eine Abteilung Soldaten eiligst den Wabash River hinauf, um sieben Bootsladungen mit Vorräten zu kapern, die von Detroit unterwegs waren, kleidete seine Männer neu ein und ließ die Fracht unter ihnen verteilen. Er hieß die Besatzung der *Willing* willkommen, die zwei Tage nach dem Fall von Fort Sackville endlich eintraf. Clark erntete Dankbarkeit von Hamiltons französischen Freiwilligen, indem er sie auf Ehrenwort heim nach Detroit schickte. Mit dem Ziel, sich gefährlicherer Gefangener zu entledigen, überstellte er Hamilton, dessen Offiziere und 18 Mann seiner Truppe unter Bewachung nach Williamsburg, wo sie in Haft genommen wurden. Nach einiger Zeit erhielten sie im Zuge eines Austausches von Kriegsgefangenen ihre Freiheit von den Virginiern wieder zurück.

Clarks überraschender Überfall auf Vincennes zerstörte die Hoffnungen der Briten, den amerikanischen Westen beherrschen zu können. Sein Sieg belebte kräftig den Strom der Einwanderer über die Appalachen, auch wenn es ihm nicht vergönnt war, den höchsten Preis, Detroit, zu erringen. In jenem Jahr ließen sich an die 5000 Menschen in Kentucky nieder; am Ende des Unabhängigkeitskrieges war ihre Zahl schon auf 30 000 angestiegen.

Clark war, zumindest bis auf weiteres, Herr über alle Gebiete nördlich des Ohio River. Um seine militärischen Ambitionen zu fördern, beschenkten ihn die Einwohner von Kaskaskia mit 500 Zentnern Mehl und die Bürger Cahokias mit einem Fünftel ihres Viehbestandes. Virginia sagte ihm 500 Mann zu und Kentucky weitere 200 bis 300. Die Piankashaw, Chippewa, Potawatomi und Miami „bettelten darum, sich unter den Schutz unserer Flügel stellen zu dürfen", wie er es ausdrückte. Damit hatte Clark aber – obwohl er erst 26 Jahre alt war – den Höhepunkt seiner militärischen Laufbahn erreicht. Seine Träume von einem weiteren Aufstieg zur Macht lösten sich ebenso wie die Hoffnungen Amerikas auf Frieden nördlich des Ohio River in den folgenden Jahren in einem stetigen, aber unausweichlichen Erosionsprozeß allmählich auf.

Virginia ernannte ihn zum Brigadegeneral und überreichte ihm zur Erinnerung ein prächtiges Schwert, stellte ihm aber nur einen Bruchteil der versprochenen Soldaten zur Verfügung. Kentucky handelte nicht besser an ihm. Seine Hoffnungen, endlich auf Detroit marschieren zu können und den letzten Rückhalt britischer Störaktionen an der Frontier auszumerzen, wurden immer von neuem enttäuscht. Diese mißliche Lage ergab sich zum Teil aus dem Desinteresse offizieller Stellen, wurde aber auch durch die schier unlösbare Aufgabe verursacht, die eroberten Gebiete in Illinois zu halten und gleichzeitig ein Fort zu verteidigen, das er 1779 auf der zu Kentucky gehörenden Seite des Ohio River (wo heute Louisville steht) errichtete.

Sein Ruf wie auch seine Kontrolle über die kleinen Garnisonen wurden durch den zunehmenden Wertverfall der kontinentalen Währung untergraben: Seine Soldaten, viele von ihnen in Lumpen, beklagten sich darüber, daß ein mexikanischer Dollar mehr wert war als tausend in amerikanischem Papiergeld, und Kaufleute, die ihm große Mengen an Verpflegung auf Kredit geliefert hatten, ließen

Colonel Clarks Compliments to Mr. Hamilton and begs leave to inform him that Col. Clark will not agree to any Other Terms than that of Mr. Hamilton's Surrendering himself and Garrison, Prisoners at Discretion

If Mr. Hamilton is Desirous of a Conferance with Col. Clark he will meet him at the Church with Captn. Helms

Feby 24th. 1779 G Clark

In einer Botschaft an Henry Hamilton, den Kommandanten der belagerten britischen Garnison in Vincennes *(links)*, fordert Clark die bedingungslose Übergabe, erklärt sich aber bereit, in einer 70 Meter vom Fort entfernten Kirche *(unten)* über die Sache zu reden. Hamilton, der mit „ehrenvollen" Bedingungen gerechnet hatte, bevor er sich Clarks „buntgemischten Banditti" ergab, traf mit dem Mann aus Virginia zusammen, und sie einigten sich über die Konditionen. Doch nach der Kapitulationszeremonie wurden Hamilton und einige seiner Offiziere auf Clarks Befehl in Eisen gelegt. Empört beschimpfte er Clark: „Sie können bestimmt nicht den mindesten Anspruch darauf erheben, als Offizier oder Gentleman zu gelten!"

ihn in bitteren Briefen wissen, daß sie sich selbst ruiniert hatten, indem sie ihn unterstützten.

Clark kämpfte verbissen, um der Lage Herr zu werden. Er veräußerte seinen eigenen Besitz und belastete ihn mit Hypotheken, um seine Gläubiger vor Schaden zu bewahren. In den Jahren 1780 und 1782 organisierte und führte er an der Spitze von Milizionären und Freiwilligen Strafexpeditionen gegen Indianerdörfer in Ohio durch. Einmal schloß er das Grundbuchamt in Harrodsburg, Kentucky, um die Siedler von ihrer Gier nach Besitz abzulenken und sie für seine Werbeoffiziere zugänglich zu machen. Aber während sich die Greueltaten der Indianer in Illinois und Kentucky häuften, fühlte er sich in zunehmendem Maß von der Gleichgültigkeit entmutigt, mit der Virginia auf seine Forderungen nach Truppen und Geld reagierte. Schließlich wurde er auch noch gerügt, weil er es unterließ, den Bürokraten in Virginia über die Wechsel Rechnung abzulegen, die er im Verlauf seiner Feldzüge auf den Staat gezogen hatte.

Im Alter von 30 Jahren wurde er 1783 seines Amtes enthoben – ohne je auch nur einen Cent Löhnung für seine Dienste im Westen erhalten zu haben – und begann nun eine zwielichtige Existenz als Zivilist. Er betätigte sich als Vorsitzender eines Ausschusses in Virginia, der den Soldaten seiner Feldzüge freies Land in Illinois zuteilte. 1786 griff er wieder für kurze Zeit zum Schwert – und wurde dafür erniedrigt: ein Feldzug der Miliz aus Kentucky gegen die Indianer am Wabash River blieb mangels Verpflegung und Ausrüstung stecken, nachdem er das Kommando übernommen hatte, und endete mit einer Meuterei verärgerter Truppen. Clark beteiligte sich aktiv an dubiosen politischen Verschwörungen – unter anderem erklärte er sich bereit, eine französische Expedition, die nie zustande kam, gegen das spanische Louisiana zu führen. Schließlich verfiel er dem Alkohol und lebte lange in einer Blockhütte am Ohio nahe dem heutigen Louisville. Doch mittlerweile war ein neuer Stern aufgegangen – der Stern Anthony Waynes.

Das Gebiet nördlich des Ohio River war zu einer Brutstätte von Verwicklungen geworden, die mit der Zeit immer unlösbarer zu werden schienen. Der neue Kongreß verabschiedete ein zweifaches Programm, mit dem Ziel, auf dem Land der Algonquin eine geordnete weiße Zivilisation zu errichten und gleichzeitig die Kriegsschulden der Nation unter anderem durch den Verkauf von Land an die Siedler abzudecken. Sogleich begann er, auf die Stämme einzuwirken, der Regierung gegen Verträge Land abzutreten. Landvermesser wurden mit dem Auftrag ausgeschickt, im heutigen Ohio Verwaltungsbezirke mit 36 Parzellen zu jeweils 250 Hektar abzustecken. Diese Parzellen wurden dann auf Auktionen fern im Osten versteigert.

Doch das Feilschen mit den Stämmen war ein unsicheres Geschäft. Die Shawnee zum Beispiel wollten mit dem Handel nichts zu tun haben, und auch viele Weiße übten Kritik an der Regierung und behinderten ihre Bemühungen um eine ordnungsgemäße Abwicklung des Verfahrens.

Eine große Zahl von Siedlern lehnte dieses System der Landverteilung überhaupt ab, denn die Behörde taxierte den Wert des Landes auf zwei Dollar pro Hektar und verkaufte es nur in Parzellen von nicht weniger als 250 Hektar. Das waren 500 Dollar, ein für durchschnittliche Interessenten – außer Spekulanten – unerschwinglicher Betrag. Die Leute an der Frontier waren außerdem überzeugt – so ein Armeeoffizier, der den Auftrag erhalten hatte, sie zu verjagen –, alle Amerikaner besäßen „das unbestrittene Recht, unbewohntes Land zu besetzen und sich dort ihre eigene Verfassung zu geben". Die Siedler ließen sich in Scharen auf indianischem Land wie auch auf Vertragsland nieder und kämpften dann verbissen um jeden Fußbreit Boden. Mittlerweile wurde ein Stamm nach dem anderen von Marodeuren aus Kentucky überfallen – aus Rache für Verwüstungen, die unversöhnliche Häuptlinge immer noch in Außenposten südlich des Ohio River anrichteten.

Zu diesen mißlichen internen Problemen gesellten sich noch die fortgesetzten Versuche der Engländer, die anfällige neue Föderation amerikanischer Staaten zu schwächen. Die Engländer weigerten sich, Stellungen aufzugeben, mit deren Hilfe sie seit dem Französischen und Indianischen Krieg die Wasserstraßen entlang der kanadischen Grenze kontrolliert hatten – Dutchman's Point, Point-au-Fer, Oswegatchie, Oswego, Niagara, Mackinac und Detroit –, obwohl sie alle ein gutes Stück südlich der Linie lagen, die 1783 im Vertrag von Paris vereinbart worden war. Dieser Vertrag hatte das Ende des Konfliktes zwischen den früheren Kolonien und England besiegeln sollen. Die Engländer rechtfertigten ihre Hartnäckigkeit mit der Beschuldigung, auch die neuen Staaten verletzten ihrerseits die Bestimmungen des Vertrages (ein Vorwurf, der durchaus zu Recht bestand) und hätten es unterlassen, die amerikanischen Loyalisten und die britischen Kaufleute für die im Unabhängigkeitskrieg erlittenen Verluste zu entschädigen. Und von diesen umstrittenen Posten schickten die Briten Agenten aus, die die Algonquin-Stämme zur Errichtung einer Föderation aufriefen, um das weitere Vordringen der Amerikaner aufzuhalten.

Die britische Intervention spaltete die Indianer in zwei Lager. Die Shawnee, Kickapoo und Miami verpflichteten sich feierlich, eine Grenze am Ohio River zu fordern; den Delaware, Wyandot und Seneca widerstrebte es jedoch, sich in Machenschaften verwickeln zu lassen, die mit großer Wahrscheinlichkeit einen Krieg mit Amerika nach sich

Dieses Bild zeigt den gealterten George Rogers Clark; es entstand 1816, zwei Jahre vor seinem Tod. Nach dem Erfolg in Vincennes waren Clark alle seine Unternehmungen mißglückt, und ein Schlaganfall hatte ihn halbseits gelähmt.

DER HÄUPTLING, DER ZWEI GENERÄLE BESIEGTE

Die beiden schlimmsten Niederlagen erlitten die Streitmächte der amerikanischen Frontiersmen 1790 und 1791 durch eine Föderation der Algonquin-Stämme unter dem Miami-Häuptling Little Turtle. Als Meister des Waldkrieges setzte Little Turtle 1790 einen Scheinrückzug in Szene, der eine Expedition unter Führung des überheblichen Generals Josiah Harmar in eine blutige Falle lockte. Dabei starben 183 Miliz-Soldaten. Im folgenden Herbst überrannte der Miami-Häuptling in den dichten Wäldern unweit des heutigen St. Mary, Ohio, im Morgengrauen eine noch größere Armee unter dem hochherzigen, aber unfähigen General St. Clair. Da sich Little Turtle am Ende doch außerstande sah, die Flut der Siedler einzudämmen, fand er sich schließlich mit ihrer Anwesenheit ab und erntete 1797 das Lob Präsident Washingtons, als er seinen Stammbrüdern zum Frieden riet.

LITTLE TURTLE

GENERAL ARTHUR ST. CLAIR

GENERAL JOSIAH HARMAR

ziehen würden. Aber Überfälle und Gegenangriffe beider Seiten ließen das Territorium nicht zur Ruhe kommen; Versuchen der Amerikaner, den fortgesetzten Besiedlungen ohne Rechtstitel Einhalt zu gebieten, blieb der Erfolg versagt; und die Indianer widersetzten sich allen amerikanischen Bemühungen, Verträge über ihr Land abzuschließen.

Selbst die unentschlossensten Indianer fühlten sich ermutigt, als zwei amerikanische Expeditionen – 1790 und 1791, die eine unter General Josiah Harmar, die andere unter dem Gouverneur des Territoriums, Arthur St. Clair – auf spektakuläre Weise bei dem Versuch zurückgeschlagen wurden, in Ohio den Willen der Regierung durchzusetzen. Beide Armeen – Harmar hatte 1500 Mann und St. Clair 3000 – umfaßten zwar eine Anzahl verläßlicher Truppen, bestanden aber zum größten Teil aus undisziplinierten Milizionären oder neuausgehobenen, völlig unerfahrenen regulären Soldaten. Als Veteran des Unabhängigkeitskrieges war Harmar entsetzt über die Miliz, die er aus Pennsylvania und Kentucky erhielt: wilde Horden von jungen Burschen und alten Männern, die ohne Ausrüstung eintrafen und die üble Gewohnheit pflegten, Befehle ihrer Offiziere in Frage zu stellen, statt ihnen Folge zu leisten. Während er mit diesem ungezügelten Trupp nach Norden zog, fielen die Indianer im Wald über ihn her und stahlen oder töteten mehr als ein Drittel seiner Packpferde.

Ein kleines Kommando unter Colonel John Hardin wurde niedergemetzelt, als die Hälfte seiner Männer unmittelbar vor einem Angriff der Indianer desertierte. Um ihren Tod zu rächen, schickte Harmar 400 Mann (davon 60 Reguläre) als eine Art Strafexpedition in die Dörfer zurück, doch als Harmars eigenwillige Milizionäre aus der Formation ausbrachen, um auf eigene Faust Indianer zu jagen, wurden sie von Kriegern unter einem Miami-Häuptling namens Turtle in den Hinterhalt gelockt und vernichtet. Anschließend griffen Little Turtles Krieger die regulären Truppen an und schlachteten beinahe alle Soldaten ab.

Nun erhielt Governor St. Clair den Befehl, erfolgreich zu operieren, wo Harmar gescheitert war. Er war ein alternder General aus dem Unabhängigkeitskrieg, der Präsident George Washingtons Vertrauen genoß, obwohl ihm der Ruf militärischer Unfähigkeit vorausging. St. Clair verdient ein gewisses Mitgefühl, das ihm die Geschichte versagt hat. Little Turtle, sein Widersacher, war ein schlauer und kühner Taktiker; die Algonquin waren bekannt als routinierte Waldlandguerillas, seine eigenen Truppen hingegen zum größten Teil ebenso unzuverlässig wie die Harmars. Aber auf seinem Vormarsch ins Maumee-Gebiet im Herbst 1791 beging St. Clair einige schwerwiegende Fehler. Zunächst schwächte er seine Kampfstärke, indem er ein Regiment regulärer Truppen ausschickte, um ein paar Deserteure einzufangen. Dann verteilte er beim Aufschlagen seines Lagers am Abend des 2. November die ihm verbleibenden 1400 Mann in einer langen Kette im Wald und isolierte dabei die Miliz vom Rest. Im Morgengrauen des folgenden Tages ließ St. Clair seine Männer in Waffen antreten, doch als der Feind nicht erschien, schickte er sie zu ihren Zelten und Lagerfeuern zurück.

Die Miliz geriet daher in heillose Verwirrung, als Little Turtles Krieger kurz nach Sonnenaufgang laut schreiend aus dem Wald hervorstürmten. Den flüchtenden Männern folgte das Entsetzen auf dem Fuß, als sie sich ins Lager der regulären Truppen retten wollten. Banden von Indianern sprangen um sie herum und schlugen mit ihren Tomahawks auf sie ein. Andere Krieger nahmen aus ihren Verstecken hinter Bäumen das Lager unter Beschuß. Der ungleiche Kampf dauerte zwei Stunden. St. Clairs Truppen flohen in panischer Angst durch die von ihm selbst geschaffene Lücke und warfen, die Indianer auf den Fersen, ihre Musketen in die Büsche. St. Clair überlebte, aber als die Miami, Shawnee und Wyandot ihr Tagewerk vollbracht hatten, waren 630 seiner Männer tot – mehr, als die Indianer 1755 bei dem Massaker an Braddocks Truppe umgebracht hatten, mehr Amerikaner, als je im Unabhängigkeitskrieg in irgendeiner Schlacht ums Leben gekommen waren.

St. Clairs Niederlage ließ nicht nur die kühnsten Hoffnungen der Algonquin-Stämme wieder aufleben – sie begannen unverzüglich, die weißen Siedlungen neuerlich zu terrorisieren –, diese Katastrophe überzeugte auch die Briten von der Unfähigkeit der Vereinigten Staaten, das Territorium zu verteidigen. Ihre Annahme entbehrte nicht der Logik: Die Amerikaner im entlegenen Osten waren weiteren militärischen Abenteuern abhold, die Algonquin hingegen bereit, für die Ohio-Grenze zu kämpfen, wenn sie ihnen nicht vertraglich zugestanden wurde. Aber in ihrer neugewonnenen Euphorie unterließen es sowohl die Engländer wie auch die Indianer, Präsident George Washingtons Empörung – und Entschlossenheit – ins Kalkül zu ziehen.

Washington erhielt die Nachricht von St. Clairs beschämender Niederlage bei einem formellen Dinner in Philadelphia. Als seine Gäste gegangen waren, geriet er in fürchterlichen Zorn. „Zuzulassen, daß eine Armee durch einen Überraschungsangriff in Stücke gehauen, mit Tomahawks erschlagen, abgeschlachtet wird – nachdem ich ihn gerade davor gewarnt hatte!" Er beschloß, einen Kommandeur mit der Fähigkeit zur grundlegenden Reorganisation der amerikanischen Armee zu finden. Mit diesem neugeschaffenen Instrument sollte er dann den Waldkrieg ein für allemal beenden, wenn die Indianer zum Frieden nicht bereit waren.

Dieses in Boston veröffentlichte Flugblatt verbreitete die Nachricht von der vernichtenden Niederlage, die General St. Clairs Armee am 4. November 1791 in Ohio erlitten hatte. Die Algonquin töteten über 600 Amerikaner, einschließlich der 39 Offiziere, deren Namen oberhalb der Särge angeführt sind.

Maj. Gen. *RICHARD BUTLER*,

COLUMBIAN TRAGEDY:

CONTAINING A PARTICULAR AND OFFICIAL

ACCOUNT

Of the Brave and Unfortunate *OFFICERS* and *SOLDIERS*, who were Slain and Wounded in the ever-memorable and

BLOODY INDIAN BATTLE,

Perhaps the moſt ſhocking that has happened in America ſince its firſt Diſcovery; which continued *Six Hours*, with the moſt unremitted *Fury* and unparalleled *Bravery* on both Sides, having laſted from day-break, until near ten o'clock on *Friday Morning, Nov.* 4. 1791; between *Two Thouſand* Americans, belonging to the United Army, and near *Five Thouſand Wild Indian Savages*, at *Miami-Village*, near *Fort-Waſhington*, in the *Ohio-Country*, in which terrible and deſperate *Battle* a moſt ſhocking Slaughter was made of *Thirty-nine gallant AMERICAN OFFICERS* and upwards of *Nine Hundred brave youthful SOLDIERS*, who fell *glorioſly fighting* for their *COUNTRY*.—Theſe *Particulars* and *Elegy* are now publiſhed in this Sheet by the earneſt Requeſt of the *Friends* to the Deceased *WORTHIES*, who died in Defence of their *COUNTRY*, not only as a *Token* of *Gratitude* to the *DECEASED BRAVE*, but as a Perpetual Memorial of this *important Event*, on which, perhaps may very eſſentially depend the future *FREEDOM* and *GRANDEUR* of *Fifteen* or *Twenty States*, that might, at ſome Period, be annexed to the *AMERICAN UNION*.

Liſt of Killed *and* Wounded *OFFICERS*.

Killed; 1 *Maj. Gen.* Richard Butler.—2 *Col.* Oldham.—*Majors*; 3 Ferguſon-4 Clark-5 Hart.—*Captains*; 6 Bradford--7 Phelon--8 Kirkwood--9 Price--10 Van Swearingin--11 Tipton--12 Smith--13 Purdy--14 Pratt--15 Guthrie--16 Cribbs-17 Newman—*Lieuts.* 18 Spear--19 Warren-20 Boyd 21 M'Math-22 Burgeſs-23 Kelſo—24 Read—25 Little-26 Hopper--27 Lickins.--*Enſigns*; 28 Cobb—29 Balch—30 Chaſe—31 Turner-32 Wilſon-33 Brooks-34 Beatty-35 Purdy.-36 *Q. Maſt.* Reynolds-37 Ward.-38 *Adj.* Anderſon.-39 *Dr.* Graſſon.

Wounded; 1 *Adj. Gen.* Sargent-2 *L. Col.* Gibſon-3 Dark-4 *Major* Butler.—*Capts.* 5 Doyle--6 Trueman--7 Ford-8 Buchanan-9 Dark--10 Slough.--*Lts.* 11 Greaton 12 Davidſon-13 DeButts-14 Price--15 Morgan-16 M'Crea-17 Lyſle.-18 Thompſon.--19 *Adj.* Whittier-20. Crawford.21. *Enſ.* Bines.22. *Vi. Malertie*, Volunteer, *Aidecamp* to *Gen.* St. Clair.

A

FUNERAL ELEGY on the Occaſion.

2 Samuel, chap. i.

Ver. 19. *The Beauty of* Iſrael *is ſlain upon thy high places: How are the Mighty fallen!*—20. *Tell it not in* Gath, *publiſh it not in the ſtreets of* Aſkelon: *Leſt the Daughters of the* Philiſtines *rejoice, leſt the* Daughters *of the* uncircumciſed *triumph*.—21. *Ye Mountains of* Gilboa, *let there be no dew, neither let there be rain upon you, nor fields of offerings; for there the* Shield *of the* Mighty *is vilely caſt away.*

Ye Friends to men attend the Tale,
Ye brave ones all give ear,
With ſympathetic grief bewail
And ſhed a ſorrowing tear.

2. Behold the various ſcenes of life!
This hour is mirth and glee,
The next we're free'd from care and ſtrife,
And in eternity.

3. Joyful from *Boſton*'s happy Town,
Theſe brave Men took their way,
Ah! ſoon were ſlain upon the ground,
To *BLOODY BRUTES* a prey!

4. Adieu to wanton ſongs and joys,
To idle tales that fill the ear,
A mournful theme my heart employs,
And hope the living will it hear.

5. A horrid *Fight* there hap'd of late,
The fourth day of *November*,
When a vaſt number met their fate,
We all ſhall well remember.

6. 'Twas on renown'd *Ohio's Land*,
And *fatal* prov'd of old,
Sad to relate! our Federal *BAND*,
Were ſlain by *INDIANS* bold!

7. Ah curſed *Spot!* Ah rueful *Land!*
New-England will rejoin,
Where thouſands of our *Countrymen*
Their waſted bones inſhrine.

8. By much too dear the *Land* was bo't,
it's ſtain'd with *Engliſh* gore,
Where Braddock fell! O ſad to tell!
Full thirty years before.

9. Our *WASHINGTON* with choſen *Men*,
All ruddy, youthful too,
There rally'd ſome of *Britiſh* Train,
Coop'd by *infernal Crew*.

10. A horrid covert, where there lay
Whole legions of *black Men*.
But by the courage of that Youth,
They're hunted from their den.

11. [illegible] handful of *Columbians* led,
Their *Standard* ſav'd from harm,
Full tatter'd when fam'd *Berwick* bled,
And *Tallard* felt its arm.

12. The flower of *Britiſh* pride was loſt,
In one great day they fell!
Braddock's defeat, young Shirley's loſs
Our Annals all can tell!

13. Such ſcenes apart! my Muſe ſtill hear
The groans of dying *Friends*;
The horrid ſhrieks do fill the air,
Of wounded, dying Men.

14. Will not *Columba's Youth* now rouſe,
And cheerful take the *Field*,
Columba's Cauſe they will eſpouſe,
Nor to thoſe Blood Hounds yield.

15. My Muſe muſt quit that *mournful Tale*,
A *worſe one* to record,
Boston ſhall weep and ſore bewail
The ſtroke ſent by the *LORD*.

16 Our Countrymen of *youthful bloom*,
Moſt in their vig'rous prime,
Are ſummon'd hence to meet their *GOD*,
And ſnatched out of time.

17. Brave General *BUTLER*'s *Loſs* we feel,
And *OLDHAM*'s *Death* bemoan,
Let's drop a tear when it we tell,
And view their hapleſs urn.

18. Young *NEWMAN* fell! and *TURNER* brave
With *PHELON* at their *Head*,
No friendly arm there was to ſave,
They're number'd with the dead.

19. The names of *WARREN*, *BALCH* and *COBB*,
Let's mourn now o'er their grave,
Who late with courage ſpilt their blood,
And fell with many brave.

20. Ah! *WARREN*'s valor full was ſhewn,
A *Name* we'll now *renew*,
Who fell too ſoon! ah! much too ſoon!
Tho' *twelve fierce Brutes* he flew.

21. Let's ſing of *BRADFORD* and whole ſcores
Of Officers ſo brave,
They're call'd to the *Elyſian* ſhores,
And mingled in one grave.

22. We muſt relate the *Warrior*'s fate
Of *GREATON*, young and brave!
A cruel ſhot his body pierc'd,
But yet his life was ſav'd.

23. Of *Thirty* brave *Youth* in his core,
But *Three* ſurviv'd the *Brunt*,
Was ever ſuch a ſcene before?
Ah! fatal *Indian Hunt!*

24. *Columba's Land* a ſcene preſents,
Of blood and ſlaughter too,
The *Widow*'s heart doth ſore lament,
To bid their *Friends* adieu.

25. What ſhall we ſay when 'tis decreed,
By fate it muſt be ſo,
To ſee our deareſt *Brethren* bleed,
And ev'ry vein to flow.

26. What heart that feels for others woe,
Can ſtop the guſhing tear,
Or not the pangs of pity ſhow,
When ſuch events they hear.

27. But if ſuch pity here imparts,
Think O! what griefs aſſail,
Their *Widow*'s and their *Children*'s hearts,
When they ſhall hear the tale!

28. The thought already fills each breaſt,
With kind condoling care,
And hope in Heav'n they'll meet at reſt,
Their *Friends* and *Fathers* there.

29. We feel and ſympathize for them
Who late in battle fell,
We mean thoſe hardy, youthful men,
Their names to ages tell.

30. Though *Powers Immortal* are averſe,
O *LORD!* the praiſe is thine!
The ſcene, O *GOD* of Grace reverſe!
And make our arms to ſhine!

31. We'll ſcour all their *Thickets* then,
Make Indians ſue for peace;
Hunt *lurking Savage* from his den,
When we ſhall win the chace.

32. If great *JEHOVAH* takes the ſhield,
And guards us round about,
No Indian will his *Tomax* wield,
Nor arrow dare to ſhoot.

33. My trembling hand can ſcarcely hold
My faint, devoted quill,
To write the actions of the *Bold*,
Their *valor* and their *ſkill*.

34. Let's not forget the Soldiers brave,
Who fell with *Indian* ax,
Who ſcorn'd to flinch their lives to ſave,
Nor on them turn'd their backs.

35. NINE HUNDRED hardieſt of our Sons,
Some in their *early prime*,
Have fell a *victim* to their rage,
And are *cut off* from time.

36. Yes, numbers met an awful death,
In battle they were ſlain,
But we that live upon the earth,
Their mem'ry will ſuſtain.

37. If that the *LORD* is on our ſide,
We need not fear our foe,
And if that gracious *Iſr'el's GOD*
Now with our armies go;

38. Our heads he'll cover when in fight,
From harm he will us keep,
If that we ſeek his face aright,
Nor let our feet to ſlip.

39. With conq'ring might he will us ſhield,
And *INDIANS* all deſtroy,
He'll help us thus to win the field,
And ſlay thoſe that annoy.

40. Our *Country* calls us far and near,
Columba's Sons awake,
For helmet, buckler and our ſpear,
The *LORD*'s own arm we'll take.

41. His ſhield will keep us from all harm,
Tho' thouſands 'gainſt us riſe,
His buckler we muſt ſure put on,
If we would win the prize.

AMERICA:
BOSTON; Printed by *E. RUSSELL*, for *THOMAS BASSETT*, of *Dunbarton*, (*New-Hamp.*)—[Pr. Six Pence.]

☞ Said Bassett ſells *Bickerſtaff*'s Almanack, for 1792, as cheap as at *this Office*.

Washington zögerte wochenlang, bevor er endlich dem „tollen Anthony“ Wayne den Oberbefehl über die neue Armee übertrug, die fortan Legion der Vereinigten Staaten genannt wurde. Er fürchtete Waynes Ungestüm – und mit gutem Grund. Wayne war ein robuster, dunkeläugiger, lebhafter Mann aus Pennsylvania; er huldigte der Ansicht, daß es im Krieg nur wenige kritische Situationen gab, die nicht im Sturmangriff, vorzugsweise mit dem Bajonett, zu meistern wären. Solche Unbesonnenheit hatte ihn gelegentlich in Gefahr gebracht und ihn bei Paoli und Brandywine schwere Verluste gekostet. Aber kein General des Unabhängigkeitskrieges hatte gekämpft wie Wayne. Er hatte die Hessen nach Germantown zurückgetrieben, den Sturm auf Monmauth angeführt und mit einem mitternächtlichen Überraschungsangriff die britische Bastion bei Stony Point eingenommen. Die Soldaten vertrauten ihm. Und wie sich herausstellte, hatte die Zeit seine impulsive Aggressivität mit Geduld und Einsicht ausgeglichen.

Wayne machte von Anfang an kein Hehl daraus, daß er nicht eher ins Feld ziehen würde, bevor er nicht eine schlagkräftige Armee aufgebaut hätte, die es mit jeder Truppe der Welt aufnehmen konnte. Es war ein gewaltiges Vorhaben. Die glücklosen Überlebenden von St. Clairs Expedition bildeten den Kern; sie erwarteten ihn schon in Pittsburgh. Die Männer, die seine Werbeoffiziere für ihn zusammenbringen konnten, waren oft die gleichen Taugenichtse, Gauner, Landstreicher und Kneipenhocker, die sich in den Jahren nach dem Unabhängigkeitskrieg immer wieder zur Armee gemeldet hatten, um dort Unterschlupf und Verpflegung zu finden. „Der Abschaum der großen Städte, kraftlos durch Müßiggang, Ausschweifungen und jede Art von Lastern“, beschrieb sie ein verärgerter Offizier. Nicht wenige dieser Leute liefen wieder davon, sobald sie ihr Handgeld in den Kneipen der Stadt vertrunken hatten. Wayne verfuhr mit Drückebergern ohne jede Schonung. Er setzte Belohnungen für die Ergreifung von Deserteuren aus und ließ sie erschießen oder mit 100 Peitschenhieben bestrafen, wenn sie geschnappt wurden. Dann verließ er Pittsburgh, marschierte mit seinen Truppen 35 Kilometer den Ohio River entlang nach Westen und scheuchte sie mit Sägen und Äxten an die Arbeit, ein neues Lager zu errichten, dem er den Namen Legionville gab.

Für die in Legionville untergebrachten Truppen standen unablässig Drill, Übungsschießen, Training im Gebrauch des Bajonetts – und endlose und erschöpfende Scheingefechte auf der Tagesordnung, stets unter der fiktiven Annahme, der Feind schieße aus der Deckung von Bäumen und Baumstümpfen heraus auf sie. Es wurde Winter. Die Truppen übten im Schnee, lernten mitten in einem Angriff im Laufen zu laden – und sich in den eisigen Fluß zu stürzen, wenn ihnen nicht ein Kommando Halt gebot. Die Disziplin war streng; aber in den Männern erwachte ein neues Selbstvertrauen. Kräftig gebaute Freiwillige verstärkten die Garnison: 101 Mann aus Virginia, 30 aus Maryland, 164 aus Westmoreland County. Um den Kampfgeist weiter zu steigern, schickte Wayne einige Männer in die Wälder, um Bären zu jagen. Hinterher überreichte er seinen Kohorten Bärenfellmützen, die mit bunten Federn geschmückt waren: rot, weiß, gelb, grün – die Farben der vier Regimenter.

Das ganze Frühjahr und den Sommer hindurch trainierte das Heer, während die Regierung einen letzten Versuch unternahm, mit den Algonquin ins Gespräch zu kommen. Im August teilten sie drei Landkommissaren der Vereinigten Staaten mit (in einem von Funktionären des British Indian Service verfaßten Schreiben), daß es keine Verhandlungen geben werde und daß der Ohio River „die Grenzlinie zwischen uns bleiben muß“.

Wayne ließ seine Männer wissen, daß der Feldzug jeden Augenblick beginnen konnte. „Es bleibt uns jetzt nur noch eine einzige Alternative“, schrieb ein aufgeregter junger Lieutenant namens Thomas Underwood in sein Tagebuch. „Wir müssen dem grausamen Feind entgegentreten; mit dem unsterblichen Washington an der Spitze der Regierung, dem alten Helden General Wayne und seiner gut disziplinierten Legion – so haben wir wenig zu fürchten außer Gott, den wir in Liebe fürchten.“

Doch wenn sich die Armee einen dramatischen Eilvorstoß auf Indianerland ausgemalt hatte, wurde sie bald enttäuscht. Sie bewegte sich nicht schneller voran als ihr verwundbarer Wagenzug, und die Soldaten bezogen abends kein Lager, ohne stundenlang Bäume gefällt zu haben, aus deren Stämmen ringsherum Barrikaden errichtet wurden. Am sechsten Tag gab es ein etwas demütigendes Zwischenspiel. Wayne stellte seine Armee auf die Probe: Er schickte Colonel John Hamtramck, einen im Krieg mit den Indianern erfahrenen Kämpfer, mit Männern des ersten Regiments voraus, um in einem scheinbaren Hinterhalt auf sie zu lauern. Er mußte mit herbem Mißvergnügen erleben, wie seine Vorhut prompt hineintappte. Ungefähr hundert Kilometer hinter Cincinnati ließ er dann haltmachen, hieß die Armee Blockhäuser, Palisaden und reihenweise Hütten errichten und stampfte so einen über 20 Hektar verteilten Außenposten aus dem Boden, den er Fort Greenville taufte. Hier richtete er sich darauf ein, in einem weiteren Winter die Armee nach seiner Vorstellung zu formen.

Unter den jungen Offizieren kam Unmut auf über Waynes Bedachtsamkeit, doch Wayne blieb ungerührt. Er beabsichtigte, reguläre Truppen zu verwenden, wie sie nie zuvor im Waldkrieg eingesetzt worden waren, mit diesen Einheiten die Art der Kampfführung zu diktieren und so den Indianern die Initiative zu entreißen, die sie bis jetzt auf ihrem eigenen Gebiet immer wieder an sich gerissen hatten. Fort Greenville bildete die Basis, von der aus er aufbrechen wollte, wann immer es ihm beliebte.

„Gestatten Sie mir, diese Maßnahmen zu treffen", hatte er an Kriegsminister Henry Knox geschrieben, „und mein Ruf als Offizier muß ihnen verbürgen, daß ich mich in den Dörfern der Miami festsetzen werde, oder an welchem geeigneteren Ort immer am Miami River, um mich all den Unmenschen der Wildnis entgegenzustellen, die gegen mich aufgeboten werden. Sollten sie größere Kräfte zusammenziehen und sich in der Nacht bis auf Gefechtsdistanz nähern – in der Absicht, mich am Morgen zu überraschen oder anzugreifen –, werden es unsere *indianischen* Führer, unsere Scouts, Späher und die Kavallerie, *die sich alle stets auf Patrouille befinden und sich in weitem Radius um mich herum aufhalten,* nicht zulassen, daß die Wilden sich unbemerkt anschleichen, und ich werde auch ihren Angriff nicht erst abwarten, ganz im Gegenteil. Sie sollen die Auswirkungen einer nächtlichen Operation zu spüren bekommen – und ich weiß, *daß sie in der Nacht keine ernstzunehmenden Gegner sind.*"

Aber gerade Waynes Bedachtsamkeit ließ die Indianer von Anfang an zögern. Es haftete etwas Unheilverkündendes, Unbarmherziges an dem schwerfälligen, disziplinierten Vormarsch seiner Armee und an der Sorgfalt, mit der sie bei der Errichtung von Greenville vorging. Von dem Augenblick an, da Wayne vom Ohio River abschwenkte, ließen ihn die Häuptlinge der Algonquin durch Scouts beobachten. Noch keiner hatte je Soldaten gesehen, die ihren Offizieren so blind gehorchten oder so vor Angriffen auf der Hut waren. Eine Abordnung geringer gestellter Häuptlinge – die Wayne empfing, weil sie Friedensgespräche mit ihm führen wollten – hatte noch nie eine militärische Anlage zu Gesicht bekommen, die so sorgfältig geführt wurde wie Fort Greenville. Und bald konfrontierte Wayne die Stämme ganz bewußt mit einer Provokation. Acht Kompanien seiner Truppe marschierten an die Stätte von St. Clairs Niederlage; sie begruben die Schädel und Gebeine der Toten und verbrachten mehrere Wochen damit, einen Ausweichstützpunkt zu errichten, Fort Recovery.

Nach Waynes – und Washingtons – Auffassung verdeckte der Grenzstreit mit den Indianern einen für die Hoffnungen der Amerikaner viel kritischeren Punkt als den eigentlichen Grenzverlauf: eine unausgesprochene Nerven- und Belastungsprobe mit England, deren Ausgang das ganze Gefüge der neuen Nation zerstören konnte.

General Anthony Wayne gibt das Zeichen zum Angriff in der Entscheidungsschlacht von Fallen Timbers im Jahre 1794. Seine Infanteristen beginnen, ihre indianischen Gegner zu überrennen. Der Kampf dauerte nur 40 Minuten, und kaum die Hälfte von Waynes 2100 Soldaten kam überhaupt ins Gefecht. Die Zurschaustellung seiner überwältigenden Macht veranlaßte aber die Indianerstämme, enorme Landgebiete nördlich des Ohio River abzutreten.

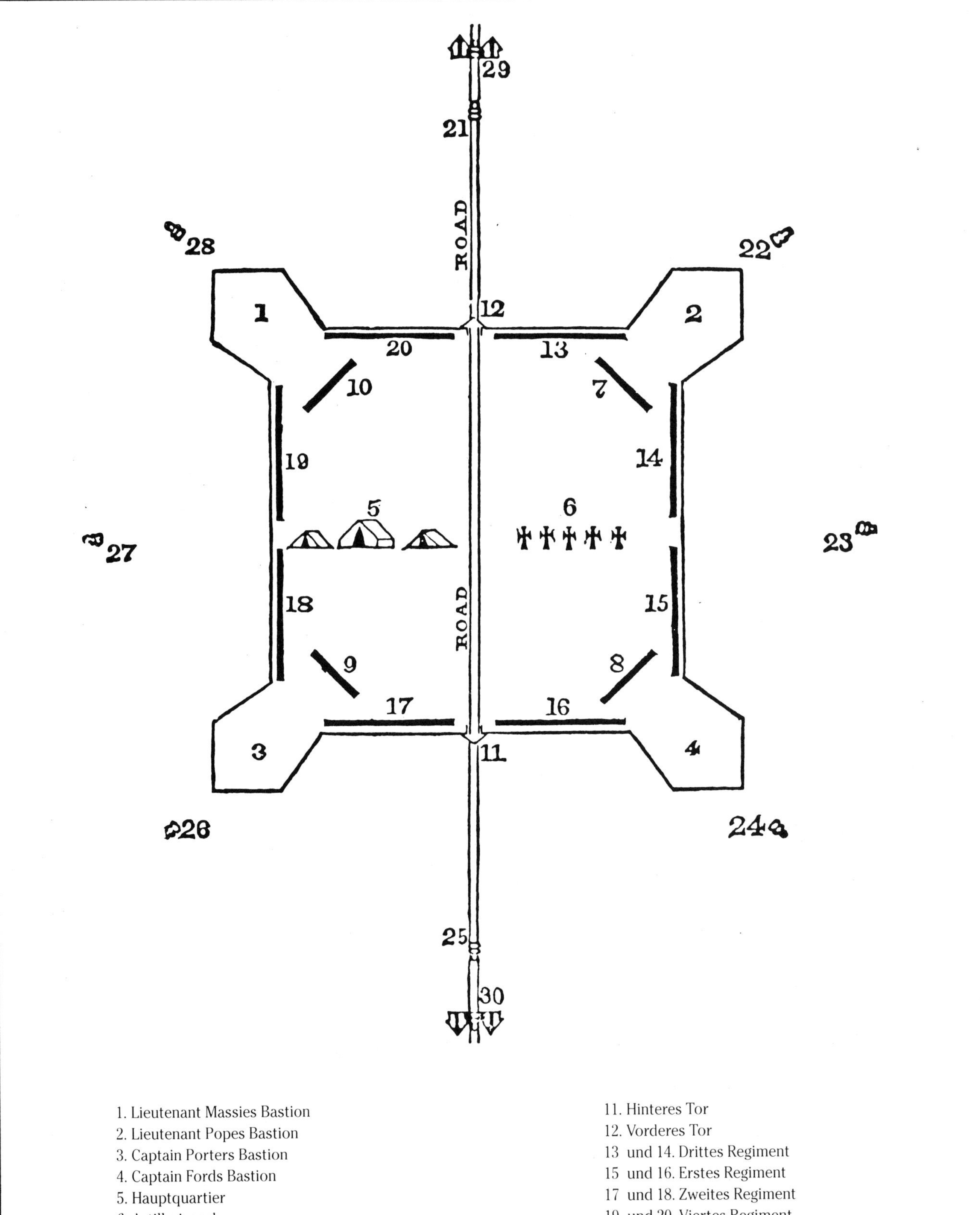

1. Lieutenant Massies Bastion
2. Lieutenant Popes Bastion
3. Captain Porters Bastion
4. Captain Fords Bastion
5. Hauptquartier
6. Artilleriepark
7. Zweite Dragonereinheit
8. Erste Dragonereinheit
9. Vierte Dragonereinheit
10. Dritte Dragonereinheit

11. Hinteres Tor
12. Vorderes Tor
13 und 14. Drittes Regiment
15 und 16. Erstes Regiment
17 und 18. Zweites Regiment
19 und 20. Viertes Regiment
21, 22, 23, 24, 25, 26, 27 und 28. Wachtposten
29. Vorhut
30. Nachhut

„Die Wilden", schrieb Wayne an Knox in einem langatmigen Satz, „sind anmaßend, hochnäsig und unverschämt geworden nach ihren wiederholten Erfolgen, und das haben sie klar dargetan durch das vorsätzliche und schonungslose Massaker an unseren Bürgern, eine Ungeheuerlichkeit, die nicht ungestraft bleiben darf, wenn die Vereinigten Staaten von Amerika nicht Würde und Gerechtigkeit der Nation einer falsch verstandenen Befangenheit und kleinkrämerischen Sparsamkeit opfern wollen, noch dazu, wo die Briten im Besitz unserer Außenposten an den Seen sind, denn obwohl sie es nicht offen tun – ich bin überzeugt, daß sie die Wilden heimlich anstacheln, den Krieg fortzusetzen, und solange sie diese Posten nicht räumen, kann mich all das spitzfindige Gerede britischer Botschafter, Agenten und Spione nicht vom Gegenteil überzeugen."

Im Februar gaben die Engländer das spitzfindige Gerede auf. Lord Dorchester, Generalgouverneur von Kanada, gab einer Abordnung von Häuptlingen der nördlichen Stämme ganz klar zu verstehen, daß britische Soldaten sehr bald an ihrer Seite gegen die Amerikaner kämpfen würden. „Meine Kinder: Nach der Art, wie das Volk der Vereinigten Staaten vordringt, handelt und redet, wäre ich nicht überrascht, wenn wir uns noch in diesem Jahr im Kriegszustand mit ihnen befinden würden; und wenn das eintritt, wird es Aufgabe der Krieger sein, eine Grenze zu ziehen. Eine friedliche Gesinnung hat unsere Handlungsweise bestimmt, und wir haben die ausfallende Sprache und das Benehmen des Volkes der Vereinigten Staaten geduldig hingenommen, aber ich fürchte, daß unsere Geduld fast erschöpft ist." Diese Rede, die auch gedruckt und entlang der Grenze verteilt sowie von Engländern bei Stammesversammlungen verlesen wurde, versetzte die Häuptlinge in Begeisterung.

DAS TÄGLICHE AUFWENDIGE LAGERBAUEN

General Waynes mühsamer Vormarsch auf indianisches Gebiet war vor allem gekennzeichnet durch das Fehlen des Ungestüms, mit dem er seine früheren Unternehmungen durchgeführt hatte. Zusätzlich zu dem halben Dutzend Forts, die er von Legionville bis Fort Wayne errichten ließ, mußten seine Männer am Ende jedes Tagesmarsches ein befestigtes Lager aufschlagen, das ungefähr dem Plan links entsprach. Ein rechteckiger, bis zu 30 Hektar großer Platz wurde mit einer Brustwehr aus Baumstämmen und miteinander verschlungenen Zweigen umgeben. An den Ecken entstanden vier massive Bollwerke. Es ist nicht verwunderlich, daß die Indianer angesichts dieses Aufwandes zu eingeschüchtert waren, um einen Angriff auf Waynes Heer zu riskieren.

„Seine Exzellenz Governor Simcoe hat soeben mein Haus verlassen, um sich mit Lord Dorchesters Rede an die Sieben Nationen nach Detroit zu begeben", schrieb der Iroquois Joseph Brant an den kanadischen Minister für indianische Angelegenheiten, „und ich habe allen Grund anzunehmen, daß sich die Lage im Westen nach seinem Eintreffen verändern wird, denn zweifellos wird die Rede diesen Nationen neuen Auftrieb geben und es ihnen in seltener Eintracht ermöglichen, General Wayne zum Stehen zu bringen." John Butler, ein englischer Lieutenant Colonel, verlas die Rede in der Nähe von Buffalo vor zahlreichen Indianern und fügte hinzu: „Ihr habt viele Gerüchte gehört, daß wir den Vereinigten Staaten den Krieg erklären werden. Nach der Rede eures Vaters, die euch soeben zur Kenntnis gebracht wurde, werdet ihr wohl verstehen, daß eine solche Entwicklung sehr wahrscheinlich ist."

Bald darauf entsandte Dorchester Governor Simcoe mit Arbeitern, Werkzeug und Artillerie auf amerikanisches Territorium, um unweit der Stromschnellen des Maumee River ein Fort zu errichten. Es wurde Fort Miami genannt und war recht eindrucksvoll: Hinter einem umlaufenden Wallgraben folgten Reihen angespitzter Pfähle, die eingefriedete Blockhäuser umsäumten. Als das Schutzsystem fertiggestellt war, marschierten drei Kompanien regulärer englischer Rotröcke und eine Kompanie kanadischer Miliz unter Trommelwirbel durch das Tor. Das Fort wurde zu einem Lagerhaus gemacht für Gewehre, Gewehrschlösser, Pulver, rote Farbe zur Kriegsbemalung sowie Tabak. Alexander McKee, ein Indianer-Agent, verteilte diese Waren im Laufe des Frühjahrs an Miami, Shawnee und Delaware. Dorchesters Rede und Dorchesters Fort sollten sich als ungeheure Mißgriffe erweisen – als unwiderlegbare Beweise britischer Doppelzüngigkeit –, aber sie veranlaßten auch 2000 Indianer des Nordwestens, die Amerikaner in Fort Recovery anzugreifen.

In 17 Kolonnen rückten die Krieger, angeführt von dem Shawnee-Häuptling Blue Jacket und britischen Offizieren in Indianerkleidung, im Morgengrauen des 30. Juni gegen das Fort vor. Schon in den ersten Minuten gelang es ihnen, fette Beute zu machen und den Verteidigern Verluste beizubringen: Sie griffen sich 360 Packpferde, die am Tag zuvor Vorräte aus dem 40 Kilometer entfernten Fort Greenville transportiert hatten und deren ungeduldigen Treibern gestattet worden war, den Rückweg ohne die notwendige Eskorte anzutreten. Der Kommandant des Forts ließ sofort Dragoner und Schützen ausrücken, aber in diesem ersten verworrenen und lärmenden Hin und Her fielen 21 Offiziere und einfache Soldaten. Den Überlebenden gelang es, sich in das Fort zurückzuziehen. Als die Indianer dann am Abend

„Ich hege eine unüberwindliche Vorliebe für elegante Uniformen", gab Anthony Wayne zu. Die äußere Erscheinung lag ihm so sehr am Herzen, daß er Barbiere anstellte mit der Aufgabe, seine Truppen wie auch ihn selbst während seiner Feldzüge an der Frontier stets anständig zu stutzen und zu rasieren.

über das offene Gelände rings um die palisadenbewehrte Festung einen Massenangriff versuchten, wurden sie zurückgeschlagen und erlitten dabei schwere Verluste. In der Nacht wagten sie sich abermals vor, aber nur, um ihre Toten zu bergen; nach einer eher lustlosen Schießerei verschwanden sie am nächsten Morgen wieder ebenso lautlos und fast unbemerkt, wie sie gekommen waren.

Das Ergebnis dieser Abwehraktion erfüllte Wayne mit großer Genugtuung – seine Truppen waren kräftig ermutigt worden, und die Feinde hatten offenbar resigniert; auch schien die ganze Sache ein närrischer Einfall seiner britischen Widersacher gewesen zu sein. „Eine beträchtliche Anzahl bewaffneter Weißer hielt sich die ganze Zeit im Hintergrund", berichtete er Knox. „Man hörte sie in unserer Sprache miteinander reden und die Wilden anfeuern. Ihre Gesichter waren geschwärzt, ausgenommen drei britische Offiziere in scharlachroten Röcken, die augenscheinlich Persönlichkeiten von großem Ansehen darstellten." Wayne stellte Erwägungen an, wonach es „den Anschein hat, als ob die eigentliche Absicht des Feindes gewesen wäre", das amerikanische Fort im Handstreich zu nehmen. „Schließlich aber", frohlockte er, „waren sie genötigt, sich gegen ein Uhr Mittag schimpflich und mit Verlusten von eben jenem Feld zurückzuziehen, auf dem sie bei einer früheren Gelegenheit einen stolzen Sieg gefeiert hatten."

Wayne verfügte jetzt über eine gut ausgebildete Armee von 2500 Mann. Er hatte berittene Dragoner, Artillerie-Abteilungen und Schützen, die den Hauptteil seiner Truppe, die mit Musketen und Bajonetten bewaffnete Infanterie, verstärkten. Dennoch verbrachte er den Juli in Ruhestellung in Fort Greenville, während General Charles Scott mit 1500 berittenen Freiwilligen aus Kentucky, die im vergangenen Sommer zusammen mit Waynes Legion in Hobson's Choice geschult worden waren, nach Ohio kam, um sich ihm anzuschließen. Wayne ließ sich von seinen Scouts Bericht erstatten, studierte das Gelände, das sich nach Norden vor ihm erstreckte, und sann über Mittel und Wege nach, wie er die Stämme dazu veranlassen könnte, sich ihm auf einem Terrain seiner Wahl zu stellen.

Der Großteil der Indianer lebte an den Ufern zweier Flüsse – am Maumee River im Westen und am Auglaize River im Osten –, die im Norden zusammenflossen und die Wildnis vor ihm in einem großen Dreieck umschlossen. Die Dörfer der Miami lagen am Maumee River; die der Delaware, Ottawa und der etwas entfernteren Shawnee befanden sich am oder östlich des Auglaize River. Die Wildnis innerhalb des Dreiecks bestand aus dichtem Unterholz mit sumpfigem Untergrund und war von einer Unzahl kleinerer Nebenflüsse des Auglaize River durchzogen. Sowohl Harmar wie auch St. Clair waren dieser Region ausgewichen und hatten sich exponiert, als sie den Weg nach Westen über offeneres Gelände nahmen, um die Dörfer der Miami anzugreifen. Wayne beschloß, schnurgerade nach Norden mitten durch das Herz dieses unwegsamen Waldlandes vorzustoßen. Damit verfolgte er die Absicht, die Stämme zu beiden Seiten über sein eigentliches Ziel im unklaren zu lassen und sie, sobald er beim Zusammenfluß der beiden Ströme unmittelbar südlich des britischen Forts wieder aus der Wildnis auftauchte, wie ein Magnet auf sich zu ziehen.

Wayne hielt das Gebiet an der Spitze des Dreiecks für „das große Handelszentrum der feindseligen Indianer des Westens". Am 28. Juli brach die Legion in dieses Herzland der Stämme auf. Wieder war es die erschreckende Gründlichkeit ihres Vormarsches, mit der sie die Gemüter der Algonquin beherrschte. Sie legte Straßen für Artillerie, Wagen und Vieh an und spannte Brücken über die Flüsse. Die Truppen marschierten in Doppelreihen, Späher und Scouts voraus, und die Dragoner sicherten Vorhut, Nachhut und beide Flanken, während die Männer aus Kentucky als mobiler Verband den Schluß bildeten.

„Dragoner und leichte Truppen mußten beträchtliche Strapazen auf sich nehmen und erlitten an den Flanken infolge der struppigen Dichte von Buschwerk und Gehölzen arge Verletzungen", schrieb George Rogers Clarks jüngerer Bruder William. „Wir marschierten im gewohnten Tempo durch fast undurchdringliches Dickicht, durch Moraste, Hohlwege und durch mehr als hüfthohe Brennesseln."

Nachdem Wayne den Zugang zum Dreieck erreicht hatte, machte er zwei Tage Rast, errichtete ein befestigtes Lager und verbreitete einander widersprechende Gerüchte – er rücke nach Westen und nach Osten vor –, um den Feind über seine wahren Absichten im unklaren zu lassen. Die List glückte. Nachdem die Armee ihren Marsch durch die Wildnis des Dreiecks wieder aufgenommen hatte, fanden Waynes Scouts zwei Tage lang keine Spuren von Indianern. Die Delaware entdeckten das Heer erst wieder, als es sich dem Auglaize River näherte. Die Rothäute flohen in panischer Angst, als die verschwitzten Truppen den Auglaize erreichten und durch die ausgedehnten Gemüse- und Maisfelder stromaufwärts marschierten. Die Indianerdörfer „lagen verlassen da", schrieb William Clark. „Einige Hütten brannten, und es sah ganz so aus, als ob die Bewohner in größter Eile und Bestürzung weggelaufen wären."

Die Bestürzung hatte ihren guten Grund, wie jedem Häuptling, ja selbst jedem Krieger sofort klar wurde. Wayne war nicht nur ins Herzland der letzten Hochburg der Algonquin vorgestoßen, er hatte es bewerkstelligt, ohne einen einzigen Mann zu verlieren, obendrein mit sämtlichen

Waffen, mit Gepäck, Proviant und allem Vieh – und in einer Jahreszeit, da seine Truppen die reifenden Feldfrüchte der Indianer für sich ernten konnten. Er konsolidierte diese Erfolge, indem er bis zum Zusammenfluß des Maumee und des Auglaize River marschierte und dort zwischen beiden Strömen, in einer leicht zu verteidigenden Position einen weiteren Stützpunkt mit Palisadenzaun errichtete, dem er den Namen Fort Defiance gab.

Würden die Indianer kämpfen – oder Friedensgespräche führen wollen? Little Turtle, in dessen Charakter sich Opportunismus mit Einsicht paarte, hatte zu einem Angriff noch auf Waynes erstes Lager jenseits von Fort Recovery geraten, war aber überstimmt worden, und betrachtete die jetzige Lage der Stämme mit verdrießlicher, aber realistischer Nüchternheit. Aber der Shawnee Blue Jacket – von englischen Agenten zum Kampf ermutigt und im Vertrauen auf englische Unterstützung – brannte immer noch darauf, die Eindringlinge zurückzuschlagen. Seinem Gefühl nach konnten die Amerikaner bezwungen werden, wenn es gelänge, sie in ein wirres Knäuel umgestürzter Bäume zu locken, die vor langer Zeit einem Wirbelsturm zum Opfer gefallen waren und in Reichweite der britischen Kanonen von Fort Miami lagen.

Wayne schickte einen Scout mit einer „Einladung" zu den Miami, Wyandot, Shawnee und Delaware, „die Güte und Freundschaft der Vereinigten Staaten von Amerika kennenzulernen und die unschätzbaren Segnungen des Friedens und der Ruhe zu genießen". Am 16. August ließen ihm die Indianer mitteilen, sie würden über die Worte des weißen Captain zehn Tage beraten. Setzte er seinen Vormarsch früher fort, würden sie ihm mit Krieg antworten.

Wayne war nicht gesonnen, dem Feind zehn Tage Zeit zu lassen und ihm so Gelegenheit zu geben, die Zahl seiner Krieger zu erhöhen. Schon am nächsten Morgen gab er Befehl, den Maumee River stromaufwärts zu marschieren. 15 Kilometer vor dem großen Windbruch machte er halt, bezog wieder ein Lager und befahl seinen Truppen abermals, Schanzgräben aufzuwerfen – diesmal zum Schutz von Gepäck und Vorräten, denn seine Infanterie sollte in der bevorstehenden Schlacht unbelastet von Tornistern und Decken kämpfen. An diesem Platz verharrte er auch noch am 18. und 19. August, denn er wußte, daß die Krieger der Algonquin sich erst mit Gebeten und tagelangem Fasten auf den Kampf vorbereiteten, bevor sie endgültig in die Schlacht zogen. Zusammen mit einem britischen Offizier und 53 Miliz-Soldaten aus Detroit hatten bereits 1300 Indianer ihre Stellung inmitten der umgefallenen Stämme bezogen. Der Stratege General Wayne beschloß, sie noch bis zum Morgen des 20. hungern zu lassen.

„Die Wechselfälle des Krieges", hatte er Knox geschrieben, „sind nicht vorhersehbar. Aber eines kann ich versprechen – niemals wird mein Verhalten diesem großen und guten Mann, unserem ehrenhaften Präsidenten, Veranlassung geben, die Zuversicht und das Vertrauen zu bedauern, die er mir zu schenken beliebt hat." Wayne war 49 Jahre alt und korpulent; auch er hatte, wie seine Truppen, auf dem Erdboden geschlafen, und noch von einer alten Wunde her machte ihm sein linkes Bein unerträglich zu schaffen. Am 20. erhob er sich schon früh, puderte sein Haar und ließ sich das schmerzende Bein von der Hüfte bis zum Fußknöchel mit Flanell umwickeln. Ein Adjutant sah Tränen der Qual aus seinen Augen rinnen, als er sein Pferd bestieg. Doch als die Legion mit den Männern aus Kentucky in Kolonnenformation zu ihrer Linken den Maumee River hinaufzog, saß er aufrecht im Sattel. Und um 10 Uhr, als sich eine Vorausabteilung der Freiwilligen dem befestigten Platz der Indianer näherte und wütendes Salvenfeuer hervorrief, gab er seiner Stute die Sporen.

Einer seiner jungen Lieutenants zügelte neben ihm sein Pferd und suchte nach Worten sanfter Ermahnung: „Ich fürchte, General, Sie werden sich persönlich in die Kämpfe verwickeln lassen – und dabei vergessen, uns die nötigen Befehle zu erteilen." Wayne blickte starr vor sich hin und ritt weiter; zwei Jahre Bedachtsamkeit und Zurückhaltung lagen hinter ihm und waren vergessen. „Das könnte sein", antwortete er schließlich, „und falls es so kommt, vergessen Sie nicht, daß der Dauerbefehl lautet: ‚Greift die verdammten Schufte mit den Bajonetten an!'" Doch nachdem er sich innerlich einige Minuten lang die bedrohliche Szene vergegenwärtigt hatte, formulierte er für seine Kommandeure diese einfache Dienstanweisung neu. Er plazierte das Gros seiner berittenen Kentucky-Miliz an der rechten Flanke der Indianer und dirigierte seine mit Schwertern ausgerüsteten Dragoner in eine günstige Position an der linken Flanke, wo die wirren Haufen herumliegender Baumstämme bis an den Fluß reichten. Die Infanterie stationierte er in zwei Reihen gestaffelt vor Blue Jackets Verteidigungslinien. Die eine sollte den ersten Angriff führen, die andere eingreifen, wenn die Lage bedrohlich wurde.

Wayne schwor auf Musketen – in die Papierpatronen mit einer Kugel sowie drei groben Schrotkörnern geschoben wurden, bevor die Pulverladung hineinkam. Auf größere Entfernungen war eine solche Ladung nutzlos, im Nahkampf aber von tödlicher Wirkung. Im Gegensatz zu den Büchsen jener Zeit konnten die Musketen auch mit Bajonetten bestückt werden – und auf deren kalten Stahl vertraute Wayne vorzugsweise. Seine Infanteristen erhielten Anweisung, das erste Feuer des Feindes nicht zu erwidern, sondern unterdes ins Gehölz vorzudringen und mit dem Bajonett anzugreifen, während sich die Indianer noch mit dem Nachladen abmühten. Sie sollten erst dann schießen, wenn sie den davonstiebenden Feind in den Rücken treffen konnten.

Waynes Befehle wurden mit einer Exaktheit ausgeführt, wie sie im Krieg nur selten zu sehen ist. Fast ehe sich der Rauch der ersten Salve der Indianer in der heißen Sommerluft verzogen hatte, war die Schlacht bereits zu Ende. Mit grimmiger Befriedigung vermerkte Wayne, daß „die Wilden mitsamt ihren Verbündeten versprengt wurden und voll Angst und Verzweiflung Hals über Kopf das Weite suchten". An beiden Flanken wurde den Indianern der Weg zum offenen Gelände verlegt durch die stampfenden und steigenden Pferde und die Säbel der tollkühnen amerikanischen Reiter. Die im Zentrum eingeschlossenen Indianer fanden sich durch das Gewirr von toten Stämmen und Ästen behindert, zwischen denen sie sich versteckt hatten. Sie verhedderten sich immer tiefer darin bei dem Versuch, sich vor den Bajonetten der schreienden Feinde zu retten. Die Infanterie forderte jetzt einen hohen Preis für die mehreren Dutzend Männer, die beim Einfall in den Windbruch getötet worden waren. „Die feindlichen Verluste betrugen mehr als das Doppelte von denen der Armee", schrieb Wayne.

Mit der Niederlage der Indianer in der Schlacht von Fallen Timbers (Umgefallene Stämme) endete die Rebellion im Waldland von Ohio. Wayne war ihnen mit einer Machtdemonstration entgegengetreten, die über ihre Erfahrungen weit hinausging. Und er hatte außerdem zu ihrem Entsetzen den englischen König gedemütigt. Einige Überlebende der Schlacht lernten die bittere Wahrheit über ihre Verbündeten kennen, als sie aus dem Wald heraus auf das englische Fort zuliefen. Sie erreichten die Palisaden und flehten um Hilfe vor ihren Verfolgern, aber die Kanonen blieben stumm und die Tore fest verschlossen.

Wayne verschwendete wenig Zeit damit, den Treuebruch Lord Dorchesters an den gutgläubigen Algonquin weiter zu dramatisieren. Am Tag nach der Schlacht wünschte der Kommandant des Forts, Major William Campbell, zu wissen, warum sich Streitkräfte der Vereinigten Staaten so dicht einem Fort genähert hätten, das seiner Majestät dem König von England gehörte. Er fragte weiter, wie er die Handlungsweise der Amerikaner verstehen solle, da sich beide Länder nicht im Kriegszustand miteinander befänden. Wayne antwortete durch Taten. Mit einer Abteilung seiner Truppen zog er vor Campbells Festung innerhalb von Pistolenreichweite auf, inspizierte sie gemächlich und gab schließlich Befehl, das nahe gelegene Haus von McKee, dem britischen Indianer-Agenten, einschließlich verschiedener anderer Außenbauten, niederzubrennen. Er hätte zu gern das Fort erobert und hoffte, die Engländer durch sein Verhalten zu einem vorschnellen Angriff zu provozieren, doch der britische Kommandant bewahrte Ruhe und hielt seine Leute zurück – keiner von beiden wollte dafür verantwortlich sein, einen zweiten Unabhängigkeitskrieg angezettelt zu haben.

In den folgenden zwei Monaten bestand Waynes Beschäftigung vornehmlich darin, indianische Dörfer und die ausgedehnten indianischen Felder zu zerstören, die sich entlang des Maumee River 80 Kilometer weit erstreckten. Er vernichtete die Dörfer der Miami und baute nahe ihren schwelenden Überresten eine weitere Palisadenfestung – die von ihrem Kommandanten sofort auf den Namen Fort Wayne getauft wurde. Dann brach er mit dem Hauptteil der Legion nach Fort Greenville ins Winterquartier auf.

Eine Prozession gedemütigter, verbitterter und verarmter Häuptlinge besuchte ihn im Februar und bat feierlich um Frieden. „Daraus läßt sich schließen", schrieb er befriedigt, „daß die Männer der Legion ausgezeichnete Augen- und Ohrenspezialisten sind, und daß das Bajonett das geeignetste Instrument ist, das es je gab, um die Augen der Wilden von Schleiern zu befreien und ihre Ohren zu säubern. Außerdem vertreibt sein Glitzern die Dunkelheit und läßt das Licht ein." Im Sommer kehrten die Häuptlinge zurück und unterschrieben den Vertrag von Greenville, in dem sie große Gebiete Ohios offiziell an die Vereinigten Staaten abtraten.

Nachdem die Stämme 40 Jahre lang blutigen Widerstand geleistet hatten, war der Nordwesten jetzt für die friedliche Besiedlung erschlossen und der Einfluß der Briten entscheidend und für immer geschwächt.

Wayne war es schließlich noch beschieden, Detroit in Besitz zu nehmen, nachdem die Engländer endlich der Räumung dieser wichtigen Festung zugestimmt hatten. Er starb im Winter 1796, an einer Infektion, während ihm noch das Beifallklatschen vom Kongreß und dankbaren Landsleuten in den Ohren klang.

Ein weniger gütiges Geschick war dem Mann beschieden, der den Anfang gemacht hatte – George Rogers Clark. Ein einsames und verbittertes Opfer seiner Trunksucht und seiner zerstörten Träume, starb er 1818 mit 65 Jahren an einem Herzschlag. In seinen letzten Lebensjahren erlitt der alte Indianerkämpfer mehrere Schlaganfälle, die zu einer teilweisen Lähmung und am Ende zu einer Infektion des rechten Beines führten. Aber auch als eine Amputation dieses Beines nötig wurde, verlor er nicht den Mut – und auch nicht sein ihm eigenes Gefühl für Stil. Clark bestand auf der Anwesenheit eines Trommlers und eines Querpfeifers während der Operation und schlug mit seiner gesunden Hand den Takt zu ihrem Rhythmus, während der Feldscher seines furchtbaren Amtes waltete.

Vor seinem Fort bei Greenville diktiert Anthony Wayne den in der Schlacht von Fallen Timbers besiegten Häuptlingen seine Friedensbedingungen. Im Tausch gegen jährliche Zahlungen in Höhe von 9500 Dollar, die unter den Stämmen verteilt werden sollten, forderte Wayne von den Indianern zwei Drittel von Ohio, einen Streifen von Indiana und strategisch wichtige Außenposten in Illinois und Michigan.

5 | Aufbruch zum Mississippi

Bewohner der Ostküste, die auf dem Weg an die Frontier waren, rissen sich um einen 1801 erschienenen Reiseführer mit dem Titel *Der Steuermann.* Sie wollten nicht nur Ratschläge des Autors Zadoc Cramer über den Umgang mit Flachbooten beherzigen, sondern sich auch von seiner patriotischen Begeisterung für die Wanderung nach Westen gefangennehmen lassen. Das Frontier-Gebiet, schrieb Cramer, werde auf einzigartige Weise „von klaren Bächen und schiffbaren Flüssen durchströmt", und „kein Volk hat mehr Recht, daraus Vorteil zu ziehen" als die Amerikaner.

Ein Menschenalter lang hatte der Krieg gegen Briten und Indianer die Emigration aufgehalten. Das Ackerland im Süden war ausgelaugt, und für Parzellen mit felsigem Untergrund erzielten die Verkäufer bis zu 20 Dollar den Hektar. Karten wie die rechts abgebildete zeigten den angehenden Farmgründern die Fülle von Land im Westen – Land, das für nur wenige Dollar pro Hektar zu haben war. Berichte über diesen Reichtum motivierten allein im Sommer 1795 26000 Menschen zur Überquerung des Cumberland Cap.

Die Fahrt über Land war äußerst beschwerlich. Als Straßen dienten enge, von Buschwerk und kleinen Bäumen gesäuberte Schneisen. Größere Bäume wurden einen halben Meter über dem Boden gekappt – und hielten viele Wagen auf. Wenn es regnete, verwandelten sich diese Karrenwege in Morast. War ein Fluß in der Nähe, ging es leichter voran, denn dann konnte eine Familie ihre Habe auf ein Flachboot laden und flußabwärts bis zu ihrem neuen Heim staken. So zogen Tausende von Emigranten in den Westen, bis der Krieg von 1812 die Frontier abermals sperrte.

Als diese Karte um das Jahr 1803 gezeichnet wurde, übte die nach Westen gerichtete Expansion der aus 18 Staaten bestehenden jungen Nation starken Druck auf die zeitweilige Barriere des Mississippi aus. Jenseits des Stromes aber lockte das Gebiet des neuerworbenen Louisiana.

A MAP OF THE UNITED STATES OF AMERICA
CANADA
MAINE
NEW BRUNSWICK
LAKE HURON
LAKE ONTARIO
LAKE ERIE
MICHIGAN TERRITORY
NEW YORK
VERMONT
MASSACHUSETTS
CONNECTICUT
RHODE ISLAND
PENSYLVANIA
NEW JERSEY
OHIO
MARYLAND
VIRGINIA
N. CAROLINA
S. CAROLINA
GEORGIA
FLORIDA
Long W. from London
Long W. from Philadelphia

Ignoranten und Spekulanten auf der Jagd nach Land

Man frage diese Pilger, was sie sich erwarten, wenn sie nach Kentucky kommen, und ihre Antwort lautet: Land", schrieb Moses Austin über die abgemagerten, zerlumpten Emigranten, die ihm 1796 in Massen auf der Wilderness Road begegneten. „Habt ihr Geld, um für das Land zu bezahlen? Nein. Kennt ihr die Gegend? Nein. Gibt es etwas Absurderes als menschliches Verhalten? Hunderte ziehen an mir vorbei. Sie wissen nicht wozu, sie wissen nicht wohin, nur daß es Kentucky sein muß ... das Land, in dem Milch und Honig fließen. Und was werden sie finden, wenn sie ankommen?"

Wohl kaum jemand hätte sich vorstellen können, daß diese zähen Pioniere dort den Himmel auf Erden vorfinden – und einer religiösen Hysterie erliegen würden. Niemand hätte sie weiterhin für fähig gehalten, ein demokratisches Rezept zur augenblicklichen Seelenrettung von so überzeugender Wirkung zu entwickeln, daß der „revivalism" (religiöse Erweckung) unter freiem Himmel zu einer typischen Dauereinrichtung für Amerika wurde.

In ungeheurer Zahl strömten diese neuen Siedler nach der Schlacht von Fallen Timbers, als die Raubzüge der Indianer nachließen, nach Westen. Das Straßennetz wurde verbessert. Wagenzüge konnten auf der Wilderness Road das Cumberland Cap überqueren, um nach Kentucky zu gelangen, konnten vom Osten her über die Old Walton Road Tennessee erreichen und seit den letzten Jahren des 18. Jahrhunderts, dort auf Nebenwege abzweigen, die immer tiefer ins Hinterland geschlagen wurden. Der Zane's Trace stellte die Landverbindung von Wheeling in südwestlicher Richtung in das Kentucky River Valley her. Emigranten, die den Wasserweg wählten, trieben auf ganzen Flotten von Flachbooten den Ohio River hinunter – mitsamt ihrem Hausrat und ihrem Vieh.

Im Jahre 1796 wurde James Kingsbury der erste Siedler in Connecticuts „westlicher Landreserve" am Lake Erie. Als er 25 Jahre später diesen Scherenschnitt anfertigen ließ, war er dick und allem Anschein nach auch wohlhabend geworden.

Um 1800 zählte Kentucky fast eine Viertelmillion Einwohner; fast halb soviel lebten in Tennessee, und Neuankömmlinge drängten in einem solchen Tempo nach Ohio, daß die Bevölkerung bereits in den folgenden zehn Jahren um 200 000 anstieg.

Die Mehrzahl dieser Leute verhielt sich nicht anders, als ihre grobschlächtigen Vorgänger es getan hatten. Sie kleideten sich, wie an der Frontier üblich, in Jagdblusen und Mokassins, rodeten ein paar Hektar Land, pflanzten Mais und brachten sich recht und schlecht durch. Und doch erlebte der neue Westen beachtliche Veränderungen. Der Mais ließ Dutzende kleiner Brennereien entstehen (Whiskey erwies sich als ein für den Tauschhandel eminent geeignetes Produkt) und ernährte sich ständig vergrößernde Rinder- und Schweineherden, die über die neuen Straßen hin und wieder auf die Märkte im Osten getrieben wurden.

Wohlhabende Pflanzer – oder ihre Söhne – übersiedelten mit Sklaven, schweren Möbeln und dem Familiensilber nach Kentucky und begannen, ausgedehnte Flächen für den Anbau von Tabak zu roden. Ärzte, Drucker, Anwälte, Hufschmiede und kleine Kaufleute kamen über die Berge, um ihr Glück zu machen – in Louisville, Frankfort, Maysville, Knoxville und, oberhalb des Ohio River, in Dayton, Xenia, Franklinton (das heutige Columbus) und Fort Washington (das heutige Cincinnati). Nach Lexington gelangte ein Silberschmied namens Edward West, der den Hausbau vereinfachte, indem er eine Maschine zur Fabrikation von Nägeln erfand; bisher einzeln von Schmieden angefertigt, stellten Nägel eine so kostbare Ware dar, daß viele Amerikaner vor der Übersiedlung in den Westen ihre Häuser verbrannten, um die Metallstifte für das nächste Haus verwenden zu können.

Aber nur wenige Städte hatten mehr als ein paar hundert Einwohner. So wie das ältere Frontier-Gebiet der östlichen Appalachen, wurde auch das neue vornehmlich landwirtschaftlich genutzt und war im großen und ganzen ebensowenig auf fremde Hilfe angewiesen. Allerdings erfreuten sich die Menschen hier größerer Bewegungsfreiheit, und ihre gesellschaftlichen Aktivitäten waren abwechslungsreicher

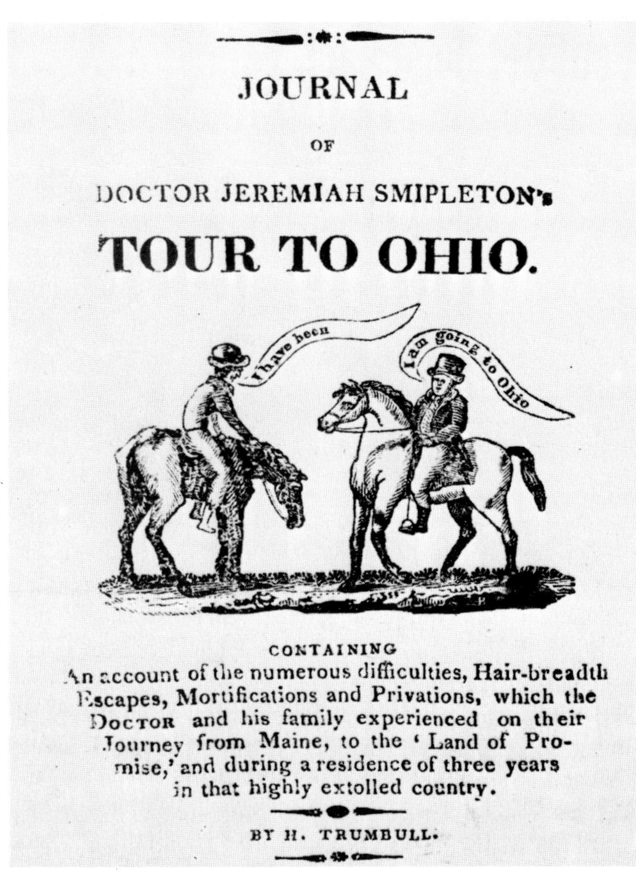

JOURNAL

OF

DOCTOR JEREMIAH SMIPLETON'S

TOUR TO OHIO.

I have been
I am going to Ohio

CONTAINING

An account of the numerous difficulties, Hair-breadth Escapes, Mortifications and Privations, which the DOCTOR and his family experienced on their Journey from Maine, to the 'Land of Promise,' and during a residence of three years in that highly extolled country.

BY H. TRUMBULL.

Aus Furcht vor Entvölkerung verbreiteten einige Oststaatler abschreckende Geschichten über den Westen. Dieses 1815 erschienene „Tagebuch" machte sich über Ohio lustig und schilderte es als ein Gebiet „ohne Schneider, Schuster oder Hutmacher, dessen Bewohner auf allen Vieren kriechen".

gestaltet. Bärenhatzen, Hahnenkämpfe und Preisschießen wurden veranstaltet. Mit dem Aufkommen berittener Reiserichter verlegten sich Tausende von Siedlern aufs Prozessieren – wobei es zumeist um Rechtsansprüche auf staatlichen Grundbesitz ging. Immer noch waren randalierende Kneipenhocker bemüht, ihren Gegner zu beißen und ihm die Augen auszuquetschen.

Aber trotz allem vermißten die Leute in Kentucky etwas, wenn auch nur im Unterbewußtsein: die Angst, das Entsetzen, die Aufregung und die Augenblicke blutiger Siege, die sie in einem halben Jahrhundert der Auseinandersetzungen mit den Waldindianern ausgekostet hatten.

Einem Prediger namens James McGready, einem „hochgewachsenen und knochigen" Presbyterianer, gelang es, dieses Vakuum zumindest teilweise zu füllen. Er vermochte es, Satan so wirklich erscheinen zu lassen wie einen brüllenden Shawnee, und konnte die Hölle schrecklicher heraufbeschwören als den Marterpfahl. McGready besaß kaum die elementarste religiöse Schulung; er hatte bei einem in Pennsylvania ansässigen Farmer, der nebenbei predigte, gelernt, bis er sich „für die Ewigkeit bereit" fühlte. Aber er hatte dunkel glühende Augen, ein „beherztes und unnachgiebiges Gebaren" und verstand es, seinen Mangel an Erziehung auf andere Weise auszugleichen. Wie ein Zirkusdirektor hatte er sein Publikum in der Hand, und er besaß die Gabe, Sünder in Angst und Schrecken zu versetzen, um sie für das „Erwachen" vorzubereiten.

Als Anfänger im Predigergeschäft scheint McGready bei Gemeinden im westlichen North Carolina auf Widerstand gestoßen zu sein, weil sie sich von ihm tyrannisiert fühlten – es störte sie, daß er sich gegen den Genuß von Whiskey bei Begräbnissen aussprach. Er setzte sich nach Kentucky ab, nachdem er, so weiß die Legende zu berichten, einen mit Blut geschriebenen Drohbrief erhalten hatte. Aber seine Kampflust schlug ein wie ein Blitz in die „ägyptische Dunkelheit des religiösen Lebens im Westen".

Nach presbyterianischen Berichten führte der neue Prediger den „gottlosen Bürgern" von Red River, Gasper River und Muddy River „die Hölle und ihre Schrecken" so eindrucksvoll vor Augen, daß sie „zitterten und bebten, einen See von Feuer und Schwefel vor sich sahen, der sie zu verschlingen drohte, und den Zorn Gottes verspürten, der sie in diesen entsetzlichen Abgrund stürzte".

Hatten sie sich einmal McGreadys Predigten ausgeliefert, begannen selbst „die kecksten und hartgesottensten Sünder ihr Gesicht zu bedecken und zu weinen". So furchterwekkend war sein Gebaren, als er im Juli 1799 in Gasper River predigte, daß viele „stöhnend zu Boden stürzten, andächtig beteten und um Gnade flehten". Dieses Phänomen eskalierte, als John McGee, ein Methodistenpfarrer, McGreadys nächstem Gottesdienst beiwohnte und in solche Verzückung geriet, daß er aufsprang und auch seinerseits anfing, aus vollem Hals Ermahnungsreden an die Gläubigen zu richten. Das hatte eine erstaunliche Wirkung auf „Gotteslästerer, Sonntagsentheiliger" und andere Personen, deren Frömmigkeit zu Zweifeln Anlaß gab: „Nach wenigen Augenblicken wälzten sich die Bösewichte auf dem Boden, und ihre flehentlichen Bitten um Gnade stiegen zum Himmel empor."

Das war der Beginn des Großen Revivals der ersten Jahre des 19. Jahrhunderts, das sich über ganz Kentucky und Tennessee ausbreitete und auch entlang den Trails der Pioniere auf die älteren Siedlungen des Südens übergriff. Und es war auch der Anfang seines wichtigsten Instruments, des interkonfessionellen Dauerfreiluftgottesdienstes.

Als Geschichten über „Wunder" in den Backwoods die Runde machten, kamen die Menschen in Scharen zu den Predigten McGreadys – und anderer geistlicher Herren, die seine Technik nachahmten. Und ein Prediger allein reichte nicht mehr aus, um die Gemeinde zu bekehren, denn McGready hatte erkannt, daß die Sünder noch viel eindringlicher vor den Listen des Teufels gewarnt werden konnten, wenn die Prozedur rund um die Uhr drei oder gar vier Tage hintereinander in Gang gehalten wurde. Freiwillige Helfer trafen die nötigen Vorbereitungen für diese Veranstaltungen, indem sie Straßen für Zelte und Hütten anlegten, Reihen von Bänken aufstellten, Holz für Freuden-

In Ohio rodet eine Familie ein Stück Land und baut eine Hütte. Jedes Familienmitglied muß hart mitanpacken bei dieser recht mühsamen Arbeit. Viele Siedler mieden die Prärie und hackten ihre Farmen lieber aus den Wäldern heraus, weil sie der falschen Ansicht waren, baumloser Boden sei unfruchtbar.

feuer heranschafften und Kanzeln für die einander abwechselnden, wild gestikulierenden Prediger errichteten.

Große Menschenmassen erschienen zu diesen Erweckungsversammlungen unter freiem Himmel. Manche Leute kamen zu Fuß, manche zu Pferd, aber die meisten langten auf Wagen an, vollgeladen mit Proviant und Bettzeug, und lagerten in kleinen Gruppen. Viele lockte nur die reine Neugier an, die einem Picknick nicht unähnliche Stimmung, die Aussicht, etwas Neues und Aufregendes zu erleben. Und nicht wenige kamen, um sich lustig zu machen, an einer Balgerei teilzunehmen und Whiskey zu trinken, den geschäftstüchtige Verkäufer aus Fässern ausschenkten, die sie in Hörweite der Prediger versteckt hielten.

Aber der flackernde Schein des Feuers, die von Leidenschaft durchdrungenen Predigten und die Erschöpfung entfachten in Tausenden dieser einfachen, buchstabengläubigen Menschen echte Ängste und Gefühlsaufwallungen. Fälle von Massenhysterie häuften sich bei diesen Versammlungen – nie aber in derart dramatischer Form und in so großer Zahl wie im Verlauf des Revivals, das Barton Warren Stone, ein von McGready zum Presbyterianertum bekehrter Geistlicher, vom 6. bis zum 13. August 1801 bei Cane Ridge, Kentucky, abhielt.

Mit Cane Ridge erreichte das Große Revival seinen Höhepunkt. Eine Zählung ergab, daß sich in dieser Woche zwischen 20000 und 25000 Menschen – ein Zehntel der Bevölkerung des ganzen Staates – einen oder mehrere Tage dort aufgehalten hatten. Im Verlauf dieser Veranstaltung kam es zu einer Reihe von frenetischen Zwangshandlungen: die Massen lachten und sangen, ließen sich fallen und wälzten sich unter Zuckungen am Boden – die Prediger nannten diese Übungen, die zu Kennzeichen einer neuen Backwoods-Evangelisation wurden, „Exerzitien"; man meinte, daß sie eine reinigende Buße des Sünders darstellten und überdies die göttliche Bestätigung seines Wohlverhaltens durch den Heiligen Geist vermittelten.

Dieses Heraustreten aus der Reserve spiegelte sich auch in erotischen Exerzitien wider. Ein gewisser John Lyle, ein orthodoxer presbyterianischer Geistlicher, stellte betrübt fest, daß „mehr Seelen neu in die Welt gesetzt als gerettet

Um 1800 versammelten sich Tausende von Backwoodsmen in einem Wald in Kentucky, um sich „retten“ zu lassen – ein für das Frontier-Gebiet in dieser Zeit typisches Ritual. Solche „Erweckungs“-Veranstaltungen veranlaßten die Backwoodsmen, in einer Weise „mit dem Herrn um Gnade zu ringen“, daß einmal ein Prediger jubelnd ausrief: „Die Hölle erzittert, und Satans Reich geht unter!“

THE

SPIRITUAL SONGSTER:

CONTAINING A VARIETY OF

CAMP-MEETING,

AND OTHER

HYMNS.

Be glad in the Lord, and rejoice ye righteous, and shout for joy all ye that are upright in heart.—Ps. 32. v. 11.

FIRST EDITION.

PRINTED AND PUBLISHED BY GEORGE KOLB, FREDERICK-TOWN, MARYLAND.
1819.

Prediger Barton Stone verglich die Erweckungsbewegung mit einem „von einem starken Wind angefachten Feuer in einem ausgetrockneten Stoppelfeld". Er hielt die „ungewöhnlichen Erregungszustände" bußfertiger Frontiersmen für notwendig, weil „nichts Gewöhnliches" ihre Seelen retten konnte.

wurden". Aber Lyle gab andererseits auch zu, „tief gerührt" zu sein über den Anblick so vieler, die sich „ihres sündhaften Lebens bewußt" geworden waren.

„Das Gelärme war so laut wie das Tosen der Niagara-Fälle", berichtete James B. Finley, ein junger Mann aus Ohio, der mit dem festen Vorsatz gekommen war, sich von keiner „nervösen Erregbarkeit" anstecken zu lassen, „und die Leute wurden hin- und hergeschüttelt wie von einem Sturm. Ich sah, wie 500 Menschen in einem Augenblick niederfielen, so als ob eine Batterie das Feuer auf sie eröffnet hätte, und ihr Jammern und Schreien gellte durch die Luft."

Hunderte fühlten sich zu noch weit dramatischeren Reaktionen gedrängt. Einem Methodisten namens Jacob Young fiel auf, daß viele der „von Ängsten Geplagten auf den Knien rutschten, laut bellten und schnappten, um den Teufel abzuschrecken". Finley sah Bußfertige, die sich krampfhaft vor- und rückwärts beugten, wobei sie bei jeder ruckartigen Bewegung mit dem Kopf fast den Boden berührten; wie ein Pfarrer mit Namen Peter Cartwright beobachtete, machten sie das mit einer solchen Geschwindigkeit, daß den Frauen ihr Tuch vom Kopf gerissen wurde und „sogar die Haarnadeln davonflogen".

Die Erweckungsbewegung ließ die Religion im neuen Westen tiefe Wurzeln schlagen. Die intensiven Vorstellungen von ewigen Höllenqualen und die Versprechen auf sofortige Rettung waren genau das richtige für diese Sippe von Bärenjägern und Indianerkämpfern. Aber das Revival löste auch großen Hader zwischen den Kirchen aus, die sich anfangs daran beteiligt hatten. Schon seit geraumer Zeit hielten die Presbyterianer an der calvinistischen Doktrin der „Auserwählung" fest, wonach nur einige wenige Auserwählte von Gott für den Himmel vorgesehen waren und selbst diese wenigen Sterblichen erst nach einem langen Prozeß von Berufung, Glauben, Rechtfertigung, Aufnahme und Weihung „Zugang zur Gnade" fanden – und keine „Exerzitien" konnten etwas an Gottes Meinung von einem Menschen ändern, der nicht schon vorher dazu bestimmt gewesen wäre, in die ewige Seligkeit einzugehen.

McGready und seine Jünger wichen unbekümmert von dieser Rechtgläubigkeit ab; sie waren der Überzeugung, Gott könne nach seinem Belieben Gnade ausüben, wie er es am Pfingsttag getan hatte. Nach ihrer Meinung sollten die Predigten auf „Mark und Bein" abzielen und weniger auf den Geist; und reiner Wahnsinn sei es, dem Teufel Riechsalz anzubieten, Ruhe zu gönnen und Zeit zum Überlegen zu lassen, wenn man ihn einem armen Sünder austreiben wolle.

Von traditionellen Presbyterianern unter Druck gesetzt, übte McGready dann doch „geziemende Unterwerfung" vor der Orthodoxie, verblieb innerhalb der Kirche und zog sich aus dem öffentlichen Leben zurück. Methodisten und Baptisten, die demokratische Ansichten über den Weg eines Menschen zum Heil vertraten, erbten weitgehend die Früchte der Erweckungsbewegung und gewannen Tausende jener Iro-Schotten für sich, die das Presbyterianertum aus Ulster mitgebracht hatten. Beide hielten auch weiterhin Gottesdienste unter freiem Himmel ab – in „Lauben aus Strauchwerk", wie man im alten Süden sagte – ließen aber wegen des schwelenden Glaubensstreites nur ihre eigenen Schäflein daran teilnehmen, und die sangen dann keck:

Ich bin Baptist, Baptist, Baptist,
und bleib Baptist noch bis zum Tod.
Bei den Baptisten ist's gewiß
sie retten mich aus tiefster Not!

oder:

Wen hat der Herr am allerliebsten?
Ich sag es euch: den Methodisten!

Maisschnaps: Lieblingsgetränk der Frontiersmen

„Es riecht wie von Brand befallenes Getreide, es schmeckt wie der Zorn Gottes, und wenn man einen tüchtigen Zug macht, hat man das Gefühl, eine brennende Petroleumlampe geschluckt zu haben.“ So wehklagte ein Zecher, nachdem er von einem Krug in Kentucky hergestellten Maisschnapses gekostet hatte. Doch die meisten Amerikaner im Westen schätzten das einzigartige, herbe Aroma dieses Gebräus, und Hunderte destillierten es, um damit für die Waren zu bezahlen, die sie aus den Städten des Ostens kommen lassen mußten.

Für die in den abgelegenen Bergen Kentuckys und Tennessees lebenden Farmer gab es keine praktischere Methode, ihr Getreide auf den Markt zu bringen, als den überschüssigen Mais in Whiskey zu verwandeln. Der Transport von Getreide über Land war schwierig und teuer: Ein Lastpferd konnte nur vier Scheffel über die Berge tragen. Aber das gleiche Pferd konnte das Äquivalent von 24 Scheffel Mais tragen, wenn dieser zu zwei Fässern Whiskey kondensiert war.

Um aus Mais Whiskey zu machen, brühten die Siedler Maismehl in Bütten, fügten Gerstenmalz, Kleie und Hefe bei und gossen eine bestimmte Menge reinen Quellwassers hinzu. Sie ließen die Maische gären und erhielten ein Gebräu mit sieben Prozent Alkoholgehalt, das nun destilliert werden konnte.

Der Destillierapparat dieser Zeit bestand aus einem birnenförmigen Kupferkessel und einem darauf aufsitzenden Helm mit einem sich verjüngenden Hals, der in einer als „Wurm“ bezeichneten Rohrspirale endete. Sobald der Apparat angeheizt wurde, verdampfte das alkoholische Destillat nach oben in den Helm und weiter durch den Wurm. Der Wurm wurde in ein Faß mit kaltem Wasser getaucht, das nun den erhitzten Dampf zu Whiskey kondensieren ließ. Aus dem Ende des Wurms abgezogen, wurde der „Maisschnaps“ zum zweiten Mal destilliert, um den Alkoholgehalt zu erhöhen. Die ausgelaugte Maische fand dann noch als Schweinefutter Verwendung.

Dieses Bild einer Brennerei – von der Maische zu verkorkten Krügen – war Douglass Hewitt & Co.'s Schutzmarke für den Old '76 Whiskey.

Zum geselligen Maisschälen versammelte Bewohner von Kentucky stärken sich von Zeit zu Zeit mit einem herzhaften Schluck hausgemachten Whiskeys,

„bis aus ihren Kehlen ein fröhliches Lied erscholl".

Um das Jahr 1800 gab es in Kentucky schon mehr als 1500 Familienbetriebe, die Maisschnaps brannten.

Zu allen möglichen Gelegenheiten holten die Frontiersmen ihre bauchigen Krüge hervor. „Alle schluckten das Zeug", erinnerte sich ein früher Chronist des Lebens in Kentucky. „Beim Maisschälen, beim Hausbau, beim Baumfällen oder zu anderen heiteren Anlässen – der Schnaps floß immer in Strömen." Die Geistlichen unterstützten das Schnapstrinken nicht, aber auch nicht alle verdammten es. Im Sitzungsbericht einer Kongregation aus dem Jahr 1795 ist eine Debatte über das Thema festgehalten, ob es „mit wahrer Religiosität zu vereinbaren ist, eine Brennerei zu betreiben". Nach längerer Diskussion kam die Kongregation zu dem Schluß: „Vereinbar".

Geld war knapp an der Frontier, und häufig diente der Whiskey als harte Währung. Lehrer erhielten ihr Gehalt in Maisschnaps, und in fast jedem Laden in Kentucky stand eine Gallone Whiskey mit einem Vierteldollar im Kurs. Als daher Finanzminister Alexander Hamilton 1791 den Kongreß dazu überredete, Whiskey mit einer Konsumsteuer zu belasten, zur Abdeckung der Kriegsschulden des Landes, protestierten Tausende von Farmern im Westen mit der Begründung, mit der Whiskey-Steuer würde ihr eigenes Vermögen besteuert. Hamilton ignorierte diese Proteste und riet allen Gegnern der Steuer, einfach weniger zu trinken. Die Farmer rebellierten. Banden von Frontiersmen im westlichen Pennsylvania und in Virginia überfielen Steuereinnehmer und teerten und federten Regierungsbeamte, die dem Gesetz Geltung verschaffen wollten.

Im Juli 1794, auf dem Höhepunkt des Whiskey-Aufstandes, besetzte eine bunt zusammengewürfelte Armee von 5000 Rebellen Pittsburgh. Präsident Washington schickte 15000 Mann über die Berge, um die Ordnung wiederherzustellen. Der Whiskey-Aufstand brach zusammen. Aber eine von Haß und Empörung über das autoritäre Vorgehen der Bundesregierung geprägte Stimmung blieb an der Frontier bestehen – auch noch nach Abschaffung der Steuer im Jahre 1802.

Ein Steuereinnehmer erleidet ein hartes Schicksal auf diesem 1792 erschienenen Cartoon.

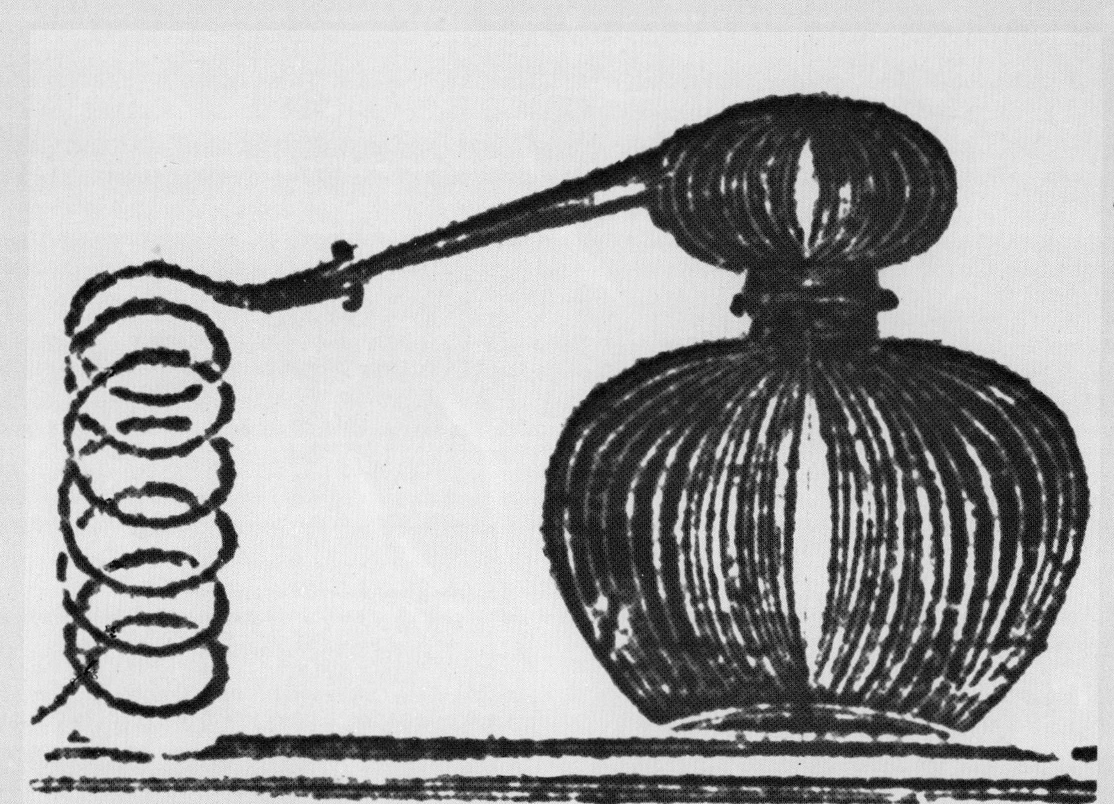

FISHEL AND GALLATINE,
COPPER AND TIN SMITHS,

INFORM their friends and the public, they have now on hands, a variety of STILLS of the best quality, and having laid in an assortment of Copper, and engaged workmen of skill, can with satisfaction complete any orders they may be favoured with.

TIN WARE of every description, by wholesale or retail; Copper Boilers, Hatter's Kettles, Copper Tea Kettles, Brass and Copper Wash Kettles, &c. &c.

Tin Ware and merchandise exchanged for old Copper, Brass and Pewter.

Lexington, 8th Sept. 1807. tf

Ein Destillierkolben aus massivem Kupfer ist auf dieser 1807 von einer Kupferschmiede in Lexington veröffentlichten Zeitungsanzeige zu sehen.

In den Jahren zwischen dem Unabhängigkeitskrieg und dem Krieg von 1812 spiegelten die Ketzereien, Exzesse und parteigebundenen Emotionen der westlichen Religion nur den Zustand der westlichen Gesellschaft als Ganzes gesehen wider. Die James McGreadys und Barton Stones der Erweckungsbewegung waren nicht die einzigen Volksführer, die mit verbissenem Übereifer an die Aufgaben herangingen, die die Erschließung des Kontinents bis zum Mississippi stellte. Einige dieser Leute waren wirklich von lautersten Motiven beseelt, manche aber verfolgten lediglich eigenen Nutzen oder gar aufrührerische Ziele. Die ersten Abenteurer, die die Appalachen überquerten, konnten doch der Beengtheit der Zivilisation den Rücken kehren. Jetzt jedoch fühlten sich die Bewohner des neuen Westens von allen Seiten eingeengt und bedroht. Die Regierung im Osten besteuerte sie, die Spekulanten des Ostens versuchten mit allen Mitteln, die Kontrolle über riesige Landgebiete im Westen zu erlangen (insbesondere über das von Georgia beanspruchte Land am Yazoo Strip), die Creek und Cherokee bedrohten sie vom Süden her, und Spanien machte alle ihre Hoffnungen zunichte, am Mississippi und an der Golfküste Handel zu treiben.

All dies bestärkte die Backwoodsmen in ihrer einzelgängerischen, empörten Haltung, die sie von Anfang an gegenüber den Einmischungen und Übergriffen der Leute von der Ostküste eingenommen hatten. Kaum war der Unabhängigkeitskrieg zu Ende, fingen die Menschen im Westen schon an zu überlegen, wie sie sich selbst befreien könnten, um ihre Zukunft nach eigenen Vorstellungen zu gestalten. Eine Zeit der Wirren brach an, die im Zeichen zweier dramatischer Episoden stand. Die eine war die Proklamation des Commonwealth of Franklin durch John „Nolichucky Jack“ Sevier – eines Helden von King's Mountain – und weitere sezessionistisch gesinnte Bürger Tennessees, die sich von North Carolina losreißen wollten. Bei dem anderen Vorfall handelte es sich um die Spanische Verschwörung, angezettelt von dem Obergauner General James Wilkinson. Dies war wohl das schillerndste der vielen Ränkespiele, die darauf abzielten, den Westen aus der Föderation der amerikanischen Staaten herauszubrechen, um separate kleine Republiken zu gründen oder sich mit Spanien zu verbünden.

Kein Geschehen nach Beendigung des Unabhängigkeitskrieges spiegelte die aufrührerischen Bestrebungen der neuen Siedler des Westens und die Dickköpfigkeit ihrer Führer besser wider als Gründung und Zusammenbruch des „Lost State of Franklin“. Diese politische Kuriosität, die nur von kurzer Lebensdauer war, wurde geboren, als North Carolinas Legislative im Juni 1784 durch Abstimmung beschloß, den westlichen Landesteil (der in etwa dem heutigen Ostteil Tennessees entspricht) an den Bundeskongreß abzutreten. Da die Backwoodsmen dieser Region fürchteten, der Kongreß werde sie unter Umständen jahrelang wie Bürger zweiter Klasse behandeln, nahmen sie im August 1784 ihre Sache selbst in die Hand. Sie schickten von jeder Milizkompanie zwei Mann zu einem unabhängigen Freistaat. Viele wollten ihn nach dem alten Volk der Franken in Europa Frankland nennen, aber in der Hoffnung, Benjamin Franklins Segen und damit die Aufnahme in die Föderation der ursprünglichen Staaten zu erreichen, beschloß die Mehrheit, aus dem „and“ ein „in“ zu machen.

Es dauerte nicht lange, und North Carolina beschloß, seine westlichen Gebiete wieder zurückzunehmen, doch die Franken, wie sie sich bereits nannten, wollten davon nichts wissen. Ihre Zahl betrug etwa 30 000, und sie bewohnten acht Bezirke, die sich von der Westgrenze North Carolinas bis zum Tennessee River erstreckten. Im März 1785 wählten sie eine gesetzgebende Körperschaft und ernannten John Sevier zum Gouverneur.

Sevier hatte sich schon als Indianerkämpfer bewährt und war auch als Regierungsmitglied der Watauga Association in guter Erinnerung geblieben. Von ihm wird manchmal behauptet, er sei die treibende Kraft hinter der Gründung Franklins gewesen. In Wahrheit scheint er jedoch sehr entsetzt gewesen zu sein, als der Gedanke an ihn herangetragen wurde. Zusammen mit einem in North Carolina beheimateten Spekulanten namens William Blount hatte er damals die Muscle Shoals Company ins Leben gerufen, die nahe der großen Biegung des Tennessee River eine Kolonie anlegen wollte, und fürchtete nun, der neue Staat könnte das Werden dieses Unternehmens behindern. Sobald die beiden aber erkannt hatten, daß die Kontrolle über eine solche Regierung ihren Plänen förderlich sein könnte, leistete Sevier dem Ruf der franklinschen Legislative Folge und tat, was in seiner Macht stand, um den neuen Staat nach seinen eigenen Vorstellungen zu formen.

Diese neue Zielsetzung kostete ihn aber etliche Mühe, denn gerade die idealistischer gesinnten Franken übernahmen nun die Aufgabe, sich selbst eine Verfassung zu geben. Einige der Ideen, die in dieses Dokument einflossen, muten uns heute ein wenig seltsam an. So konnte zum Beispiel ein Franke nur dann ein Amt übernehmen, wenn er sich als Christ bekannte und an Himmel, Hölle, die Bibel und die heilige Dreifaltigkeit glaubte. Aber auch Geistlichen sowie Anwälten und Ärzten war der Zugang zu Ämtern verwehrt – darin spiegelte sich das tiefe Mißtrauen der Frontiersmen wider. Dennoch war die vorgeschlagene Verfassung für die damalige Zeit äußerst demokratisch: Sie sah das allgemeine Wahlrecht für Männer, Eintragung in Wählerlisten, geheime

Wahl und die Entscheidung über eine Reihe von Fragen durch Volksabstimmung vor. Aber Sevier erreichte, daß dieser Entwurf fallengelassen und durch die leichter zu handhabende Verfassung North Carolinas ersetzt wurde; sie schrieb vor, daß der Gouverneur und der aus fünf Mitgliedern bestehende Staatsrat von der Legislative und nicht vom Volk gewählt wurden.

Mit dieser ungebührlichen Einmischung und der anmaßenden und dabei unbekümmerten Art, auf die er in der Folge die Zügel der Regierung in die Hand nahm, schuf sich Sevier sofort eine Front von Gegnern. Als heftigster und fähigster seiner Kritiker trat John Tipton auf, ein hochgewachsener, massiger, Respekt einflößender Bursche, seiner Anlage nach eigenwillig und mißgünstig. Er hatte als Soldat in Lord Dunmores Krieg gekämpft und in Virginias Bürgerrat gesessen, bevor er die Berge überquerte, um unweit von Sinking Creek Landwirtschaft zu betreiben. Er machte kein Hehl aus seiner Verärgerung über Seviers Vorgehen und war vom Anfang bis zum Ende des politischen Experiments Franklin der feindseligste Widersacher des Gouverneurs.

Nichtsdestoweniger wurde der neue Staat ordnungsgemäß aus der Taufe gehoben. Er erhob Steuern; er förderte das „Bildungswesen" und entsandte eine Art Botschafter – einen gewissen William Cocke – zum Bundeskongreß, um dort den Wunsch der Franken nach Aufnahme in die Union vorzutragen. Die Legislative gab sich große Mühe, halbwegs beständige Wechselkurse festzusetzen, die dem allgemein üblichen Tauschhandel angepaßt waren. Da immer noch das britische Währungssystem Geltung besaß, waren die Steuern in Speck zu entrichten, das Pfund zu Sixpence; in Roggen-Whiskey zu zwei Shilling Sixpence die Gallone; in Zucker zu einem Shilling das Pfund; und in Otter-, Biber- und Rehfellen zu sechs Shilling das Stück.

Die Zeit arbeitete sowohl gegen Seviers Muscle Shoals Company als auch gegen die Franken und ihre Hoffnung, in die amerikanische Union aufgenommen zu werden, Sevier brachte die Legislative des neuen Staates dazu, eine Expedition von etwa 90 Siedlern an die große Biegung des Tennessee River zu genehmigen (Freund Blount hatte sich eine Eigentumsurkunde dafür in Georgia besorgt, das auf große Landgebiete im Westen Anspruch erhob) und setzte sie mit großen Hoffnungen für sein Vorhaben unter der Führung seines Bruders Valentine in Marsch. Im Herbst 1785 erreichte sie ihr Ziel, richtete ein Grundbuchamt ein und fühlte sich berufen, Valentine in die gesetzgebende Versammlung Georgias zu wählen. Aber schon nach zwei Wochen trat die Gruppe eiligst wieder den Rückzug an; Georgia hatte sich geweigert, ihr einen Sitz in der Legislative einzuräumen, da sie keinen offiziellen Bezirk repräsentierte. Überdies hatten die Cherokee den Siedlern zu verstehen gegeben, daß sie entweder abziehen oder aber sich seelisch auf den Verlust ihrer Skalps vorbereiten müßten.

Franklin selbst wurde das Opfer erbitterter, wenngleich absurder Streitigkeiten seiner Bürger untereinander, als North Carolina – mit Tipton in der Rolle seines prominentesten Vertreters – sich entschloß, seine Souveränität abermals auf Tennessee auszudehnen. Die Hitzköpfe unter den Anhängern Seviers waren aufgebracht. „Die Leute hier", schrieb einer, „verdammen einen gewissen Colonel Tipton als den Verursacher unseres Ungemachs. Vor kurzem haben sie ein Abbild von ihm stellvertretend gehängt und ihm dabei ein Testament in den Mund gesteckt. Ein sehr ungewöhnliches Testament, fürwahr! Darin bestimmt er, man möge seine Ignoranz, seine Eidbrüchigkeit, seine Narrheit und seine Ehrsucht unter seinen Freunden aufteilen; der Verdienstvollste unter ihnen solle ein hölzernes Schwert erhalten."

Trotz solch persönlicher Angriffe verfügte Tipton über eine beträchtliche Anhängerschaft unter Bürgern, die eine Aussöhnung mit North Carolina befürworteten. Im Frühjahr 1786 wählten seine Freunde Vertreter in die Legislative North Carolinas und stellten den Sheriffs, Richtern und Miliz-Offizieren des Staates Franklin Amtsträger aus ihren Reihen entgegen. Sowohl die Regierung Franklins wie auch die North Carolinas versuchte, die Bevölkerung zu besteuern – mit dem Erfolg, daß diese in vielen Fällen überhaupt keine Steuern zahlte. Sevier machte sein Recht geltend, für ein unabhängiges Franklin zu sprechen, und hielt in Jonesboro Gericht; in Vertretung North Carolinas führte Tipton in dem 16 Kilometer entfernten Buffalo Prozesse.

Bewaffnete Banden beider Parteien störten die Gerichtsverfahren der gegnerischen Seite. Der Kongreß ignorierte den abtrünnigen Staat, und Benjamin Franklin tat nichts, als er von der ihm zugedachten Ehre erfuhr. Er riet den Franken lediglich, sich mit North Carolina und, was noch schwerer wog, den Indianern des Südens zu versöhnen. Die kurze Geschichte des Commonwealth ging zu Ende, als im März 1788 Seviers Amtszeit als Gouverneur auslief. Zuvor allerdings führte Sevier seine Anhänger noch in eine hitzige kleine Feldschlacht gegen Tiptons Parteigänger.

Diese entscheidende Konfrontation entzündete sich im Februar 1788, als Jonathan Pugh, einer von Tiptons Leuten und ordentlicher Sheriff, zu Seviers Haus am Nolichucky River ritt und sich in Abwesenheit des Gouverneurs einiger seiner Sklaven bemächtigte. Er kam damit einer gerichtlichen Verfügung North Carolinas wegen Steuersäumigkeit nach. Da Tipton die wütende Reaktion Seviers vorausahnte, versammelte er 45 seiner Anhänger und zog sich mit ihnen in ein Blockhaus auf seinem Besitz zurück.

Advokaten – mit dem Gesetzbuch in der Satteltasche

Reisende Rechtsanwälte, die einen Frontier-Bezirk nach dem anderen besuchten, wurden von ihren Mandanten oftmals als Rechtsverdreher und Paragraphenhengste hingestellt. Dennoch bedeutete der Beruf eines Juristen an der Frontier den sichersten Weg zu gesellschaftlicher Prominenz und politischem Erfolg.

Jeder junge Mann konnte als Advokat zugelassen werden, aber nur die ausdauerndsten konnten an der Frontier, wo sie das halbe Jahr auf dem Pferderücken verbrachten, überleben. Eine starke Konstitution, gesunder Menschenverstand und ein Talent zum Geschichtenerzählen waren von größerer Bedeutung als die Kenntnis der Gesetze.

Einen Priem im Mund von einer Seite auf die andere schiebend, um die Bauerntölpel auf der Geschworenenbank zu beeindrucken, standen die Anwälte im Gerichtssaal und boxten bis zu 17 Fälle am Tag durch. Der Richter legte den Anwälten oft nahe, ein spannendes Gefecht vorzuführen und seinen Wählern für ihr Geld auch etwas zu bieten. Und wenn die Anwälte nicht imstande waren, einen Fall mit Plädoyers zu lösen, ließ sie der Richter die Sache unter Umständen mit einem Faustkampf im Saal austragen.

Mit ihren Regenschirmen im zusammengerollten Bettzeug traben an der Frontier tätige Rechtsanwälte durch einen Wald im Allegheny-Gebirge.

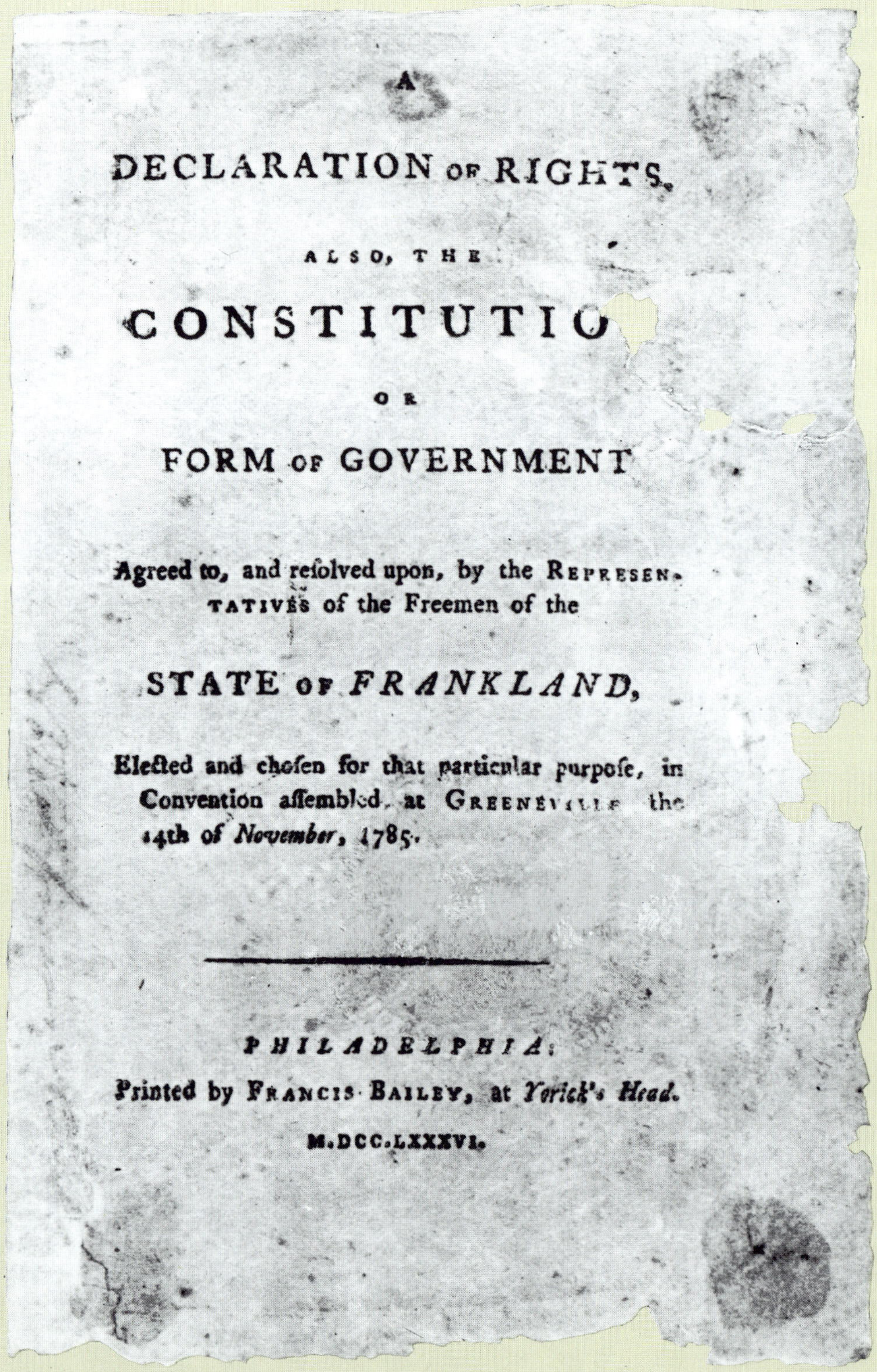

A

DECLARATION OF RIGHTS,

ALSO, THE

CONSTITUTIO[N]

OR

FORM OF GOVERNMENT

Agreed to, and resolved upon, by the REPRESENTATIVES of the Freemen of the

STATE OF *FRANKLAND*,

Elected and chosen for that particular purpose, in Convention assembled, at GREENEVILLE the 14th of *November*, 1785.

PHILADELPHIA:

Printed by FRANCIS BAILEY, at *Yorick's Head.*

M.DCC.LXXXVI.

Die Verfassung des Staates Franklin, der zuerst Frankland genannt wurde *(links)*, enthielt in mancher Hinsicht demokratischere Elemente als die der Vereinigten Staaten, doch war dem Commonwealth of Franklin nur ein kurzes Leben beschieden.

Sevier ließ sich nicht abschrecken. Er schickte seinen Sohn James mit einer Botschaft los, worin er einen Teil der franklinschen Miliz zum Dienst rief. „Wie man mir berichtet", hieß es in der Botschaft, „sind die Parteigänger Tiptons unverschämt geworden und haben sich grausamer und barbarischer Handlungen schuldig gemacht. Ich habe angeordnet, daß aus jeder Kompanie 15 Mann anzutreten haben." Tipton ersuchte nun seinerseits um rasche Verstärkung durch die Miliz North Carolinas in Greasy Cove.

Am 27. Februar erschien Sevier mit etwa 150 Mann vor Tiptons Haus und schickte einen Parlamentär hinein, der den Hausherrn aufforderte, sich binnen 30 Minuten zu ergeben. Tipton lehnte ab. Bei diesem Stand der Dinge wurde Sevier abgelenkt, weil seine Männer eine Kompanie Tipton-Milizionäre entdeckten und vertrieben, die versucht hatten, sich zu ihrem Kommandanten durchzuschlagen. So bezog Sevier erst einmal ein Lager und stellte auf einem Hügel, der Tiptons Haus überblickte, ein Feldgeschütz auf. Das Feuern aber verschob er – obwohl Tipton sich auch am nächsten Tag weigerte zu kapitulieren –, da ein Großteil seiner Truppe sich aufgemacht hatte, um mit Schuldscheinen, ausgestellt vom Commonwealth of Franklin, Nahrungsmittel einzukaufen. Er verlor die „Schlacht" aufgrund dieser Verzögerung.

Am nächsten Morgen schneite es in großen Flocken. Tiptons Ersatztruppe ritt daher ungesehen durch den fallenden Schnee. Seine Wachen unternahmen einen Ausfall, um sich mit den Milizionären zu vereinigen, und zusammen gelang es ihnen schließlich, die Franken entscheidend und für immer zu schlagen.

Sevier floh vor seiner drohenden Verhaftung an die Südgrenze und griff unverzüglich zu einem erprobten Mittel, um einen angekratzten Ruf wiederherzustellen und zu Ansehen zu kommen: Er nahm blutige Rache an den Chickamauga und Cherokee, weil sie sich der Inbesitznahme ihrer Jagdgründe durch die Weißen widersetzt hatten, Backwoodsmen, die auf entlegenen Lichtungen siedelten, schlossen sich ihm bereitwillig an. Sevier hatte schon vor geraumer Zeit eine Technik vervollkommnet, die darin bestand, die Indianer mit verwegenen Reitertrupps zu überrumpeln (er war tatsächlich einer der ersten Rittmeister des Südens, ein Vorgänger Nathan Bedford Forrests); jetzt unternahm er Feldzüge über weite Entfernungen hin, in deren Verlauf er ein Dorf nach dem anderen überfiel.

Schmach und Schande waren sein Lohn, wenn auch nur vorübergehend: John Kirk, einer seiner Spießgesellen, lockte mehrere den Weißen freundlich gesinnte Cherokee unter dem Vorwand, Friedensgespräche führen zu wollen, in eine Hütte und erschlug sie alle mit dem Tomahawk. Die Nachricht von dieser Schreckenstat verbreitete sich schnell und erfüllte allenthalben die Menschen mit Entsetzen. Aber es sollte noch schlimmer kommen. Als Sevier sich in die Nähe seines Hauses am Nolichucki River wagte, kam ihm Tipton mit einer Polizeitruppe auf die Spur, legte ihm Handschellen an und schaffte ihn ins Gefängnis von Morganton, North Carolina, wo man ihn wegen Hochverrats vor Gericht stellte. (In seiner Not hatte er sich zu dem Angebot verstiegen, Franklin für Spanien zurückzuerobern, wenn man ihm Geld und Waffen zur Verfügung stellen wollte.)

Damit war seine – und anderer Franken – letzte Hoffnung geschwunden, in der Wildnis einen eigenen Staat zu errichten. Seviers eigene Karriere, allem Anschein nach gescheitert, hatte in Wahrheit eben erst begonnen. Sein Prozeß wurde nie zu Ende geführt. Nachdem er gegen Bürgschaft auf freien Fuß gesetzt worden war, traf er sich in einer Kneipe in Morganton mit Freunden, und alle zusammen becherten erst einmal, bevor sie ihre Pferde bestiegen und nach Westen aufbrachen. Zu einer Verfolgung kam es nicht. Es gab in North Carolina viele, die seinen Schneid, seinen Charme und seinen Mut bewunderten, und die Behörden stellten das Verfahren ein, denn bald darauf ratifizierte der Staat die Bundesverfassung, und Hochverrat unterlag nicht mehr seiner Gerichtsbarkeit.

Sevier wurde ein treues Mitglied der Föderalistischen Partei; nachdem sich die behördlichen Gemüter beruhigt hatten, wurde er zum ersten Gouverneur des Staates Tennessee gewählt, behielt diese Position noch über weitere fünf Amtsperioden und war einer der angesehensten Männer seiner Zeit, als er 1815, reich gesegnet mit Land, Sklaven und Kindern (18 in zwei Ehen) im Alter von 70 Jahren starb.

Sevier war nicht der einzige Mann von Format im Westen, der erwog, sich von den 13 Gründerstaaten ganz abzuwenden und eine Art territorialer Allianz mit Spanien anzustreben. Dutzende spielten zu jener Zeit mit diesem Gedanken, während weitere Dutzende Pläne schmiedeten, New Orleans (oder ganz Mexiko, wie im Fall von Aaron Burrs illusorischem Projekt eines Großreichs) mit Waffengewalt an sich zu bringen.

Dieser Unrast des Westens lag zum Teil Unzufriedenheit mit der Politik der Föderalisten im Osten und den Vertragsunterhändlern zugrunde, die bei ihren Verhandlungen mit den europäischen Mächten keinerlei Rücksicht auf die Wünsche des Westens nahmen. Sie wurde aber auch von den spanischen Gouverneuren von New Orleans genährt – insbesondere von Esteban Rodriguez Miró, der von 1782 bis 1791 das Amt eines militärischen Verwalters ausübte. Miró war über das Vordringen bewaffneter Backwoodsmen an den Mississippi beunruhigt und reagierte nach außen hin mit sanften Worten, insgeheim jedoch mit Beeinflussung der

Ein Landarzt, der die Grenzen der Medizin erweiterte

DR. EPHRAIM McDOWELL

Im Dezember 1809 wurde Dr. Ephraim McDowell aus Danville, Kentucky, an das 100 Kilometer von seiner Praxis entfernte Krankenbett einer Frau gerufen, die sich verzweifelt bemühte, überfällige Zwillinge zur Welt zu bringen. Danville war eine Frontier-Stadt mit nur 300 Einwohnern, McDowell aber kein gewöhnlicher Kurpfuscher. Der Sohn eines der ersten Richter Kentuckys, verheiratet mit der Tochter des ersten Gouverneurs dieses Staates, hatte an der Universität von Edinburgh Medizin studiert und galt als der beste Chirurg westlich von Philadelphia.

Bei seinem Eintreffen stellt McDowell fest, daß die Frau namens Jane Crawford überhaupt nicht schwanger war, sondern an einem Eierstock-Tumor litt. Der Tumor würde sie früher oder später töten, eröffnete er ihr, und die bedeutendsten Chirurgen des Landes verträten die Meinung, auf Grund der „Entzündung" sei ihr Tod „unvermeidlich", wenn er den Tumor entfernte. „Wenn Sie aber auf den Tod vorbereitet sind", schlug er der Frau vor, „werde ich die Geschwulst operieren."

Mrs. Crawford erklärte sich einverstanden. Der Arzt setzte die Operation für Weihnachten an, denn die Gebete der Kirchengemeinde sollten ihm dabei Beistand leisten. Doch als er mit der Operation begann, hatte sich die Gemeinde zu einem Mob gewandelt, bereit, den Arzt zu lynchen, wenn das Experiment mißlingen sollte. McDowells Assistenten hielten Mrs. Crawford fest, und sie sagte Psalmen her, während ihr der Arzt

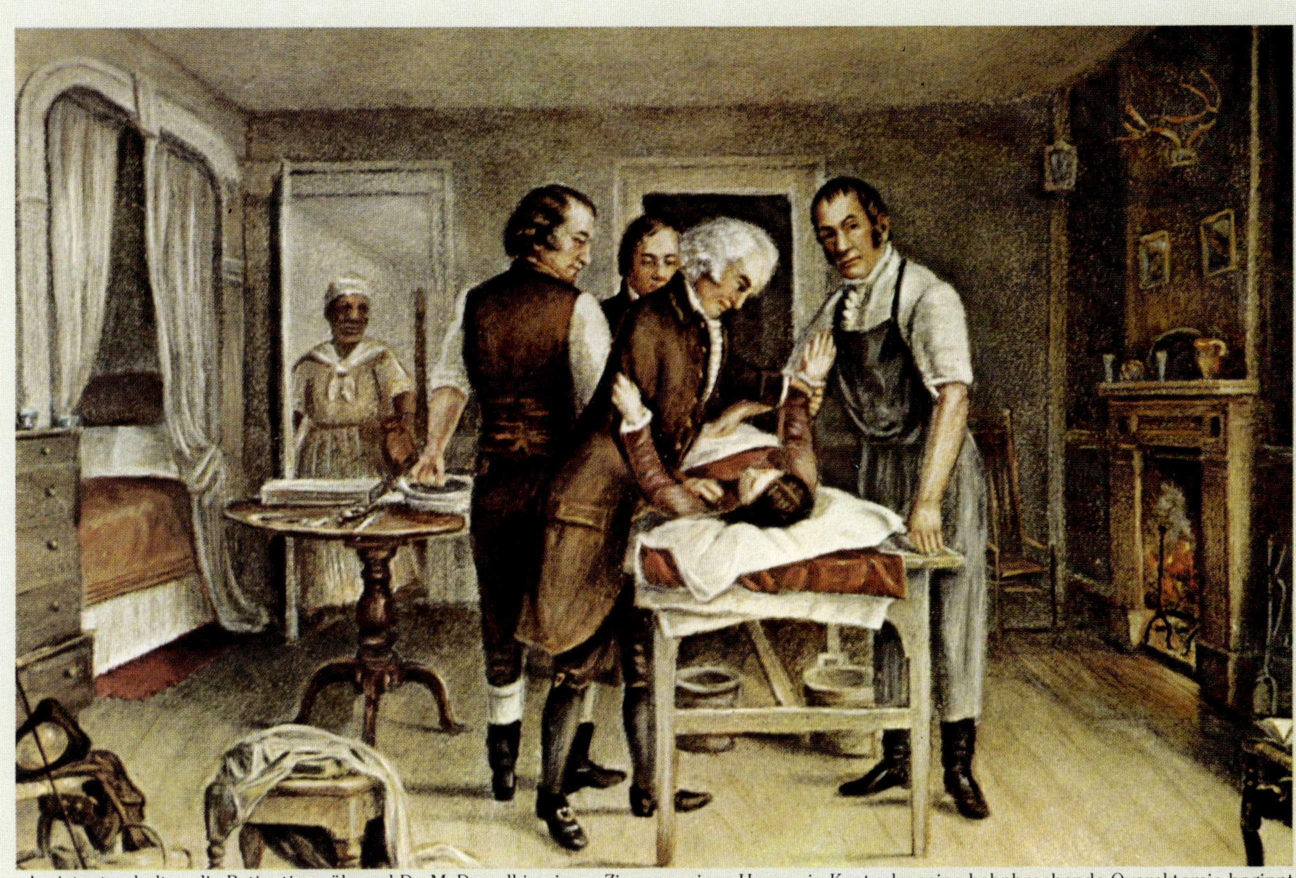

Assistenten halten die Patientin, während Dr. McDowell in einem Zimmer seines Hauses in Kentucky seine bahnbrechende Ovarektomie beginnt.

innerhalb von 25 Minuten den Bauch öffnete, den Eierstock herausschnitt und sie wieder zunähte. Fünf Tage später war sie wieder auf den Beinen, nach weiteren drei Wochen konnte sie nach Hause zurückkehren. Dennoch scheint es McDowell nicht eilig gehabt zu haben, sein Bravourstück an die große Glocke zu hängen. Wie weit er seiner Zeit voraus war, geht aus der Reaktion des Ärztestandes hervor, als er 1817 einen Bericht über die Operation in einem Journal in Philadelphia veröffentlichte: Seinen Ausführungen wurde teils mit Skepsis begegnet, teils wurde er seinen Standesgenossen ob seiner Leichtfertigkeit getadelt.

Selbst unter den gelehrten Professoren in New York und Philadelphia beschränkten sich die Chirurgen des frühen 19. Jahrhunderts zum größten Teil auf das Behandeln von Wunden und das Amputieren von Gliedmaßen – ohne Anästhesie oder antiseptische Maßnahmen. Die meisten Erkrankungen der inneren Organe wurden mit einer Kombination aus drastischen Abführmitteln, starken Dosen von Opiaten und reichlichen Aderlässen behandelt („selbst wenn sich Symptome äußerster Erschöpfung zeigen").

Kaum einer unter zehn amerikanischen Ärzten hatte eine akademische Ausbildung genossen. Von diesen wenigen praktizierten nur ein paar westlich der Appalachen, wo jeder ein „Doktor" sein konnte, der sich diesen Titel selbst verlieh. Die Vertreter aller Arten von dubiosen medizinischen Dogmen – „Botaniker", „Homöopathen", „indianische" Ärzte – wetteiferten miteinander und mit den „richtigen" praktischen Ärzten.

Der Backwood-Arzt mochte von den Raffinessen der medizinischen Schule des Ostens abgeschnitten sein – um so befreiter fühlte er sich von ihrem sturen Festhalten am Althergebrachten. Die Folge war, daß einige wenige Männer wie McDowell beachtliche medizinische Fortschritte machten. Unbeeindruckt von den Meinungen seiner Kollegen im Osten führte der Mann aus Kentucky noch elf weitere Ovarektomien durch. Er „verlor nur eine Patientin" dabei, wie er später bekanntgab. Ephraim McDowell starb 1830; die Ironie des Schicksals wollte es, daß der Pionier der Unterleibschirurgie einem in die Bauchhöhle durchgebrochenen Blinddarm erlag.

Dr. McDowells Mahagonikästchen enthält die an der Frontier gängigen Patentmedizinen, deren Wert oft danach gemessen wurde, wie bitter sie schmeckten. Die meisten wurden nur als Abführ- oder Brechmittel gebraucht, doch in den Haushalten der Pioniere diente zum Beispiel das purgierende Kalomel, eine Quecksilberverbindung, oft auch als Insektenvertilgungsmittel.

Indianer des Südens und Versuchen, führende Persönlichkeiten des Westens, aber auch westliche Landgebiete, in Spaniens weite Arme zu schließen.

Gegen Ende der achtziger Jahre des 18. Jahrhunderts hatte eine ganze Reihe verärgerter oder auch nur habgieriger politischer Abenteurer ein offenes Ohr für diese dubiosen Anträge, aber trotz emsigen Briefwechsels schluckte letzten Endes niemand den Köder. So war es Gouverneur Mirós Schicksal, General James Wilkinson ins Garn zu gehen, einem der gerissensten Halunken, die sich je zur Annahme von Bestechungsgeldern animieren ließen. Nach dem Unabhängigkeitskrieg erschien Wilkinson jenseits der Berge, um sich zum „Washington des Westens" aufzuschwingen. Da er sich bei den Spaniern Chancen ausrechnete, begab er sich nach New Orleans, spielte den vornehmen Herren und versprach Miró, seine kühnsten Träume zu erfüllen. Die Geschichtsschreiber haben Wilkinsons langer, unaufrichtiger und lukrativer Beziehung zu dem gutgläubigen Gouverneur – und seinem Nachfolger – den Namen Spanische Verschwörung gegeben, aber Bauernfängerei auf Kentucky-Art wäre wohl eine treffendere Bezeichnung gewesen!

Den beiden Spaniern ist ihre Herzenseinfalt wohl zu verzeihen. Schon mehrmals war Wilkinson von Männern seines Standes – darunter Henry Knox, Anthony Wayne und George Washington – der Bestechlichkeit verdächtigt worden. Aber er besaß ein so offenes und aufrechtes Gebaren, so viel Energie und Ehrgeiz, solch eindrucksvolle Unkenntnis ethischer Werte und eine so ausgeprägte, von Zweifeln ungetrübte Vorstellung des Platzes, der ihm im Universum gebührte, daß sie ihm die hohen und verantwortlichen Stellungen, in die er sich mehr oder minder unbemerkt hineinwand, offenbar nicht zu verwehren vermochten. Er sah gut aus, war von heiterem und unbekümmertem Gemüt und besaß das Benehmen eines Gentleman. Er kannte weder Verlegenheit noch Furcht und ließ ungeachtet seiner charakterlichen Mängel schon in relativ jungen Jahren echte Führungsqualitäten erkennen.

Seine Freundschaft mit einem ranghohen General nutzend, gelang es ihm als Zwanzigjährigem, das Offizierspatent eines Brigadegenerals zu erlangen und gleichzeitig zum Sekretär des Kriegsrates berufen zu werden. Schon nach wenigen Monaten verlor er diese gehobenen Stellungen, als er sich bei einem Zechgelage ungebührlich über George Washington äußerte. Doch schon bald hatte er sich den lukrativen Posten eines Generalzeugmeisters geangelt – und mußte abermals sein Amt zur Verfügung stellen, diesmal wegen grober Verletzung der ihm übertragenen Pflichten.

Wilkinson ließ sich durch dies Ungemach nicht beirren. Er übersiedelte nach Pennsylvania und heiratete Anne Biddle, die Tochter eines bekannten Quäkers. Man verlieh ihm das Patent eines Brigadegenerals in der Miliz dieses Staates. Dann wurde er auch noch in das Abgeordnetenhaus von Pennsylvania gewählt. 1783 brach er nach Kentucky auf, um dort den Einfluß von George Rogers Clark zu schwächen, zur Loslösung des Gebietes von Virginia aufzurufen und die vorhandene Unzufriedenheit weiter zu schüren. Es dauerte keine drei Jahre, und er war zum erfolgreichsten Politiker des Territoriums aufgestiegen.

Kentuckys Unzufriedenheit mit Virginia (zu dem es immer noch gehörte) und auch den Vereinigten Staaten gründete sich vornehmlich auf den Umstand, daß Spanien 1784 den Mississippi für den Handel gesperrt hatte. Kein Politiker im Osten schien zu begreifen, welche Härte diese rigorose Maßnahme für den Westen bedeutete, dem damit die Absatzmärkte für seine Pelze und Bodenprodukte, sein Holz und seinen Tabak verschlossen blieben.

Im Jahre 1787 machte Wilkinson sich auf, aus dieser Situation Kapital zu schlagen. Er belud ein Flachboot mit Tabak, Mehl, Schinken, Butter und zwei Vollblutpferden und nahm Kurs auf New Orleans. Er versicherte sich einer ungehinderten Passage, indem er die beiden Pferde dem obersten spanischen Beamten in Natchez zum Geschenk machte, der diese Art von Kommunikation zwischen Gentlemen zu schätzen wußte. Natchez war der Außenposten, bei dem amerikanische Schiffer für gewöhnlich zur Umkehr gezwungen wurden. Wilkinson durfte seine Fahrt nach Süden fortsetzen.

Er verlor keine Zeit. Kaum in New Orleans angekommen, tischte er dem Gouverneur eine phantastische Geschichte auf. Die Leute in Kentucky, klagte er, seien gräßliche Burschen, die alle Maßnahmen, „selbst die verzweifeltsten", ergreifen würden, um ihre Güter zum Meer zu bringen; sie zögen sogar eine Übereinkunft mit Großbritannien in Erwägung, die sie „verpflichtete, Louisiana anzugreifen", würden jedoch einer friedlichen Verständigung mit Spanien bei weitem den Vorzug geben. Nach seiner Behauptung hatten ihn „Notabilitäten" in Kentucky „angefleht", New Orleans von dieser Lage in Kenntnis zu setzen, und durchblicken lassen, daß sie sich von der Union trennen würden, um „Vasallen" Seiner Katholischen Majestät zu werden. In vertraulicherem Ton fügte er hinzu, daß er für eine Transporterlaubnis auf dem Fluß den Gouverneur zum stillen Teilhaber bei einem Geschäft machen würde, das darin bestand, Tabak in New Orleans um neun Dollar zu verkaufen, der in Kentucky zwei Dollar der Zentner kostete.

Miró nahm alles für bare Münze und ersuchte seinen neuen Freund, einen Treueid auf Spanien abzulegen. Wilkinson erklärte sich sofort dazu bereit und ging noch

Der Meisterintrigant General James Wilkinson erleichterte die Gouverneure von Spanisch-Louisiana, Miró und Carondelet, um ein Vermögen. Als Gegenleistung für seine vorgeblichen Bemühungen, die Interessen Spaniens in Kentucky zu fördern, zahlten ihm die beiden gutgläubigen Vizekönige eine üppige Rente und räumten ihm daneben eine ganze Reihe lukrativer Handelsprivilegien ein.

ESTEBAN RODRÍGUEZ MIRÓ

BARON HECTOR DE CARONDELET

einen Schritt weiter – er bestand darauf, selbst eine entsprechende Urkunde abzufassen und sie dem Gouverneur zu überreichen. Miró war entzückt, obwohl Wilkinson, gerissen wie immer, in diesem Dokument nur ausführte, daß es unzählige Gründe gab, sich auf die andere Seite zu schlagen; er sagte nichts darüber, daß er diesen Schritt getan und tatsächlich einen Treueid auf Spanien geschworen hätte.

Um die Bewohner Kentuckys für die Sache Spaniens zu gewinnen, erteilte Miró Wilkinson als Lockmittel die Konzession, jährlich Güter im Wert von 30000 Dollar nach New Orleans zu befördern. Und der Gouverneur tat noch ein übriges: Er „lieh" Wilkinson 13000 Dollar, um ihm die Arbeit eines *agent provocateur* zu erleichtern. Mittlerweile teilte Wilkinson Handelsprivilegien an gewinngierige Kaufleute aus – gegen Provisionen, die ihm eine Menge Geld einbrachten – und versprach ihnen, sie alle zu reichen Männern zu machen, sobald erst einmal die Trennung von der Union vollzogen sei.

Der gesamte Plan brach indes zusammen. Um für den Fall eines Krieges in Europa die Gunst Amerikas zu erlangen, öffnete Spanien 1789 den Fluß für Warentransporte – und belegte diese mit 15 Prozent Zoll. Schon 1791 wurde Miró von einem neuen Gouverneur, Baron Hector de Carondelet, abgelöst. Im Jahre 1792 wurde Kentucky als Staat in die Union aufgenommen und konnte sich endlich im Kongreß Gehör verschaffen. Und nach einer gewagten Fehlspekulation in Tabak ging Wilkinson pleite.

Doch der unverwüstliche Hasardeur wandte sich unverzüglich wieder an die Armee, um zu „Brot und Ruhm" zu kommen. Er schaffte es in kürzester Zeit, zum Kommandanten von Fort Washington in Ohio ernannt zu werden – hauptsächlich aufgrund von Empfehlungen einiger Herren, die ihm zutiefst mißtrauten und hofften, ihn damit zu isolieren und daran zu hindern, an der Frontier weiter Schaden anzurichten. Ihre Hoffnungen trogen. Bürger Edmond Charles Genêt, der erste Botschafter des Republikanischen Frankreich in den Vereinigten Staaten, schmiedete 1793 ein neues Komplott, und Wilkinson, nun wieder Brigadegeneral, mischte sich ein, um seine aufrührerischen und gewinnbringenden Beziehungen zu Spanien zu erneuern.

Die Amerikaner, und ganz besonders die des Westens, zeigten sich vom revolutionären Frankreich hellauf begeistert. In New Orleans wimmelte es von Franzosen. Die Kaufleute aus Kentucky zahlten äußerst ungern den Zoll, den Spanien auf alle Güter erhob, die den Mississippi herunterkamen. Genêt, der das alles beobachtete, glaubte darin die Bausteine für einen persönlichen Triumph zu erkennen. Er machte den verbitterten Helden George Rogers Clark zum General einer „Unabhängigen und

Ersatzwährung für eine bargeldlose Gesellschaft

Es gab nur wenige Siedler an der Frontier, die mehr als ein paar Dollar im Jahr zu sehen bekamen. Die Geldknappheit des jungen Landes hatte zur Folge, daß die isolierten Backwoodsmen über keine gesetzlichen Zahlungsmittel verfügten. Die Geschäfte wurden mühsam im Tauschhandel betrieben: Nachsichtige Krämer nahmen alles vom Getreide bis zur Ginsengwurzel in Zahlung. Was Barzahler über den Tresen schoben, war ein kunterbuntes Sortiment europäischer Münzen und im Inland ausgegebener Banknoten von recht zweifelhaftem Wert. Selbst Zahlungsmittel, die zur Verwendung an der Frontier bestimmt waren (einige Beispiele sind hier in Originalgröße wiedergegeben), flossen rasch nach Osten an die Großhändler zurück, die auf Bargeld bestanden.

Der von Frankreich 1767 für die Kolonien ausgegebene Kupfer-Sou wurde auch von den Bewohnern des Nordwest-Territoriums in Gebrauch genommen.

Der Myddelton Halfpenny wurde in England privat für Philip Parry Price geprägt, der Großbritannien 1795 und 1796 bereiste, um sich tüchtige Bauern zu holen, die nach Kentucky auswandern und seine großen Besitzungen bewirtschaften sollten. Parry wollte die Kupfermünze unter seinen Pächtern in Umlauf bringen. Parry stellte die Münze zahlbar an einen fiktiven P.P.P. Myddelton aus, aber die britischen Behörden ließen sich nicht täuschen. Parrys Traum von einem eigenen Reich an der Frontier mit eigener Münzhoheit ging zu Ende, als er unter der Beschuldigung verhaftet wurde, Britannien seiner Arbeitskräfte zu berauben.

Die erste für das Nordwest-Territorium gedruckte Kleingeld-Banknote *(unter dem Halfpenny)* hatte eine französische Inschrift und wurde von der Scioto Company ausgegeben, einer amerikanischen Firma, die Land im Ohio Valley an französische Immigranten verkaufte. Als 500 dieser Leute 1790 in Amerika ankamen, mußten sie erfahren, daß ihre Besitzurkunden wertlos waren. Die Siedler ließen es sich nicht anfechten, zogen zur Frontier weiter und zwangen die Landgesellschaft, sie mit Gutscheinen wie dem hier gezeigten zu entschädigen; sie waren drei Cent wert und wurden für Waren in Zahlung genommen.

Nur einmal wurde im Nordwest-Territorium von staatlicher Seite der Versuch unternommen, Geld in Umlauf zu bringen. Es handelte sich um eine Reihe von Noten, die dazu bestimmt waren, den Verkauf von Regierungsland zu erleichtern. Die abgebildete Banknote *(oben rechts)*, von 1800 bis 1803 in Cincinnati ausgegeben, versprach dem Überbringer fünf Dollar plus Zinsen. Der Adler in der linken oberen Ecke bezeugt die Zuverlässigkeit der Note, und in der Mitte unten weist eine kleine Hand auf die einem Fälscher drohende Strafe. Der Schein wurde im Jahre 1806 von einem William McFarland eingelöst.

Zwar wickelten einige Kaufleute auch Bankgeschäfte ab, doch erst 1806 wurde auf dem Nordwest-Territorium eine Bank eröffnet, als die Bank of Detroit eine auf 101 Jahre befristete Konzession erhielt. Die Bankiers ließen sich aus Boston eine Stahlkammer kommen, verkauften Anteile und gaben reich verzierte Banknoten *(unten rechts)* im Wert von 1,5 Millionen Dollar aus. Der Großteil aber wurde von Spekulanten nach Osten verschoben, und schon 1809 mußte die Bank – die keine Einlagen erhalten hatte – ihre Schalter schon wieder schließen.

FRANZÖSISCHER KUPFER-SOU

MYDDELTON HALFPENNY

GUTSCHEIN DER SCIOTO COMPANY

BANKNOTE DES NORDWEST-TERRITORIUMS

BANKNOTE DER BANK OF DETROIT

Zum größten Grundstücksskandal der Frontier kam es im Jahre 1795, als Georgia seinen Yazoo Strip – 14 Millionen Hektar Land, die sich von Tennessee bis Spanisch-Florida erstreckten – an die auf dieser Karte angegebenen vier Gesellschaften für den Spottpreis von einem halben Cent pro Hektar abgab.

Revolutionären Legion des Mississippi" und beauftragte ihn – als Einleitung zu einer Invasion des spanischen Louisiana – mit der Anwerbung und Ausbildung amerikanischer Söldner. Tausende, einschließlich Thomas Jefferson, gewährten dem Vorhaben moralische Unterstützung und hatten, zumindest für ein paar Monate, allen Grund zu der Annahme, New Orleans könne erobert werden.

Aber keiner der Verschwörer hatte die Schwierigkeiten bedacht, mit denen jeder rechnen mußte, der George Washington erzürnte. Der Präsident war über den Plan, der die amerikanische Neutralität verletzte, entsetzt. Überdies faßte er Genêts unverfrorenen Aufruf an amerikanische Bürger als Affront gegen seine Autorität als Oberbefehlshaber auf. Er beklagte sich umgehend bei der französischen Regierung und wies Anthony Wayne an, am Mississippi ein Fort zu errichten, um den Plänen jedweder „revolutionären Legion", etwa den Fluß hinunterzufahren, einen Riegel vorzuschieben. Genêt wurde eiligst abberufen, und Clarks Schützen kehrten auf ihre Felder zurück.

Wilkinson meinte wieder einmal seine große Chance zu erblicken. Ohne zu zögern schickte er Agenten mit dem Auftrag nach Süden, in New Orleans zu verbreiten, er allein habe die Stadt gerettet –, und er erfand phantasievolle Geschichten, um dem neuen spanischen Gouverneur, Baron de Carondelet, Geld aus der Tasche zu ziehen. Er behauptete rundweg, 8640 Dollar ausgegeben zu haben, um Informanten zu bezahlen und gewisse Leute zu bestechen, während er persönlich den von Clark geplanten Angriff auf Louisiana vereitelte, jedoch brauchte er noch viel mehr Geld.

Er müsse „absolut notwendig", schrieb er Carondelet, seinen Abschied nehmen, um sich ganz der Sache Spaniens widmen zu können; deshalb brauche er eine jährliche Pension von 4500 Dollar. Und er erachte es als seine schmerzliche Pflicht, den Gouverneur darauf hinzuweisen, daß Seine Katholische Majestät entweder eine neugebildete Separatistenbewegung in Kentucky unterstützen müsse – Wilkinson scheint sie zu diesem Zweck frei erfunden zu haben – oder einer Invasion aus Kentucky gewärtig zu sein, da die Einwohner nicht länger zur Zahlung von Zöllen auf dem Mississippi bereit seien. Er verlange dringlich 200 000 Dollar, um diese furchtbare Gefahr abzuwenden, dazu weitere 12 000, die ihm aus einer älteren Pension nach der Zusage des vorherigen Gouverneurs Miró zustünden, aber nicht bezahlt worden waren.

Carondelet war geziemend beunruhigt und informierte Madrid, daß er einen Angriff von 60 000 rüden Backwoodsmen zu gewärtigen habe. Er war klug genug, die Forderung nach 200 000 Dollar zu ignorieren, zeigte sich aber bereit, die 12 000 herauszurücken. Diesen Betrag teilte er in zwei Hälften und überreichte sie zur Weitergabe zwei von Wilkinsons Agenten, die sich eben in New Orleans aufhielten: einem irischen Abenteurer namens Henry Owen und einem gewissen Captain Joseph Collins.

Collins wählte eine Route mit vielen Umwegen und hatte, bevor er Kentucky erreichte, Carondelets 6000 Dollar bis auf einen Rest von 2500 Dollar ausgegeben. Owen versteckte seine 6000 Dollar in drei Fäßchen und segelte den Mississippi hinauf, begleitet von einer Besatzung, die ihn prompt ermordete, um das Geld an sich zu bringen.

Wilkinson war nicht der Mann, der wegen solcher Enttäuschungen seiner Habgier Zügel angelegt hätte. Er fand bald neue Wege, um den spanischen Gouverneur in New Orleans zu beeindrucken. Nach Anthony Waynes Tod wurde er ranghöchster Offizier der US-Armee, und aus dieser hohen Stellung heraus konnte er Carondelet 9640 Dollar abnötigen. Mit dieser Zahlung erreichten Wilkinsons Einkünfte aus spanischen Quellen die runde Summe von 32 000 Dollar. Doch von da an fanden seine Ratschläge und Warnungen keine Beachtung mehr, denn so naiv Carondelet auch war, er begriff endlich, daß er geschröpft wurde, und beendete die „Verschwörung".

Das alles hinderte Wilkinson nicht, seinen Vorteil im Auge zu behalten. Er erleichterte einen anderen hohen spanischen Beamten, Floridas Gouverneur Vicente Folch, um 20 000 Dollar, indem er seine „Betrachtungen" über die spanische Politik für ihn verfaßte – kurz bevor Louisiana an die Vereinigten Staaten verkauft wurde. Darauf ließ er sich zum Gouverneur von Upper Louisiana ernennen, einem Teil des neuen amerikanischen Territoriums, nachdem er zuvor Thomas Jefferson eine Abschrift seiner Dokumentation geschickt hatte, um seine Eignung für ein verantwortliches Amt unter Beweis zu stellen. Dann jedoch tauchte im Jahre 1806 Aaron Burr auf. Dieser brillante, gesellschaftliche Normen mißachtende, intelligente Rechtsanwalt und Politiker – im Osten verfemt, seit er Alexander Hamilton im Duell getötet hatte – kam in den Westen, um nach Besitz und Macht zu streben. Und schon bald war Wilkinson tief in Burrs ehrgeizige Machenschaften um die Errichtung eines eigenen Herrschaftsgebietes verstrickt.

Burr hoffte, Louisiana und Mexiko mit Freiwilligen-Verbänden zu „revolutionieren" und eine souveräne Regierung einzusetzen. Er plante, nach New Orleans zu marschieren, zwei Millionen Dollar aus der Staatskasse zu beschlagnahmen und sich des „herrlichen Artillerieparks" zu bemächtigen; mit Geld und schweren Waffen ausgerüstet, wäre es ein leichtes gewesen, nach Westen zu ziehen und Mexiko anzugreifen. Wilkinson – immer noch Gouverneur von Upper Louisiana – hätte den Diebstahl der Millionen und des

Kriegsmaterials in keiner Weise behindert. Im Gegenteil, er war augenscheinlich willens, seinem Kumpan sogar Hilfestellung zu leisten und bei der Ankunft von Burrs Leuten durch Abwesenheit zu glänzen: Er würde seine amerikanischen Truppen in einer auffälligen, „friedenstiftenden" Mission nach Texas führen, wodurch gleichzeitig die spanischen Streitkräfte an den Sabine River gebunden wären.

Wilkinson aber, der schlauerweise erkannt hatte, daß sein dubioser Verbündeter zu den Verlierern gehörte, hinterging Burr. Er rührte sich nicht aus New Orleans hinweg, sondern schickte eine bewaffnete Einheit aus, um Burr zu verhaften, als dessen Expedition – nur 60 Mann auf zehn Flachbooten – Bayou Pierre am Mississippi erreichte.

Burr floh, wurde aber von den Soldaten eines nahe gelegenen Forts gefangengenommen, nach Richmond gebracht und dort wegen Hochverrats vor Gericht gestellt. Wilkinson erschien in eleganter Uniform als Zeuge der Anklage. Er war erstaunt, als die Geschworenen Burr für „nicht schuldig" erklärten, und konnte von Glück reden, daß er nicht selbst angeklagt wurde, „Wilkinson", so bekannte der berühmte John Randolph, der bei den Beratungen der Geschworenen den Vorsitz führte, „ist der einzige Mensch, der mir je begegnet ist, der vom Scheitel bis zur Sohle ein Schurke ist!" Mit seiner Karriere ging es nun abwärts, doch sein Hang zur Intrige blieb ungebrochen. Er hielt sich gerade in Mexico-City auf, wo er versuchte, Optionen auf texanisches Land zu erwerben und dem nur sieben Monate regierenden Kaiser Iturbide mit unverlangten Ratschlägen zur Hand zu gehen, als er 1825 mit 68 Jahren an chronischer Diarrhöe starb. Er war als Vertreter der Amerikanischen Bibelgesellschaft nach Mexiko gekommen.

Wilkinson übertraf alle Rivalen an persönlicher Doppelzüngigkeit, aber was kollektive Schuftigkeit und Gemeinheit angeht, gebührt die Krone unzweifelhaft einem Klüngel von Politikern aus Georgia. Sie beteiligten sich 1795 an der größten und höchstwahrscheinlich übelsten Bodenspekulation der Geschichte: dem Verkauf von 14 Millionen Hektar Land im Yazoo Strip – der den Großteil des heutigen Alabama und Mississippi nördlich der Grenze von Spanisch-Florida umfaßte – zu einem halben Cent den Hektar. Es gab allerdings Präzedenzfälle. Ein gewaltiges Stück dieses Streifens (nach dem Yazoo River, einem Nebenfluß des Mississippi, benannt) war schon sechs Jahre zuvor zu einem noch niedrigeren Preis und unter Bedingungen verkauft worden, die den Kampf um das Territorium nördlich des Golfs von Mexiko widerspiegelten. Dieser Kampf hatte nach dem Unabhängigkeitskrieg eingesetzt und zeichnete sich aus durch eine verwirrende Folge von Forderungen und Gegenforderungen. Als Kontrahenten in der Auseinandersetzung traten Spanien, die Indianer des Südens, die Bundesregierung und die Oststaaten auf.

Gegen Ende der 1780er Jahre bewohnten Creek den größten Teil Alabamas und des südwestlichen Georgia, die Choctaw beanspruchten die südlichen zwei Drittel von Mississippi und die Chickasaw den Rest. Spanien forderte das westliche Mississippi für sich, nachdem es in Natchez einen Vorposten errichtet hatte. Die Bundesregierung, die theoretisch die Kontrolle über die Indianer – aber nicht über ihr Land – ausübte, drängte Georgia, seine Ansprüche auf den Yazoo Strip abzutreten.

Wo es sich um unbesiedeltes Land handelte, hatte die genannte Politiker-Gruppe Georgias lange Zeit ein eher gleichgültiges Verhalten an den Tag gelegt. Durch ein Gesetz gedeckt, das sie ermächtigte, Siedlern Farmland zuzuweisen, hatten die Gouverneure des Staates seit Jahren in großzügigster Manier riesige Gebiete an Spekulanten abgegeben. Oft verteilten sie sogar Land, das gar nicht existierte – über elf Millionen Hektar wurden in Bezirken abgegeben, die nur dreieinhalb Millionen Hektar umfaßten. Im Jahre 1789 entschloß sich die gesetzgebende Körperschaft, aus dem Yazoo-Gebiet herauszuholen, was noch herauszuholen war, bevor die Bundesregierung die Möglichkeit hatte, dem Staat das Gebiet zu entreißen. Sie einigten sich darauf, drei riesige Flächen an die in aller Eile gegründeten „Yazoo-Gesellschaften" zu verkaufen.

Trotz der emsigen Bemühungen ihrer Urheber trug keines dieser grandiosen Besiedlungs-Projekte je Früchte. Die meisten Beteiligten – einschließlich Patrick Henrys, des Organisators der Virginia Yazoo Company – dachten allen Ernstes daran, sich von der Union zu lösen. „Das Gesetz", schrieb Henry, „verletzt die Rechte der Bürger, ihre Regierungsform zu bestimmen." Und er brandmarkte die Bestrebungen der Regierung, Kontrolle über die westlichen Landesteile auszuüben, als „ungerecht und tyrannisch".

Weder Henry noch einer seiner Zeitgenossen schlug sich wirklich auf die Seite Spaniens. Allerdings versicherte Dr. James O'Fallon, ein niederträchtiger irischer Arzt, der die South Carolina Yazoo Company vertrat, Miró gegenüber immer wieder in den höchsten Tönen, er werde es gewißlich tun – er drohte sogar, mit einer fiktiven „10 000 Mann starken" Miliz im westlichen Teil Mississippis einzufallen. Aber seine Annäherungsversuche blieben erfolglos.

Miró nahm die Vorschläge des Spekulanten zur Zusammenarbeit höflich entgegen, drängte aber gleichzeitig die Indianer im Süden, die wenigen Siedler davonzujagen, denen es gelungen war, sich westlich des Chattahoochee River niederzulassen. Mittlerweile veranlaßte die Bundesregierung

Senator James Jackson aus Georgia *(links)* führte den Kampf um die Aufhebung des Yazoo-Gesetzes, das Bodenspekulanten ausgedehnte Gebiete für eine geringe Summe überließ. Als das Gesetz 1796 kassiert wurde, traten die Abgeordneten vor dem Kapitol zusammen *(unten)*, um einige Exemplare zu verbrennen.

ihre neuen Schützlinge, die Creek, ihr Land gegen weiße Eindringlinge zu verteidigen, und machte ihren bemerkenswerten Häuptling Alexander McGillivray zum Brigadegeneral. Die Legislative in Georgia, die langsam unruhig wurde, führte schließlich einen tödlichen Schlag gegen die Yazoo-Gesellschaften, indem sie die Bezahlung ihrer Schulden in Gold oder Silber verlangte – eine Forderung, der keine von ihnen nachkommen konnte.

Trotzdem schwelte das Yazoo-Fieber weiter, und um 1794 kam eine neue Clique von Spekulanten zu dem Schluß, daß es nun endlich möglich sein sollte, das Gebiet auszubeuten. Die Erfindung der Entkörnungsmaschine zum Reinigen der Baumwolle hatte zu einer gewaltigen Inflation der Bodenpreise im Süden geführt, und indianische Ansprüche, den früheren Landraffern oft hinderlich, waren in vielen Fällen durch Verträge mit den Stämmen des Südens „gelöscht" worden. Vier neue Yazoo-Gesellschaften wurden gegründet. An der Spitze der kapitalstärksten stand Senator James Gunn, ein Demagoge aus Georgia, der die Abgeordneten mit Gewalt dazu brachte, den Gesellschaften riesige Landgebiete zuzuweisen; Abgeordnete, die sich weigerten, bedrohte er mit einer Peitsche, den einsichtigeren bot er Land oder Gold an. Die auf diese Weise zustande gekommenen Transaktionen wurden mit viel Aufwand als größter Landverkauf der Geschichte in die Welt hinausposaunt: 500 000 Dollar in harter Währung für 14 Millionen Hektar westlich des Chattahoochee River.

Doch diese Phase der Yazoo-Affäre eskalierte rasch zu einem Skandal, der Georgia bis in seine Grundfesten erschütterte und zu einer *cause célèbre* wurde, die noch 20 Jahre für erbitterte Auseinandersetzungen im Kongreß sorgte. Die damit verbundene rechtliche Problematik wurde erst durch eine Interpretation der Verfassung gelöst, die dem Obersten Gerichtshof neue Autorität verlieh und eine amerikanische Einstellung zu Verträgen und Eigentumsrechten schuf, die bis heute unverändert geblieben ist.

Die ganze so schlau eingefädelte und kunstvoll in Dunkel gehüllte Unternehmung brach zusammen, als James Jackson, einer von Gunns Kollegen im Senat, gegen die Spekulanten zu Felde zog, das ganze Geschäft als „schändlichen Fleck" auf der Ehre des Staates anprangerte und eine neue Legislative veranlaßte, die Verkäufe durch einen sogenannten Annullierungsbeschluß rückgängig zu machen. Der lang andauernde Widerhall dieser Entschließung unterstrich die Tatsache, daß Ereignisse im fernen Westen in zunehmendem Maß für den etablierten Osten an Bedeutung gewannen: Die Yazoo-Gesellschaften hatten große Mengen Land zu Schleuderpreisen an Einfaltspinsel in New England verkauft, und nun reagierten diese Gimpel recht unfreundlich darauf, daß Georgias Gesinnungswandel sie praktisch enteignet hatte. Von jetzt an wurde die Yazoo-Affäre in den Städten der Ostküste ausgefochten, und zwar unter Temperamentsausbrüchen, die einer Hafenkneipe würdig gewesen wären. Der Kongreß-Abgeordnete John Randolph aus Virginia, der eine Abfindung der Yazoo-Geschädigten aus Bundesmitteln ablehnte, schlug einem gegnerischen Kollegen bei einer Dinnerparty in Washington ein Weinglas über den Schädel und ging dann mit einer Flasche auf ihn los. Oberrichter John Marshall griff schließlich vermittelnd zwischen Yazoo-Anhängern und Yazoo-Gegnern ein, indem er über den juristischen Spitzfindigkeiten die Akten schloß und den Fall an den Obersten Gerichtshof verwies.

Mit seiner Entscheidung machte der Oberste Gerichtshof Geschichte. Er stieß den Annullierungsbeschluß um – zum ersten Mal brachte er ein Gesetz eines Bundesstaates zu Fall – und schrieb in der Urteilsbegründung, eine gesetzgebende Körperschaft könne einen in einer früheren Sitzung beschlossenen Vertrag nicht einseitig für nichtig erklären. Die ursprünglichen Landzuweisungen bestünden zu Recht – trotz der unlauteren Beweggründe der Urheber dieser Pläne. Nachdem diese Grundsatzentscheidung gefallen war, trat Georgia den Yazoo Strip an die Bundesregierung ab, die 1 250 000 Dollar für das Land bezahlte. Am Ende waren nur noch die Gimpel, die Yazoo-Land gekauft hatten, aus ihrer finanziellen Misere zu befreien, und der Kongreß erledigte diese Kleinigkeit, indem er ihnen 5 000 000 Dollar als Entschädigung zuerkannte.

Der lange Kampf um den Yazoo Strip wurde geführt, als handelte es sich um unbewohntes Land, doch die Indianer des Südens waren von diesen Auseinandersetzungen gründlich betroffen – wie sie auch in die Machenschaften von Leuten wie Blount oder Sevier und in die trickreiche Diplomatie Mirós und Carondelets einbezogen waren, wenn auch nur als temporäre Hindernisse oder launenhafte Marionetten. Sie litten von Anfang an – gleich den Nationen der Algonquin – unter dem Fehlen eines politischen Systems, das ihre Aktivitäten möglicherweise auf einen gemeinsamen Nenner gebracht hätte. Aber es gab eine Ausnahme: Alexander McGillivray, ein junger Häuptling schottisch-indianischen Blutes, machte die Creek in der Zeit der Intrigen und Ränkespiele nach dem Unabhängigkeitskrieg zu einem in der internationalen Diplomatie ernstzunehmenden Faktor und verunsicherte damit Spanier und Amerikaner gleichermaßen.

Der große Führer der Creek war der Sohn Lachlan McGillivrays, eines schottischen Händlers, der sich unweit des heutigen Montgomery, Alabama, in der Wildnis niedergelassen hatte. Er verdiente ein Vermögen, legte eine

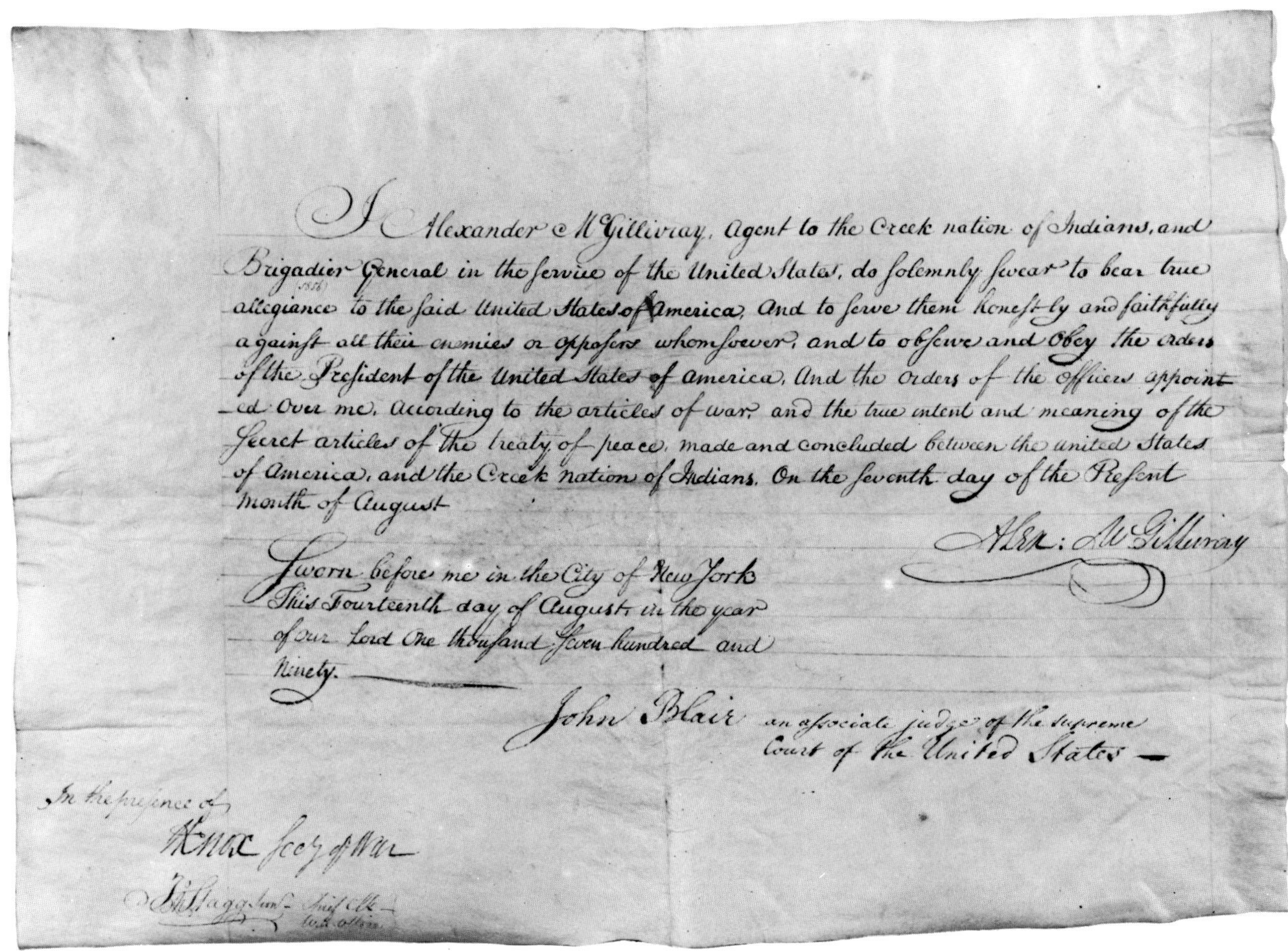

I Alexander McGillivray, Agent to the Creek nation of Indians, and Brigadier General in the service of the United States, do solemnly swear to bear true allegiance to the said United States of America, And to serve them honestly and faithfully against all their enemies or opposers whomsoever, and to observe and Obey the orders of the President of the United States of America, And the Orders of the officers appointed over me, according to the articles of war, and the true intent and meaning of the secret articles of the treaty of peace, made and concluded between the united States of America, and the Creek nation of Indians, On the seventh day of the Present month of August

Alex: McGillivray

Sworn before me in the City of New York This Fourteenth day of August in the year of our Lord One thousand Seven hundred and Ninety.

John Blair an associate judge of the supreme Court of the United States —

In the presence of

H Knox Secy of War

[illegible] Chief Clk

Alexander McGillivray, Häuptling der Creek, unterschrieb im August 1790 diese Loyalitätserklärung gegenüber den Vereinigten Staaten, doch das Dokument wurde geheimgehalten. So konnte er den Vorwurf der Doppelzüngigkeit, den seine spanischen Verbündeten gegen ihn erhoben, unbedenklich zurückweisen.

Pflanzung an und heiratete ein Creek-Mädchen namens Sehoy, das von Aristokraten des Wind-Clans abstammte. Nach Alexanders Geburt im Jahre 1759 beugte sich der Vater dem Brauch der Creek, wonach ein Sohn von der Familie seiner Mutter aufgezogen werden sollte, und so wurde der Junge zum bevorzugten Mündel eines von Sehoys Brüdern, eines Häuptlings namens Red Shoes. Als Folge genoß Alexander eine zweigleisige Erziehung: Im großen Haus seines Vaters nahm er die Sprache und die Geisteshaltung der weißen Welt auf, bei seinen Onkeln hingegen indianische Dialekte und Gebräuche. Lachlan McGillivray schickte den Jüngling nach Charleston, wo er unter einem Tutor studierte und sich etwas mit den Usancen und Geheimnissen eines Kontors vertraut machen sollte.

Zahlen langweilten ihn, aber Geschichte und Sprachen faszinierten ihn; diese Fächer kamen seinem Streben nach politischer Macht wie auch seinem Instinkt für die Beeinflussung anderer entgegen und versahen ihn mit dem nötigen Rüstzeug, die Absichten hochgestellter Amerikaner und Europäer zu durchschauen und zu durchkreuzen. Er lernte sehr schnell, Englisch zu schreiben – eine Übung, die seinen umfangreichen, in klarem Stil gehaltenen Briefwechsel mit Verbündeten und Gegnern vorausahnen ließ.

Mit dem Ausbruch des Unabhängigkeitskrieges ging Alexanders formale Erziehung zu Ende. Amerikanische Patrioten beschlagnahmten seines Vaters Besitz und seine Sklaven, und der alte Mann, ein eiserner Loyalist, kehrte nach Schottland zurück. Alexander zog sich nach Little Tallassie, einem Creek-Dorf am Coosa River unweit des heutigen Montgomery, zurück. Er wurde als Häuptling empfangen, betätigte sich als britischer Agent und begann als 17jähriger eine Karriere in der Stammespolitik, die ihn in

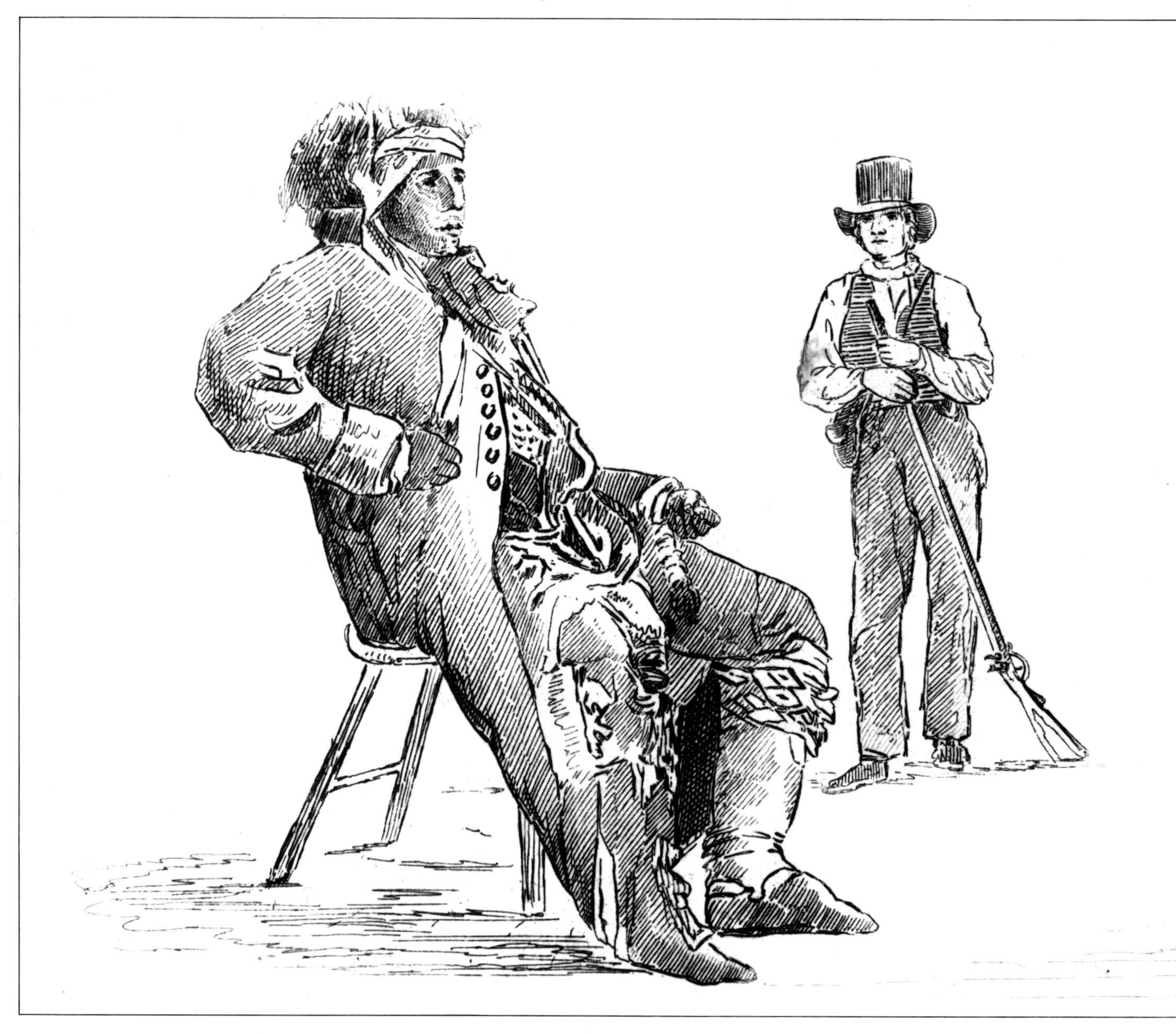

den frühen 1780er Jahren zur treibenden Kraft der gesamten Creek-Föderation werden ließ.

McGillivray war ein recht merkwürdiger Häuptling. Er war ein Feigling und schämte sich dessen nicht. Persönlichem Gewinn war er nicht abhold: Schon bald besaß er drei Plantagen, die er von schwarzen Sklaven bearbeiten ließ. Er trug die Kleidung der Weißen oder Indianertracht, wie es ihm gerade beliebte, hatte mehrere Frauen, trank übermäßig und war geschlechtskrank.

Doch die Creek wurden zwischen den Spaniern und den nach Westen drängenden Amerikanern eingezwängt, und McGillivray spielte die beiden überaus geschickt gegeneinander aus. Er war unbestechlich; er kündigte Verträge auf, in denen zwei Unterhäuptlinge, Tame King und Fat King, den Stämmen gehörendes Land an Georgia abgetreten hatten. Er verfügte über ein sicheres Gefühl für den Nutzen – und die Grenzen – des Krieges. So entwickelte er sich zu einer Ausnahmeerscheinung – zu einem indianischen Politiker, der Kriegerhäuptlingen ihre Strategie vorschreiben und ein ganzes Volk lenken konnte.

Im Jahre 1783 wandte sich McGillivray an Miró und bat ihn um Unterstützung gegen den Druck, dem sein Volk seitens der „vertrackten Republik" der Vereinigten Staaten ausgesetzt war, wie er sich ausdrückte. Der spanische Gouverneur machte ihn zum Vertreter Spaniens unter den Indianern des Südens und zahlte ihm dafür 600 Dollar im Jahr. Dessenungeachtet ließ McGillivray bald erkennen, daß er noch sein eigener Herr war. Ein Schotte namens William Panton hatte, nachdem er aus den Vereinigten Staaten ausgewiesen worden war, in Spanisch-Florida die Handelsfirma Panton, Leslie & Co. gegründet. Durch Mirós freundliche Vermittlung gelang es McGillivray, der Gesell-

Ein britischer Offizier, der in den zwanziger Jahren des 19. Jahrhunderts Georgia besuchte, zeichnete zwei Creek-Häuptlinge, die von einem bewaffneten Siedler bewacht werden. Zu dieser Zeit hatten die Creek bereits einen Großteil ihres Landes an Siedler und an die Regierung abgeben müssen.

schaft ein spanisches Handelsmonopol zu verschaffen. Er schickte Panton Tausende von Rehfellen, und dieser revanchierte sich mit einer Flut von Waffen, da er ausgezeichnete Verbindungen zu Londoner Märkten unterhielt. Diese Waffen bescherten den Creek eine zunehmende Unabhängigkeit.

Miró reagierte auf diese Entwicklung mit einer Mischung aus Nervosität und jähzornigem Aufbegehren. Er wollte Freunde als Schutzgürtel zwischen sich und den amerikanischen Backwoodsmen sehen – aber solche, die ihn nicht unvorsichtig in einen Krieg mit den Vereinigten Staaten hineinziehen würden. Jedoch versuchte er kaum etwas gegen den Handel zu unternehmen, der viele Jahre lang blühte. Die Creek fanden sich immer besser mit Waffen ausgerüstet; McGillivray benutzte sie zu Überfällen auf Siedler aus Georgia, schob aber sehr geschickt immer wieder Atempausen ein und beschränkte sich zum größten Teil darauf, die Amerikaner daran zu hindern, sich auf Creek-Land im westlichen Alabama anzusiedeln.

Die spanischen Behörden befürchteten, die Amerikaner könnten aus diesem Anlaß mit einer Militärexpedition zum Mississippi vorrücken, und legten McGillivray 1788 dringend nahe, eine Verständigung mit den Vereinigten Staaten anzustreben. McGillivray hatte seine Zweifel: „Diese Amerikaner sind hinterlistige und schlaue Republikaner, die es darauf anlegen werden, jede Gelegenheit beim Schopf zu packen, bei der ich nicht mit Entschlossenheit sprechen oder handeln kann." Aber die Umstände veranlaßten ihn bald, seine Ansichten zu ändern, und führten ihn überdies zu seinem größten Triumph.

Da George Washington über Georgias ersten Verkauf des Yazoo Strip entsetzt war und befürchtete, eines schönen Tages gleichzeitig gegen die Indianer des Nordens und des Südens Krieg führen zu müssen, schickte er Colonel Marinus Wilett in geheimer Mission nach Georgia, um McGillivray zu einer Konferenz nach New York einzuladen. Washingtons Abgesandter und der Indianer fanden sofort Gefallen aneinander. Als sie sich auf McGillivrays Plantage Apple Grove in Alabama gegenübertraten, fand Willett seinen Gastgeber „offenherzig und großmütig". Der Creek-Häuptling hielt seinen Besucher für „ehrlich und gütig". McGillivray hatte überdies guten Grund, neue Freundschaften anzusteuern: Der Ausbruch eines Krieges drohte (vor der Insel Nootka im Nordwesten hatten die Spanier britische Schiffe aufgebracht), und damit wäre der Handel mit Panton unterbunden gewesen. McGillivray stellte Willett den Häuptlingen der Creek vor, nickte zustimmend, als der Amerikaner sie in „unsere geliebte Stadt" einlud, um dort einen Vertrag abzuschließen, und achtete darauf, daß alle die Einladung annahmen. Damit gab er den Anstoß zu einem Auftritt, der als die erste Wildwestshow in der amerikanischen Geschichte bezeichnet werden könnte.

Willett hatte geplant, seine Schützlinge mit dem Schiff nach Norden zu geleiten, aber McGillivray schützte eine „tödliche Abneigung gegen Wasser" vor. So wurde der Offizier zum Anführer einer Prozession, die über die Straßen Carolinas, Virginias und Pennsylvanias zog, einer Prozession, wie noch keiner sie je zu Gesicht bekommen hatte: McGillivray ritt mit Wilett an der Spitze, gefolgt von einer militärischen Eskorte, hinter der ein leichter zweirädriger Wagen (auf den sich der berühmte Creek zurückzog, wenn ihn ein Unwohlsein plagte), und weitere Fahrzeuge fuhren, die 26 Häuptlinge, Gepäck, acht Krieger und McGillivrays Diener beförderten. Im Gerichtshaus zu Guilford, North Carolina, ernteten die Indianer starken Beifall, in Richmond

Am 20. Dezember 1803, dem Tag, da Louisiana amerikanisches Territorium wurde, geben französische Soldaten Salutschüsse ab, während die Tricolore eingeholt und das Sternenbanner über New Orleans aufgezogen wird. Durch den Louisiana Purchase wuchs die Fläche der Vereinigten Staaten auf das Doppelte.

gab Gouvernor Beverley Randolph ihnen zu Ehren ein Festessen; in Fredericksburg nötigte man sie, einer Theatervorstellung beizuwohnen, und in Philadelphia wurden sie bei öffentlichen Diners von aller Welt bestaunt.

Bei ihrer Ankunft in New York wurden sie mit dem aufwendigsten Zeremoniell seit Washingtons Amtsantritt begrüßt. Kanonen wurden abgefeuert, und die Menge spendete ihnen stürmischen Applaus, als sie mit Kriegsminister Henry Knox die Wall Street hinunterfuhren. Alexander McGillivray wurde an der Ostküste von jedermann zum Helden des Tages gemacht.

Doch so geschmeichelt sich McGillivray auch fühlen mochte – er empfand es als große Ehre, mit Washington in nähere Berührung zu kommen –, er behielt die Oberhand in dem Gefeilsche, das zum Vertrag von New York führte. Den Bemühungen des Präsidenten, seine Beziehungen zu Spanien zu unterminieren, setzte er entschlossenen Widerstand entgegen. Er erklärte sich bereit, einen östlichen Streifen des Creek-Gebietes an die Vereinigten Staaten abzutreten; dafür sicherte ihm die Regierung offiziell Schutz vor weiteren Übergriffen der Yazoo-Gesellschaften zu, verlieh ihm das Patent eines Brigadegenerals und setzte ihm einen Sold von 1200 Dollar im Jahr aus.

Der Senat ratifizierte das Abkommen sehr rasch, und schon am 11. August 1790 unterschrieben Washington und McGillivray das Dokument, und auch die anderen Häuptlinge setzten ihr X darunter. Dann überreichte der Präsident McGillivray eine Perlenschnur und ein „Tabakpapierchen", das er in Gedenken an ihr Zusammentreffen rauchen sollte. Sobald sie wieder unter freiem Himmel waren, entzündeten die Creek ein Freudenfeuer.

Der Triumph in New York ließ McGillivrays Ansehen unter den Indianern des Südens auf einen Höhepunkt steigen, führte zu einem vergänglichen Frieden an der Frontier – und verstärkte seine Verhandlungsposition in New Orleans. Miró argwöhnte, er habe Washington mehr konzediert als offiziell zugegeben wurde. Der Spanier wütete, entschloß sich aber dann doch, sozusagen als Versicherung auf die Zukunft, McGillivrays Sold auf stolze 3500 Dollar zu erhöhen. Der Vertrag erwies sich als kurzlebig – wie die meisten Verträge mit den Indianern –, und in den Yazoo Strip kamen scharenweise Siedler, als ob es nie eine Verpflichtung gegeben hätte, ihn zu schützen.

Aber zu der Zeit besaßen die Creek ihren Fürsprecher nicht mehr. Bei einem Besuch Pensacolas war McGillivray 1793 im Alter von 34 Jahren an „Blutklumpen im Magen" gestorben. Bemüht, ihm einen letzten Gruß zu entbieten, ordnete Panton ein „komplettes Freimaurer-Begräbnis" an, bevor er ihn in seinem Garten beisetzte.

Die Zeit und der Louisiana Purchase von 1803 lösten schließlich das spanische Problem – das McGillivray so geschickt zu nutzen verstanden hatte –, sicherten dem Südwesten zunehmende Beständigkeit und machten den Mississippi endgültig zu einem amerikanischen Strom. Doch in eben dieser Zeit bemächtigte sich der Pioniere nördlich und südlich des Ohio River erneute Erbitterung; sie gelangten zu der Überzeugung, daß England ihnen wieder mit Feindseligkeiten und Gier nach Land gegenübertrat.

Nach 1808 brachen schwere Zeiten für den Westen an. Man gab den Briten die Schuld – und nicht ganz zu Unrecht. Die britische Blockade des napoleonischen Frankreich, die gleichzeitige Behinderung der amerikanischen Schiffahrt und die von Jefferson als Vergeltungsmaßnahme im Dezember 1807 verfügte Sperre amerikanischer Häfen durch die Embargo Act hatten den Handel am Mississippi zum Erliegen gebracht. Bei den Siedlern Ohios, Kentuckys und Tennessees setzte sich nun die Ansicht fest, die Briten hetzten die Indianer des Nordens zum Grenzkrieg auf, noch nicht zufrieden damit, daß sie ihre Händler bereits tief in die amerikanische Wildnis schickten und den Pelzexport nach Kanada ableiteten.

Ob sie das nun taten oder nicht, um 1810 glaubte man im Westen, daß es nur eine Möglichkeit zur Wiederherstellung von Ehre und Wohlstand gab: die Invasion Kanadas und die Einnahme Montreals als Mittel, das Wohlverhalten der Royal Navy zu erzwingen. So kam es, daß der Westen zum erstenmal seine politischen Muskeln spielen ließ: Der Abgeordnete Henry Clay aus Kentucky führte die Falken im Kongreß an, und der Druck des Westens (verstärkt durch die Lobby der Südstaaten, die Florida an sich reißen wollten) trug entscheidend zu dem Entschluß von James Madison im Jahre 1812 bei, einen Waffengang zu riskieren. Zwar kam dem Präsidenten der Streit zu diesem Zeitpunkt in vieler Hinsicht peinlich ungelegen, doch das blinde Beharren des Westens auf einer solchen Auseinandersetzung schien – wie schon zuvor sein Vormarsch an den Mississippi – einer Art unbewußter, gegen alle Regeln der Vernunft verstoßender Weisheit entsprungen zu sein. Bei Kriegsende war es mit dem europäischen Widerstand gegen die amerikanische Expansion für immer vorbei, und in der Schlacht von New Orleans erhob sich die erste Führergestalt aus dem Westen zu nationaler Größe.

Der bescheidene Anfang der großen Städte

Auf den Sturm der Immigranten in das Land westlich der Appalachen folgte die Geburt der Städte, ausgelöst durch das Bedürfnis nach Schutz, Geselligkeit und Dienstleistungen, die ein allein auf sich gestellter Farmbewohner nicht erbringen konnte. Einige Gemeinden wie Pittsburgh *(links)* bildeten sich um Forts und Handelsposten, die schon früher errichtet worden waren. Andere Siedlungen entstanden als Schöpfungen von Bodenspekulanten, die zum großen Teil nur auf Karten arbeiteten und die Parzellen, mit denen sie handelten, nie zu Gesicht bekamen.

Die Spekulanten kauften günstig gelegene Areale an Wasserstraßen oder inmitten fruchtbaren Ackerlandes auf; sie teilten sie in Parzellen ein und warben mit stark übertriebenen Flugblättern und Zeitungsanzeigen um Käufer. Nicht alle hatten indes Erfolg: „Papierstädte“ wie New Athens, New Lisabon und Town of America kamen nie über das Reißbrettstadium heraus. Und mehr als eine Ansiedlung starb fast schon bei der Geburt. Cleveland am Cuyahoga River zum Beispiel erwies sich als derart anfällig für Krankheiten durch den malariaverseuchten Fluß, daß sich die Bevölkerung der Stadt um 1800, nur wenige Jahre nach ihrer Gründung, auf sage und schreibe sieben Personen reduzierte.

Doch die durch ihre Lage und die Dynamik ihrer Bewohner begünstigten Siedlungen blühten auf. George Washington erkannte die verborgenen Wachstumschancen Pittsburghs schon im Jahre 1753, als es erst ein Lager war. 33 Jahre später konnte sich ein Pittsburgher rühmen, daß er in einer Stadt „rauchender Schornsteine und hellerleuchteter Säle“ lebte, in welchen sich „elegante Damen und Herren“ zu versammeln pflegten.

Im Jahre 1796 war Pittsburgh ein Dorf am Oberlauf des Ohio River, das sich als Sprungbrett für westwärts ziehende Siedler bereits kräftig entwickelte. Ein Menschenalter später war es eine rußverschmutzte Industriestadt.

Cleveland existierte nur im Traum des Bodenspekulanten Moses Cleaveland aus Connecticut, als 1796 am Lake Erie die erste Hütte errichtet wurde. Doch

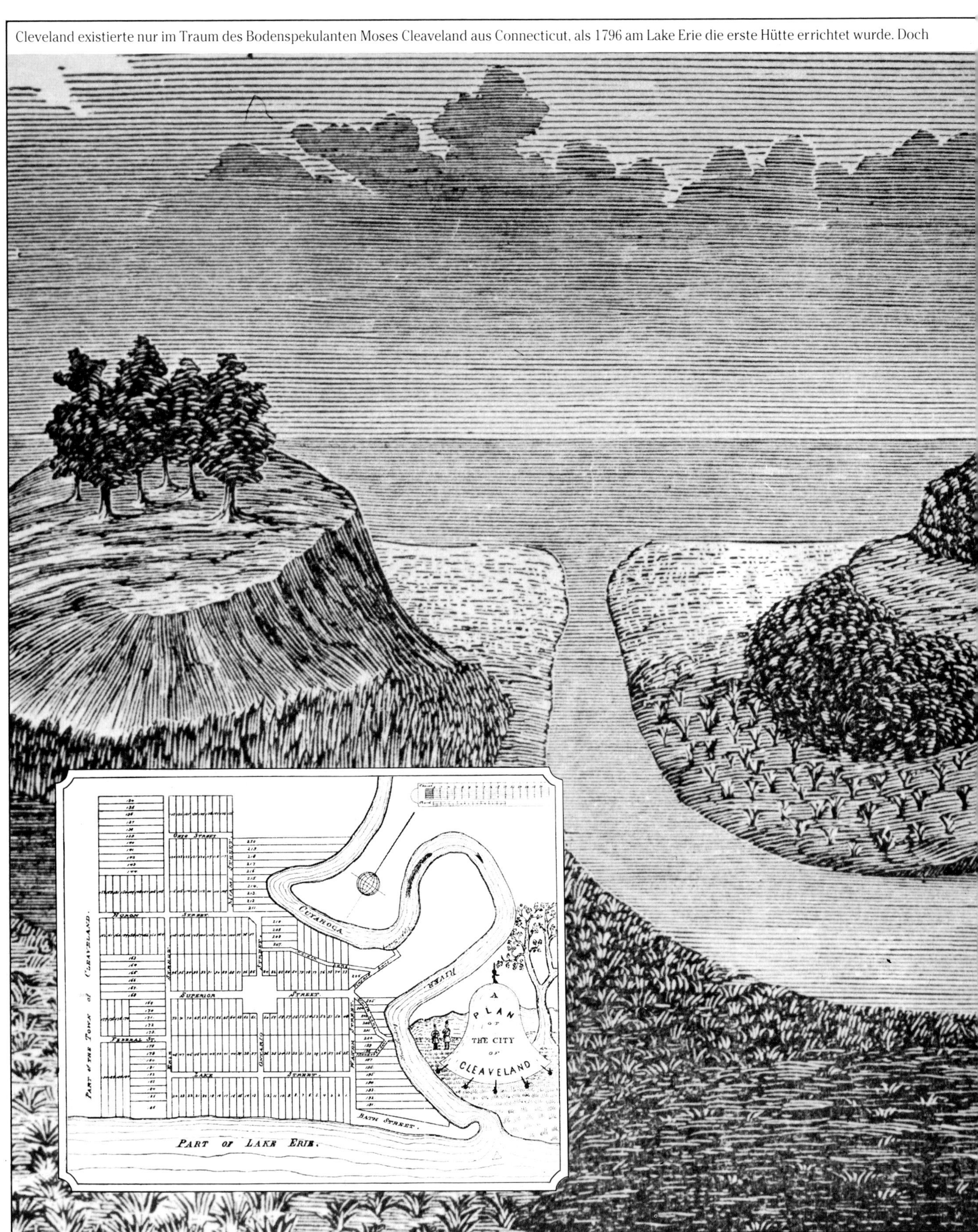

Cleavelands Landvermesser entwarf wenig später einen Entwicklungsplan *(unten links)*, der dann zur Grundlage des späteren Wachstums der Stadt wurde.

Muskm. River

Marietta, die ursprüngliche Hauptstadt des Nordwest-Territoriums, entstand 1788 an der häufig von Überschwemmungen heimgesuchten Stelle, an der der Muskingum River in den Ohio mündet. Wie diese Zeichnung erkennen läßt, war das Dorf bereits 1792 durch eine Palisade und vier Blockhäuser geschützt.

Auf dieser Zeichnung des ersten Hauses von Cincinnati aus dem Jahre 1788 ist ein Landvermesser damit beschäftigt, die zukünftige Front Street anzuvisieren. Trotz sumpfigen Untergrundes und Springfluten war Cincinnati aufgrund der Lage bestens als Handelsplatz für Farmer geeignet, die im Gebiet der heutigen Staaten Ohio, Indiana und Kentucky lebten.

Pionierfamilien warten 1802, bis sie an der Reihe sind, sich über den breiten Ohio River nach Cincinnati übersetzen zu lassen. In nur 14 Jahren war aus einem primitiven Lager ein geschäftiges Handelszentrum erwachsen, dessen Bürger, wie ein Reisender feststellte, Zeit fanden, „den Harmonien Glucks und Haydns und dem Knall von Sektpfropfen zu lauschen".

6 Der Präsident, der aus dem Westen kam

Als Andrew Jackson, der erste aus dem Westen stammende amerikanische Präsident, sein Amt antrat, brachte er eine neue Art hemdsärmeliger Demokratie mit, die dem Pragmatismus der Backwoodsmen weit mehr verhaftet war als den klassischen Philosophien seiner Vorgänger. Der Verfechter dieser neuen Staatsführung – es gab Leute, die sie als Pöbelherrschaft bezeichneten – war schon in seiner Kindheit durch die rauhen Manieren der Frontier geprägt worden. Im Bergland der Carolinas aufgewachsen, verstand Jackson schon mit 13 Jahren genug von Waffen und Wunden, um sich im Unabhängigkeitskrieg nützlich zu machen – indem er auf Rotröcke schoß oder Verwundete versorgte.

Bei Kriegsende war er verwaist und überquerte die Smokies, um sein Glück zu machen. Er wurde ein Anwalt der Siedler und dann Grundbesitzer, Abgeordneter und schließlich Richter.

Mit 35 Jahren wurde er zum General der Miliz von Tennessee gewählt, obwohl er so gut wie keine militärische Ausbildung hatte. Seine außergewöhnlichen Fähigkeiten ließen ihn schon bald zu nationaler Berühmtheit gelangen und führten ihn schließlich zur Präsidentschaft. Im Osten allerdings hielten ihn viele für noch weniger geeignet, die Nation zu leiten als eine Armee zu führen. Aber er bewies im Weißen Haus, was er auf dem Schlachtfeld (und im Gerichtssaal) schon gezeigt hatte: daß Geistesgegenwart und Willensstärke eines Frontiersman für einen Staatsmann genauso wertvoll waren wie für die Jäger und Farmer, die ihn gewählt hatten.

Der junge Andrew Jackson betrachtet entsetzt die Opfer des „Waxhaw-Massakers“, zu dem es im Jahre 1780 unweit seines Elternhauses in den Bergen von Carolina kam. Britische Dragoner hatten ein Regiment von Amerikanern überrumpelt und bei diesem Kampf 113 Männer getötet.

Als Angehöriger eines Sonderkommandos, das das Haus eines prominenten Offiziers zu bewachen hat, feuert der 14jährige Soldat Jackson durch eine Baumgabel hindurch auf marodierende Tories. Jacksons Schuß rüttelte seine Kameraden wach. Zusammen wehrten sie den Feind ab, bis Hilfe zur Stelle war.

Während der Sheriff sich hinter ihm versteckt, verhaftet Richter Jackson 1802 in Jonesboro, Tennessee, den aus dem Gefängnis geflüchteten, ungeschlachten Russell Bean. Bean hatte bereits zwei Gerichtsbeamte verjagt, als Jackson ihm mit einer gespannten Pistole und der Aufforderung entgegentrat, sich zu ergeben. Nachdem Bean begriffen hatte, daß der Richter nicht spaßte, ergab er sich wirklich.

Ein Demokrat, der keinen Kampf ausließ

Die Kontrahenten trafen sich nach Morgengrauen in einem Pappelwäldchen nahe dem Red River in Kentucky; beide waren am Tag zuvor mit ihren Sekundanten nach Norden geritten, da eine in Tennessee gültige Gesetzesbestimmung Duelle auf dem Boden dieses Staates unter Strafe stellte. Zwar wachte das Auge des Gesetzes nicht überall, aber beide Duellanten waren Rechtsanwälte, und zumindest einer von ihnen mußte die Vorschriften einhalten, um seine Zukunft nicht zu gefährden. Andrew Jackson, 39 Jahre alt, groß und hager, war der Herausforderer, doch der 27jährige Charles Dickinson, ein Dandy, aber auch ein Meisterschütze, hatte ihren Zweikampf mit beleidigenden Äußerungen über Jacksons Frau und einem Zeitungsartikel („ich halte ihn für einen nichtswürdigen Lumpen, einen Schurken und einen Feigling") vom Zaun gebrochen. Er hatte damit begonnen, nachdem Jacksons Pferd Truxton das Pferd Ploughboy von Dickinsons Schwiegervater in einem mit 3000 Dollar dotierten Rennen geschlagen hatte. Die Sekundanten hatten die althergebrachten Regeln vereinbart: „Entfernung acht Meter; die Gegner stehen einander mit senkrecht nach unten gehaltenen Pistolen gegenüber. Es wird nur der Befehl ‚Feuer' gegeben. Sollte einer der Duellanten feuern, bevor das Wort ausgesprochen ist, verpflichten wir uns, ihn sofort zu erschießen."

Jackson neigte sein Leben lang dazu, Duellforderungen auszusprechen, obwohl er nur ein mittelmäßiger Schütze war. Diesmal hatte er beschlossen, seinen Gegner bewußt als ersten feuern zu lassen. Dennoch hatte er am Abend zuvor in Miller's Tavern ein üppiges Mahl verzehrt, hatte noch bis zehn Uhr auf der Veranda geplaudert und so tief geschlafen, daß es einige Mühe kostete, ihn bei Sonnenaufgang zu wecken. Die Pistolen – mit 23 Zentimeter langen Läufen und 28 Gramm schweren Kugeln vom Kaliber .70 – gehörten Jackson. Dickinson hatte die erste Wahl. Die beiden Männer traten auf das Feld hinaus und nahmen Aufstellung, und Jacksons Sekundant, ein früherer Offizier namens Thomas Overton, rief:

„Sind Sie bereit, meine Herren?"

„Bereit", sagte Dickinson.

„Bereit", sagte Jackson.

„Feuer!" rief Overton.

Blitzschnell zog Dickinson seine Waffe hoch, ihr dumpfer Knall zerriß die Stille. Ein Staubwölkchen löste sich von Jacksons Rock, der so schief von seiner hageren Gestalt herabhing, daß Dickinson getäuscht wurde und das Herz seines Gegners um fünf Zentimeter verfehlte. Jacksons linke Hand zuckte automatisch hoch, fiel aber dann an seine Seite zurück. „Großer Gott!" murmelte Dickinson und wich entsetzt zurück. „Habe ich ihn verfehlt?"

Overton schwenkte seine Waffe. „Zurück auf Ihren Platz, Sir!" sagte er kühl.

Dickinson trat vor, verschränkte die Arme und starrte unverwandt vor sich hin. Jackson richtete sich zu seiner vollen Größe auf, hob seine Pistole, spannte den Hahn – das Klicken des Mechanismus war deutlich zu vernehmen – und zielte. Er ließ sie wieder sinken, zielte sorgfältig ein zweites Mal und feuerte. Die schwere Kugel bohrte sich in Dickinsons Eingeweide, schleuderte ihn zu Boden und fügte ihm eine Wunde zu, an der er wenige Stunden später starb.

Festen Schrittes ging Jackson zu seinem Pferd zurück. Erst als er es besteigen wollte, merkte sein Arzt, daß der linke Schuh seines Freundes rot von Blut war. „Ach ja, ich glaube, er hat mich ein wenig angekratzt", sagte Jackson, obwohl Dickinsons Kugel nahe seinem Herzen steckte, ihm Schmerzen verursachte und bis zu seinem Tod in seinem Körper verblieb, „aber reden wir nicht davon."

Nur wenige Ereignisse in Jacksons Leben spiegeln so genau diese Charakterzüge wider, die seinen Ehrbegriff formten und ihn so leidenschaftlich nach Selbstverwirklichung streben ließen, nach Ruhm und Erfolg – sei es als Backwoodsman, als nach Westen drängender Abenteurer, als Rechtsanwalt an der Frontier, als Pflanzer, Bodenspeku-

Die harten Augen, die so manchen Gegner das Fürchten lehrten, sind auf diesem Bild eines bemerkenswert jugendlichen Andrew Jackson gut eingefangen. Es wurde nach der Schlacht bei New Orleans gemalt, als er immerhin schon 48 Jahre alt war.

lant und Politiker, Captain der Miliz, Indianerkämpfer oder erbitterter Gegner der Engländer bei New Orleans.

Jackson leitete die Epoche des einfachen Mannes in den Vereinigten Staaten ein, nachdem er ihr erster Präsident aus dem Westen geworden war. Seine Amtseinführung gab den Ton dieser neuen Zeit an. Tausende schwärmten durch das Weiße Haus, langten gierig nach Speisen, zerbrachen Teller und kletterten mit kotigen Stiefeln auf die mit Damast bespannten Stühle. Das Volk kam, um den Mann zu sehen, dessen Kampagne sie durch Wahlversammlungen, Paraden und Plaketten direkt angesprochen hatte.

Jackson ist in die Geschichte eingegangen als Gründer der Demokratischen Partei. Er entzog dem Kongreß das Recht, Kandidaten zu nominieren, und übertrug es dem Parteikonvent, er befürwortete das Prinzip des turnusmäßigen Wechsels im Amt und trat den Politikern South Carolinas entgegen, die die Rechte der Bundesstaaten über die Interessen der Nation stellten.

In seiner Amtszeit ersetzte Jackson die elitäre Geisteshaltung des Ostens durch die des Frontier und führte Begriffe ein, die für die Politik der Demokratischen Partei ein Jahrhundert lang richtungweisend sein sollten. Aber er war kein Theoretiker. Er glaubte sich dazu berufen, die Menschen zu beherrschen, statt sie aufzuklären. Der Ruf eines politischen Erneuerers scheint sich ihm auf seltsame Weise fast zufällig beigesellt zu haben. Er erwarb ihn auf dieselbe Art wie schon seinen früheren Ruf im Westen, indem er auf auftauchende Probleme ebenso intensiv und direkt reagierte, wie er es durch einen philosophischen Denkprozeß nicht besser hätte tun können – um in der Folge mit unerbittlicher Zielstrebigkeit gegen alle Widerstände seinen Willen durchzusetzen.

Jacksons kriegerische Anwandlungen ließen zuweilen um seinen Geisteszustand bangen. Manchmal schienen seine Fähigkeit, Schmerzen zu ertragen, und die Mißachtung gegenüber seinem eigenen Körper beinahe selbstmörderische Neigungen erkennen zu lassen. Er besaß großen persönlichen Charme, war von gewinnender Höflichkeit und der loyalsten Gesinnung fähig und konnte geistige Disziplin, Scharfsinn und Urteilsreife an den Tag legen, also Eigenschaften, die in schroffem Gegensatz zu den ungestümen Zügen seines Charakters standen. Aber es waren seine Willenskraft und seine eiserne Entschlossenheit, sich von nichts und von niemandem abweisen zu lassen, die ihn zu einem einzigartigen Menschen stempelten. Jackson war ein Geschöpf der Frontier. Sie war höchstwahrscheinlich die einzige Landschaft, in der seine Standhaftigkeit, Kampfeslust und seine Ambitionen in den Jahren nach dem Unabhängigkeitskrieg ihren vollen Ausdruck hätten finden können. Trotzdem

Lange nach Jacksons Tod wurde diese Pistole versteckt in der Dachtraufe der Hermitage gefunden, seines Herrenhauses in der Nähe von Nashville. Von einer solchen Waffe kann man sich vorstellen, daß ein angriffslustiger Gentleman wie Andrew Jackson sie gern bei sich trug.

Diese Mitteilung gab das Startzeichen zu Jacksons ereignisreicher Karriere als Duellant. Er war 21 Jahre alt, als er sie Waightstill Avery übermittelte, einem distinguierten Rechtsanwalt in North Carolina. Dieser hatte Jacksons erste Forderung ignoriert, die Jackson wutentbrannt auf ein Blatt aus einem Gesetzbuch gekritzelt hatte, nachdem er in einem Gerichtssaal von Avery mit gutmütigem Spott bedacht worden war. Die beiden Männer traten einander auf dem „Felde der Ehre" gegenüber, aber mittlerweile hatten klügere Köpfe ihnen ins Gewissen geredet, und beide schossen nur in die Luft.

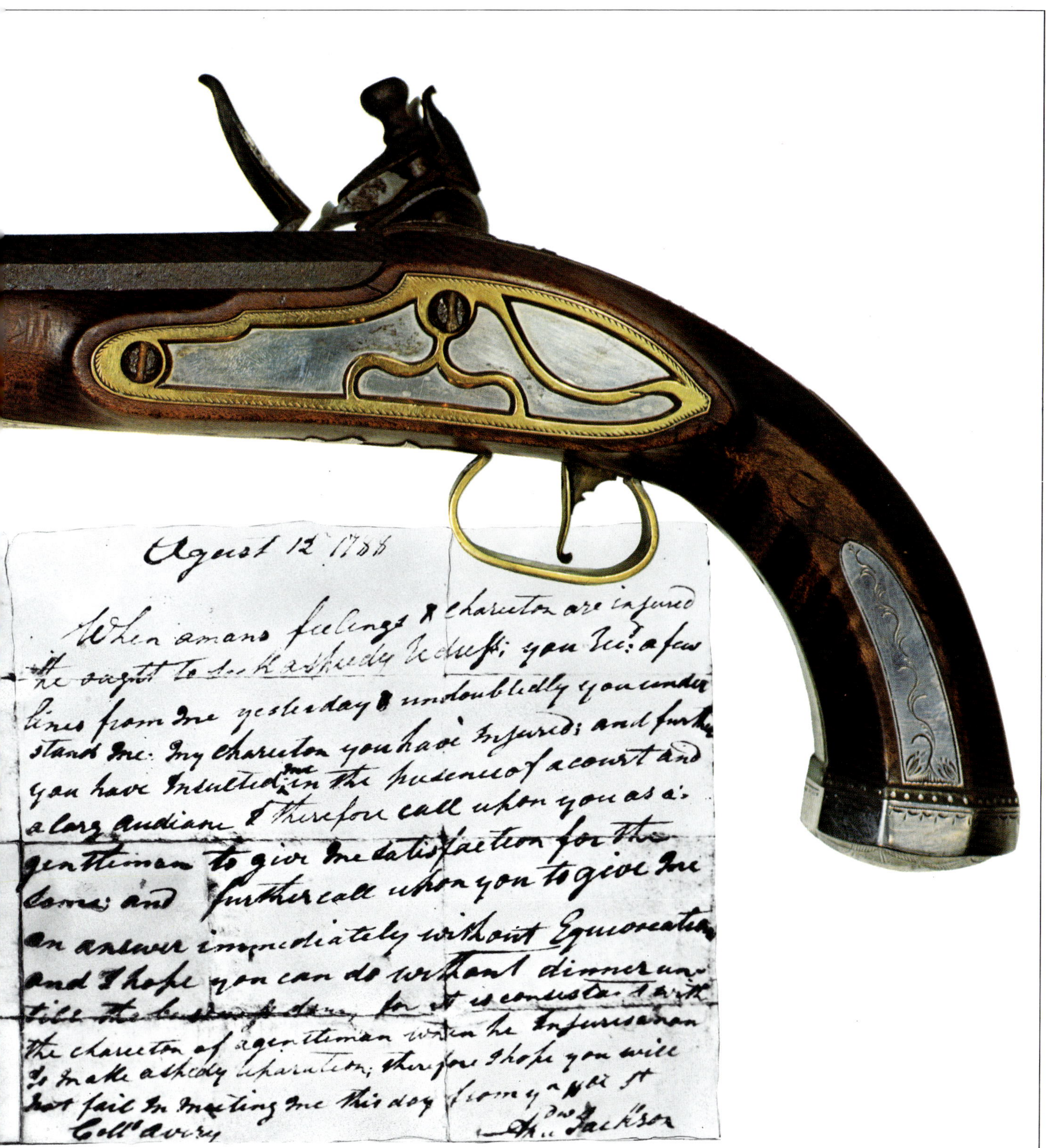

August 12th 1788

When a mans feelings & charector are injured
he ought to seek a speedy redress; you recd. a few
lines from me yesterday & undoubtedly you under
stand me. My charector you have injured; and further
you have Insulted me in the presence of a court and
a larg audiance I therefore call upon you as a
gentleman to give me satisfaction for the
same; and I further call upon you to give me
an answer immediately without Equivocation
and I hope you can do without dinner un-
till the business done; for it is consistant with
the charector of a gentleman when he injures a man
to make a speedy reparation; therefore I hope you will
not fail in meeting me this day from yr obt st

Andw. Jackson

Collo. Avery

Nachdem Andrew Jackson im Hause eines Nachbarn zum Gefangenen gemacht wurde, ist der junge Rebell im Begriff, den Säbelhieb eines britischen Offiziers abzuwehren. Sein Bruder Robert und die Damen des Hauses sehen entsetzt zu. Der Offizier hatte Jackson befohlen, seine Stiefel zu putzen. Als der Junge ihm selbstbewußt erwiderte: „Sir, ich bin Kriegsgefangener und verlange, als solcher behandelt zu werden", geriet er in Zorn und schlug unbeherrscht auf ihn ein.

entsprach er nicht dem Prototyp des Frontiersman. Er trachtete eher danach, die Geisteshaltung des Frontier-Gebietes zu formen als sie widerzuspiegeln, und erwies sich als überragende Führerpersönlichkeit, als er in der Schlacht von New Orleans den Mississippi und den Westen vor dem Zugriff Englands bewahrte.

Natürlich bildete dieser Waffengang – in dem sich die Backwood-Scharfschützen als die zähesten Kampfgruppen erwiesen – den Schlüssel zu Jacksons Platz im Pantheon der Helden der Nation. Man hat das gespenstische Gefühl, Jackson könnte seine Kindheit und seine Jugend dazu benutzt haben, um der Mann zu werden, der den gigantischen Kampf um New Orleans beherrschte. Seine Eltern waren Schotten aus Ulster; sie kamen 1765 in die Vereinigten Staaten und ließen sich in den Waxhaws, einem Hügelgebiet South Carolinas, nieder. Sein Vater starb jedoch 1767, kurz vor Andrews Geburt, seine Mutter 1781. So blieb er mit 14 Jahren sich selbst überlassen – seine Eltern hatten ihm ein Stück Land in den Waxhaws und den nordirischen Dialekt vermacht, der in Augenblicken der Erregung oder Spannung bis ans Ende seiner Tage seine Sprache färbte.

Der Junge besaß eine zahlreiche Verwandtschaft. Vier Schwestern seiner Mutter waren mit Männern aus den Waxhaws verheiratet, und einer von ihnen, James Crawford, besaß Sklaven, eine Getreidemühle und eine Menge Land.

Doch der junge Andy hatte schon vor dem Tode seiner Mutter ein unabhängiges Leben geführt. Im Alter von zwölf Jahren war er mit Hahnenkämpfen bestens vertraut, kämpfte in den Reihen der örtlichen Miliz und wurde mit 14 Jahren von britischen Dragonern gefangengenommen und in ein britisches Gefängnis geworfen. Als der spindeldürre Häftling sich weigerte, die Dienste eines Stiefelputzers zu verrichten, schlug der kommandierende Offizier mit dem Säbel auf ihn ein, wobei er ihm die linke Hand bis zu den Knochen durchtrennte, und auch auf der Stirn behielt Jackson eine Narbe zurück. Diese in gleichgültigem Sadismus begangene Tat kam das britische Weltreich am Ende teuer zu stehen. Jackson vergaß sie nie und nährte viele Jahre lang einen tödlichen Haß auf England und die Engländer.

Wenn der Krieg seinen Charakter formte, so schliff ein kleines, ererbtes Vermögen – 400 Pfund, die ihm mit 16 Jahren durch einen Verwandten in Carrickfergus, Irland, zufielen – seine Manieren und die Geisteshaltung, die er der Welt später vorweisen sollte.

Eine erkleckliche Zahl von Dandys aus Charles Town hatte sich in die Waxhaws zurückgezogen, als die Briten die Küstengebiete der Carolinas überrannten. Jackson hatte sie mit Interesse beobachtet und folgte ihnen in die Stadt zurück (im Jahre 1783 in Charleston umbenannt). Er begann nun,

das Leben eines sorglosen Bonvivants zu führen und einen Gentleman aus sich zu machen. Das Geld war bald für Brandy, Pferde und Karten draufgegangen. Er kehrte für kurze Zeit in die Waxhaws zurück und übersiedelte im Dezember 1784 nach Salisbury, North Carolina, wo er sich in der Kanzlei eines Anwalts mit Namen Spruce Macay Jura mit dem Gesetz vertraut machte.

Jackson war kein sehr fleißiger Student. „Der ausgelassenste Schreihals, der eifrigste Besucher von Hahnenkämpfen und Pferderennen, der hemmungsloseste Kartenspieler, der größte Strolch, der je in Salisbury sein Unwesen getrieben hat", und „der Anführer aller Radaubrüder der Gegend", so lautete das Urteil eines Bürgers der Stadt über ihn. Aber er war intelligent. Er lernte gewählt zu sprechen und zeigte sich für den Lebensstil der begüterten Klasse empfänglich, in deren Gunst er sich zu setzen wußte. Mit 20 Jahren wurde er als Advokat zugelassen, schloß sich einem gewissen John McNairy an, der eben erst zum Richter für North Carolinas Westgebiete (Tennessee) bestellt worden war, und zog – mit zwei Pistolen vom Sattelknopf hängend – als Staatsanwalt des Bezirkes mit ihm „nach Westen hinaus". Gerade eingetroffen, demonstrierte er sogleich, wie er als Jurist tätig zu werden gedachte: Er forderte einen alten Rechtsanwalt namens Waightstill Avery zum Duell, weil dieser ihn wegen seiner Unerfahrenheit gehänselt hatte, und stürzte wie ein Donnerkeil auf Schuldner hinab. Der Streit mit Avery wurde freundschaftlich beigelegt, aber in 30 Tagen fertigte er 70 Vollstreckungsbefehle gegen Bürger von Nashville aus, die sich geweigert hatten, ihre Rechnungen zu bezahlen. Damit entwickelte er eine neue Methode, dem Gesetz Geltung zu verschaffen, und schlug sich entschlossen auf die Seite der Leute, die in Tennessee etwas zu sagen hatten.

Bald war er selbst ein Mann, der in Tennessee zählte, und blieb es bis ans Ende seiner Tage. Der Gentleman aus eigener Kraft ließ sich auf Bodenspekulationen ein: Mitte der 1790er Jahre besaß er, allein oder zusammen mit anderen, einen Rechtsanspruch auf nahezu 32000 Hektar, überwiegend Land, das eben erst aufgrund eines Vertrages den Cherokee abgenommen worden war. Auf einigen Parzellen unweit von Nashville baute er Baumwolle an, und auf einer dieser Pflanzungen, der Hermitage, errichtete er ein großes Haus, das ihm ein Leben lang Heimstatt bleiben sollte.

Aus Philadelphia importierte er feinen Wollstoff, Kaffee, Kattun, Gewehre und Bratpfannen und lieferte dafür Baumwolle, Tabak, Pelze und Sklaven. Trotzdem war er oft knapp bei Kasse. Er war ein guter Geschäftsmann, der sich nicht hintergehen ließ, aber auch, wie ein Freund sagte, „ein Mann, der bereit war, das Letzte herzugeben, um eine Schuld

Die alte Hermitage, Jacksons Heim von 1804 bis 1819, war eine roh behauene Hütte *(Vordergrund)*. James Monroe, Aaron Burr und andere berühmte Persönlichkeiten waren hier zu Besuch und schliefen im Gästehaus im Hintergrund.

zu bezahlen, und das auch tat". Zuweilen reizte ihn die Gefahr, die spekulativen Geschäften ihrem Wesen nach nun einmal anhaftet – und so sah er sich im Jahre 1796 genötigt, viele tausend Hektar Land zu veräußern, einschließlich eines Teils seiner Baumwollfelder.

Es gab noch andere Gründe für die finanziellen Gefahren, in die er oft geriet. Er liebte ein aufwendiges Leben: Einmal gab er 1668,05 Dollar aus, um ein paar Stühle und eine Polsterbank aus Philadelphia kommen zu lassen. Er war wild entschlossen, eine der führenden Persönlichkeiten der westlichen Rennsportwelt zu werden; er gab Tausende von Dollars für Vollblüter aus und schloß für weitere Tausende Wetten ab. Und er war ein Mann, der im öffentlichen Leben stand. Das Geschäft, so emsig er es auch betrieb, verlor mit der Zeit an Bedeutung gegenüber seinen politischen Interessen und politischen Verbindungen, denen er es zu danken hatte, daß er Tennessees erster Abgeordneter wurde, einer seiner ersten Senatoren, Richter und – seinem Herzen noch weit teurer – Offizier und schließlich Major General der Miliz des Staates Tennessee.

Was Jacksons Leben zusätzlich komplizierte, war ein maßlos übertriebenes persönliches Ehrgefühl. Seine abnorme Empfindlichkeit verstärkte sich noch durch seine Heirat mit Rachel Donelson Robards, der dunkeläugigen Tochter einer Südstaatenfamilie, die ein schweres Geschick von Virginia in den Westen verschlagen hatte.

Rachel hatte einen Captain Lewis Robards geheiratet und sich schon wieder von ihm getrennt, als Jackson – 1788 eben erst in Nashville eingetroffen – sie als Mieter im Haus ihrer verwitweten Mutter kennen – und lieben lernte. Nach mehreren vergeblichen Versuchen, eine Versöhnung herbeizuführen, beleidigte Robards Jackson, der daraufhin drohte, ihm die Ohren abzuschneiden. Als er 1791 erfuhr, daß Robards Rachel des Ehebruchs beschuldigt und die Scheidung eingereicht hatte, folgte er ihr nach Natchez in das Haus von Freunden, wo sie Zuflucht gesucht hatte, und heiratete sie. Damit setzte er sie einem Leben versteckter Anspielungen aus – und verurteilte sich selbst zu der immerwährenden Pflicht, ihren guten Namen verteidigen zu müssen. Denn nachdem die Jacksons geheiratet hatten, ließ der rachsüchtige Robards das Scheidungsverfahren zwei Jahre lang ruhen und sorgte mit grausamer Befriedigung dafür, daß die Tatsache ihrer bigamistischen Beziehungen überall bekannt wurde.

Der Klatsch lastete als schwere Bürde auf Jackson. Er mußte mitansehen, wie Rachel mit den Jahren zu einer Art Einsiedlerin wurde, und wenn ein Dickinson oder – wie es 1803 geschah – ein John Sevier ihren Namen schmähte, fühlte er sich genötigt, sein glühendes Verlangen nach Rache unverzüglich zu befriedigen.

Trotzdem entbehrten die darauf folgenden, gewiß ernstzunehmenden Vorgänge manchmal nicht einer gewissen Komik. Jackson und Sevier waren natürliche politische Gegner, hauptsächlich aufgrund der Tatsache, daß jeder sich für den verdienstvollsten Bürger Tennessees hielt. Ihre Beziehungen erreichten einen kritischen Punkt, als Jackson – nachdem er dem anderen die Stellung eines Major General der Miliz abgerungen hatte – den erfolglosen Versuch unternahm, ihm eine weitere Amtsperiode als Gouverneur von Tennessee unmöglich zu machen, indem er Seviers Rolle in einem aufsehenerregenden Grundstücksskandal anprangerte. So zeigte sich Sevier wenig erfreut, als er auf den Stufen des Gerichtshauses in Knoxville im Kreis von Abgeordneten eine Ansprache hielt und General Jackson auf die Gruppe zutrat und laut seine Meinung äußerte. Er, Jackson, habe dem Volk von Tennessee größere Dienste erwiesen als ein Mann, der sein Amt dazu benutzt habe, sich ein Fünftel des Staates unrechtmäßig anzueignen.

„Dienste?" schrie Sevier und riß einen Kavalleriesäbel, den er am Gürtel trug, aus der Scheide. „Ich weiß von keinem Dienst, den Sie geleistet hätten, außer daß Sie mit der Frau eines anderen eine Fahrt nach Natchez unternommen haben." „Gütiger Himmel!" rief Jackson, „Sie sprechen ihren geheiligten Namen aus?" und stürmte, seinen Spazierstock schwingend, auf den Gouverneur los. Die Kampfhähne wurden getrennt, aber Jackson zögerte nicht, Sevier eine Duellforderung zu schicken. Nachdem sein Zorn sich gelegt hatte, kam der Gouverneur zu dem Schluß, er sei zu kampferprobt und zu alt, um jetzt noch einmal seinen Kopf zu riskieren. Er ließ verlauten, daß er sich seinem Widersacher gerne stellen würde, gab aber keinen Ort an, wo dies geschehen sollte. Die Freunde beider Männer bestürmten sie, das Kriegsbeil zu begraben, aber Jackson wollte Blut sehen. „In den Straßen von Knoxville schienen Sie nach Kampf zu dürsten", schrieb er an Sevier. „Sie haben den geheiligten Namen einer Dame von Ihren nichtswürdigen Lippen fließen lassen..." In Zeitungsanzeigen verkündete er der Welt: „John Sevier ist eine feige Memme. Er ist ein niederträchtiger Verleumder, der nicht den Mut hat, die Ehre des Beleidigten wiederherzustellen."

Nachdem Jackson die Lage derart zugespitzt hatte, machte er sich zusammen mit einem Militärarzt, Dr. Thomas J. Van Dyke, nach Southwest Point auf, einem auf Cherokee-Territorium gelegenen Gebiet. Da Sevier es ablehnte, das in Tennessee geltende Gesetz zu brechen, baute Jackson darauf, er werde sich unter dem Druck der öffentlichen Meinung genötigt sehen, ihm zu folgen. Das tat der Gouverneur auch, aber erst, nachdem er Jackson fünf Tage in den Wäldern hatte warten lassen. Als Jackson seinen Gegner Sevier

Rachel Jacksons dunkeläugige Schönheit bezauberte ihren Gatten, der dieses Porträt bis zu seinem Tode 1845 aufbewahrte.

endlich mit einer Gruppe bewaffneter Männer auf sich zureiten sah, führten die beiden Kontrahenten die ausgefallene Posse eines Duells auf.

Beide Männer stiegen vom Pferd und gingen mit der Pistole in der Hand aufeinander zu, wobei sie sich mit groben Worten beschimpften. Als die Entfernung zwischen ihnen nur mehr 20 Schritte betrug, blieben sie, offenbar in einiger Verwirrung, stehen und steckten die Waffe weg. Sie hörten jedoch nicht auf, sich zu schmähen, und Jackson, von neuem erzürnt, bedrängte Sevier abermals mit dem Spazierstock. Sevier zog seinen Säbel und erschreckte damit sein Pferd, das mitsamt seinen Pistolen davongaloppierte. Er suchte Schutz hinter einem Baum. Jackson fand eine Pistole und stürmte voran, um einen gezielten Schuß abgeben zu können, während Sevier, immer noch Verwünschungen ausstoßend, dagegen protestierte, daß Jackson einen unbewaffneten Mann attackierte. Nun zog Seviers 17jähriger Sohn seine Pistole und hielt Jackson damit in Schach – bis er feststellen mußte, daß der ebenfalls bewaffnete Arzt ihn zu töten drohte, wenn er den Abzug berühre. Seviers Freunde machten dem grotesken Spiel ein Ende – womit sie Jackson den Anspruch auf einen moralischen Sieg in diesem Streit zuerkannten – und brachten den Gouverneur zu einem nahe gelegenen Militärposten, wo er sich bald beruhigte.

Zehn Jahre später, im Verlauf einer nicht weniger wirren und gewalttätigen Konfrontation, wäre Jackson beinahe wirklich getötet worden. Die Auseinandersetzung fand im Gang eines Hotels in Nashville zwischen Jackson, Thomas Hart Benton (später US-Senator für Missouri) und Bentons Bruder Jesse statt. Nur ein Mann wie Jackson, der so eifrig auf die Einhaltung der Duellregeln bedacht war und dazu neigte, im Gesellschaftsklatsch ständig Beleidigungen zu entdecken, konnte je in eine solche Geschichte verwickelt werden. Doch sie gab den Anstoß zu einer heroischen Legende, denn Jackson verbiß sich die gräßlichen Schmerzen, die er als Folge der Schießerei erdulden mußte, und errang den ersten seiner kriegerischen Siege, die ihn zu einem amerikanischen Helden stempeln und ihm den Weg ins Weiße Haus ebnen sollten.

Der Zwischenfall hatte seinen Ursprung in Jacksons Herzenswunsch, Kanada für die Vereinigten Staaten zu erobern, als die Nation im Juni 1812 den Krieg mit England begann. Er bot Präsident James Madison 2500 Milizionäre aus Tennessee an und versprach, sie innerhalb von 90 Tagen in Quebec einmarschieren zu lassen. Doch Madison wies Jackson die Tür: Es gab Leute in Washington, die eine unbedachte Episode nicht vergessen hatten, in die er vor sechs Jahren verwickelt gewesen war. Ohne zu ahnen, daß sein Freund Aaron Burr die Spaltung des Westens plante, hatte er ihm auf der Hermitage Gastfreundschaft gewährt und Nachschub beschafft.

Im Herbst jenes Jahres marschierte Jackson mit 2000 Freiwilligen nach Natchez; als die Regierung die Truppen schließlich doch anforderte, übertrug ihm Blount, der Nachfolger Seviers im Amt des Gouverneurs, das Kommando. Aber er kam nicht ins Gefecht – außer mit der Regierung, die ihn plötzlich und ohne erkennbaren Grund anwies, seine Truppen zu entlassen – 650 Kilometer von der Heimat entfernt, und ohne die für Sold und Verpflegung nötigen Mittel zur Verfügung zu stellen. Jackson weigerte sich empört, griff in die eigene Tasche, um die Männer in die Heimat zurückzubringen, und verdiente sich dabei für immer den Spitznamen „Old Hickory“, als er zu Fuß mit ihnen marschierte, während erschöpfte Soldaten auf dem Weg zurück nach Tennessee auf seinen drei Pferden ritten.

Tom Benton, ein Bewunderer und Schützling Jacksons, nahm als Colonel an dieser Expedition teil. Anschließend begab er sich nach Washington, wo er als Jacksons inoffizieller Agent auftrat und sich bemühte, bei der Regierung eine Vergütung für dessen Auslagen herauszuschlagen. Doch im Jahre 1813 ereilte diese Freundschaft ein jähes Ende. Zwei Offiziere der Freiwilligen-Truppe hatten Streit miteinander, und einer von ihnen, Littleton Johnston, forderte den anderen, William Carroll, zu einem Duell. Carroll lehnte ab – Johnston sei kein Gentleman, erklärte er. Bentons Bruder Jesse wurde in die Sache hineingezogen und forderte nun seinerseits Carroll. Carroll nahm widerstrebend an und bat Jackson, ihm zu sekundieren. Jackson, das muß ihm zugestanden werden, versuchte den Streit friedlich beizulegen, doch als ihm das nicht gelang, fühlte er sich moralisch verpflichtet, Carrolls Ersuchen zu entsprechen. Dem armen Jesse Benton war ein bitteres Los beschieden, in den Augen vieler schlimmer als der Tod. Er feuerte als erster, streifte aber Carroll nur am Daumen. Von Panik ergriffen, drehte er sich um, wurde von Carrolls Kugel ins Gesäß getroffen – und machte sich so zur Zielscheibe Tausender erniedrigender Witze.

Thomas Benton kehrte nach Franklin, Tennessee, zurück, um seinem Bruder moralische Unterstützung zu gewähren und löste damit eine Flut hitziger Spekulationen aus. Bald kamen Jackson Gerüchte zu Ohren, wonach der jüngere Bruder die Absicht habe, ihn zu fordern; er schrieb einen höflichen Brief und fragte an, ob das wahr sei. Benton verneinte, machte aber aus seiner Verärgerung über seinen Mentor kein Hehl. „Es steht“, beantwortete er Jacksons Brief, „einem Mann Ihres Alters und Ranges übel an, ein Duell um nichts zwischen jungen Männern zu leiten, die einer dem anderen kein Leid hatten zufügen wollen.“

Jackson war nicht bereit, sich Moralpredigten gefallen zu lassen, die seine eigenen Schwächen geißelten, insbesondere dann nicht, wenn er sich frei von Schuld fühlte. Und er war auch nicht der Mann, der dauernde Kritik gleichgültig hinnahm. Wütend kündigte er an, Thomas Benton bei nächster Gelegenheit mit der Reitpeitsche zu züchtigen. Als er am 4. September 1813 erfuhr, die beiden Bentons hielten sich in der Stadt auf und wären im City Hotel abgestiegen, machte er sich mit der Reitpeitsche in der Hand, begleitet von seinem Freund John Coffee, dorthin auf.

Er entdeckte Tom Benton in einem Gang, der zu einer Veranda auf der Hinterseite des Gasthofes führte, und drang mit den Worten „Nun werde ich dich züchtigen, du verdammter Schuft! Verteidige dich!" auf ihn ein. Benton ergriff eine der beiden Pistolen, die er zur Hand hatte, aber im selben Augenblick hob Jackson die seine, preßte sie seinem Gegner an die Brust und drängte ihn den Gang hinunter zur Veranda. Doch er hatte nicht mit Jesse Benton gerechnet, der aus einer Türöffnung hinter ihm herausstürzte und ihn aus nächster Nähe in die linke Schulter schoß. Jackson stürzte zu Boden. Seine Waffe, die sich bei seinem Sturz entlud, versengte Tom Bentons Rockärmel – vermutlich in dem Sekundenbruchteil, als Benton seinerseits feuerte und den Fallenden mit beiden Pistolen verfehlte.

Es folgte eine neuerliche, lärmende Rauferei, bei der sich die Kämpfer fluchend um Jackson herumbalgten, der betäubt auf dem Fußboden des Ganges lag. Da tauchte John Coffee im Raum auf und feuerte, verfehlte aber sein Ziel und stürzte sich, die leere Waffe schwingend, auf Tom Benton – der zurücktaumelte, stolperte und eine Treppe hinunterfiel. Ein zweiter Freund Jacksons, Stockley Hays, eilte herbei und schlug auf Jesse Benton mit einem Stockdegen ein. Jesse drückte seine zweite Pistole ab, die aber versagte. Die Kampfhähne wurden getrennt, und nun beugten sich Coffee und Hays über die blutende Gestalt auf dem Boden.

Jesse Benton hatte seine Pistole doppelt geladen gehabt. Eine Kugel zerschmetterte einige Knochen in Jacksons linker Schulter, die andere riß seinen Oberarm auf. Er blutete so stark, daß das Blut zwei Matratzen im Hotel durchtränkte. Jackson, der gerade erst eine Gelenkentzündung überstanden hatte, war bis auf die Knochen abgemagert. Er schien dem Tod nahe zu sein, als er im Gasthof zu Bett gebracht wurde. Dennoch setzte er seine ganze Kraft daran, bei Bewußtsein zu bleiben, während ein Schwarm von Ärzten damit beschäftigt war, das aus der Wunde fließende Blut zu stillen. Die Ärzte meinten, der Arm müsse abgenommen werden, doch Jackson verbot ihnen eine Amputation. Er würde ohne eine solche Operation und komplett mit allen seinen Gliedmaßen wieder gesund werden.

Boten aus Alabama beschleunigten den Heilungsprozeß außerordentlich, als sie wenige Tage später die Nachricht brachten, die Red Stick, ein Creek-Stamm besonders heißblütiger Krieger, hätte die unter dem Namen Fort Mims bekannte Backwood-Bastion gestürmt. Als sie die Tore offen fanden, waren sie eingedrungen und hatten 500 Milizionäre und Siedler getötet. Von seinem Krankenbett aus richtete Jackson einen leidenschaftlichen Appell an die Miliz: „Kameraden! Die entsetzliche Metzelei, begangen an unseren wehrlosen Mitbürgern, muß in unser aller Brust den Geist der Rache wachrufen!" In einer Mitteilung an John Coffee, der die berittene Miliz des Staates befehligte, erklärte Jackson: „Die Gesundheit eures Generals ist wiederhergestellt. Er wird persönlich das Kommando führen." Willie Blount rüstete eine Expedition von 2000 Mann aus, und Jackson – der noch im Bett beschlossen hatte, nicht nur die Indianer zu vernichten, sondern auch gleich Florida zu erobern – erhob sich am 7. Oktober von seinem Lager, legte den verletzten Arm in eine Schlinge und ritt an der Spitze seiner Truppen in die Wildnis.

Ein nicht zu unterschätzender Gegner erwartete ihn. Die Creek folgten dem Kommando William Weatherfords (eines Neffen Alexander McGillivrays), der beschlossen hatte, unter Indianern zu leben, wie schon sein ruhmreicher Onkel. Jackson aber sorgte sich mehr um den Nachschub als um seinen Feind. In dem Gebiet, das vor ihm lag, gab es keine Straßen, und obwohl er einen primitiven Weg zum Coosa River schlagen ließ – „über Berge, gewaltiger als die Alpen", wie ein Soldat es ausdrückte –, schrieb Jackson: „Es gibt einen Feind, den ich mehr fürchte als die gegnerischen Creek – es ist das ausgemergelte Monster ‚Hunger'." Aber diese Besorgnis änderte nichts an seiner Entschlossenheit, „vorzurücken, und wenn ich von Eicheln leben müßte". Er tat beides, erkrankte aber heftig an der Ruhr.

Am 1. November erreichte er den Coosa River, errichtete dort in der folgenden Woche ein Fort und schickte Coffee inzwischen mit 1000 Mann in das Creek-Dorf Tallushatchee. Sie marschierten 20 Kilometer, töteten 186 Red-Stick-Indianer und marschierten dieselben 20 Kilometer wieder zurück. „Wir schossen sie ab wie Hunde", erinnerte sich der Frontiersman Davy Crockett.

Einige Tage später erschien ein Angehöriger des friedlichen Creek-Stammes White Stick und meldete Jackson, daß sich Weatherford – der schon Anhänger verlor – auf Talladega, das Dorf des Abgesandten, zubewegte, um an seinen Bewohnern ein Exempel zu statuieren.

Um ein Uhr in der Frühe rüttelte Jackson seine Armee wach, trieb sie in 28 Stunden durch 50 Kilometer Wildnis,

Thomas Hart Benton war ein distinguierter Senator aus Missouri geworden, als im Jahre 1837 diese Lithographie hergestellt wurde. Die Zeit, zu der er als junger Hitzkopf *(unten ganz links)* seinem ehemaligen Freund Andrew Jackson 1813 in einem Hotel in Nashville ein blutiges Spektakel lieferte, lag weit hinter ihm.

DREADFUL FRACAS ATWEEN THE GINERAL AND THE BENTONS AT NASHVIL

Die um Jackson gesponnene Legende ließ Anekdoten wie die hier illustrierte hervorsprießen: Während des Feldzugs gegen die Creek bittet ein hungriger Soldat den unter einem Baum sitzenden General, er möge doch sein Mahl mit ihm teilen – und sieht zu seiner Verblüffung, daß es nur eine Handvoll Eicheln ist.

ließ sie außerhalb von Talladega in Form einer Sichel aufmarschieren und schickte eine Reiterabteilung auf das Dorf zu. Tausende von Red Stick brachen brüllend aus dem Unterholz hervor. Die Reiter zogen sich planmäßig zurück. Die Indianer verfolgten sie. Die Sichel schloß sich jetzt zu einer kreisförmigen Falle, in der die Indianer dem pausenlosen Feuer der Miliz ausgesetzt waren, aber nach wenigen Minuten eines mörderischen, von Rauchwolken verhüllten Chaos barst die Falle, und 700 Krieger retteten sich durch eine Lücke und verschwanden in den Bergen.

Jackson hatte 15 Mann verloren, 87 waren verwundet. Er besaß keinerlei Verpflegung mehr für seine hungrigen Truppen, und seine Festung am Coosa River lag ungeschützt. Er mußte sich zurückziehen – obwohl er 300 Indianer getötet hatte, nicht daran zweifelte, daß er nur zuzupacken brauchte, um Weatherfords habhaft zu werden, und darauf brannte, die Verfolgung aufzunehmen.

In den folgenden Monaten machte er eine der schwersten und enttäuschendsten Zeiten seines an Schwierigkeiten und Enttäuschungen nicht armen Lebens durch. Als die Tage vergingen, ohne daß frische Vorräte eintrafen, drängten ihn die Kommandanten seiner hungrigen Freiwilligen- und Miliz-Kompanien zur Umkehr, bevor es zu spät sei. Am 17. November gab er ihren Vorhaltungen zunächst nach, überlegte es sich dann aber anders und gab Befehl zur Rückkehr ins Fort, als die Armee nach ein paar Kilometern auf einen Zulieferer stieß, der mit 150 Stück Vieh und neun Wagen Mehl unterwegs war. Eine Abteilung Miliz verweigerte den Befehl und setzte ihren Marsch heimwärts fort. Jackson gab seinem Pferd die Sporen und stellte sich den Männern in den Weg. Er hielt ein geliehenes Gewehr mit dem gesunden Arm auf dem Hals des Tieres im Gleichgewicht und drohte den ersten zu erschießen, der auch nur einen weiteren Schritt tat. Verdrießlich, murrend und widerstrebend machten die Soldaten wieder kehrt.

Aber damit begannen Jacksons Schwierigkeiten erst richtig. Eine Brigade von Freiwilligen, die sich auf ein Jahr verpflichtet hatten, bestand darauf, am 10. Dezember ausgemustert zu werden, dem Tag, da er wieder gegen Weatherford loszuziehen beabsichtigte. Eine Einheit aus dem Osten Tennessees rückte an, um sie abzulösen, und teilte ihm mit, daß auch ihre Dienstzeit in 10 Tagen ablaufen würde. Damit blieben ihm 500 Mann, von denen alle bis auf 130, zumeist Kavalleristen unter Coffee, in Kürze außer Dienst treten würden. In den letzten zwei Tagen hatte er nur zwei Stunden geschlafen, und er war ohnehin schon leidend und verärgert, als ihn jetzt der schwerste Schlag traf: Er erhielt einen Brief von Gouverneur Blount – von dem er die Entsendung frischer Truppen erwartet hatte –, in welchem dieser ihm zur Evakuierung der Festung und zum Rückzug nach Tennessee riet.

Am 29. Dezember 1813 setzte sich Jackson hin und verfaßte eine scharfe Antwort: Allein er und seine wenigen Männer stünden zwischen der Zivilisation (Expeditionen aus Georgia, Louisiana und Mississippi hatten nur wenig Erfolg gehabt) und 5000 Choctaw, Cherokee und den Weißen einst wohlgesinnten Creek. Diese Indianer würden Weatherford folgen und seinen blutigen Plänen Vorschub leisten, falls er keine Unterstützung erhielte.

> *Und Sie, lieber Freund, sitzen mit gekreuzten Armen da… empfehlen mir, mich zurückzuziehen, um den launenhaften Pöbel zufriedenzustellen… Lassen Sie mich Ihnen versichern, daß es Ihnen und mir zwingend obliegt, unsere Pflicht zu tun, ohne Rücksicht auf die Folgen oder die Meinungen dieser Biertischpolitiker, die ihre Vaterlandsliebe herausstreichen, Tausender Opfer nicht achtend… Raffen Sie sich aus Ihrer Trägheit auf – achten Sie nicht auf lächelnde Schmeichler oder stirnrunzelnde Brummbärte – üben Sie Ihre Funktionen energisch aus – der Feldzug muß rasch fortgesetzt werden oder… das Land ist ruiniert. Bieten Sie das ganze Kontingent auf – führen Sie die Befehle des Kriegsministers aus, verhaften Sie jeden Offizier, der seine Pflicht versäumt und… legen Sie vorübergehend weniger Gewicht auf Ihre Popularität… Retten Sie Mobile – retten Sie das Territorium – bewahren Sie die Frontier davor, in ihrem eigenen Blut schwimmen zu müssen. Unter diesen Umständen soll ich mich zurückziehen? Lieber will ich untergehen.*

„Das Geschäft des Regierens ist meiner Genialität nicht würdig", erklärte Willie Blount, ein Bodenspekulant, der nichtsdestoweniger für drei Amtsperioden zum Gouverneur von Tennessee gewählt wurde und so klug war, seinem Freund Jackson den Oberbefehl über die Miliz zu übertragen.

Mit seinem gesunden Arm legt Jackson eine geliehene Muskete über den Hals seines Pferdes und richtet sie gegen eine Gruppe hungriger Miliz-Soldaten, die während des Feldzugs gegen die Creek zu desertieren drohten. Die Männer kehrten wieder um.

Mit diesem Brief begann Jackson seinen Weg zum Ruhm. Willie Blount schickte ihm unverzüglich 800 milchbärtige Miliz-Soldaten. Sogleich marschierte Jackson mit ihnen nach Süden, gelangte bis auf fünf Kilometer an Weatherfords Festung im Horseshoe Bend des Tallapoosa River heran und lieferte dem Feind zwei heftige kleine Gefechte, bevor er sich wieder in sein Lager am Coosa River zurückzog. Beide Kämpfe waren von den Indianern begonnen worden, und keiner brachte eine Entscheidung: Es kostete Jackson vielmehr einige Mühe, seine kleine Armee aus dem zweiten Gefecht wieder herauszuziehen, denn bei einem Wasserlauf namens Enotochopco Creek hatte eine Einheit das Feld geräumt und sich „auf schändliche Weise abgesetzt“; Jackson rettete die Situation, indem er „im Kugelhagel“ umhergaloppierte und unter Flüchen und Verwünschungen die Ordnung einigermaßen wiederherstellte. Doch weil von den anderen Kriegsschauplätzen nichts Günstiges zu berichten war, brachten die Zeitungen die zwei Gefechte in großer Aufmachung heraus, und Blount und das Kriegsministerium liehen nun Jacksons Plänen, die Creek ein für allemal niederzuwerfen, ihre volle Unterstützung.

Die Halbinsel, die in den Horseshoe Bend hineinragte, umfaßte 40 Hektar Land, das von tiefeingeschnittenen Wasserrinnen durchzogen und vielfach mit dichtem Buschwerk bedeckt war. Hier hatten sich am 27. März 1814 an die tausend hartnäckige Red Stick hinter einer aus Baumstämmen errichteten und mit Schießscharten versehenen Brustwehr verschanzt, die den offenen Eingang zu ihrer natürlichen Festung verschloß. Doch Jackson hatte nun sogar reichlich Truppen: 5000 Mann, dazu noch Einheiten der stets regulären 39th U.S. Infantry, sowie Coffees verläßliche Reiter zur Rückenstärkung der Miliz. Jackson ging bedächtig zu Werk: Er schickte Coffees Männer mit dem Auftrag über den Fluß, sich am oberen Ende der Halbinsel zu formieren, und befahl seinen Cherokee-Scouts, eine Flotte von Kanus loszubinden, die am Ufer vertäut lagen.

Vormittags um halb elf Uhr begann die Sechspfünder-Kanone der Truppe auf die schwere Barriere aus Baumstämmen zu feuern, aber immer noch schob der General den Sturmangriff hinaus. Schließlich schlugen um halb eins Uhr die Trommeln einen Wirbel, und 1000 Infanteristen erstürmten die in Rauch gehüllte Barriere. Glied um Glied schwangen sich die Soldaten auf die andere Seite hinüber, wo ein mörderischer Nahkampf begann. Die Indianer teilten sich in kleine Gruppen und wichen zurück, um sich dann auf dem unwegsamen Gelände in der Senke zur Flußbiegung hinab immer wieder den Angreifern zu stellen.

„Das Gemetzel", schrieb Jackson später seiner Frau, „war entsetzlich." Als die Schlacht in der Abenddämmerung zu Ende ging, hatte er 49 Mann verloren; 157 hatten schwere Verwundungen erlitten. Aber 557 Leichen von Indianern lagen innerhalb des Horseshoe Bend, und einer Schätzung zufolge waren weitere 300 den Fluß hinuntergetrieben. Die Red Stick waren geschlagen, und über das Volk der Creek – dem Jackson bald danach fast zehn Millionen Hektar Land abfordern sollte – war eine Katastrophe hereingebrochen, von der es sich nie wieder erholte. Nur ein Zufall hatte Weatherford davor bewahrt, an der Schlacht teilzunehmen. Wenige Tage später erschien er unbewaffnet, zu Fuß und mit entblößtem Oberkörper vor seinem Bezwinger.

Jacksons Adjutant John Reid nahm die schmerzliche Szene, die nun folgte, in einen Bericht auf.

„General Jackson?"

„Ja."

„Ich bin Bill Weatherford. Ich bin gekommen, um mich zu ergeben." Jackson bat ihn in sein Zelt.

„Ich habe viel Leid über Sie gebracht", begann Weatherford. „Es hätte noch mehr sein sollen, aber meine Krieger sind tot. Ich bin in Ihrer Gewalt. Bestimmen Sie über mich, wie es Ihnen beliebt."

„Sie sind nicht mein Gefangener", erwiderte Jackson. „Ich hatte Befehl gegeben, Sie in Ketten vor mich zu bringen. Aber Sie sind aus freien Stücken gekommen. Sie sehen mein Lager – Sie sehen meine Armee – Sie wissen, was ich vorhabe. Wenn Sie glauben, im Kampf gegen mich bestehen zu können, gehen Sie und stellen Sie sich an die Spitze Ihrer Krieger." „Ach", seufzte Weatherford. „Es gab eine Zeit, da ich Ihnen hätte antworten, da ich meine Krieger in die Schlacht hätte führen können. Aber ich kann die Toten nicht wieder lebendig machen. Ich bitte Sie, sich der Frauen und Kinder anzunehmen, die ohne einen Bissen Brot in die Wälder gejagt wurden. Sie haben niemandem etwas zuleide getan. Aber töten Sie mich, wenn die Weißen es so haben wollen." Der General schenkte ihm statt dessen einen Becher Brandy ein, schüttelte ihm die Hand und schickte ihn fort.

Nach Nashville zurückgekehrt, wurde Jackson als erster wahrer Kriegsheld gefeiert. „Kein anderer Mann in Amerika galt soviel wie er", formulierte es sein Freund John Overton. Beifall klatschende Menschenmassen säumten die Straßen, als er in die Stadt ritt. Bei einem Staatsbankett wurde ihm in feierlichem Zeremoniell ein Schwert überreicht, und die Regierung in Washington ernannte ihn – zwar nur widerstrebend, aber der öffentlichen Meinung folgend – zum Major General der Armee und Kommandanten des 7. Militärdistrikts (Tennessee, Louisiana und das Territorium Mississippi). Allerdings zögerte das Kriegsministerium nicht, ihn eindringlich vor neuen Abenteuern zu warnen: Die Kämpfe im Süden seien nun beendet, so wurde ihm bedeutet, und Gerüchte, wonach die Spanier die Indianer aufzuhetzen versuchten, wären „nicht glaubhaft". Er solle bis auf 1000 Mann alle Truppen entlassen und sich auf seinen Lorbeeren ausruhen. Doch Jackson brannte immer noch darauf, Pensacola einzunehmen, und traf, allen Warnungen zum Trotz, die nötigen Vorbereitungen zur Verwirklichung seiner ehrgeizigen Pläne.

Nachdem England Napoleon endlich besiegt hatte und aller militärischen Verpflichtungen auf dem europäischen Kontinent ledig war, blieb es Jackson erspart, die Dringlichkeit seiner Absichten noch weiter rechtfertigen zu müssen. Vom britischen Stützpunkt auf Bermuda segelte nämlich eine große Flotte unter dem Befehl von Vizeadmiral Sir Alexander Cochrane nach Nordwesten, um die Küste der Vereinigten Staaten zu blockieren, Landungskommandos schlugen unerwartet in Eastport, Maine, und Stonington, Connecticut, zu. Die Flotte lief in der Chesapeake Bay ein und bestrafte die Amerikaner für ihre „Perfidie und Undankbarkeit", indem sie Baltimore unter Feuer nahm, Alexandra stürmte und Washington niederbrannte. Entlang der kanadischen Grenze wurden 11000 britische Veteranen der napoleonischen Kriege auf dem Marsch vom St. Lawrence-Strom nach Süden von amerikanischen Kanonenbooten aufgehalten, die ihnen durch ihren Sieg in der Seeschlacht auf dem Lake Champlain den Zugang zum Hudson Valley verwehrten. Aber Cochranes Streitmacht in der Chesapeake Bay hegte noch ehrgeizigere Pläne. Die Flotte segelte nach Jamaica zu einem Treffen mit weiteren Schiffen, dann steuerte Cochrane abermals nordwärts, um eine Offensive gegen die Golfküste mit dem Ziel zu beginnen, New Orleans zu erobern, den unteren Mississippi in Besitz zu nehmen und den Agenten der britischen Krone den Weg ins Hinterland des Kontinents freizumachen.

Allgemein herrscht die Meinung vor, der Widerstand der Amerikaner gegen diese Invasion sei verlorene Mühe gewesen, da die Vertreter Englands und der Vereinigten Staaten schon zwei Wochen vor der Schlacht von New Orleans im belgischen Gent einen Friedensvertrag unterzeichnet hatten. Die Briten hofften, noch vor der Ratifizierung des Vertrages einen glänzenden Sieg zu erringen, um damit diplomatisch in eine Position der Stärke zu gelangen.

Der „ehrenvolle Krieg“, den der Westen forderte

Als die Vereinigten Staaten England am 17. Juni 1812 den Krieg erklärten, bemächtigte sich im Kongreß freudige Erregung der zunehmenden Zahl von Abgeordneten aus den Weststaaten. Diese enragierten „Falken“ brannten darauf, die Engländer zu strafen, daß sie die Indianer an der Frontier zu Gewalttaten aufhetzten; vor allem aber betrachteten sie Großbritannien als Haupthindernis für das Wachstum Amerikas. Ihr Sprecher, der Abgeordnete Henry Clay aus Kentucky, drang mit seiner Ansicht durch, wonach die Zeit für die Amerikaner gekommen sei, „unsere eigenen Angelegenheiten zu regeln, ohne fürchten zu müssen, Seine Britannische Majestät zu beleidigen“.

Die Falken erwarteten schnelle Erfolge bei der Eroberung von Britisch-Kanada. Clay versprach dem zaudernden Präsidenten James Madison, die Miliz von Kentucky werde ganz allein dazu in der Lage sein, „Ihnen Montreal und das obere Kanada zu Füßen zu legen“.

Doch die Ereignisse gaben ihm unrecht. Die britischen Verteidiger brachten die amerikanischen Eindringlinge in Ontario und Quebec zum Stehen, und im Oktober mußte sich die US-Armee bei Detroit einer kleineren britischen Streitmacht ergeben. Nur Commodore Oliver Hazard Perrys Sieg auf dem Lake Erie im September des Jahres 1813 hielt die Briten davon ab, das Nordwest-Territorium einfach zu überrennen.

Nachdem die Engländer Napoleon geschlagen hatten, wandten sie ihre volle Aufmerksamkeit dem unbedeutenderen Krieg in Amerika zu. Sie entsandten eine Flotte mit 5000 Land- und Seesoldaten, die amerikanische Küstenstädte überfielen und plünderten und ohne Gegenwehr in die Chesapeake Bay vordrangen. Im August marschierten die Briten in Washington ein, brannten das Weiße Haus und das Kapitol nieder und verjagten Madison und seine Regierung.

Ihr nächstes Ziel war Baltimore. Hier aber stießen sie auf wesentlich stärkeren Widerstand. 12 000 Miliz-Soldaten aus Maryland unter Major General Samuel Smith hatten rund um die Uhr gearbeitet, um die Verteidigungsanlagen der Stadt auszubauen. Die britische Flotte postierte sich knapp außerhalb der Reichweite der Geschütze von Fort McHenry, das den Zugang zum Hafen von Baltimore kontrollierte, und beschoß 25 Stunden lang das Fort *(unten)*. Doch die Amerikaner hielten der Belagerung stand.

Schließlich zogen sich die Briten nach Bermuda zurück, wo sie sich auf einen neuen Angriff vorbereiteten – diesmal gegen New Orleans, den wichtigsten Hafen im Frontier-Gebiet.

Grell aufleuchtendes Mündungsfeuer der britischen Kanonen läßt die amerikanische Fahne erkennen, die immer noch über Fort McHenry flattert.

Und es wäre naiv, wollte man annehmen, die Briten wären nur wegen eines Vertrages friedlich davongesegelt, wenn sie die Stadt erst in ihre Gewalt gebracht hätten. Sie hatten bereits enorme Summen in die Expedition investiert, zivile Verwaltungsbereiche mitgeschickt und Passagen an ehrgeizige Offiziersfrauen verteilt, die in der Gesellschaft von New Orleans künftig eine dominierende Rolle zu spielen gedachten. „Ich betrachtete es als äußerst wünschenswert", bemerkte Lord Liverpool zum Herzog von Wellington, „daß der amerikanische Krieg mit einem brillanten Erfolg in New Orleans endet."

Jackson ahnte diese Pläne schon voraus, als der Präsident und die Mitglieder seiner Regierung aus Washington flohen, um den britischen Truppen nicht in die Hände zu fallen, die in der Chesapeake Bay gelandet waren; seine Spione berichteten ihm von der Anwesenheit britischer Marinesoldaten im spanischen Pensacola und von den Äußerungen eines englischen Offiziers in Havanna in bezug auf noch bedeutendere Ereignisse, die erst folgen sollten. „Seiner britischen Majestät Schiffe *Hermes, Carron* und *Sophie* sind in Pensacola eingetroffen", informierte er Robert Butler, einen Freund in Tennessee. „Die *Orpheus* wird in wenigen Tagen erwartet. Ferner wird mir berichtet, daß 14 Linien- und Transportschiffe mit 25 000 Mann aus Lord Wellingtons Armee, etc., etc. in Bermuda angekommen sind. Bevor noch ein Monat um ist, erwarten die britischen und spanischen Streitkräfte, im Besitz Mobiles und des ganzen umliegenden Gebietes zu sein.

Jackson mobilisierte die Miliz in Mississippi, Tennessee und Kentucky, marschierte mit 500 Mann der 3rd U.S. Infantry nach Mobile und traf alle Vorbereitungen, sich dem Feind wirksam entgegenzustellen.

Eine lange, von Ost nach West verlaufende Landzunge verschloß fast die Mündung der Mobile Bay. Jackson postierte dort Major William Lawrence mit 160 Mann und 20 Kanonen in einem verlassenen Fort an der Spitze dieser Landzunge. Als vier britische Kriegsschiffe am 15. September versuchten, in die Bucht einzudringen, beschädigte Lawrence die *Hermes* so schwer, daß sie versenkt werden mußte; ihre Begleitschiffe mußten zurück nach Pensacola.

Danach kam der General nur noch selten zur Ruhe. Er schickte frische Truppen, Waffen und Proviant, um die Kampfkraft des Forts zu steigern, verstärkte auch Mobile selbst, entsandte eine Einheit nach Baton Rouge und marschierte dann mit etwa 4000 Mann in Spanisch-Florida ein; am 7. November bei Sonnenaufgang stürmte er Pensacola. Nachmittags nahm er die Stadt und die Forts St. Rose und St. Michael in Besitz; die englische Garnison sprengte daraufhin das dritte Fort, Barrancas, in die Luft, zog sich anschließend auf Schiffe zurück, die vor der Küste ankerten, und segelte davon.

Diese fieberhaften Anstrengungen entsprangen einem Sinn für Strategie, wie man ihn bei einem Zivilisten, der erst um seine Lebensmitte Soldat geworden war, kaum vermutet hätte. Jackson ging von der Voraussetzung aus, daß die Briten New Orleans nicht unmittelbar von der Küste her angreifen würden. Er war überzeugt, sie würden – ungeachtet der Hindernisse, die er zu ihrer Abwehr errichtet hatte – zunächst Mobile besetzen, die Indianer um ihre Fahne scharen und geradewegs auf die Walnut Hills (das heutige Vicksburg, etwa 300 Kilometer nördlich von New Orleans) zumarschieren. Dort wären sie in der Lage, Lebensmittel zu beschaffen, ihm den Nachschub aus dem Norden abzuschneiden und das Land zu einer leichten Beute werden zu lassen. Am 1. Dezember traf Jackson in New Orleans ein (in Unkenntnis der Tatsache, daß Cochrane vor fünf Tagen aus Jamaicas Negril Bay ausgelaufen war), um die Stadt auf alle Eventualitäten vorzubereiten.

Dies aber war ein äußerst schwieriges Vorhaben, wie sich sehr bald erwies, zumal Jackson noch zwei politische Mißgeschicke unterliefen. Von Governor William Claiborne und einem alten Kameraden, Edward Livingston, unter die Fittiche genommen, schlug er die Gastfreundschaft aus, die ihm Bernard de Marigny de Mandevilles angeboten hatte, ein wohlhabender und einflußreicher Kreole, der auch Abgeordneter war. Marigny zeigte sich nicht erfreut. Und die Kreolen, die Claiborne nicht eben schätzten und gerade jetzt noch weniger von ihm hielten, weil er vor kurzem in das Hauptquartier des Piraten Jean Laffite in der Barataria Bay eingedrungen war, hatten bald noch mehr Anlaß, über den rüden Soldaten die Nase zu rümpfen, der sie nun kommandieren sollte. Die Bürger von New Orleans hielten Laffite für einen feinen Kerl: Er attackierte nur spanische Schiffe und bot seine Kriegsbeute zu vernünftigen Preisen in der Stadt zum Kauf an. Dem Kapitän der H.M.S. Sophie, der ihn für die englische Sache zu gewinnen suchte, hatte er die kalte Schulter gezeigt und Claiborne wissen lassen, daß er – ungeachtet der Feindseligkeit von seiten des Gouverneurs – mit seinen Matrosen und Kanonieren zur Verteidigung der Stadt herangezogen werden wollte. Und nun lehnte es Jackson, Claibornes Beispiel folgend, empört ab, sich mit solchen „Banditti" zu verbünden.

Der General, dies sei ihm zugestanden, plagte sich mit größeren Sorgen: Kopfzerbrechen bereitete ihm vornehmlich die verwirrende Vielzahl von Zugängen zur Stadt, offen für jeden Eindringling, der willens war, sich in das Labyrinth von Wasserarmen zu wagen, die das mit Zypressen bewachsene Sumpfgebiet zwischen Küste und Stadt durchzo-

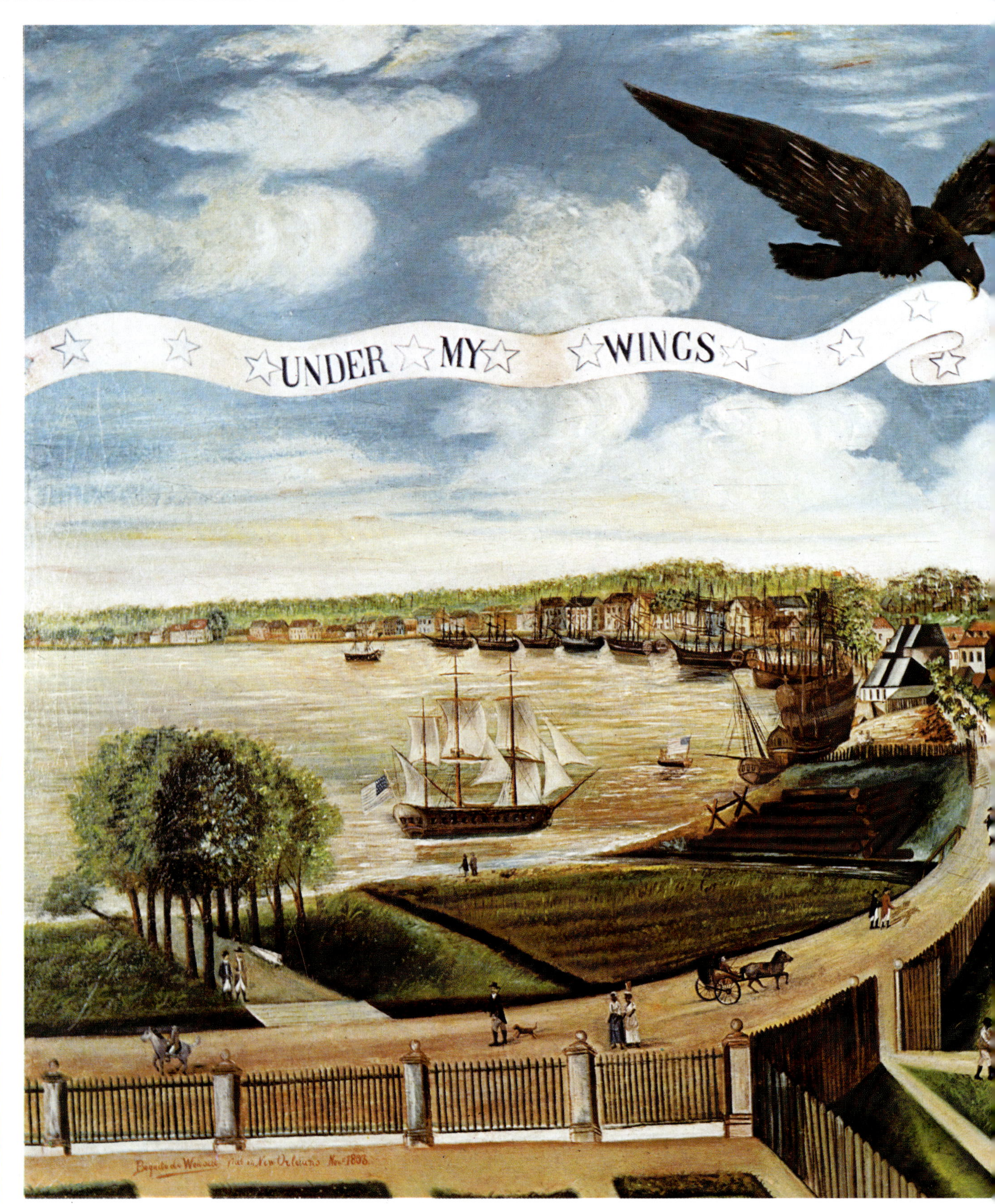

Ein amerikanischer Adler hält ein ermutigendes Banner über ein bereits florierendes New Orleans auf diesem Bild, das zur Feier des Louisiana Purchase

gemalt wurde. Geschützt durch ein ehemals französisches Fort, vor dem jetzt die amerikanische Fahne flattert, säumen stattliche Häuser das Flußufer.

Bernard de Marigny, ein reicher Kreole und prominentes Mitglied des Abgeordnetenhauses von Louisiana, zog im Jahre 1814 einen Sonderfrieden mit den Briten in Erwägung, bis Jackson bekanntgab, daß er entschlossen sei, New Orleans eher niederzubrennen als die Stadt dem Feind zu überlassen.

gen. Jackson war ganz sicher, daß die Briten nicht versuchen würden, den Mississippi hinaufzufahren. New Orleans lag 170 Kilometer oberhalb des Flußdeltas, und die Geschützstellungen bei English Turn, 22 Kilometer vor der Stadt, waren seiner Meinung nach durchaus in der Lage, jede Flottille in den Grund zu bohren, die vor den Mündungen ihrer Kanonen auftauchte. Der Bayou Lafourche jedoch schlängelte sich westlich des Hauptstroms von der Küste aus landeinwärts, und ähnlich verhielt es sich mit zahlreichen anderen Wasserläufen, die sich von der Barataria Bay nach Norden ausbreiteten. Weiter westlich drang der River Aux Chênes vom Golf von Mexiko tief ins Land ein. Der Lake Borgne, eine mit einer Unzahl kleiner Inseln übersäte große Bucht, verband den Golf mit dem unmittelbar nördlich von New Orleans gelegenen Lake Pontchartrain und öffnete sich zu vielen ineinander verschlungenen, oft auch ausgetrockneten Wasserläufen hin, die in der unmittelbaren Umgebung der Stadt in den Mississippi mündeten.

Der General stellte Brigaden von Holzfällern auf, die diese von Sümpfen gesäumten Wasserstraßen mit Baumstämmen blockieren mußten. New Orleans verfügte über knapp 2500 Musketen, 7500 Pistolen und eine bunt zusammengewürfelte Schar von Verteidigern: freigelassene Schwarze, kreolische Aristokraten, Kaufleute und Rechtsanwälte.

Jackson litt immer noch an der Ruhr und sah krank, matt und erholungsbedürftig aus, als er am 3. Dezember das Freiwilligenbataillon musterte, in dessen Reihen vornehmlich Angehörige prominenter kreolischer Familien standen. Aber seine unbändige Tatkraft und sein „wilder Blick“ erstaunte die Kreolen. Ebenso verwunderte sie dann seine Ruhe, als zehn Tage nach seiner Ankunft Kanonenboote meldeten, britische Truppen gingen vor den Inseln Cat und Ship an der Mündung des Lake Borgne vor Anker. „Ich halte das für eine Finte“, schrieb er Coffee nach Baton Rouge. „Sie wollen meine Aufmerksamkeit auf diesen Punkt lenken, obwohl sie an einem anderen anzugreifen gedenken.“

Da er wußte, daß der See zu seicht war, um großen Schiffen eine weitere Annäherung als bis auf 100 Kilometer zu gestatten, war er zuversichtlich und richtete sich auf eine Wartezeit ein. So ließ er nur fünf kleine Kanonenboote auf dem See patrouillieren. Fünf Tage später war er entsetzt, als ein Reiter angaloppiert kam und ihm mit seiner Meldung zu Bewußtsein brachte, daß er die Pläne der Briten gründlich verkannt hatte. Sie hegten sehr wohl die Absicht, auf dem Umweg über den See anzugreifen, und hatten seine fünf Kanonenboote gekapert. Damit beraubten sie ihn nicht nur seiner „Augen“; sie verfügten jetzt über fünf für Seichtwasser geeignete wertvolle Boote, mit denen sie ihre Truppen übersetzen konnten.

Jackson ließ Coffee und Milizen aus Mississippi und Kentucky im Eilmarsch anrücken. Die Kunde von seiner mißlichen Lage verbreitete er auch in Tennessee, und die wehrfähigen Bewohner dieses Staates schifften sich auf dem Mississippi ein, um ihm zu Hilfe zu kommen. Eines der Bataillone stellte er in Gefechtsformation auf zur Verstärkung der Verteidigungslinien. Und schließlich empfing er Jean Laffite, als dieser umgängliche Pirat um eine Audienz nachsuchte, und erklärte sich einverstanden, den Seeräuber und seine Männer als Verbündete aufzunehmen. Er verhängte das Kriegsrecht: „Weder Personen noch Fahrzeuge dürfen die Stadt verlassen. Die Straßenbeleuchtung ist um neun Uhr abends zu löschen. Personen, die nach dieser Stunde ohne schriftliche Erlaubnis auf den Straßen beziehungsweise nicht in ihren Häusern angetroffen werden, sind als Spione zu verhaften.“

Am 20. Dezember erschien Coffee mit 800 Mann; sie hatten die 215 Kilometer von Baton Rouge in drei Tagen und Nächten zurückgelegt, um zu ihm zu stoßen. Wenige

Das 1815 entstandene Liedchen rechts feiert Jacksons siegreiche Scharfschützen aus Kentucky, die in den New Orleans vorgelagerten Sümpfen sich zu bewegen und zu kämpfen lernten, „als ob jeder Mann halb Pferd und halb Alligator sei“.

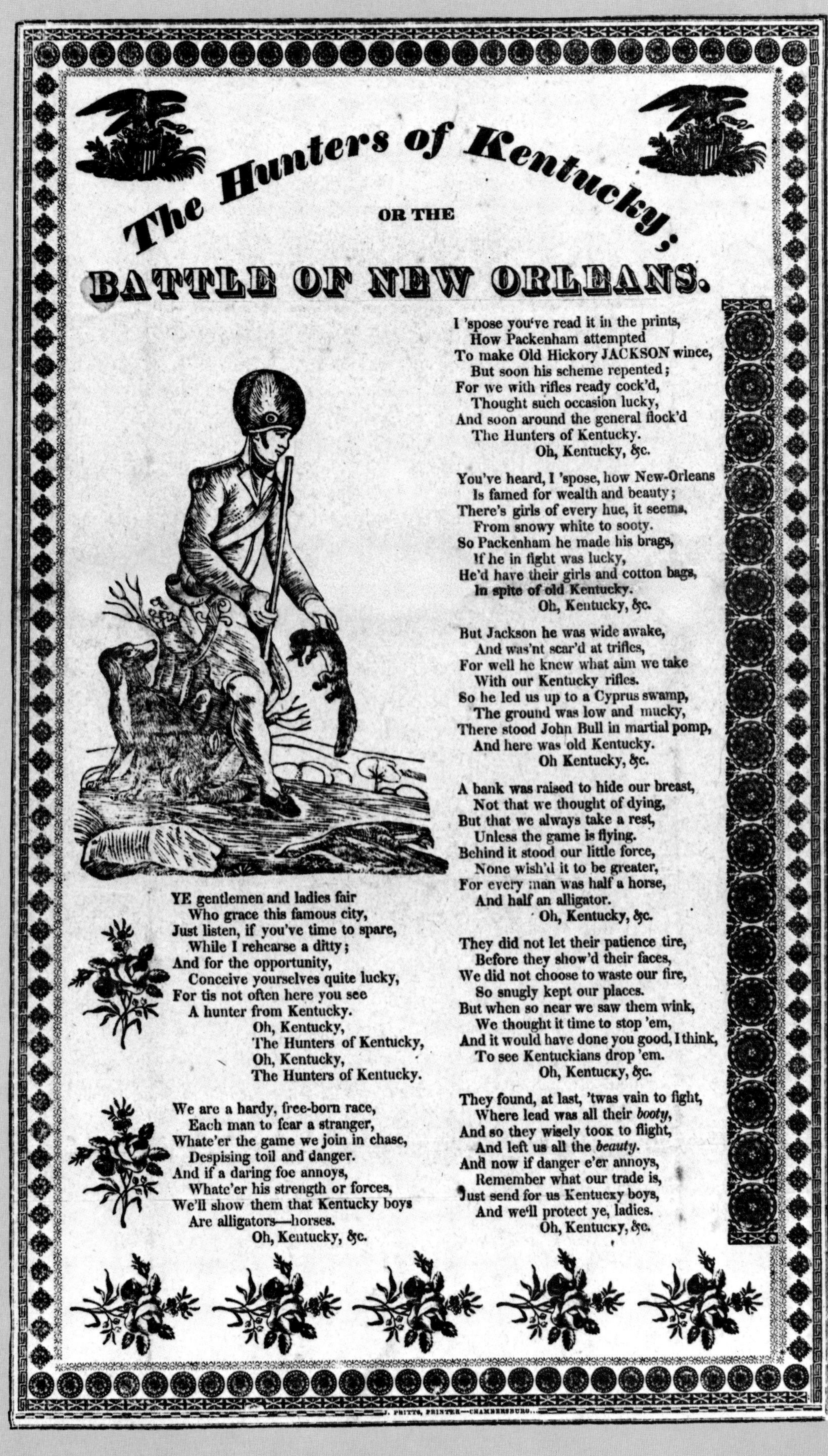

The Hunters of Kentucky;

OR THE

BATTLE OF NEW ORLEANS.

YE gentlemen and ladies fair
  Who grace this famous city,
Just listen, if you've time to spare,
  While I rehearse a ditty;
And for the opportunity,
  Conceive yourselves quite lucky,
For tis not often here you see
  A hunter from Kentucky.
    Oh, Kentucky,
    The Hunters of Kentucky,
    Oh, Kentucky,
    The Hunters of Kentucky.

We are a hardy, free-born race,
  Each man to fear a stranger,
Whate'er the game we join in chase,
  Despising toil and danger.
And if a daring foe annoys,
  Whate'er his strength or forces,
We'll show them that Kentucky boys
  Are alligators—horses.
    Oh, Kentucky, &c.

I 'spose you've read it in the prints,
  How Packenham attempted
To make Old Hickory JACKSON wince,
  But soon his scheme repented;
For we with rifles ready cock'd,
  Thought such occasion lucky,
And soon around the general flock'd
  The Hunters of Kentucky.
    Oh, Kentucky, &c.

You've heard, I 'spose, how New-Orleans
  Is famed for wealth and beauty;
There's girls of every hue, it seems,
  From snowy white to sooty.
So Packenham he made his brags,
  If he in fight was lucky,
He'd have their girls and cotton bags,
  In spite of old Kentucky.
    Oh, Kentucky, &c.

But Jackson he was wide awake,
  And was'nt scar'd at trifles,
For well he knew what aim we take
  With our Kentucky rifles.
So he led us up to a Cyprus swamp,
  The ground was low and mucky,
There stood John Bull in martial pomp,
  And here was old Kentucky.
    Oh Kentucky, &c.

A bank was raised to hide our breast,
  Not that we thought of dying,
But that we always take a rest,
  Unless the game is flying.
Behind it stood our little force,
  None wish'd it to be greater,
For every man was half a horse,
  And half an alligator.
    Oh, Kentucky, &c.

They did not let their patience tire,
  Before they show'd their faces,
We did not choose to waste our fire,
  So snugly kept our places.
But when so near we saw them wink,
  We thought it time to stop 'em,
And it would have done you good, I think,
  To see Kentuckians drop 'em.
    Oh, Kentucky, &c.

They found, at last, 'twas vain to fight,
  Where lead was all their *booty*,
And so they wisely took to flight,
  And left us all the *beauty*.
And now if danger e'er annoys,
  Remember what our trade is,
Just send for us Kentucky boys,
  And we'll protect ye, ladies.
    Oh, Kentucky, &c.

J. PRITTS, PRINTER—CHAMBERSBURG.

Stunden später trafen 3000 Kämpfer aus Tennessee ein: Sie hatten die Zeit auf dem Fluß dazu verwendet, 50 000 Patronen herzustellen, Jackson verfügte jetzt über etwas mehr als 5000 Mann, um einer doppelt so starken britischen Streitmacht Paroli zu bieten. Aber weder er noch seine Mitstreiter wußten, wie ernst ihre Lage war.

Als Admiral Cochrane Mobile befestigt und in Verteidigungsstellung vorfand, entschloß er sich augenblicklich, so schnell wie möglich auf New Orleans vorzurücken. Daß seine Rechnung aufgehen mußte, schienen ihm seine 50 Schiffe zu gewährleisten – eine der größten Flotten, die je von England Kurs auf die Neue Welt genommen hatte – und die 10 000 Mann, die bereit und willens waren, alle Hindernisse zu überwinden, die einfache Bärenjäger und kreolische Dandys sich ausgedacht haben mochten.

50 Kilometer betrug die Strecke bis zur Insel Pea, die nordöstlich der Stadt dicht am Ufer des Lake Borgne lag. Nachdem Cochrane die Kanonenboote gekapert hatte, die ihm den Zugang zum See verwehrt hatten, wurden Matrosen der Flotte pausenlos als Ruderer eingesetzt und verbrachten sechs Tage und sechs Nächte damit, Infanterie-Einheiten zu dieser „Heimstätte von Wildenten und Alligatoren" hinüberzurudern. Es waren ausgezeichnete Soldaten: vier Regimenter, die gerade siegreich in der Chesapeake Bay gekämpft hatten, zwei aus Westindien, Royal Marines, Pioniere, Techniker, Artilleristen, Kanoniere, die 93rd Highlanders, nach langer Fahrt vom Kap der Guten Hoffnung eingetroffen, und eine Brigade Rotröcke, die mit dem Herzog von Wellington in Spanien gekämpft hatte.

Sie litten erbärmlich auf der Insel Pea. „Es ist kaum möglich", schrieb ein junger Unteroffizier, „sich einen jämmerlicheren Ort vorzustellen als diese Insel. Es gab keinerlei Überdachung für uns; wir waren den ganzen Tag der Kälte und dem strömenden Regen ausgesetzt. In der Nacht herrschte strenger Frost, und unsere nassen Kleider gefroren an unseren Körpern." Dennoch freuten sich schon alle auf „reiche Beute", die zu machen „sie leichtes Spiel" haben würden. Und bald hatten sie auch allen Grund, so berauschende Erwartungen zu hegen. Ein spanischer Fischer namens Gabriel Farerr, den man dafür bezahlt hatte, einen Durchgang durch den Irrgarten zu finden, machte die Entdeckung, daß Jacksons Holzfäller es tatsächlich unterlassen hatten, einen der kanalartigen Wasserläufe – den Bayou Bienvenue auf der anderen Seite des Lake Borgne – zu blockieren. Er berichtete, dies Gewässer sei für kleine Boote befahrbar und führe nicht allein zu Plantagenhäusern und Feldern etwa 13 Kilometer unterhalb von New Orleans, sondern auch zu einer Straße entlang des Flusses, die leichten Zugang zu diesem begehrten Siegespreis biete. Der Fischer vertraute den Engländern auch noch an, daß sie auf keinerlei Schwierigkeiten stoßen würden – Jackson verfüge nur über 5000 Mann und habe sie obendrein auch noch über das ganze Stadtgebiet verstreut.

Die Briten handelten schnell. Am 23. Dezember um halb elf Uhr vormittags standen bereits 1600 Mann unter Major General John Keane mit zwei Kanonen auf einem Zuckerrohr-Stoppelfeld nahe der Straße. Doch dann ließ sich Keane Zeit. Ein gewisser Joseph Roldophe Ducros, den er unterwegs gefangengenommen hatte, behauptete, er werde es in New Orleans nicht mit 5000, sondern mit 12 000 bis 15 000 Mann zu tun haben – dazu stünden weitere 4000 bei English Turn bereit. Jackson hatte gegenüber einigen Klatschmäulern in der Stadt von dieser Kampfstärke gesprochen, und so weigerte sich Ducros, von seinen Angaben abzurücken. Der britische Offizier hatte guten Grund, von einem sofortigen Angriff abzusehen: Ein Kreole, Major René Phillipe Gabriel de Villeré, war auf der Veranda des Pflanzerhauses seines Vaters von den Engländern gefangengenommen worden, hatte sich aber losreißen können und war nach New Orleans galoppiert, um Jackson zu warnen. Keane aber erwartete zusätzliche 800 Mann bei Einbruch der Dunkelheit und weitere Verstärkungen am nächsten Morgen. So bezog er ein Lager und wartete.

Jackson reagierte auf diese Nachrichten eher wütend als überrascht. „Beim ewigen Gott, auf unserer Erde sollen sie nicht schlafen! Wir müssen sie heute abend angreifen!" Um drei Uhr saß er im Sattel, und bei Einbruch der Nacht befand er sich drei Kilometer vor dem britischen Biwak. Boten, die er am Nachmittag im Eilgalopp ausgeschickt hatte, waren mit 2100 Mann zurückgekehrt: mit Coffee und 500 seiner Reiter, ein paar Dragonern aus Mississippi, einigen Abteilungen der 7th Infantry, 18 Choctaw-Indianern und mehreren Bataillonen der Miliz aus New Orleans, die fast den ganzen Weg gelaufen waren; in Reserve verfügte er über 1000 Mann aus Tennessee unter William Carroll, der inzwischen zum Major General befördert worden war.

Er besaß noch eine weitere Waffe, um seine Gegner zu überraschen, die ihn auf so rüde Weise in Schrecken versetzt hatten: den mit Kanonen bestückten Schoner *Carolina*, der jetzt in aller Stille den Fluß hinuntertrieb, bis er einen in Nebel gehüllten Ankerplatz gegenüber dem Lager des Feindes erreichte, während der General in Sichtweite der englischen Lagerfeuer seine Truppen in Gefechtsformation aufstellte. Abends pünktlich um halb acht Uhr eröffnete die *Carolina* das Feuer.

Jackson war immer noch unentdeckt und wartete eine halbe Stunde, während die Briten sich abmühten, ihre eigenen Geschütze gegen das Schiff in Stellung zu bringen. Erst

Im Gegensatz zu den amerikanischen Verteidigern von New Orleans in ihrer wollenen, hausgewebten Kleidung waren die britischen Soldaten prächtig ausstaffiert. Die Uniformen des Royal Regiment of Fusiliers *(unten)* wiesen Tressen auf. Offizier und Fähnrich trugen weiße Handschuhe, und selbst der einfache Infanterist verfügte über eine elegante Kopfbedeckung.

Mit einem Kanonenschuß verkündet Major General William Carroll die Ankunft seiner überfälligen Flottille von Flußbooten. Sie bringt 3000 Miliz-Soldaten aus Tennessee zur Verstärkung von Andrew Jacksons Armee in New Orleans. Auf der wochenlangen Fahrt von Nashville herunter hatten die Soldaten exerziert und die Schmiede an Bord 50 000 Bleipatronen gossen.

In den Außenbezirken von New Orleans weist General Jackson einen Untergebenen an, Erdwälle gegen die Briten aufwerfen zu lassen. Schwarze Arbeiter wurden von nahe gelegenen Plantagen geholt, um bei der Errichtung von Brustwehren und Artilleriestellungen in letzter Minute mitzuhelfen.

dann schickte er seine Männer über das dunkle Feld. Die vordersten Linien bestanden aus regulären Truppen, ihnen folgten Coffees Dragoner aus Tennessee, die abgesessen waren und als Infanterie operierten. Fast zwei Stunden lang rangen die Gegner in der Düsternis; es war ein verworrenes, tumultartiges Hin und Her, bei dem die Amerikaner Mann gegen Mann kämpften. Die sonderbare Schlacht endete, als ob es ein gegenseitiges Einverständnis gegeben hätte, um halb zehn Uhr. Im ersten Licht des neuen Tages zog sich Jackson hinter einen langen, ausgetrockneten Mühlgraben zurück, den sogenannten Rodriguez-Kanal.

Die Briten, die in der Nacht Verstärkung erhalten hatten, verfügten jetzt über 4700 Mann und hatten den Vorteil des Nebels auf ihrer Seite. Aber sie warteten noch die für den Weihnachtstag angesagte Ankunft von Major General Sir Edward Pakenham ab, dem Schwager des Herzogs von Wellington, der das Kommando über alle britischen Bodentruppen führte und zum Oberbefehlshaber der Expedition ernannt worden war.

Man hatte Pakenham, einem 36jährigen Mann von knabenhaftem Aussehen, versprochen, ihn mit dem Titel eines Earl zu belohnen und ihn zum Gouverneur von Louisiana zu machen, wenn es ihm gelänge, New Orleans einzunehmen. Nachdem er sich mit der exponierten Lage seiner Truppen vertraut gemacht hatte, begann er ernstlich zu überlegen, ob die Chancen auf die ihm zugedachten Ehren nicht vielleicht besser stünden, wenn er sich jetzt zurückziehen und anderswo zur Offensive übergehen würde.

Pakenham beschloß, so lange keinen neuen Angriff zu beginnen, bis Cochranes erschöpfte Ruderer die Kanonen herangeschafft hatten, die geeignet waren, nicht nur die *Carolina,* sondern auch ihr Schwesterschiff, die *Louisiana* auszuschalten, die nahebei vor Anker lag. Es ermutigte ihn zu erfahren, daß seine Rotröcke Jacksons Backwoodsmen – sie pflegten sie „Schmutzige Hemden" zu nennen – genauso geringschätzten wie Cochrane, der sich gerühmt hatte, seine Matrosen könnten die Stadt allein erstürmen.

Der Rodriguez-Kanal, ein drei Meter breiter und nicht mehr als 1,20 Meter tiefer Graben, lief im rechten Winkel vom Uferdamm des Mississippi auf Zypressenwälder zu, die an einen weiter landeinwärts gelegenen Sumpf grenzten. Er lag somit zwischen der Stadt und den ausgedehnten, flachen Stoppelfeldern im Osten, auf denen die Briten kampierten. Im Morgengrauen des 24. Dezember wies Jackson seine Männer an, den Kanal auszuschachten und mit dem Schlamm oberhalb der Böschung einen Schutzwall aufzuwerfen. Am nächsten Tag überbrachte ihm ein Adjutant ein Ersuchen Jean Laffites: Der Pirat schlug vor, den Schutzwall durch den Wald bis hin zum Sumpf zu verlängern, um einen Durchbruch der Briten an der linken Flanke zu verhindern. Sofort gab Jackson den entsprechenden Befehl.

Am 26. Dezember beschossen Pakenhams neue Kanonen die *Carolina:* Das Schiff flog mit ohrenbetäubendem Krach in die Luft. Mit Hilfe eines geliehenen Fernrohres beobachtete Jackson dann ein für ihn qualvolles Schauspiel: Die Mannschaft der für seine Pläne jetzt so wichtigen *Louisiana* legte sich fieberhaft in die Riemen kleiner Boote – es herrschte Windstille –, um sie abzuschleppen, während die Briten schon ihre Kanonen auf sie einschwenkten. Endlich war sie in Sicherheit, und der General wandte sich anderen Mühen zu. Neue Kanonen – er hatte jetzt insgesamt fünf – wurden in Stellung gebracht, und drei Kilometer hinter dem ersten wurde ein zweiter Schutzwall begonnen. Bei Einbruch der Dunkelheit schickte er Soldaten aus, die sich als Heckenschützen betätigen sollten. Beim nächsten Angriff wollte er lieber keinem ausgeruhten Feind entgegensehen.

Die schwere Arbeit der Besatzung der *Louisiana* und die Plackerei der zu Deichgräbern gewordenen Soldaten Jacksons machten sich bezahlt, als die Engländer am 28. Dezember und am Neujahrstag versuchten, die Erdwälle zu stürmen. Beim ersten Angriff rückten zwei Kolonnen von Rotröcken an – die eine den Fluß entlang, die andere am Waldrand –, während feindliche Artillerie und zehn Geschütze den Graben unter Beschuß nahmen. Die britische Artillerie verstummte, als von der *Louisiana* das Feuer auf die Truppen am Flußufer eröffnet wurde.

Am Morgen des Neujahrstages verfügte Pakenham über 24 Kanonen, weitere 14 waren unter unglaublichen Anstrengungen von den Schiffen geholt und über eine Entfernung von 100 Kilometern herangeschafft worden; auch Marineartilleristen zu ihrer Bedienung standen bereit. Sie schleuderten Schlammklumpen den Kanal entlang, doch als Infanteristen auf den Wald vorrückten, bereiteten ihnen Coffees Schützen einen so grimmigen Empfang, daß auch sie zurückbeordert wurden und die britischen Kanoniere Befehl erhielten, das Feuer abermals einzustellen.

Die britischen Truppen ließen erste Anzeichen von Entmutigung erkennen. Die Amerikaner hingegen, von denen viele zum erstenmal an einem Krieg teilnahmen, fühlten sich neu belebt. Die kreolischen Gemeindeältesten in New Orleans verspürten gleichermaßen Ärger und enorme Erleichterung. Viele von ihnen hatten an Jacksons Chancen ernste Zweifel gehegt – und waren über die Gerüchte entsetzt gewesen, wonach er die Stadt einzuäschern beabsichtigte, so wie die Russen Moskau in Brand gesetzt hatten, falls er zum Rückzug gezwungen sein sollte. Einige Abgeordnete, unter ihnen Bernard de Marigny, hatten die Möglichkeit eines Separatfriedens mit Cochrane erwogen, um ihren Besitz zu retten. Am 28. Dezember war Jackson inmitten des britischen Angriffs von einem Adjutanten namens Abner Duncan darüber informiert worden und rief in einiger Erregung: „Wenn sie das wollen, jag sie zum Teufel!" Duncan interpretierte diese Worte dahin gehend, daß die Abgeordneten des Amtes enthoben werden sollten. Er teilte es in dieser Form Governor Claiborne mit, der die Türen seiner Amtsräume verriegelte und große Empörung vorgab – bis zur Schlacht am Neujahrstag.

Jackson schickte Brigadegeneral David Morgan über den Fluß, um auf der Ebene, die das Schlachtfeld überblickte, Artillerie in Stellung zu bringen, und setzte „Jagdpatrouillen" in Marsch, die die feindlichen Wachtposten beschleichen sollten. Die Ankunft von 2300 Freiwilligen aus Kentucky stimmte ihn zuversichtlich und brachte ihn gleich darauf zur Verzweiflung. Nur 700 waren bewaffnet. „In meinem ganzen Leben habe ich noch keinen Mann aus Kentucky ohne eine Büchse, ein Spiel Karten und eine Flasche Whiskey gesehen", rief er aus und zog 400 Schrotflinten von der Polizei in New Orleans ein, um sie unter diesem sonderbaren Trupp zu verteilen.

Seine Energie, seine Entschlossenheit, seine Unbezähmbarkeit wirkten ansteckend. „Nahe daran, unter der Last von Krankheit, Erschöpfung und ständigem Auf-dem-Posten-Sein zusammenzubrechen", schrieb einer seiner Offiziere, „verlor er doch in keinem Augenblick jene Tatkraft, die er so gut allen zu vermitteln verstand, die um ihn waren. Seine

Energie teilte sich der ganzen Armee mit – einer Armee, bestehend aus heterogenen Elementen, die in verschiedenen Sprachen sprachen und in unterschiedlicher Umgebung aufgewachsen waren. Es gab nichts, was zu vollbringen ihnen unmöglich erschien, wenn er es befahl."

Jacksons Ahnung, daß noch massive Schläge abzuwehren sein würden, trog ihn nicht. Auch die Briten mühten sich redlich in der ersten Januarwoche. Die Rotröcke sammelten riesige Mengen von Zuckerrohr und banden die Stauden zu Bündeln, Faschinen genannt, um damit rasch ebene Übergänge über den ausgetrockneten Kanal zu schaffen. Sie zimmerten Leitern, um sie gegen die Erdwälle vor den amerikanischen Linien zu lehnen. Cochranes Matrosen lieferten nicht nur Unmengen von Vorräten, Proviant und Munition von der Flotte, sondern auch Beiboote. Während Pakenham über die strategischen Schwächen nachdachte, die bei seinen bisherigen beiden Versuchen zutage getreten waren, hatte er einen Plan entwickelt, der als Trumpf seine erprobte Infanterie bis in Reichweite ihrer Bajonette an die „Schmutzigen Hemden" heranbringen und so den Weg nach New Orleans freimachen sollte.

Es war ein komplizierter Plan, der eine präzise Koordination erforderte – vor allem, weil er in der Nacht ausgeführt werden mußte, um Jacksons Schützen keine sichtbaren Ziele zu bieten. Colonel William Thornton sollte mit 1400 Mann in den neuen Beibooten den Mississippi überqueren, die Artillerie am anderen Ufer überrollen und die Batterien gegen die Amerikaner in Stellung bringen. Zwei Truppenkolonnen sollten in der Dunkelheit vor dem Morgengrauen über das Feld vorrücken: 1200 Mann unter Keane den Fluß entlang und 2100 Mann unter Major General Samuel Gibbs – angeführt von einer Vorausabteilung des 44. Regiments mit den Faschinen und Leitern – am Waldrand entlang mit dem Auftrag, den Schutzwall zu überwinden. Kurz bevor sie die amerikanischen Linien erreichten, hatten sich Keanes Truppen zu teilen. Der linke Flügel unter Lieutenant Colonel Robert Rennie sollte ein Schanzwerk am Fluß angreifen, der andere abwarten und dann entweder Rennie oder Gibbs unterstützen. Das 7. und 43. Regiment, die Truppen, die nach Pakenhams Behauptung „alles stürmen" würden, sollten als Reserve in der Mitte des Feldes verbleiben und dem Gebot der Stunde entsprechend in die bevorstehende Schlacht geworfen werden.

Die Katastrophe bahnte sich am 8. Januar kurz nach Mitternacht an, in dem Augenblick, da Pakenhams Armee sich in die Rolle einzupassen begann, die sein komplexer Plan ihnen zugedacht hatte. Thornton brachte seine Boote erst mit einer Verspätung von vier Stunden auf dem Mississippi zu Wasser, und als er endlich losfuhr, wurden die Fahrzeuge von einer starken Strömung erfaßt, die sie bis zu einem Punkt weit unterhalb jener Stelle fortriß, von der aus die Engländer die Stellungen der amerikanischen Artillerie zu überrennen gehofft hatten. Keanes und Gibbs' Kolonnen formierten sich, aber das 44. Regiment mit den Leitern und Faschinen war nicht gleich zur Stelle; diese für das Gelingen des Planes so wesentlichen Geräte waren 300 Meter weit von jenem Punkt entfernt deponiert worden, an der das 44. Regiment sie vorzufinden erwartet hatte, und es kostete die Soldaten wertvolle Zeit, sie aufzustöbern.

Die Morgendämmerung brach herein, und die Hoffnung, den Feind überraschen zu können, wurde mit jeder Minute geringer. Pakenham, inzwischen zum Gefangenen seines eigenen Plans, konnte sich nicht entschließen, das Unternehmen, für das so viele Menschen so hart gearbeitet hatten, zu verschieben. Er ließ eine Rakete abfeuern, um seine Truppen in Bewegung zu setzen.

Jacksons zusammengewürfelte Armee stand bereit. Die 7th Infantry und die Miliz-Kompanien aus New Orleans befanden sich dem Fluß am nächsten, die regulären Truppen der 44th Infantry, Carrolls Männer aus Tennessee und General John Adairs Gruppe aus Kentucky standen in der Mitte, und Coffees zähe Scharfschützen schließlich lagen hinter den Schutzwällen unter den Bäumen und am Sumpf. An der Brustwehr drängten sich die Verteidiger: Auf einer Rampe stand feuerbereit eine Reihe Musketiere und Schützen bereit, während die zwei oder drei Reihen hinter ihnen darauf warteten, ihre Plätze einzunehmen, sobald sie geschossen hatten. Es war eisig kalt, und der Bodennebel behinderte die Sicht jenseits des eingegrabenen Schanzwerks. Doch als Pakenhams Rakete zischend zum Himmel aufstieg und in glitzernde Fragmente zerbarst, war sie allen sichtbar. „Das", sagte Jackson, der mit seinem Fernrohr an der Brustwehr stand, „ist wohl ihr Signal für den Anriff." Alle schwiegen. Der Tag brach an.

Eine leichte Brise vertrieb den Nebel: Das Stoppelfeld war von Rauhreif überzogen, und in einer Entfernung von 600 Metern setzte sich eine gewaltige Streitmacht britischer Soldaten in Bewegung. Leuchtend weiß hoben sich ihre Kreuzbandeliere von ihren scharlachroten Waffenröcken ab, und die Bajonette funkelten im ersten Licht des Tages. Sie marschierten geradewegs auf die Männer aus Tennessee zu. 13 Kanonen waren entlang den amerikanischen Linien in Stellung – bedient von Laffites Artilleristen, Seeleuten von der *Carolina* und Kanonieren der regulären Armee. Sie begannen auf die vorrückende Infanterie zu feuern, aber die Rauchwolken, die aus den Kanonen aufstiegen, behinderten die Sicht. Pakenhams Batterien antworteten. Adair protestierte: Der Rauch der Geschütze beeinträchtige die Treff-

Ende 1814 segelte der englische Admiral Sir Alexander Cochrane mit einer Flotte von 50 Schiffen, die 10 000 Soldaten an Bord hatten, zuversichtlich gegen New Orleans. Doch im Januar 1815 wurde diese beeindruckende Streitmacht von Jacksons „Schmutzigen Hemden“ vernichtend geschlagen.

Dieses Porträt des jugendlichen Sir Edward Pakenham blieb unvollendet, als er gegen Ende des Jahres 1814 England verließ, um den Oberbefehl über die in Bedrängnis geratenen britischen Streitkräfte vor New Orleans zu übernehmen.

sicherheit seiner Scharfschützen. Die Kanonen im Zentrum verstummten. Die Rotröcke waren noch 300 Meter entfernt, füllten die von den Kanonenkugeln in ihre Reihen gerissenen Lücken und näherten sich im Laufschritt.

„Zielt auf eine Stelle oberhalb der Bandeliere", befahl Jackson seinen Backwoodsmen.

Die Schützen aus Tennessee und Kentucky zielten, feuerten auf Kommando eine krachende Salve ab und verließen blitzschnell die Rampe.

Die zweite Reihe sprang hinauf, während die erste sich ein paar Schritte zurückzog, um neu zu laden.

„Feuer!"

Krach.

Eine dritte Reihe sprang hinauf und zielte.

„Feuer!"

Krach.

Die Wirkung war verblüffend. Die Rotröcke fielen zu Hunderten. Die Nachrückenden stolperten über ihre Leiber oder vollführten groteske Sprünge, während sie weiterliefen und wieder zu Hunderten fielen. Einige blieben stehen und schossen zurück. Die Reihen verloren allen Zusammenhalt, während die Truppen in Panik gerieten und aus der Formation ausbrachen. „Noch niemals", sagte ein Lieutenant, der das Gemetzel überlebte, „hatten britische Veteranen den Mut verloren. Aber es wäre dumm zu leugnen, daß sie jetzt verzagten. Ich habe Schlachtfelder in Spanien und im Osten gesehen, aber eine Szene wie diese nirgends."

Gibbs kam herangeprescht, er rief und schrie, aber die Soldaten in den vordersten Reihen liefen zurück und drängten sich rücksichtslos an den Kameraden vorbei, die noch vorrückten. Pakenham kam in dem Augenblick herbeigalopptiert, als Gibbs tödlich verwundet wurde. Pakenham versuchte, die zerstreuten Truppen zu sammeln und zu ordnen, aber eine Gewehrkugel zerschmetterte ihm das Knie, eine andere brach ihm den rechten Arm, und sein Pferd stürzte. Als er das Pony eines Adjutanten bestieg, bohrte sich ihm eine dritte Kugel in den Rücken.

Nun hatte sich schon die ganze Kolonne zur Flucht gewandt. Aber alle blieben stehen, sobald sie aus der Schußweite der Gewehre heraus waren. Männer aus Keanes Kolonne stießen zu ihnen; sie hatten den Befehl erhalten, ihnen zu Hilfe zu kommen, nachdem einige wenige von ihnen die rechte Flanke der amerikanischen Linien erreicht hatten, wo sie nicht das mindeste zu bewirken vermochten.

Auf dem Feld formierte sich die große Masse der Rotröcke von neuem. Die Soldaten warfen ihre Tornister ab, schlossen die Reihen und nahmen den Vormarsch stumm wieder auf; die Highlander bildeten die Vorhut. Auch sie wurden niedergemäht, als Jacksons Schützen wieder ihre Salven abfeuerten, und das „mit einer Schnelligkeit", so bemerkte der General, „wie man es wohl noch in keinem Land allzuoft gesehen hat". Captain Thomas Wilkinson von den 21st North Britain Fusiliers drang weiter vor, während die Reihen auseinanderfielen und sich lichteten. Hundert Rotröcke folgten ihm, obwohl ihre Kameraden aufgaben. Ein paar Dutzend erreichten den Kanal. Der Captain erkletterte die Brustwehr und fiel, tödlich verwundet, auf die amerikanische Seite. Keane bekam eine Kugel in den Hals, Pakenham und Gibbs waren niedergefallen und lagen im Sterben. Es war erst halb neun Uhr.

Jackson unterließ es, den geschlagenen Feind zu verfolgen. Die Briten durften mit 2000 Toten und tödlich Verwundeten in die Biwaks zurückkehren, die sie am Abend zuvor geräumt hatten. Jackson hatte nur unter seinen eigenen Leuten sieben Tote und sechs Verwundete zu beklagen. In der Kriegsgeschichte aller Zeiten gibt es nur sehr wenige Beispiele für derartige Gemetzel.

Es erfolgte dann noch eine kurze militärische Operation. Thornton griff am Vormittag die Batterien jenseits des Flusses an – womit er Jackson einigermaßen in Unruhe versetzte –, überquerte am Abend aber wieder den Fluß, nachdem er von Major General John Lambert, dem neuen Befehlshaber, zurückbeordert worden war.

Zehn Tage vergingen, bis die englische Armee nachts, ohne ihre Lagerfeuer zu löschen, zum Bayou Bienvenue am Lake Borgne zurückmarschierte und auf die Schiffe gebracht wurde. Die Armee nahm ein düsteres Memento ihrer schweren Prüfung mit sich: die in einem Faß Rum konservierte Leiche Pakenhams. Weitere 18 Tage vergingen, bevor Cochrane Segel setzte und endlich am Horizont verschwand. Doch in dem Augenblick, da die Gewehre der von ihren Rampen aus feuernden „Schmutzigen Hemden" verstummten, war die letzte Bedrohung amerikanischen Bodens durch eine ausländische Macht abgewehrt.

„Nie zuvor", erinnerte sich Jackson, „hatte ich eine so überwältigende und erschütternde Vorstellung von der Wiederauferstehung wie an diesem Tag. Nachdem sich nämlich der Rauch der Schlacht verzogen hatte, sah ich, wie sich mehr als 500 britische Soldaten zwischen den über die ganze Ebene verstreuten Leichen ihrer Kameraden bewegten, sich erhoben und auf uns zukamen, um sich als Kriegsgefangene zu ergeben."

Für den Westen war das auch in anderer Hinsicht ein Schicksalstag: Der Mississippi war nun für alle Zeiten ein amerikanischer Strom, und der Weg stand allen offen, die Lewis und Clark zu den weiten Ebenen und ehrfurchtgebietenden Bergen, die jenseits des Flusses nach Westen lagen und zum Pazifischen Ozean führten, folgten.

Die entscheidende Schlacht um New Orleans

Die gewaltige britische Kriegsflotte, die am Abend des 10. Dezember 1814 vor der Küste Louisianas auftauchte, erwartete reiche Beute. Allein in diesem Jahre hatten mehr als 8000 Ballen Baumwolle, 15 000 Tonnen Zucker und große Mengen Getreide, Mehl und Whiskey den Hafen von New Orleans passiert.

Die Präsenz der britischen Armada beunruhigte zwar die Bewohner der Stadt, versetzte sie aber nicht in Panik. Schließlich wußten sie ja, daß Regierungen kommen und gehen: In den letzten 15 Jahren hatten drei verschiedene Fahnen über New Orleans geweht – die spanische, die französische und die amerikanische. Und die Bürger glaubten, daß ihre Stadt als wichtigster Handelshafen im Tal des Mississippi dazu bestimmt war, zu florieren – wer immer sie regierte.

William Claiborne, der amerikanische Gouverneur Louisianas, dachte anders. Der Verlust von New Orleans würde die Ausfuhren der Frontier abermals unter die Kontrolle einer fremden Macht bringen. Über den ganzen Westen sandte Claiborne dringende Hilferufe aus, in welchen er um Truppen und Munition bat. In Nashville verlas Brigadier General William Carroll eine Proklamation, in der Freiwillige aufgefordert wurden, „unverzüglich nach Süden zu marschieren zum Schutz des Teils unserer Union, der den Menschen westlich der Alleghenies so wichtig ist".

Die Frontiersmen folgten dem Appell; aus Tennessee und Kentucky kamen Brigaden den Mississippi heruntergefahren, um zu Andrew Jackson zu stoßen und an einer sumpfigen Flußbiegung *(rechts)* mit den „verdammten Briten" um den Besitz von New Orleans zu kämpfen.

Die Wasserwege in der Umgebung von New Orleans sind auf dieser Karte dargestellt. Sie zeigt das „Zentrum des Krieges in Louisiana". Jacksons Verteidigungslinie ist blau, das Hauptquartier der feindlichen Armee rot gefärbt.

Pearl River
Bay of St. Louis
Pass Christian
Oyster Bar
Pass Maryann
Cat Island
South pass
Maryann Islands
St. Joseph Islands.
Here the U.S. gun boats
were taken 14th Aug. 1814.
Malheureux Islands.
Lake Borgne.
Grande Isle
League Isle
Bayou Point au Chicot
This space has never been accurately surveyed, but is consi-
dered a Morass, checkered by Ponds and small Bayous
the surface of the soil not more than six inches above
the common tide. Bayou point au Chicot has been penetra-
ted by Hunters, who report, that it branches out into a varie-
ty channels, and is finally lost in the swamps. This
latter Bayou is the only water course, which has
wood upon its banks, near Chandeleur
Bay.
Part of Chandeleur Bay
Map
of the seat of the
War in Louisiana
in the years 1814 & 1815.

In einem Gefecht auf dem Lake Borgne, das die Schlacht von New Orleans einleitet, ist ein Feuerwechsel zwischen einer Flottille von Barkassen, mit 1200 britischen Soldaten besetzt, und fünf in der Flaute dümpelnden, flachgehenden amerikanischen Kanonenbooten im Gang. Die Briten schlossen die amerikanischen Fahrzeuge ein, kletterten an Bord, kaperten die Kanonenboote und benutzten sie, um die Armee über den See zu befördern, der für ihre eigene Flotte zu seicht war.

Am 8. Januar 1815, im Verlauf des Hauptangriffs der Briten auf New Orleans, marschieren Formationen von Rotröcken entschlossen über die Stoppelfelder der Macarty-Plantage. Im amerikanischen Gewehr- und Kanonenfeuer kamen innerhalb von nur rund zwei Stunden 2000 Rotröcke ums Leben.

13
12

Von seinen Adjutanten gestützt, stirbt Major General Sir Edward Pakenham *(Mitte)*, der britische Kommandant, vor New Orleans an Schußwunden, die er in der Schlacht erlitten hat. Links wird ein anderer britischer General, Samuel Gibbs, tödlich verwundet von seinem Pferd gehoben. Pakenhams Nachfolger bat um Waffenstillstand, die Briten zogen sich zurück und setzten so der letzten ernstlichen Bedrohung der amerikanischen Herrschaft über Louisiana ein Ende.

GLOSSAR

ARPENT: Altes französisches Flächenmaß von verschiedener Größe, in Kanada teilweise noch üblich als 34,2 Ar. In anderen Teilen Kanadas auch noch als Längenmaß gebräuchlich – 57,8 Meter.

BACKWOODS, BACKWOODSMAN: In der nordamerikanischen Kolonisationszeit ist „Backwoods" die Bezeichnung für die Urwälder im Hinterland der ersten Ansiedler. Die Backwoodsmen sind entsprechend die Pioniere, die in diese Gebiete jenseits des Allegheny-Gebirges eindrangen und dort siedelten. Das deutsche Wort „Hinterwäldler" mit seinem heute üblichen spöttisch-abwertenden Sinn kann in diesem Zusammenhang nicht verwendet werden.

BAYOU: Der Ausdruck ist abgeleitet von *bayuk*, dem Wort der Choctaw-Indianer für Bach, und bezeichnet einen Wasserlauf, der von einem Fluß abzweigt und somit als natürlicher Abfluß dient. Im weiteren Sinne gebraucht man in Louisiana den Begriff für fast jede Art von Wasserlauf, der in einem Fluß, einem See oder einem Sumpf beginnt.

BÜCHSE (Rifle): Eine Langwaffe mit gezogenem Lauf. Die Züge versetzen das Geschoß in Rotation, so daß es nach Verlassen des Laufs durch „Drehstabilisierung" eine gestreckte Flugbahn erhält, die genaues Treffen ermöglicht.

COUNTY: Ein mit dem deutschen Landkreis vergleichbares ländliches Verwaltungsgebiet mit einer Bezirkshauptstadt (County Seat), in der sich die Bezirksverwaltung (County Administration) und das Bezirksgericht (County Court) mit dem Bezirksgefängnis (County Jail) befanden.

CREEK: Kleiner Fluß oder Nebenfluß, aber auch buchtartiger Einschnitt sowie schluchtartige Ebene oder enge Passage zwischen Bergen. Auch zeitweilig oder ganz ausgetrockneter Wasserlauf.

ERWECKUNGSBEWEGUNG: (Revivalism) Ziel dieser religiösen Bewegung war es, den Christen in sogenannten Revivals (siehe dort) in einen Zustand mystischer Verbindung mit Gott zu versetzen. Seit 1740 erfaßte sie alle Kolonien und Denominationen. Mit ihrer Forderung nach persönlicher Glaubenserfahrung und praktischer Glaubensbewährung wirkte sie besonders in den enthusiastischen Gemeinschaften der Quäker, Methodisten und Baptisten fort und hat das kirchliche Leben Nordamerikas stark beeinflußt.

FÖDERALISTSCHE PARTEI: Von Alexander Hamilton und John Adams geführte Partei, die mit dem Ziel einer allseitig ausgebauten Volkswirtschaft den Ausgleich mit Großbritannien und Stabilität im Inneren suchte. Im Vertrag von San Lorenzo (Pinckney's Treaty, 17. Oktober 1795) erreichte sie die Öffnung der für die Westgebiete lebenswichtigen Mississippi-Schiffahrts- und Stapelrechte in New Orleans.

FORTS: In den Vereinigten Staaten Garnisonen, die für Kriegs- und Aufruhrzeiten mit Palisaden und Wachttürmen umgeben waren, mit dem Vordringen der Besiedlung aber meist aus weiträumig auseinanderliegenden Gebäuden ohne Wehrzäune bestanden.

FRONTIER, FRONTIERSMAN: Die wörtlichen Übersetzungen „Grenze" und „Grenzlandbewohner" werden den amerikanischen Begriffen nicht gerecht. Bis ins 19. Jahrhundert hinein bezeichnete „Frontier" in Nordamerika keine festliegende Grenze, sondern jene stetig weiter nach Westen vorrückende äußerste Besiedlungsgrenze, über die hinaus die Frontiersmen in unbesiedeltes Land vordrangen. Der Frontiersman bewegte sich in der Wildnis, die bislang allein den Indianern als Lebensraum gedient hatte.

GOVERNOR: Jedes Bundesterritorium und jeder Bundesstaat besitzt eine Verwaltung und Regierung, der als politischer Führer ein auf vier Jahre gewählter Gouverneur (vergleichbar einem Länder-Ministerpräsidenten in Westdeutschland) vorsteht.

HEIMSTÄTTER: Ackerbau-Siedler, die offiziell nach dem „Heimstättengesetz" (Homestead Act) 160 Acres (etwa 65 Hektar) regierungseigenes Land im Westen erhielten, um hierauf „Heimstätten" zu errichten. Das Land ging aber erst dann in ihren Besitz über, wenn sie es mindestens fünf Jahre lang bebaut hatten. Im Gegensatz dazu stehen der Squatter (Siedler ohne Rechtstitel) und der Settler (Siedler mit privatem Landerwerb).

INDIANERAGENTEN: Angestellte des Bureau of Indian Affairs. Sie hatten den manchmal gefährlichen Auftrag, Stämmen, die unter Umständen feindselig gesinnt waren, Versorgungsgüter und Annuitäten auszuliefern und nach Möglichkeit dafür zu sorgen, daß die abgeschlossenen Verträge von beiden Seiten eingehalten wurden. Außerdem hatten sie den Auftrag, die Ansiedlung von Weißen auf Indianerland zu verhindern – ein hoffnungsloses Unterfangen, da die Regierung den Forderungen landhungriger Siedler fast immer nachgab. Aber gute Indianeragenten waren selten.

INDIANERNAMEN: Da man sich im Deutschen daran gewöhnt hat, die englischen Indianernamen zu lesen, sind sie auch in diesem Buch verwendet worden. Man muß sich aber bewußt sein, daß diese Bezeichnungen den wirklichen indianischen Eigennamen in den seltensten Fällen gerecht werden. So hieß der Indianer vom Stamm der Oglala-Sioux, den die Amerikaner „Old man afraid of his horses" nannten (alter Mann, der Angst vor seinen Pferden hat), in Wirklichkeit in seiner eigenen Sprache sinngemäß: „Alter Mann, vor dessen Pferden die Leute Angst haben." Und Crazy Horse, siegreicher Sioux-Häuptling in der Schlacht am Little Bighorn gegen Custer, trug den Namen Tashunka-witko, der sich annähernd übersetzen läßt mit: „Sein Pferd, übermütig und lebensfroh." Im folgenden sind die Übersetzungen der Namen einiger wichtiger Indianer, die in diesem Buch erwähnt werden, angeführt:
Black Fish (Schwarzer Fisch), Häuptling der Shawnee
Blue Jacket (Blaue Jacke), Häuptling der Shawnee
Cornstalk (Maisstengel), Häuptling der Shawnee
Little Turtle (Kleine Schildkröte), Häuptling der Miami
Tecumseh (der sich niederduckende Tiger), Häuptling der Shawnee

LOUSIANA PURCHASE: Das gesamte Stromgebiet des Mississippi unter dem Namen Louisiana, bereits von den Spaniern Mitte des 16. Jahrhunderts entdeckt, wurde seit etwa 1680 von den Franzosen erforscht und beansprucht (1718 Gründung von New Orleans). Nach dem Siebenjährigen Krieg trat Frankreich 1762/63 das Gebiet westlich des Mississippi an Spanien ab, das östlich des Stroms an England, von wo es 1783 an die Vereinigten Staaten überging. Napoleon erwarb 1800 den spanischen Anteil zurück und verkaufte ihn 1803 für 15 Millionen Dollar an die Vereinigten Staaten (LOUISIANA PURCHASE), die damit ihr Gebiet mehr als verdoppelten (die Grenzen nach Westen blieben umstritten). Der Südteil wurde 1804 als Territorium organisiert und 1812 mit einem Teil West-Floridas als 18. Staat in die Union aufgenommen; in den übrigen Teilen entstanden erst allmählich Territorien und Staaten.

LOYALISTEN: Siehe Tories

MOKASSINS: Schuhe aus einem Stück Hirsch- oder Bisonkalbleder, häufig mit einer Rohhautledersohle verstärkt, mit ganz kurzen oder längeren Schäften, zum Teil auch an Leggings (Lederhosen) vernäht, häufig mit Perlen, Borsten, Klauen oder Zähnen verziert.

MUSKETE: Ein Infanteriegewehr mit Stein- oder Luntenschloß, die erste leichtere Handfeuerwaffe, noch bis ins frühe 19. Jahrhundert in Gebrauch.

PISTOLE (Pistol): Einläufige Kurzwaffe, die ein- oder mehrschüssig sein konnte. Bei mehrschüssigen Pistolen besaß die Waffe ein Kugel- oder Patronenmagazin mit einem Repetiersystem (zum Beispiel ein Röhrenmagazin unterhalb des Laufs).

PLAINS, GREAT PLAINS: Die ausgedehnten, baumlosen und nur von wenigen großen Flüssen durchzogenen Grassteppen zwischen den Rocky Mountains im Westen und dem Missouri-Mississippi im Osten. Diese Grasflächen galten viele Jahrzehnte hindurch als Wüsten. Um 1850 jedoch entstanden dort die ersten Siedlungen, und bald entdeckte man, daß es kein günstigeres Weideland für Rinder und keinen besseren Boden für Mais- und Weizenanbau gab.

REVIVAL: (Religiöse Erweckung) Massenversammlungen, in welcher durch Verkündung der biblischen Heilsbotschaft auf Bekehrung und persönliche Verpflichtung zur Bewahrung des Glaubens in der Bindung an die Kirche wie auch im Alltag gedrängt wurde. Bei diesen Veranstaltungen gerieten die Teilnehmer häufig in ekstatische Zustände. Siehe Erweckungsbewegung.

SCOUT: Vorwiegend von der US-Armee in unerforschten Wildnisgebieten auf Zeit angestellte Kundschafter und Pfadfinder, die das Operationsgebiet und die indianischen Stämme darin besser kannten als die Militärs. Vornehmlich ehemalige Trapper und Mountain Men, aber auch Eisenbahnvermesser, Postkutschenfahrer, Goldsucher, Herdentreiber wurden als Scouts angeworben. Während der Indianerkriege im Westen stellten Indianer einen hohen Anteil an Scouts, die häufig zu ganzen uniformierten Truppenteilen zusammengefaßt waren. Aber auch die Indianerstämme hatten ihre Scouts, die ihnen bei ihren Kriegszügen als Kundschafter dienten.

TERRITORIUM: Wenn die Besiedlung in einer Wildnisregion eine bestimmte Grössenordnung erreicht hatte, wurde dieses Gebiet von der Regierung der Vereinigten Staaten offiziell als Territorium anerkannt. Dies war eine Vorstufe zur Anerkennung als selbständiger Bundesstaat. Ein Territorium unterlag in Verwaltung und Gesetzgebung vollständig den Weisungen der Zentralregierung, während ein Bundesstaat seine eigene Verfassung, Verwaltung und ein Parlament besaß.

TIPI: Zelt der Prärie- und Plains-Indianer. Über ein Gestell aus langen Stangen wurde eine Plane gedeckt, die nach einem wohldurchdachten Entwurf aus Bisonhäuten genäht war. Ein Tipi konnte bis zu 4,50 Meter hoch sein. Es ließ sich leicht aufbauen und im Notfall sehr schnell wieder abbauen und konnte von zwei Pferden transportiert werden.

TORIES: Im Unabhängigkeitskrieg (siehe dort) die „loyal" zur britischen Krone stehenden Kolonisten, die etwa zehn bis dreißig Prozent der Bevölkerung ausmachten. An die 50000 dienten in der britischen Armee. Nach Beendigung des Krieges verließen rund 80000 das Land und ließen sich größtenteils in Kanada nieder.

UNABHÄNGIGKEITSKRIEG: Der Krieg von 1776 bis 1783, in Amerika selbst als „Revolution" bezeichnet, in dem die 13 britischen Gründerkolonien in Nordamerika mit französischer Waffenhilfe ihre völkerrechtliche Selbständigkeit erkämpften. Der Krieg von 1812 bis 1815 wird von den Amerikanern oft auch als zweiter Unabhängigkeitskrieg bezeichnet.

VIGILANTEN: (englisch: vigilant – wachsam) Wenn Recht und Gesetz versagten oder selbst korrupt und verbrecherisch waren, nahmen sich die Bürger das Recht, law and order (Recht und Ordnung) selbst in die Hand zu nehmen und wiederherzustellen. Im allgemeinen hielten sich die Vigilanz-Komitees an die üblichen Gepflogenheiten; sie handelten nur den Gejagten gegenüber anonym (sie trugen Masken und Vermummungen) und lüfteten ihr Inkognito, sobald sie ihrer habhaft waren. Die „Gerichtssitzungen" fanden nach den Gepflogenheiten des anglikanischen Rechts statt, es wurde Protokoll geführt, aber nicht die Anklage mußte – wie üblich – dem Beschuldigten seine Tat nachweisen, sondern der Beschuldigte mußte seine Unschuld beweisen. Im nachhinein ist festzustellen, daß die Verurteilung von Unschuldigen verhältnismäßig selten vorkam. Die Strafen, die ein Vigilanz-Komitee verhängte, waren Ausweisung aus einem Bezirk, einer Region oder einem Staat unter Androhung sofortiger Hinrichtung, Prügel, Brandmarkung und Todesstrafe.

WHIGS: Nationalrepublikanische Partei, die im Gegensatz zu den Tories (Loyalisten) die amerikanische Revolution, den Unabhängigkeitskrieg, unterstützten.

QUELLENNACHWEIS DES TEXTES

Kapitel 1: besonders nützliche Informationsquellen für dieses Kapitel: Ray Allen Billington, *Westward Expansion*, Macmillan Co., 1967; Capt. John Dillin, *The Kentucky Rifle*, George Shumway, 1967; Joseph Doddridge, *Notes on the Settlement and Indian Wars of the Western Parts of Virginia and Pennsylvania from 1763–1783*, Burt Franklin, 1972; John P. Hale, *Trans-Allegheny Pioneers 1748 and After*, Derreth Printing Company, 1971; J, Evetts Haley, *Charles Goodnight*, Univ. of Oklahoma Press, 1949; Richard J. Hooker, (Hrsg.), *The Carolina Backcountry on the Eve of the Revolution: The Journal and Other Writings of Charles Woodmason*, veröffentlicht für das Institute of Early American History and Culture, Univ. of North Carolina Press, 1953; Theodore Roosevelt, *The Winning of the West*, Band I, G. P. Putnam's Sons, 1917. Kapitel 2: besonders nützliche Informationsquellen: John Bakeless, *Daniel Boone*, Stackpole Co., 1965; Thomas Boyd, *Simon Girty*, Minton, 1928; Lawrence Elliott, *The Long Hunter*, Reader's Digest Press, 1976; John Filson, The Discovery, *Settlement, and Present State of Kentucky*, Corinth Books, 1962; Richard Slotkin, *Regeneration Through Violence*, Wesleyan Univ. Press, 1973; 58 – Simon Girty, zitiert nach W. H. Guthman, *March to Massacre*, McGraw-Hill Book Co., 1975, Seite 129. Kapitel 3: besonders nützliche Quellen: Billington, *Westward Expansion*, Macmillan Co., 1967; William Brandon, *The American Heritage Book of Indians*, Dell, 1971; Frederick Webb Hodge, Herausgeber, *Handbook of American Indians North of Mexico*, Band I und II, Rowman and Littlefield, 1971; Milo Quaife, Herausgeber, *The Western Country in the 17th Century*, Lakeside Press, 1947; Theodore Roosevelt, *The Winning of the West*, Band I, G. P. Putnam's Sons, 1917; Oberst James Smith, *A Treatise on the Mode and Manner of Indian War, Their Tactics, Discipline and Encampment*, Joel R. Lyle, 1812; Virgil J. Vogel, *This Country Was Ours*, Harper & Row, 1972; Wilcomb E. Washburn, (Hrsg.), *The Indian and the White Man*, Doubleday and Co., 1964; 83 – Black Jack Schwartz, Dillin, Seite 21, 25. Kapitel 4: besonders nützliche Quellen: John D. Barnhart, *Henry Hamilton and George Rogers Clark in the American Revolution*, R. E. Banta, 1951; H. W. Beckwith, (Hrsg.), *General George Rogers Clark's Conquest of the Illinois*, Sammlung der Ill. State Hist. Library, Band 1, 1903; Thomas Boyd, *Mad Anthony Wayne*, Charles Scribner's Sons, 1929; James A. James, *The Life of George Rogers Clark*, AMS Press, 1970; Richard C. Knopf, (Hrsg.), *Anthony Wayne: A Name in Arms, The Wayne-Knox, Pickering-McHenry Correspondence*, Univ. of Pittsburgh Press, 1959; Francis Paul Prucha, *The Sword of the Republic*, Macmillan Company, 1969; Milo Quaife, (Hrsg.), *The Capture of Old Vincennes*, Bobbs-Merrill Co., Inc., 1927; Theodore Roosevelt, *The Winning of the West*, Band 4, G. P. Putnam's Sons, 1917; Robert A. Rutland, (Hrsg.), *The Papers of George Mason*, 1752–1792, Band 2, Univ. of North Carolina Press, 1970; Harry Emerson Wildes, *Anthony Wayne*, Greenwood Press, 1970; 139 – R. C. McGrane,

(Hrsg.), *William Clark's Journal of General Wayne's Campaign*, Mississippi Valley Historical Review, Band 1, Nr.3, Seiten 420, 424. Kapitel 5: besonders nützliche Quellen: Thomas Perkins Abernethy, *The South in the New Nation*, Louisiana State Univ. Press, 1961; Ray Allen Billington, *Westward Expansion*, Macmillan Co., 1967; Carl S. Driver, *John Sevier*, Univ. of North Carolina Press, 1932; James Ripley Jacobs, *Tarnished Warrior*, Macmillan Co., 1938; C. Peter Magrath, *Yazoo*, Brown Univ. Press, 1966; Gary L. Roberts, „The Chief of State and the Chief" in *American Heritage*, Oktober 1975; Bernard A. Weisberger, *They Gathered at the River*, Little, Brown and Co., 1958; Samuel Cole Williams, *History of the Lost State of Franklin*, Press of the Pioneers, 1933; 147 – Austin über die Pilger, Clement Eaton, *A History of the Old South*, Macmillan Co., 1949, Seite 128; 152 – Finley, zitiert nach Emory S. Bucke, *History of American Methodism*, Band 1, Abingdon Press, 1964, Seite 513–514; geistliche Lieder, Federal Writers' Project, *Tennessee*, Seite 113. Kapitel 6: besonders nützliche Quellen: John S. Bassett, *The Life of Andrew Jackson*, Archon Books, 1967; H. L. Coles, *The War of 1812*, The Univ. of Chicago Press, 1965; Marquis James, *The Life of Andrew Jackson*, Bobbs-Merrill Co., Inc., 1938, Copyright 1933 Marquis James; Robin Reilly, *The British at the Gates*, Cassell, 1974; Robert V. Remini, *Andrew Jackson*, Harper & Row, 1969; 222 – Beschreibung von Jackson in A. Lacarrière Latour, *Historical Memoir of the War in West Florida and Louisiana in 1814–15*, John Conrad and Co., 1816, Vorwort Seite XVII und XVIII.

QUELLENNACHWEIS DER ABBILDUNGEN

Abbildungen von links nach rechts sind durch Semikolon, solche von oben nach unten durch Gedankenstriche getrennt.

Einband - A. J. Russell, mit freundlicher Genehmigung Union Pasific Railroad Museum Collection. 2 - mit freundlicher Genehmigung West Virginia Department of Archives and History. 6 bis 9 – aus *Events In Indian History* von James Wimer, veröffentlicht von G. Hills & Co., Lancaster, 1841, m. frdl. Gen. Library of Congress. 10, 11 – Aus *The Great West* von Henry Howe, veröffentlicht von Henry Howe, Cincinnati, 1851, m. frdl. Gen. Library of Congress. 12, 13 – Charles Phillips, m. frdl. Gen. Lancaster County Historical Society, Lancaster, Pennsylvania. 14 – Culver Pictures. 16 – Karte von Nick Fasciano. 18, 19 – Charles Phillips, m. frdl. Gen. Charleston Museum, Charleston, South Carolina; m. frdl. Gen. Colonial Williamsburg Foundation – Charles Phillips, m. frdl. Gen. Charleston Museum, Charleston, South Carolina – m. frdl. Gen. Colonial Williamsburg Foundation; Charles Phillipps, m. frdl. Gen. Charleston Museum, Charleston, South Carolina. 22 – Culver Pictures ausgenommen Nebenbild oben links, m. frdl. Gen. Mrs. Allen R. Potts. 24 – m. frdl. Gen. Library of Congress. 26, 27 – Henry Beville, m. frdl. Gen. C. Frederick Beck Sammlung – Henry Beville, m. frdl. Gen. Ohio Historical Society; Henry Beville, m. frdl. Gen. Collection of Anne and Madison Grant, Glen Mills. Pennsylvania; Charles Phillips, m. frdl. Gen. National Museum of History and Technology, Smithsonian Institution. 28 – Aus *A Journey In North America* von Victor Collot, veröffentlicht von Arthur Bertrand, Paris, 1826, m. frdl. Gen. Library of Congress. 31 – M. frdl. Gen. American History Division, The New York Public Library, Astor, Lenox and Tilden Foundations. 32 – M. frdl. Gen. Tennessee Historical Society (2). 36, 37 – Culver Pictures. 38 bis 44 – Henry Beville, m. frdl. Gen. The Filson Club, Inc., Louisville, Kentucky. 47 – Morris Burchette, m. frdl. Gen. The Inn at Wise, Wise, Virginia – m. frdl. Gen. Library of Congress. 48, 49 – M. frdl. Gen. Library of Congress. 51 – Ellis Herwig, m. frdl. Gen. Miss Am. Peabody. 53 – M. frdl. Gen. Guthman Collection. 54, 55 – M. frdl. Gen. Library of Congress. 58 – Mark Mong, m. frdl. Gen. Ohio Historical Society. 61 – M. frdl. Gen. The Filson Club, Inc., Louisville, Kentucky. 63 – Culver Pictures. 64 bis 69 – Henry Beville, m. frdl. Gen. The Filson Club, Inc., Louisville, Kentucky. 71 – M. frdl. Gen. Missouri Historical Society Pictorial Library. 72, 73 – James Beroff, m. frdl. Gen. Board of Trustees, Seneca County Museum, Tiffin, Ohio. 74 – M. frdl. Gen. New-York Historical Society, New York City. 76 – Karte von Edward Frank. 78, 79 – Hudson's Bay Company, m. frdl. Gen. The Honorable John Petre, Essex, England, 80, 81 – The Bettmann Archive – m. frdl. Gen. Library of Congress (2). 82 – M. frdl. Gen. Ohio Historical Society. 84 – M. frdl. Gen. Library of Congress. 85 – Thaddeus S. Beblowski, m. frdl. Gen. New York State Museum (4). 89, 91 – M. frdl. Gen. Library of Congress. 92 – M. frdl. Gen. Historical Society of Pennsylvania: 93 – M. frdl. Gen. Rare Book Division, The New York Public Library, Astor, Lenox and Tilden Foundations. 94 – M. frdl. Gen. Library of Congress, ausgenommen Nebenbild oben links, m. frdl. Gen. U.S. Signal Corps, Photo Nr. 111-SC-92541, National Archives. 95 – Henry Beville, m. frdl. Gen. Library of Congress. 99 – M. frdl. Gen. The Thomas Gilcrease Institute of American History and Art, Tulsa, Oklahoma. 101 – M. frdl. Gen. The New-York Historical Society, New York City. 102, 103 – M. frdl. Gen. Clements Library, University of Michigan, Ann Abor. 104, 105 – Nemo Warr, m. frdl. Gen. Burton Historical Collection, Detroit Public Library. 106 – M. frdl. Gen. British Library Board (21782/5). 107 – M. frdl. Gen. Clements Library, University of Michigan, Ann Arbor. 108, 109 – Nemo Warr, m. frdl. Gen. Burton Historical Collection, Detroit Public Library. 110 – Henry Beville, m. frdl. Gen. The Filson Club, Inc., Louisville, Kentucky. 112 – M. frdl. Gen. Edward E. Ayer Collection, The Newberry Library, Chicago. 115 – Culver Pictures. 117 – Aus *Our Western Border* von Charles McKnight, veröffentlicht von J. C. McCurdy & Co., Philadelphia, 1866, m. frdl. Gen. Library of Congress. 118, 119 – Culver Pictures. 121, 122, 123 – M. frdl. Gen. Houghton Library, Harvard University. 124 – Robert Wallace für The Indianapolis Museum of Art, Leihgabe von Houghton Library, Harvard University – m. frdl. Gen. Houghton Library, Harvard University. 126 – State Historical Society of Wisconsin, m. frdl. Gen. American Heritage. 127 – Charles Phillips, m. frdl. Gen. Library of Congress. 129 – M. frdl. Gen. National Portrait Gallery, Smithsonian Institution. 130 – M. frdl. Gen. National Anthropological Archives, Smithsonian Institution – m. frdl. Gen. Clements Library, University of Michigan, Ann Arbor; m. frdl. Gen. Library of Congress. 132 – M. frdl. Gen. Guthman Collection. 134, 135 – M. frdl. Gen. The Henry Francis du Pont Winterthur Museum. 136 – M. frdl. Gen. Ohio Historical Society. 138 – M. frdl. Gen. The New-York Historical Society, New York City. 142, 143 – M. frdl. Gen. Chicago Historical Society. 144, 145 – Henry Beville, m. frdl. Gen. Collection of Anne and Madison Grant, Glen Mills, Pennsylvania. 146 — Elroy Sanford, m. frdl. Gen. Western Reserve Historical Society. 148 – M. frdl. Gen. American Antiquarian Society. 149,150, 151 – M. frdl. Gen. Library of Congress. 152 – M. frdl. Gen. Disciples of Christ Historical Society. 153 – The Bettmann Archive. 154, 155 – M. frdl. Gen. General Research and Humanities Division, The New York Public Library, Astor, Lenox and Tilden Foundations, ausgenommen Nebenbild unten rechts, m. frdl. Gen. Atwater Museum of Philadelphia. 156 – M. frdl. Gen. University of Kentucky Libraries. 159 – M. frdl. Gen. West Virginia Department of Archives and History. 160 – Leslie Pritikin, m. frdl. Gen. Tennessee Historical Society, Miscellaneous Collection, State Library and Archives, Manuscripts Section, Nashville, Tennessee. 162 – Jack Coleman, m. frdl. Gen. McDowell House & Apothecary Shop of Danville, Kentucky (Eigentum der Kentucky Medical Association). 163 – The Bettmann Archive. 164 – Charles Phillips, m. frdl. Gen. McDowell House & Apothecary Shop of Danville, Kentucky (Eigentum der Kentucky Medical Association). 166 – Henry Beville, m. frdl. Gen. The Filson Club, Inc., Louisville, Kentucky. 167 – Stephen Duplantier, m. frdl. Gen. Collection of the Louisiana State Museum (2). 168 – M. frdl. Gen. Eric Newman – Edward J. Fleischmann, m. frdl. Gen. Museum of The American Numismatic Association – Elroy Sanford, m. frdl. Gen. Western Reserve Historical Society. 169 – M. frdl. Gen. Collection of John J. Ford, Jr. – m. frdl. Gen. Eric Newman. 170 – M. frdl. Gen. Library of Congress. 173 – M. frdl. Gen. University of Georgia

Libraries, Special Collections (2). 175 – George M. Cushing, m. frdl. Gen. Massachusetts Historical Society. 176, 177 – M. frdl. Gen. Library of Congress. 178 – Jack Beech, m. frdl. Gen. Collection of the Louisiana State Museum. 180, 181 – M. frdl. Gen. The I. N. Phelps Stokes Collection, Prints Division, The New York Public Library, Astor, Lenox and Tilden Foundations. 182, 183 – M. frdl. Gen. Cleveland Picture Collection of the Cleveland Public Library (2). 184, 185 – M. frdl. Gen. Samuel Prescott Hildreth Collection, Marietta College Library. 186, 187 – Charles Phillips, m. frdl. Gen. Ohio Historical Society – m. frdl. Gen. Cincinnati Historical Society. 188, 189 – Charlie Brown, m. frdl. Gen. Library of Congress. 190 bis 194 – M. frdl. Gen. Library of Congress. 196, 197 – Dan Quest, m. frdl. Gen. The Ladies' Hermitage Association – m. frdl. Gen. Charles H. Ross. 198, 199 – M. frdl. Gen. Chicago Historical Society. 200 – M. frdl. Gen. Library of Congress. 202 – Dan Quest, m. frdl. Gen. The Ladies' Hermitage Association. 205 – M. frdl. Gen. Library of Congress (2). 206 – Charles Phillips, m. frdl. Gen. Library of Congress. 207 — M. frdl. Gen. Tennessee Historical Society. 208 – Charles Phillips, m. frdl. Gen. Library of Congress. 210 – M. frdl. Gen. Library of Congress. 212, 213 – Walter Krutz, m. frdl. Gen. Chicago Historical Society. 214 – M. frdl. Gen. Collection of the Louisiana State Museum. 215 – M. frdl. Gen. Lilly Library, University of Indiana, Bloomington. 217 – Derek Bayes, m. frdl. Gen. Royal Fusiliers Regimental Museum, London. 218, 219 – M. frdl. Gen. Library of Congress. 220 – Charles Phillips, m. frdl. Gen. Library of Congress. 223 – Derek Bayes/National Maritime Museum, London, m. frdl. Gen. The Honorable Mrs. Grisell Hastings. 224 – M. frdl. Gen. National Portrait Gallery, London. 226, 227 – M. frdl. Gen. Manuscripts and Archives Division, The New York Public Library, Astor, Lenox and Tilden Foundations. 228, 229 – Derek Bayes, m. frdl. Gen. National Maritime Museum, London. 230, 231 – Roy Trahan, m. frdl. Gen. New Orleans Museum of Art, aus der Sammlung Edgar William und Bernice Chrysler Garbisch. 232, 233 – M. frdl. Gen. Library of Congress.

DANKSAGUNGEN

Das Register dieses Buches wurde von Gale Partoyan angelegt. Ihren besonderen Dank sprechen die Herausgeber Robert A. Rutland aus, Herausgeber der James Madison Papers, Univ. of Virginia, der Teile dieses Buches gelesen und kommentiert hat. Die Herausgeber danken auch den folgenden Personen: Beth Allen, Asst. Ref. Librarian, Marylin Bell, Manuscript Division, Fran Eads, Asst. Ref. Librarian, Tennessee State Library and Archives, Nashville; Jairus B. Barnes, Direktor, History Museum, Virginia Hawley, General Ref. Supervisor, Kermit J. Pike, Direktor, History Library, Western Reserve Historical Society, Cleveland; C. Frederick Beck, Springfield, Ohio; Silvio A. Bedini, stellvertretender Direktor, Warren J. Danzenbaker, Research Asst., Dr. V. Clain-Stefanelli, Kustos. Div. of Numismatics, Cradock Goins, Kustos, Div. of Military History, Anne Golovin, Kustos, Div. of Pre-Industrial Cultural History, Michael Harris, Museum Specialist, Div. of Medical Sciences, Dr. G. Terry Sharrer, Kustos, Div. of Manufacturing, National Museum of History and Technology, Smithsonian Institution, Washington, D.C.; Natalie Belting, Dept. of History, Univ. of Illinois, Urbana; James R. Bentley, Kustos, Martin F. Schmidt, Librarian, Martha Vogelsang, Dir. of Museum Planning, The Filson Club, Louisville; William Bond und Deborah Kelly, Manuscript Collection, Houghton Library, Harvard Univ.; Margaret Brown, Fort De Chartres, Prairie du Rocher, Ill.; Oberst George M. Chinn, stellvertretender Direktor, Kentucky Historical Society, Frankfort; John J. Cooney, Direktor, Ladies' Hermitage Association, Hermitage, Tenn.; Jerry Cotton, The North Carolina Collection, Wilson Library, Univ. of North Carolina, Chapel Hill; Alice C. Dalligan, Joseph Oldenburg, Burton Historical Collection, Detroit Public Library; Dr. Richard Doty, Asst. Curator of Modern Coins, American Numismatic Society, N.Y.C.; Arthur M. Fitts III, Kustos, American Numismatic Assoc., Colorado Springs; Paula Richardson Fleming, National Anthropological Archives, Smithonian Institution, Washington, D.C.; John J. Ford Jr., Rockville Centre, N.Y.; Charles E. Gilette, Senior Scientist of Archeology, Kenneth M. Hay, Senior Museum Exhibit Specialist, New York State Museum and Science Service, Albany; Madison Grant, Glen Mills, Pa.; Neal O. Hammon, Louisville, Kentucky; Ellen Hassig, West Virginia Archives and History Museum, Charleston; Howard Hazelcorn and Joseph H. Rose, Scott Publishing Company N.Y.C.; Mrs, West T. Hill, Manager, McDowell House, Danville, Ky.; Don Hutsler, Dr. Charles A. Isetts, Arlene Peterson, Ohio Historical Society, Columbus; Prof. Richard C. Knopf, Kent. State Univ.; Diane Lazarus and Miriam V. Lovel, Indianapolis Museum of Art; Bill Marshall, Special Collections, Margaret I. King Library, Univ. of Kentucky, Lexington; Douglas W. Marshall, Head of Map and Print Division, William L. Clements Library, Univ. of Michigan, Ann Arbor; John Francis McDermott, St. Louis, Mo.; Mary Jane Meeker, Indiana State Museum, Indianapolis, Andrew Modelski and Richard Stevenson, Library of Congress, Map Division, Alexandria, Va.; James Mooney, Direktor, Peter Parker, Prints, Linda Stanley, Manuscripts, The Historical Society of Pennsylvania, Philadelphia; Charles E. Morrison Jr., Kartograph, U.S. Geological Survey, Reston, Va.; Dr. Patrick J. Mullin, Special Collections Librarian, Dawes Memorial Library, Marietta College; Eric P. Newman, St. Louis, Mo.; Prof. James M. O'Donnell III, Marietta College; Harriet C. Owsley, Dr. Robert Remini, Dr. Sam Smith, Herausgeber der Papers of Andrew Jackson, Hermitage, Tenn.; Hershel Payne, Nashville Room, The Public Library of Nashville and Davidson County, Nashville; Dr. William Phenix, Kustos für Militärgeschichte, Fort Wayne Military Museum, Detroit; Margaret Roberts, Archives of American Art, Smithonian Institution, Washington, D.C.; Charles H. Ross, Morganton, N.C.; Tom Rumer, Ref. Librarian, Indiana Historical Society Library, Indianapolis; T. W. Samuels Jr., Star Hill Distilling Co., Louisville; Ruth Selig, Public Information Specialist of the Dept. of Anthropology, National Museum of Natural History, Smithonian Institution, Washington D.C.; Richard E. Slavin III, Kustos, New York State Historical Association, Cooperstown; Dwight Smith, Dept. of History, Miami Univ.

REGISTER *Kursiv gesetzte Seitenangaben weisen auf eine Abbildung hin.*